ELOGIOS A

CAPITALISMO ANTICOMPETIÇÃO

"Você é escritor, músico, artista? As Big Techs estão corroendo seu cérebro e sugando seu sangue financeiro? *Capitalismo Anticompetição* de Rebecca Giblin e Cory Doctorow conta como os vampiros invadiram a festa e fornece alho protetor. Entretanto, seu cérebro continua sendo problema seu."

— MARGARET ATWOOD, autora de *O Conto da Aia*

"A história de como algumas corporações gigantes estão asfixiando nosso ecossistema de mídia é uma das mais importantes da década, e Giblin e Doctorow contam-na melhor do que ninguém. Intenso, essencial e incrivelmente fácil de ler."

— ADAM CONOVER, comediante e apresentador de *The G Word*

"Este livro é leitura absolutamente obrigatória para quem sente que a mitologia econômica predominante é uma mentira, quer saber o que realmente está acontecendo nesta economia, e está pronto para finalmente começar a resolver o problema."

— DAVID SIROTA, roteirista de *Não Olhe para Cima* e fundador de The Lever

"Em vez de simplesmente lamentar o problema ou recorrer a clichês sobre artistas famintos, o que Rebecca Giblin e Cory Doctorow fazem em *Capitalismo Anticompetição* é mostrar claramente o quadro geral que impulsiona a exploração de artistas... Todo criador encontrará inspiração aqui."

— ANIL DASH, CEO de Glitch

"O capitalismo não funciona sem concorrência. Giblin e Doctorow mostram de forma contundente até que ponto isso está se perdendo no setor de criação e como esse padrão ameaça todos os demais profissionais."

— CRAIG NEWMARK, fundador da Craigslist

"Em vez de apenas reclamar das práticas anticompetitivas que as corporações exercem sobre a produção e a troca, Giblin e Doctorow mostram por que isso acontece, como funciona e o que podemos fazer... Um apelo enfurecedor, porém inspirador, à ação coletiva."

— DOUGLAS RUSHKOFF, autor de *Throwing Rocks at the Google Bus* e *Survival of the Richest*

"Rebecca Giblin e Cory Doctorow expõem seus argumentos em uma prosa simples e enérgica, oferecendo um grande passeio por um cenário cultural devastado e demonstrando como as artes e os artistas estão sendo simplificados, sufocados e enganados."

— KAISER KUO, apresentador e cofundador do *The Sinica Podcast*

"Os criadores estão sendo esmagados pela indústria cultural moderna, que deixa pouca escolha a não ser participar de mercados que enfraquecem seu poder e retorno econômico. Nesta obra brilhante e abrangente, Giblin e Doctorow mostram como acontece e oferecem uma série de estratégias poderosas para reagir."

— LAWRENCE LESSIG, professor Roy L. Furman de Direito e Liderança, Faculdade de Direito da Universidade Harvard

"*Capitalismo Anticompetição* é mais do que um grito de alerta para uma nova e necessária forma de dissolução de *trusts*. É uma grande teoria unificada sobre um processo de décadas de esvaziamento liderado por corporações. O livro vai deixá-lo irritado e é assim que deve ser."

— ANDY GREENBERG, autor de *Tracers in the Dark*

"Não se trata apenas de um passeio fascinante pela mecânica oculta da era das plataformas, que vai das playlists do Spotify à mudança de nome de Prince, mas uma pauta convincente para quebrar o domínio das Big Techs."

— ELI PARISER, autor de *O filtro invisível* e cofundador de Avaaz

"Uma obra para os tempos atuais... A revolução não será spotificada!"

— CHRISTOPHER COE, artista e cofundador de Awesome Soundwave

"Uma obra-prima... Também um manual útil para enfrentar a estrutura de poder. É tanto assustador quanto inspirador."

— DAVID A. GOODMAN, ex-presidente do WGA West

"Se você já se perguntou por que a internet está cada vez mais monótona, *Capitalismo Anticompetição* detalha minuciosamente como ela está sendo privada de ar fresco... Agradeço que ele exista!"

— MAT DRYHURST, artista e pesquisador, Clive Davis Institute of Recorded Music da Universidade de Nova York

"Esta denúncia de fácil leitura mostra como a teoria regulatória do 'bem-estar do consumidor' permitiu que as Big Techs asfixiem os criadores e diminuam as escolhas... *Capitalismo Anticompetição* combina uma crítica jurídico-econômica com prescrições provocadoras, às vezes utópicas, para remunerar de forma justa autores e artistas."

— JANE C. GINSBURG, professora Morton L. Janklow de Direito de Propriedade Artística e Literária da Universidade Columbia

CAPITALISMO ANTICOMPETIÇÃO

COMO OS OLIGOPÓLIOS CORPORATIVOS ESTÃO ASFIXIANDO OS MERCADOS CRIATIVOS

REBECCA GIBLIN
E CORY DOCTOROW

ALTA BOOKS
GRUPO EDITORIAL
Rio de Janeiro, 2024

Capitalismo Anticompetição

ISBN: 978-85-508-2361-4

Translated from original Chokepoint Capitalism. Copyright © 2022 by Rebecca Giblin and Cory Doctorow. ISBN 9780807007068. This translation is published by arrangement with Beacon Press, the owner of all rights to publish and sell the same. PORTUGUESE language edition published by Starlin Alta Editora e Consultoria Eireli, Copyright © 2024 by STARLIN ALTA EDITORA E CONSULTORIA LTDA.

Impresso no Brasil – 1ª Edição, 2024 – Edição revisada conforme o Acordo Ortográfico da Língua Portuguesa de 2009.

Dados Internacionais de Catalogação na Publicação (CIP)
(BENITEZ Catalogação Ass. Editorial, MS, Brasil)

G381c
1.ed. Giblin, Rebecca
Capitalismo anticompetição : como os oligopólios corporativos estão asfixiando os mercados criativos / Rebecca Giblin, Cory Doctorow ; tradução Carol Colffield. – 1.ed. – Rio de Janeiro : Alta Books, 2024.
288 p.; 15,7 x 23 cm.

Título original: Chokepoint capitalism.
ISBN 978-85-5082-361-4

1. Amazon (Empresa). 2. Capitalismo. 3. Comunicação social. 4. Concorrência. 5. Economia. 6. Exploração. 7. Trabalhadores. I. Doctorow, Cory. II. Colffield, Carol. III. Título.

04-2024/117 CDD 330.15

Índice para catálogo sistemático:
1. Capitalismo : Oligopólios corporativos : Economia 330.15

Aline Graziele Benitez - Bibliotecária - CRB-1/3129

Produção Editorial: Grupo Editorial Alta Books
Diretor Editorial: Anderson Vieira
Editor da Obra: J. A Ruggeri
Vendas Governamentais: Cristiane Mutüs
Gerência Comercial: Claudio Lima

Assistente Editorial: Andreza Moraes
Tradução: Carol Colffield
Copidesque: Gabriela Seguesse
Revisão: Ana Carolina Oliveira
Diagramação: Rita Motta

ALTA BOOKS
GRUPO EDITORIAL

Rua Viúva Cláudio, 291 – Bairro Industrial do Jacaré
CEP: 20.970-031 – Rio de Janeiro (RJ)
Tels.: (21) 3278-8069 / 3278-8419
www.altabooks.com.br – altabooks@altabooks.com.br
Ouvidoria: ouvidoria@altabooks.com.br

Editora **afiliada à:**

Para Joan Robinson,
a primeira a entender
e explicar o monopsônio.

Quem dera tivéssemos lhe dado ouvidos.

SUMÁRIO

PARTE 1 – A CULTURA FOI COOPTADA

PARTE 2 – FREANDO OS FLYWHEELS ANTICONCORRENCIAIS

PARTE 1

A CULTURA FOI COOPTADA

CAPÍTULO 1

OS GIGANTES EMPRESARIAIS ASFIXIARAM A CULTURA

A cultura foi asfixiada. Três enormes conglomerados são proprietários dos três selos de gravação e das três gravadoras que controlam praticamente toda a música do mundo. Eles criaram a indústria de *streaming*, dominada pelo Spotify, que pertence (ou pertencia) parcialmente a essas mesmas três gravadoras. Quando a Disney engoliu a 21st Century Fox, uma única empresa assumiu o controle de 35% das bilheterias dos EUA. O Google e o Facebook detêm o controle dos anúncios digitais que são inseridos em músicas, vídeos e notícias online. O Google — assim como a Apple — é o guardião de tudo o que é portátil, o que lhe dá uma cota enorme em jogos, livros, músicas e filmes. Via YouTube, ele controla o *streaming* de vídeo. A Live Nation assumiu o controle exclusivo da venda de ingressos e shows. Nos Estados Unidos, uma empresa domina o rádio por terra e outra, por satélite. A Amazon exerce um controle férreo sobre as vendas de livros, e-books [livros digitais] e audiolivros, e domina a produção de e-books e audiolivros. A única editora que talvez consiga se manter é a Penguin Random House e, mesmo assim, somente abocanhando o maior número possível de outras grandes editoras. Quando começamos a escrever este livro, as seis maiores editoras de livros comerciais, chamadas de Big Six, haviam se tornado as cinco maiores, Big Five, e estão se movimentando para se tornarem quatro, Big Four, até o momento de publicação.

Juntas, essas empresas estão gerando uma riqueza enorme. Alguns dos criadores que elas distribuem também estão, mas as manchetes sobre a fortuna de um bilhão de dólares de Jay-Z ou o adiantamento generoso pago ao autor estreante de um suspense novo e empolgante disfarçam a realidade: muito pouco da vasta riqueza gerada pela arte e pela cultura é repassada aos que realmente a produzem.

Os mercados culturais são do tipo "quem ganhar leva tudo": um punhado de pessoas fica com quase todas as recompensas. Assim tem sido há muito tempo, mas agora há cada vez menos para repartir com os demais. Para os autores de livros, os adiantamentos diminuíram em mais da metade desde a grande crise financeira de 2007-8. Os editores de notícias antes recebiam quase todo o dinheiro dos anúncios publicados nas suas páginas, mas esse valor caiu para apenas 30%. Compositores afirmam que os relatórios de royalties se tornaram "quatro vezes mais volumosos para um quarto do dinheiro".[1] Fiona Bevan, que compôs o sucesso *Unstoppable* com Kylie Minogue, conta ter recebido apenas cem libras em royalties de *streaming*, apesar de a faixa ter sido incluída em um álbum que chegou ao topo das paradas britânicas.[2] Rebecca Gates, que realizou uma pesquisa com músicos para a iniciativa Future of Music Coalition [Coalizão para o Futuro da Música], diz que até mesmo artistas famosos estão enfrentando dificuldades. "Tenho visto dados concretos de pessoas que fazem parte de bandas famosas — entre aspas —, bandas que são destaque em festivais, mas que ganhariam mais dinheiro com um bom emprego no varejo".[3] O guitarrista e produtor Melvin Gibbs, que já participou de quase duzentos álbuns, sabe que o sistema não está funcionando. "Um dos princípios de um ecossistema saudável é que todos os níveis do ecossistema devem estar operando com eficiência máxima. O plâncton precisa estar saudável para que as baleias azuis sobrevivam". Mas o setor musical (e o setor artístico de forma mais ampla) "baseia-se em *matar de fome* o plâncton para que as baleias possam sobreviver".[4]

A razão pela qual os trabalhadores do setor de criação estão recebendo uma parcela cada vez menor da riqueza gerada por seu trabalho é a mesma que faz com que todos os trabalhadores estejam recebendo menos — estruturamos a sociedade para tornar os ricos mais ricos às custas dos demais. O campo de jogo está tão inclinado que um número cada vez maior de pessoas está despencando da beira do abismo, assoladas por empregos precários, salários estagnados, altos custos de educação, moradia e saúde, bem como por políticas econômicas que privilegiam acionistas em detrimento de indivíduos e comunidades.

Essa grande inclinação do campo de jogo, em detrimento dos trabalhadores e em favor dos proprietários, tem várias causas, mas a maior delas é uma teoria radical do antitruste, impulsionada pelo jurista Robert Bork, queridinho e cultuado pela extrema direita, e exportada por seus discípulos da Escola de Economia de Chicago.

Durante os anos de glória da legislação antitruste — depois do New Deal, e antes de Bork — os governos se encarregaram da tarefa de reduzir os monopólios, alegando que eles eram *ruins*. Grandes empresas conseguiam influenciar indevidamente os governos, subornando-os ou coagindo-os a implementar políticas que eram boas para os acionistas dessas empresas e prejudiciais para seus funcionários, clientes e o resto da sociedade. Esses titãs não eleitos eram capazes de esmagar concorrentes, frear indústrias inteiras e reordenar a economia e a civilização de acordo com seus caprichos. O monopólio era visto como uma ameaça à própria ideia de cidadania democrática. Afinal, as empresas cujos lucros são enormes graças à falta de concorrência podem usá-los para influenciar políticas governamentais, fazendo com que os encarregados de elaborar essas políticas tomem decisões baseadas nas necessidades de alguns, não da maioria.

Então, a Escola de Chicago aplicou um golpe brilhante. Seus seguidores promoveram uma teoria antitruste que dispensava totalmente a ideia de cidadania; em vez disso, insistiam que os órgãos reguladores antimonopólio deveriam limitar-se a pensar no "bem-estar do consumidor", esquecendo todas aquelas coisas dos idealistas sobre "democracia" e "cidadania". A versão de antitruste de Bork se preocupava principalmente em maximizar o bem-estar do consumidor no *curto prazo* — principalmente na forma de preços mais baixos — em vez de promover a concorrência como um fim em si mesmo. (Enfatizamos "curto prazo" porque, uma vez que a concorrência é eliminada do mercado, os benefícios para o consumidor, como preços mais baixos, evaporam rapidamente.)[5]

A ênfase no bem-estar do consumidor mudou completamente o cálculo. Contanto que os preços caíssem (ou, pelo menos, não subissem), as empresas praticamente podiam parar de se preocupar com a possibilidade de as autoridades antitruste baterem na porta com intimações judiciais. Isso significava que poderiam praticar preços predatórios para espremer rivais menores e assim tirá-los do mercado. Significava também que podiam lançar promessas de novas eficiências e preços mais baixos para persuadir os órgãos reguladores a deixá-los absorver concorrentes que antes estavam fora dos limites.

Durante a presidência de Ronald Reagan, essa nova teoria liberou uma poderosa e lenta geleira de monopolização sobre o mundo, que hoje já varreu quase tudo o que havia de belo e vibrante em seu caminho.

Supostamente, o capitalismo se baseia em mercados livres, mas os mercados têm uma tendência natural "ao monopólio, à extração destrutiva e ao rentismo" e, portanto, "requerem uma gestão vigilante justamente para garantir que se mantenham suficientemente como mercados".[6] Essa vigilância foi abandonada durante os cinquenta e tantos anos da abordagem favorável ao não intervencionismo da Escola de Chicago e, como resultado, a concorrência nos Estados Unidos foi praticamente eliminada em uma surpreendente variedade de setores. Umas poucas empresas — às vezes, apenas uma — controlam tudo atualmente das artes (editoração, filmes, música, *streaming*, quadrinhos, venda de livros, cinemas, agências de talentos, jogos, luta livre, estações de rádio) às finanças (bancos, fundos de investimento, auditorias, agências de classificação de títulos) passando pelo agronegócio (sementes, gado, tratores, fertilizantes, pesticidas, agricultura de precisão e produção de carne, ovos, grãos e hortaliças) e tudo mais (cruzeiros, uniformes e calçados esportivos, mantimentos, produtos farmacêuticos, frascos, dispositivos médicos, linhas aéreas, óculos, *fast food*, serviços de entrega de comida, ração para animais de estimação).

Parte desse aumento da concentração se deve a um tsunami de fusões: o número de empresas de capital aberto nos Estados Unidos caiu pela metade, mesmo tendo aumentado 50% em outros países desenvolvidos.[7] As empresas sempre juram que suas fusões resultarão em preços mais baixos, mas análises feitas *a posteriori* mostram repetidamente que, na verdade, os preços aumentam, especialmente quando a fusão ocorre em um mercado já concentrado.[8] Os órgãos reguladores continuam aceitando essas promessas e sua credulidade às vezes parece funcionar a seu favor: um integrante da Comissão Federal de Comércio (FTC) chegou ao cargo de "Vice-Presidente Sênior de Assuntos Governamentais" da Comcast apenas quatro meses depois de votar a favor da megafusão desta com a NBC Universal.[9]

Se o bem-estar do consumidor como padrão realmente estivesse nos favorecendo, a igualdade de riqueza estaria melhorando. Na verdade, ela está retrocedendo, já que o patrimônio líquido do 1% mais rico aumentou em 650% em 30 anos desde 1989, graças, em grande parte, à sua participação acionária em empresas.[10] Isso supera cerca de quatro vezes os ganhos da metade inferior. É claro, foram as políticas da Escola de Chicago que fizeram o valor das ações dispararem. As corporações em setores concentrados têm margens mais altas — não porque essas empresas sejam mais eficientes ou particularmente bem administradas, mas porque conseguem manter longe a concorrência.[11]

Se investidores e corporações são os que ganham com tudo isso, os trabalhadores são os que perdem. Quando o poder corporativo excessivo mina o poder dos trabalhadores de negociar por melhores salários e condições, nossa participação nos ganhos do nosso trabalho fica cada vez menor. Isso vem acontecendo nos últimos quarenta anos — não apenas para os trabalhadores do setor de criação, mas para quase todos. Entre 1940 e 1980, o aumento dos salários nos EUA acompanhava de perto o aumento do valor produzido pelos trabalhadores: à medida que nos tornávamos mais produtivos, recebíamos mais salários. Nos quarenta anos seguintes, entretanto, fomos excluídos desses ganhos. A produtividade cresceu mais de 75%, mas o salário médio aumentou em apenas 5%. Em outras palavras, a participação da mão de obra no PIB diminui à medida que mais e mais do valor que criamos flui para os bolsos de outros. Isso está diretamente ligado ao aumento da concentração corporativa,[12] no qual temos mercados de trabalho altamente concentrados associados a salários até 25% mais baixos do que aqueles muito competitivos.[13] O declínio na participação da mão de obra foi acompanhado por uma transferência do risco para os trabalhadores (especialmente com o aumento do trabalho precário). Como as corporações passaram a ter mais poder, os executivos têm sido a única classe de trabalhadores a prosperar: seus salários aumentaram quase 1.000%.[14]

Lina Khan, uma renomada acadêmica especializada em antitruste e atual presidente da Comissão Federal de Comércio, afirma que o declínio nos níveis de concorrência é "tão uniforme em todos os mercados que a concentração excessiva e o poder de mercado indevido parecem não ser mais um problema isolado, mas sim uma característica sistêmica da economia política dos Estados Unidos".[15]

Embora a concorrência seja supostamente fundamental para o capitalismo, atualmente os mais ricos enriqueceram ao suprimi-la.[16] E eles são atrevidos também quanto a isso. Peter Thiel anunciou em 2014 que "a concorrência é para perdedores" e aconselhou as empresas a monopolizarem seus domínios. Os cursos de administração ensinam a seus MBAs em formação as mesmas lições: evitar setores com alta concorrência, fazer o que for preciso para manter longe os possíveis concorrentes e, se tudo mais falhar, comprá-los.[17] Warren Buffett explica que, nos negócios, ele procura "castelos econômicos protegidos por fossos intransponíveis",[18] porque "os produtos ou serviços cercados por fossos largos e sustentáveis são os que oferecem recompensas aos investidores".[19]

Essa linguagem disfarça o que *realmente* está acontecendo. Quando Buffett fala sobre fossos, está se referindo ao tipo de barreiras que mantém clientes e fornecedores aprisionados e torna os mercados inóspitos para novos participantes. Essas corporações não estão protegendo castelos contra saqueadores. Elas estão criando gargalos anticompetitivos que separam os produtores dos consumidores a fim de capturar uma parcela desproporcional do valor do trabalho de outras pessoas.

Fossos têm várias formas diferentes. Os fossos de custos dão às empresas vantagens de custos sobre a concorrência (talvez porque tenham economias de escala imbatíveis, ou porque seja caro para os clientes ou fornecedores migrarem para outro lugar). Os fossos de dados surgem quando as empresas usam informações coletadas ao longo do tempo para obter vantagem sobre os rivais. Os fossos gerados pelo *network effect* [efeito de rede] se beneficiam de um fenômeno pelo qual alguns produtos e serviços se tornam mais valiosos à medida que mais pessoas os utilizam. Uma rede telefônica é o exemplo clássico: ela é inútil quando apenas uma pessoa tem acesso, porque não há ninguém a quem telefonar, mas seu valor aumenta rapidamente a cada novo assinante.

Empresas poderosas geralmente têm vários fossos. O Facebook, por exemplo, combina efeitos de rede tremendamente fortes (graças aos seus quase três bilhões de usuários ativos mensalmente) com uma vantagem de dados (os dossiês que ele coleta sobre você, com base em sua vigilância de anos, são mais apreciados pelos anunciantes do que tudo o que uma startup possa oferecer) *e* altos custos de migração (ou seja, ao sair, fica mais difícil comunicar-se com sua família, comunidade e amigos). O Google tem um arsenal semelhante, mas a empresa não quer que você pense que ela depende de fossos. É por isso que a empresa proíbe que seus funcionários usem frases como "efeitos de rede" e "barreiras à entrada".[20]

A Amazon é a mestra dos fossos, usados para garantir que os clientes e fornecedores fiquem completamente presos. Ela atribui seu sucesso ao seu modelo *flywheel* [volante de inércia]. Os *flywheels* são volantes pesados, usados em máquinas para aumentar o impulso. Por serem tão pesados, exigem muito esforço para fazê-los girar, mas uma vez que estão funcionando, também é preciso muito esforço para pará-los. A Amazon descreve seu *flywheel* como um "ciclo virtuoso" que torna o negócio maior, melhor e mais rápido: estruturas de custo mais baixas levam a preços mais baixos, criando melhores experiências para o cliente, o que se traduz em mais tráfego e mais vendedores e, portanto, uma melhor seleção.

O CHAMADO "CICLO VIRTUOSO" DA AMAZON

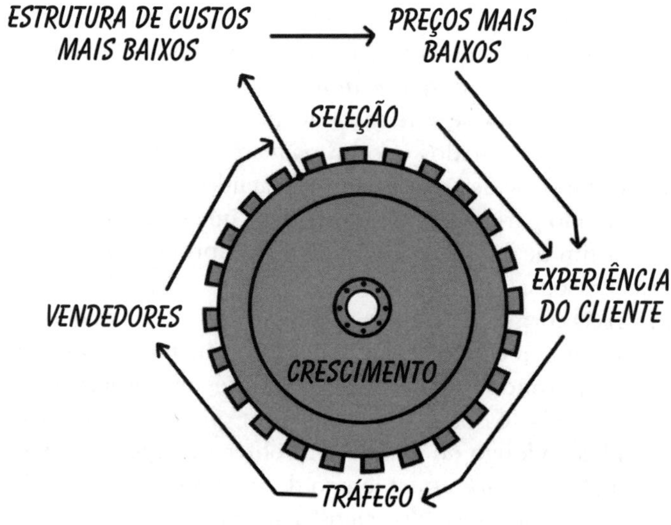

Mas esse ciclo é tudo, menos virtuoso. A expressão "estrutura de custos mais baixos" é essencialmente um eufemismo para "pressionar fornecedores e trabalhadores". Quanto mais clientes a Amazon conquista, mais concessões ela arranca de seus fornecedores (incluindo editoras, atacadistas e transportadoras). Como ela repassa muitos desses benefícios aos clientes por meio de preços mais baixos e remessas cada vez mais baratas, isso também alimenta o ciclo, uma vez que os compradores tendem cada vez mais a comprar na Amazon. Quando esses compradores começarem a fazer algumas compras por ano, valerá a pena para eles pagar a pequena taxa anual para participar do programa Prime da Amazon e obter frete ilimitado, além de outros benefícios, como aluguel de livros e *streaming* de filmes e séries.

Quando Jeff Bezos decidiu criar o Prime, foi muito claro sobre suas intenções: "Quero criar um fosso em torno de nossos melhores clientes".[21] Ele teve êxito. Um em cada dois lares americanos já é membro e eles estão praticamente presos ao site: um estudo recente constatou que apenas 1% dos assinantes do Prime tendem a comparar preços com outros lugares antes de fazer uma compra.[22]

Como pagaram antecipadamente pelo frete, os membros Prime naturalmente preferem os vendedores do *marketplace* que oferecem o serviço Prime, e o algoritmo da Amazon dá prioridade a esses vendedores ao processar os pedidos, afastando suavemente os compradores de vendedores que não deram à Amazon controle total sobre seus negócios.[23] Muitos vendedores não têm outra opção hoje a não ser usar os serviços de processamento de pedidos da Amazon para chegar a esses clientes, embora isso possa ficar muito mais caro do que atender os clientes diretamente.

O uso do processamento de pedidos da Amazon exige que as empresas transfiram ainda mais controle para a Amazon — algo perigoso, pois a Amazon já provou não ser um parceiro de negócios confiável.[24] Dentre outras práticas duvidosas, a Amazon usa seu conhecimento interno para rastrear as vendas de vendedores terceirizados e assim identificar os produtos mais lucrativos, depois clona esses produtos e os coloca à venda, prejudicando os vendedores cuja visão e investimento construíram mercados primeiramente para si mesmos. Um estudo examinou 850 produtos de vestuário inicialmente vendidos na Amazon por vendedores terceirizados e descobriu que a Amazon começou a comercializar um quarto dos produtos mais vendidos por seus clientes comerciais apenas doze semanas depois do anúncio inicial.[25] Os fornecedores sabem que a Amazon planeja clonar seus produtos de maior sucesso, mas não podem parar de vender por meio da plataforma porque, sem ela, não conseguirão alcançar seus clientes. Afinal, 66% dos consumidores online ignoram os mecanismos de busca e procuram produtos diretamente através da caixa de pesquisa da Amazon. No caso dos clientes que já sabem o produto que desejam, esse número sobe para 74%.[26] Os vendedores terceirizados pagam caro pela predação da Amazon: a cota que a Amazon detém de seus rendimentos aumentou para uma média de 40% — triplicando em apenas alguns anos.[27]

A estratégia da Amazon é a do *lock-in* [aprisionamento tecnológico] de usuários e fornecedores, tornando seus mercados hostis a novos participantes: em outras palavras, trata-se de criar gargalos anticompetitivos que forcem trabalhadores e fornecedores a aceitarem preços insustentavelmente baixos. Esse *flywheel* não é virtuoso — é anticoncorrencial.

No capitalismo anticompetição, o objetivo é criar barreiras duradouras à concorrência que permitam que as empresas monopolizem ou monopsonizem seus mercados. Aprendemos sobre monopólios desde que jogamos Banco Imobiliário pela primeira vez quando crianças. No final de cada jogo, alguém obtém propriedades suficientes para sugar os demais jogadores até a última gota. Os monopólios se formam quando um único vendedor detém o controle do fornecimento de algum bem ou serviço a todos os demais. A palavra *oligopólio* é usada quando um pequeno número de empresas controla um setor, mas *monopólio* também é coloquialmente usado nessas situações, e aqui nós o usamos para fazer referência a ambos. Algo que é menos examinado ou compreendido é como gargalos anticompetitivos criam o poder de *monopsônio*. Enquanto os monopólios ocorrem quando os vendedores têm poder sobre os compradores, os monopsônios ocorrem quando os compradores têm poder sobre os vendedores. Esse conceito não é tão conhecido — não há nenhum jogo de tabuleiro com o tema! —, mas é ainda mais importante para entendermos a difícil realidade de fornecedores e trabalhadores.

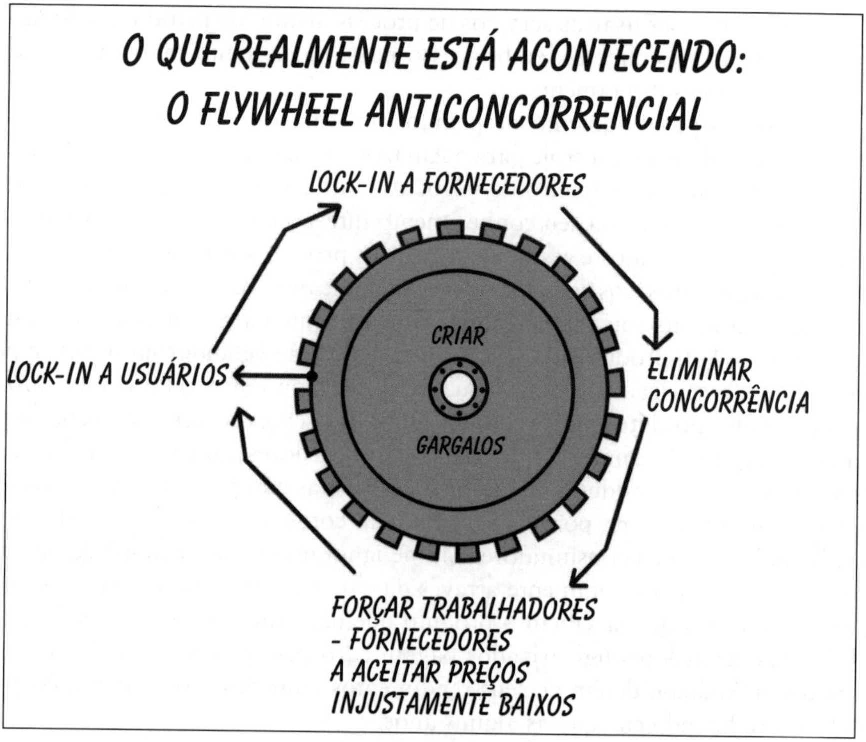

No monopsônio,[28] o comprador tem poder sobre os vendedores e não o contrário. O alcance da Amazon no mercado de livros lhe confere enorme poder sobre as editoras. Os monopsônios do Google sobre buscas, anúncios e vídeos se traduzem em predominância sobre vários domínios culturais, afetando diretamente artistas, gravadoras, compositores, editores de música, jornalistas e editores de notícias. Segundo mostra William Deresiewicz em *The Death of the Artist*, "se você só consegue vender seu produto para uma única entidade, essa entidade não é seu cliente; é seu chefe".[29]

Os perigos do monopsônio foram pela primeira vez percebidos — e assim denominados — pela economista Joan Robinson, que atuava na Universidade de Cambridge nos anos 1930. Em seu livro pioneiro *The Economics of Imperfect Competition*, a autora argumentava que o monopsônio punha mais em risco os trabalhadores, uma vez que os empregadores eram os mais propensos a terem níveis monopsonistas de poder. Entretanto, outros fornecedores também poderiam ser afetados. De fato, originalmente a legislação antitruste dos Estados Unidos era, em grande parte, uma resposta ao poder de monopsônio, criado depois que os agricultores se cansaram de ser explorados por operadores de elevadores de grãos e pelos frigoríficos.[30]

Embora tenhamos sido claramente alertados sobre os perigos do monopsônio, economistas e órgãos reguladores negligenciaram consideravelmente a questão do excesso de poder de compra durante a era da Escola de Chicago.[31]

Peter Carstensen — cujo livro publicado em 2017 se aprofunda nas características singulares do monopsônio — afirma que o monopsônio é, no mínimo, tão grave quanto o monopólio, mas, por motivos que voltaremos a mencionar, "seu abuso é inerentemente mais difícil de controlar".[32]

Por serem compradores muito poderosos, os monopsonistas conseguem fazer com que o valor pago aos trabalhadores e fornecedores fique abaixo daquele que seria pago em um mercado competitivo.[33] Para acionistas de empresas, isso traz os mesmos benefícios que o aumento dos preços ao consumidor — melhores margens de lucro! — e tem muito menos probabilidade de atrair o escrutínio indesejado dos órgãos reguladores. De fato, o pensamento da Escola de Chicago praticamente *convida* as empresas a pressionar fornecedores e trabalhadores. Uma empresa que faz isso reduz o custo dos insumos, o que pode resultar (ao menos temporariamente) em preços mais baixos, aparentemente promovendo o bem-estar do consumidor. Jeff Bezos entende isso perfeitamente — é o que ele diz em seu famoso aforismo: "Sua margem é minha oportunidade".[34] Obviamente, isso ignora o fato de que esses trabalhadores e fornecedores terão menos dinheiro para gastar, o que tem o mesmo efeito que o aumento dos preços, pois as pessoas têm menos condições de pagar pelos serviços e bens de que precisam. Depois de gastar bilhões no projeto pessoal de se lançar ao espaço, Bezos agradeceu aos funcionários e clientes da Amazon, salientando que eles "pagaram por tudo isso".[35] Ele estava certo, e muitos deles, sem dúvida, enfrentaram dificuldades de alimentação, moradia e saúde como resultado.

Atropelar a concorrência pode ser um jogo de longo prazo. Os negócios do tipo anticompetitivo investem os lucros na ampliação e no aprofundamento de suas fortificações contra a concorrência. A Amazon somente obteve lucro anual dez anos após o início de suas atividades e, mesmo agora, suas margens são muito pequenas. O Spotify tem perdido dinheiro todos os anos desde seu lançamento. Mas, mesmo assim, o preço de suas ações disparou porque os investidores perceberam quão habilmente eles estão asfixiando seus mercados. Uma vez que a concorrência for suficientemente eliminada, essas margens engordarão e serão usadas para persuadir os legisladores a fazer vista grossa ou aprovar regulamentações que consagrem seu predomínio.

Depois de um período de estiagem que durou uma geração, o antitruste finalmente voltou à pauta — em *grande* estilo. O público está cada vez mais indignado com a forma como as pessoas e as corporações mais ricas estão bloqueando as ações sobre os problemas mais urgentes da sociedade, incluindo a emergência climática, a brutalidade policial, a desigualdade de riqueza, o enfraquecimento da democracia e a captura regulatória. Pela primeira vez, o Congresso dos Estados Unidos começou a investigar seriamente o domínio das Big Techs [grandes empresas de tecnologia], especialmente seu poder sobre os fornecedores. Mas ainda mal começamos a nos dar conta da situação em que nos encontramos.

Há muita discussão sobre o que é (e o que deveria ser) considerado um monopólio ou um monopsônio para os propósitos da legislação antritruste.

Atualmente, a aplicação dessa lei se baseia em infrações altamente técnicas muito difíceis de serem comprovadas até muito depois de uma empresa ter causado danos terríveis, momento em que ela é provavelmente tão poderosa a ponto de dificultar a aplicação da lei!

Uma crescente coligação de interesses contrários a esse poder corporativo concentrado defende que devemos nos afastar do padrão de bem-estar do consumidor e retornar às raízes do antitruste, interpretando a lei de modo que abranja metas mais amplas de interesse público, como a dispersão do poder econômico e a promoção da justiça. O presidente Joe Biden se posicionou favoravelmente ao movimento e expediu uma ordem executiva determinando que a FTC fiscalizasse a concentração corporativa de modo que proteja "a autonomia e a privacidade do consumidor", vinculando explicitamente o antitruste a preocupações que vão além de garantir que os preços permaneçam baixos.[36] Os críticos rebateram, dizendo que afastar-se do padrão de bem-estar do consumidor trará mais prejuízos do que soluções, reduzindo a certeza e tornando a lei mais difícil de ser aplicada.[37]

Concordamos que há uma necessidade urgente de reformar a lei e a aplicação da lei antitruste e claramente criticaremos as abordagens existentes ao longo das próximas páginas. Mas não se deve depender exclusivamente dessa lei para fazer *todo* o trabalho pesado. Neste livro, analisamos, em primeiro lugar, como se forma o gargalo que permite que as corporações extraiam mais do que sua justa cota de valor. Muitas vezes, como iremos demonstrar, há estruturas legais além do antitruste que contribuem substancialmente para o acúmulo de grande poder corporativo. Por exemplo, a Amazon asfixia as editoras ao fazer o encadeamento de títulos de audiolivros e e-books com *locks* [bloqueios] digitais cuja remoção é ilegal. (Isso pode parecer benéfico para os autores e editoras, mas, como mostraremos no próximo capítulo, tem sido crucial para tirar seu poder.) O Spotify faz o mesmo com artistas e gravadoras através da *playlistification* [listagem de reprodução], que nos treina de modo que deixe que ela decida por nós o que vamos escutar, e mediante contratos de licença de música maliciosamente complexos redigidos de modo que mantenha os concorrentes fora do mercado. A Apple e o Google têm o poder de impedir que os desenvolvedores de jogos controlem onde obtemos o software para nossos celulares. O Facebook e o Google asfixiaram o mercado de publicidade em notícias controlando todos os lados do mercado de anúncios.

Os economistas da Escola de Chicago veem os monopólios como inerentemente autodestrutivos, alegando que as condições de monopólio sempre acabam atraindo rapidamente novos participantes que irão desgastar gradualmente esse domínio.[38] Afinal, se um enorme complexo de escritórios oferecer um único restaurante onde almoçar, é natural que *food trucks* comecem a aparecer no térreo.

Mas nem sempre é tão simples assim. Como seria se os órgãos reguladores aprovassem novas normas de segurança alimentar que o restaurante, graças à sua cozinha bem equipada, conseguiria cumprir, mas não os *food trucks*? (As grandes empresas preferem o poder sem responsabilidade, mas aceitam o poder *com* responsabilidade como segunda opção.) E se o proprietário do restaurante pudesse desligar os elevadores na hora do almoço, fazendo com que descer as escadas seja tão inconveniente que a maioria prefira comer ali mesmo? E se eles comprassem os *food trucks* que vendessem as melhores comidas só para fechá-los? E se o restaurante pudesse tornar ilegal o estacionamento de *food trucks* no local?

Na realidade, isso é o que está acontecendo nas empresas do setor cultural. As falhas na legislação antitruste são, em última instância, o motivo pelo qual acabamos tendo corporações tão perigosamente poderosas. No entanto, há muitos outros suportes legais que também possibilitam esse acúmulo de poder corporativo concentrado. Embora as empresas que controlam o setor cultural muitas vezes se apresentem como inovadores disruptivos, elas devem seu domínio a complexas redes de direitos legais, intimidação corporativa e captura regulatória. Obviamente, as empresas tentarão criar gargalos anticompetitivos para derrotar a concorrência, conforme exigido pelo suposto dever dos executivos corporativos de atender aos interesses dos acionistas acima de tudo, incluindo justiça social, dignidade econômica e o meio ambiente. Deveríamos, porém, exigir um ambiente favorável aos trabalhadores e às pequenas empresas, com foco na remoção dos suportes jurídicos que permitem que as corporações capturem uma cota injusta de valor, mesmo que não atinjam os altos limites que justificam a intervenção antitruste.

Capitalismo sem concorrência não é capitalismo de verdade; é uma "economia de comando" estruturada em torno dos caprichos das diretorias corporativas. É claro que a incapacidade do capitalismo de manter as condições essenciais necessárias para seu funcionamento suscita discussões se ele deve ser substituído por completo. Mas enquanto o capitalismo continuar sendo *de fato* o sistema econômico e político dominante, devemos fazer tudo o que pudermos para promover condições competitivas, evitando que aqueles que já têm riqueza e poder continuem extraindo cada vez mais.

Essa noção abre novos caminhos para a reforma. Uma das razões pelas quais a legislação antitruste tem critérios tão rigorosos (incluindo a definição de "poder do mercado", tão difícil de satisfazer que simplesmente deter a maior parte do mercado nem sempre é suficiente para se qualificar como tal!) é porque os órgãos reguladores procuram evitar "falsos positivos" — ou seja, intervenções que possam fazer com que os mercados funcionem com menos eficácia. O receio dos reguladores é de que eles possam coibir corporações que dominem simplesmente por serem mais eficientes, beneficiando empresas rivais que são administradas com menos habilidade, elevando assim os preços que os consumidores têm de pagar. Os reguladores antitruste também precisam ser cautelosos porque, como veremos mais adiante, suas soluções podem ser incrivelmente demoradas e caras de se aplicar, o que obriga a não impô-las levianamente.

Mas já que estamos interessados em identificar e eliminar os outros suportes jurídicos que possibilitam a formação de gargalos, podemos nos permitir uma interpretação mais abrangente do termo "poder". A boa prática da lei antitruste pode exigir que o poder corporativo se concentre até atingir um nível estratosférico de dano (embora tenhamos fortes dúvidas de que isso seja verdade!), mas isso não significa que não devamos intervir contra outras patologias que levam à concentração. Afinal, a lei deve promover o interesse público, não ser usada para subvertê-lo. E, fundamentalmente, mesmo quando a origem do gargalo anticompetitivo parece ser algo que se enquadra diretamente no domínio da legislação antitruste — como o tipo de integração horizontal e vertical que permitiu que corporações como Google, Facebook e Live Nation obtivessem tanto poder — ainda há espaço para soluções de como enfrentá-lo *fora* do limitado conjunto de ferramentas da lei antitruste.

Esse aspecto anticompetitivo não é, de forma alguma, exclusividade do setor cultural. Para onde quer que se olhe, há empresas tentando criar as condições que lhes garantirão uma parcela desproporcional do valor do trabalho de outras pessoas — entre elas, Uber, Facebook, Monsanto, Google, Perdue Farms e John Deere. Mas ele se difunde especialmente no mercado de trabalho do setor de criação, onde as corporações têm demonstrado uma engenhosidade especial para encontrar maneiras de se infiltrar entre o público e os produtores culturais a fim de capturar o valor que flui entre eles. Isso torna as empresas do setor cultural um microcosmo ideal para explorar esse fenômeno.

Também é a lente certa por outros motivos. O mais óbvio é que a cultura nos enriquece ao interpretar a experiência humana e o mundo em que vivemos. E informação e cultura são as bases sobre as quais o edifício das Big Techs é construído. "Quando paramos para pensar sobre o assunto, é impressionante perceber como a arte e a cultura continuam sendo essenciais para a economia digital, mesmo quando a maior parte do dinheiro que circula por aí vai para empresas multibilionárias que não investem muito em nenhuma delas", aponta Astra Taylor em *The People's Platform*. "A arte e a cultura são elementos em torno dos quais os anúncios são comercializados, a isca que faz com que os usuários exponham suas preferências ao clicar nesses anúncios para que seus dados possam ser coletados".[39] Bilhões em lucros fluem para empresas como Google, Amazon e Apple todos os anos às custas de profissionais de criação. Não é possível entender o domínio dessas empresas sem entender como elas o alcançaram.

Alguns insistem que as "plataformas" em si são o problema — e o fato de termos mencionado o Google, a Amazon e a Apple anteriormente pode reforçar essa impressão. Mas simplesmente culpar as "plataformas" é interpretar incorretamente o problema e obscurecer suas causas reais. Não existe uma única definição correta de "plataforma", e há grandes diferenças entre, por exemplo, *marketplaces* multifacetados que vendem produtos diferentes para grupos diferentes de clientes (como quando a Amazon vende livros aos consumidores e, ao mesmo tempo, vende acesso ao espaço de exibição Premium e publicidade às editoras) e aqueles que predominantemente agregam listagens (como, por exemplo, o Google faz com a busca). Mesmo que nos concentremos especificamente nesses *marketplaces* multifacetados, não nos ajuda muito a identificar o que há de problemático nessa estrutura. Afinal de contas, como salienta Orla Lynskey, a televisão por assinatura e os jornais são igualmente "multifacetados".[40] Não pode ser apenas o fato de essas plataformas serem online que faz a diferença.

De fato, sabemos que não é. As plataformas geralmente se distinguem dos negócios tradicionais do tipo *pipeline*, que têm produtores em uma extremidade e consumidores na outra.[41] Mas isso também cria gargalos anticompetitivos, como quando as gravadoras e editoras musicais acumulam grandes reservas de direitos autorais e as utilizam para obter o máximo de valor para si mesmas, ao tempo que impedem que os criadores consigam melhores contratos. O problema não está no tipo de negócio, mas na capacidade de criar mercados estilo ampulheta, com clientes desembolsando dinheiro em uma ponta, fornecedores e trabalhadores criando valor na outra e um pequeno número de rentistas predatórios controlando o acesso no meio. Criadores ganham pouco com a cultura que produzem não por causa das plataformas em si — mesmo que as plataformas tecnológicas *sejam* as principais culpadas no momento — mas porque suas cadeias de abastecimento são colonizadas por corporações poderosas que cooptam a maior parte de seu valor.

Os profissionais do setor de criação também devem ser observados, pois são os canários na mina de carvão. Há muito medo, alimentado pela mídia, de que os robôs assumam empregos manuais. Mas você já assistiu a um vídeo de um robô tentando realizar até mesmo uma tarefa física simples, como abrir uma porta ou subir escadas? Ainda não há muitos trabalhos manuais que possam ser substituídos por robôs. Já os profissionais administrativos e intelectuais *deveriam* ficar nervosos. Em 2020, centenas de milhões entre as pessoas mais bem pagas do planeta demonstraram, em um súbito experimento radical, que seus trabalhos poderiam ser feitos de casa sem nenhum problema. Isso fez com que uma bomba atômica social fosse acionada.

Se é possível fazer esses trabalhos em casa, é possível fazê-los estando nas Filipinas, na Estônia ou em qualquer outro lugar com uma conexão de internet razoavelmente estável. Tudo o que diferencia esse alto escalão de trabalhadores são vinte anos de socialização e desenvolvimento de habilidades. Agora que começamos a adquiri-las online, a transição para um mercado de trabalho quase farsesco já começou.

Será que as corporações cada vez mais gigantescas nos permitirão manter nossos salários, condições e empregos quando o mercado de trabalho se tornar geograficamente ilimitado? Claro que não. Organizamos a sociedade em torno do princípio de que os únicos deveres dos executivos corporativos são com seus investidores, o que significa que, quando há uma oportunidade de tornar um investidor mais rico e, ao mesmo tempo, deixar um funcionário ou cliente infeliz, os gerentes alegam que são legalmente obrigados a ficar do lado do investidor (desde que a infelicidade não prejudique o retorno trimestral desse investidor). Combine o foco borkiano no bem-estar do consumidor com o dogma neoliberal de que o único objetivo de uma empresa é maximizar o valor para o acionista e você terá uma combinação tóxica que coloca as grandes corporações contra seus trabalhadores a fim de obter valor para o investidor no curto prazo. Ter um diploma universitário pomposo não impede que você lute na guerra do capital contra o trabalho. Se seu trabalho puder ser feito de forma boa o suficiente e mais barata por outra pessoa, ele será feito.

O atual mercado de trabalho do setor de criação nos dá um vislumbre de como poderá ser um mercado de trabalho geograficamente não limitado. Os monopsônios são sempre ruins para os trabalhadores, mas os trabalhadores do setor de criação têm se mostrado particularmente vulneráveis. A teoria econômica neoclássica pressupõe que, quando os salários caem em relação ao que está disponível em outro lugar, os trabalhadores migram para outros empregos (e até mesmo fisicamente) em busca de melhores oportunidades, o que acaba levando a uma falta de oferta de mão de obra que faz com que os preços dessa mão de obra voltem a subir.

No entanto, apesar dos endêmicos baixos salários, o setor artístico se caracteriza por um *excesso de oferta* de mão de obra.[42] Isso ocorre porque as pessoas estão dispostas a fornecer mão de obra criativa por um preço mais baixo daquele que cobrariam por outros tipos de trabalho. É por isso que o Screen Actors Guild [Sindicato dos Atores de Cinema] tem de proibir formalmente os membros de aceitarem trabalhos que não estejam de acordo com os requisitos mínimos do grêmio: "A única maneira de fazer com que os atores superem a tentação de trabalhar por um valor abaixo da escala é firmar um compromisso coletivo de punir uns aos outros se o fizerem".[43]

Poucos se dispõem a passar doze horas em uma linha de montagem ou a lidar com registros contábeis sem serem pagos por seu trabalho. Entretanto, os seres humanos *são* motivados a criar, mesmo quando não há perspectiva de retorno financeiro. A economista especializada em cultura, professora Ruth Towse, que passou sua carreira analisando mercados de trabalho de criação, documentou como as corporações "pegam carona" no desejo humano de criar, explorando o excesso de oferta de mão de obra e as condições precárias de trabalho comuns aos mercados de trabalho artístico para garantir a maior parte dos benefícios financeiros para si mesmas.[44] E não são apenas escritores, músicos e artistas os explorados: editores, contadores, profissionais de marketing e administradores em todos os campos da criação são igualmente movidos pela paixão, o que os torna dispostos a contribuir com seu trabalho por menos do que poderiam obter em outro lugar. Isso não se deve necessariamente ao fato de eles trabalharem para empresas predatórias. Mas quando a Amazon sufoca financeiramente as editoras, por exemplo, essas editoras precisam economizar de outra forma. Naturalmente, eles encontram uma maneira de guardar dinheiro nos custos da mão de obra — "a parte mais elástica e maleável das despesas de uma empresa".[45]

Os profissionais do setor criativo têm trabalhado por preços baixos há décadas porque não há outra opção. O caminho que estamos trilhando, na direção de uma concentração corporativa cada vez maior, erradicará da mesma forma a escolha de um número cada vez maior de trabalhadores. Essa economia anticompetitiva já pressiona agricultores, trabalhadores autônomos e estudantes universitários. Se não tomarmos medidas urgentes, um número cada vez maior de pessoas se juntará a eles.

Os profissionais de criação sabem que o setor cultural está em apuros. São informados, de várias maneiras, que a solução é mais proteção aos direitos autorais, ou filtros na internet para evitar violações, ou bloqueios mais fortes no conteúdo digital. Muitos têm investido energia em campanhas para essas três vertentes, muitas vezes incitados por ricos representantes do setor que têm como principal objetivo promover os interesses dos poderosos detentores de direitos autorais em detrimento dos interesses daqueles que realmente criam.

Quase todas as lutas que os criadores têm travado para tentar obter uma participação mais justa têm levado a mais do mesmo: cada vez menos empresas de entretenimento, vendendo para cada vez menos distribuidores (cada vez mais controlados pelas Big Techs), com muito dinheiro sendo transferido para os investidores e muito pouco para eles.

E se isso tudo estiver apenas piorando as coisas? E se o poder excessivo sobre profissionais e fornecedores, o tipo de poder que surge quando um pequeno número de corporações poderosas controla gargalos anticompetitivos cruciais, for, na verdade, o principal problema enfrentado hoje pelos profissionais de criação?

Acreditamos que assim seja. Se estivermos certos, faz sentido que ferramentas como mais direitos autorais, filtros de internet e melhores bloqueios de acesso não façam diferença significativa na capacidade dos criadores de participar dos rendimentos de seu trabalho. Na verdade, dar mais direitos autorais aos criadores que estão lutando contra compradores poderosos é como dar mais dinheiro ao seu filho que sofre *bullying* para comprar lanche. Os valentões que roubam o dinheiro dele todos os dias também irão levar essa quantia adicional. O resultado? Eles agora terão dinheiro suficiente para subornar o diretor da escola para que faça vista grossa e seu filho continuará passando fome no intervalo.

Antes de podermos corrigir um problema, precisamos entender suas causas. Para isso, a primeira metade deste livro se aprofunda em algumas das muitas maneiras pelas quais a concorrência é sufocada dentro dos mercados culturais. Nosso foco são os responsáveis pela extração de valor de maior êxito — a Amazon para livros, o Google e o Facebook para notícias, o YouTube para vídeos online, a iHeartMedia para rádio, a Live Nation para ingressos e eventos ao vivo, as Big Three para gravadoras e o Spotify para *streaming*, as três grandes agências de talentos de Hollywood para roteiros [também Big Three] e a Apple e o Google para tudo o que é portátil.

Cada uma dessas corporações tem seu próprio *flywheel* anticompetitivo, projetado para criar gargalos que lhes permitem capturar uma cota indevida de valor. Suas ferramentas diferem — com uma dependência em combinações de efeitos de rede, labirintos de licenciamento, controle regulatório, integração horizontal e vertical, altos custos de transferência, autopreferências e agregação industrial de direitos autorais — mas todas buscam alcançar os mesmos objetivos: aprisionar os usuários e os fornecedores, tornar os mercados hostis a novos operadores e, por fim, usar a falta de escolha resultante para forçar profissionais e fornecedores a aceitar preços insustentavelmente baixos. Assim como a Amazon, seu objetivo é forçar os mercados a assumirem o formato de ampulheta: trabalhadores e fornecedores em uma extremidade, consumidores na outra e corporações predatórias apertando o pescoço.

Uma vez que tenhamos aberto a cortina sobre as estratégias que essas corporações usam para conquistar os mercados culturais, a segunda metade do livro abordará o que podemos fazer para *recuperá-los*. É claro que isso incluirá o fortalecimento da lei antitruste e a aplicação efetiva da lei que já está em vigor. Além disso, entretanto, propomos uma teoria de mudança fundamentada na solidariedade e na ação sistêmica, com foco nas ferramentas distintas disponíveis para os profissionais de criação — como interoperabilidade, salários mínimos para o trabalho criativo, proteções contratuais, ação coletiva e titularidade, e direitos de transparência — capazes de ajudar a remover esses gargalos anticompetitivos e contribuir para nivelar o campo de atuação.

Embora Rebecca seja australiana e Cory seja canadense, concentramos nossa discussão na situação dos Estados Unidos, onde está sediada grande parte dos maiores negociantes de cultura do mundo (embora não todos). Deixaram que crescessem sem controle e agora representam um problema sério para o mundo todo. Mas também incorporamos perspectivas de outros lugares, especialmente ao pensarmos em como o campo de jogo pode ser nivelado. Embora nosso foco esteja diretamente nas indústrias criativas, esperamos que ativistas e acadêmicos de outras áreas se envolvam nessa conversa, conscientizando sobre as maneiras pelas quais os gargalos anticompetitivos estão permitindo que profissionais de outras áreas também sejam atingidos.

Para aqueles que trabalham ou se preocupam com o futuro da cultura, este livro tem o objetivo de inspirar novas alianças e modos de pensar. Se não forem controladas, as Big Techs e as Big Contents [grandes empresas de conteúdo] criarão posições que manterão os acionistas de ambos os setores felizes às custas de todos os demais. Em vez de dar nosso apoio a qualquer gigante empresarial que nos dê migalhas, precisamos pensar em como combater seu predomínio. Isso significa analisar quem tem poder, de onde ele vem, como é exercido e como os efeitos se propagam em cada ecossistema cultural. E, fundamentalmente, significa que os profissionais de criação deverão forjar novas coalizões — inclusive entre si, com trabalhadores de outros setores, com bibliotecas, museus, galerias e arquivos. Também com o público que ama suas criações. Mas, antes de chegarmos a isso, precisamos primeiro convencer você de que o problema são os gargalos anticompetitivos. Vamos lá.

CAPÍTULO 2

AMAZON E O CONTROLE DO MERCADO DE LIVROS

A Amazon domina *todo* o varejo online, então é fácil esquecer que ela começou com livros. Quando a Amazon foi lançada em 1994, era o tipo de negócio para o qual Warren Buffett nem sequer teria olhado. A empresa não tinha fossos para manter os concorrentes afastados. Apenas vendia livros online, competindo com lojas de bairro e com as grandes lojas físicas. Seu método, que consistia em receber pedidos e atendê-los por meio de dois distribuidores atacadistas, era o mesmo de outros vendedores online que já estavam no mercado. Os efeitos de rede eram fracos — você não tinha vantagens por comprar na Amazon só porque sua irmã ou seus amigos faziam o mesmo e, como os livros são os mesmos em todo lugar, não havia nenhum motivo específico para você comprar lá em vez de em outra loja.

A empresa também não tinha economias de escala. De fato, no início, a Amazon não conseguia nem mesmo atender ao pedido mínimo de dez livros que os distribuidores exigiam para o envio. Jeff Bezos se vangloria de ter contornado esse problema encomendando o livro que eles queriam e mais nove cópias de um livro obscuro sobre líquens, já esgotado, enganando os distribuidores para que o enviassem mesmo assim.[1] É verdade — o negócio da Amazon se baseou, desde o início, em reduzir as margens de lucro de terceiros para aumentar as suas próprias. Atualmente, a Amazon domina o mercado de livros comerciais, vendendo mais de 50% das cópias físicas nos Estados Unidos e mais ainda de livros eletrônicos e audiolivros. A partir de 2020, segundo o Authors Guild [Sindicato de Autores] dos Estados Unidos, ela controlará mais de 80% das vendas de algumas editoras.[2]

Desde o início, o plano era que a Amazon fosse uma loja "de tudo", mas Bezos tinha bons motivos para começar com livros.[3] A estrutura do setor deu à empresa espaço para se expandir rapidamente: os clientes pagavam assim que faziam o pedido, mas a Amazon só precisava acertar o pagamento com os distribuidores a cada dois meses. A estratégia era vender livros por um preço quase de custo, "crescer rapidamente" e resolver o resto a partir daí.

E deu certo. Com ampla variedade e preços baixos, a empresa rapidamente conquistou uma fatia do mercado e se tornou um dos mais importantes compradores de publicações comerciais.

Inicialmente, as editoras enxergavam a Amazon como um equilíbrio bem-vindo a um mercado de livros perigosamente consolidado. As livrarias Barnes & Noble e a Borders haviam comprado a maioria das cadeias menores e arrancavam descontos cada vez maiores do setor editorial. Enquanto isso, o "mercado de massa" — supermercados, farmácias e outros varejistas que não eram livrarias e que costumavam vender a maior parte da ficção popular e de outros gêneros — passava por um processo de extinção em massa, já que os grandes varejistas, como Walmart e Costco, levaram muitos varejistas independentes à falência. Soma-se a isso uma concentração semelhante no atacado, à medida que centenas de distribuidores locais de livros foram reduzidos a três empresas nacionais (agora há apenas uma!), e terá um setor cujo lado vendedor vai ficando nas mãos de um número cada vez menor.

No entanto, à medida que a Amazon se expandia, ficava cada vez mais claro que ela era capaz de todas as crueldades dos distribuidores e das grandes lojas — e mais algumas. Um dos primeiros grandes indícios da atitude da Amazon em relação ao setor editorial foi o Projeto Gazelle, um esquema criado para manipular pequenas editoras para obter condições cada vez melhores. Brad Stone, autor de *The Everything Store*, explica que o nome veio de uma sugestão de Bezos "de que a Amazon deveria abordar essas pequenas editoras da mesma forma que um guepardo persegue uma gazela doente".[4] A empresa usava os dados das vendas para descobrir quais delas eram mais dependentes da Amazon e, em seguida, iniciava negociações sobre os termos com os quais a gigante poderia permitir que elas sobrevivessem.

A empresa exigia pagamentos cooperativos — taxas de posicionamento de produtos para exibição destacada no site e para que tivessem prioridade nos algoritmos de recomendação. As recomendações da Amazon não promovem os livros com maior probabilidade de compra pelos leitores, mas aqueles cujas editoras pagaram: "As editoras sabiam que deixariam de ser favorecidas pelos algoritmos de recomendação do site se não obedecessem".[5]

Dennis Johnson, fundador da Melville House Publishing, reagiu. Depois que a Amazon exigiu pagamentos cooperativos sem sequer revelar quantos títulos da Melville House haviam sido vendidos no site, Johnson levou a história para a mídia. A retaliação viria poucas horas depois de se tornar pública: os botões "Comprar" foram removidos de todos os livros da Melville House na Amazon.[6]

Uma característica importante e pouco reconhecida do poder de monopsônio é que ele pode surgir em concentrações muito menores do que o monopólio: um comprador responsável por apenas 10 ou 20% das vendas de um produtor pode ter um poder substancial.[7] Na época em que isso foi feito, a Amazon representava apenas 8% das vendas da Melville House, mas foi o suficiente para forçar Johnson a ceder. "Paguei a propina e os livros reapareceram".[8] Ele não tinha escolha porque, se a Amazon não quisesse comprar esses livros, nenhum outro comprador poderia entrar em cena para compensar a falta. Para serem competitivos de forma viável, os produtores normalmente precisam ter acesso a *pelo menos* cinco compradores importantes.[9] Como mostraremos ao longo deste livro, os setores de criação estão agora tão concentrados que poucos produtores têm esse tipo de escolha.

As táticas de intimidação da Amazon fizeram com que as gazelas se submetessem docilmente, o que acabou permitindo que a Amazon aumentasse o desconto efetivo que recebe sobre os livros de pequenas editoras para cerca de 60%.[10] O fundador da Smashwords, Mark Coker, diz que não há razão para pensar que eles vão parar por aí. "Uma vez que eles têm controle sobre você, obrigam-no a esticar o braço e doar mais sangue todo ano".[11] Hoje, essas mesmas táticas vêm sendo implementadas em todos os negócios da Amazon. A publicidade adicionou um enorme valor de US$ 22 bilhões aos resultados financeiros da Amazon somente em 2020, algo que só é possível porque ela ocupa o gargalo anticompetitivo entre compradores e vendedores. Como afirmou o jornalista e especialista em antitruste Barry Lynn, "a Amazon consegue vender tanto o acesso ao mercado quanto a proteção contra seu próprio comportamento agressivo".[12]

À medida que as margens das editoras iam sendo espremidas, o mesmo ocorria com as partes mais atomizadas da cadeia: escritores, livreiros independentes e, é claro, funcionários de editoras, incluindo executivos, que eram demitidos e transformados em freelancers.

Também se acelerou a tendência à consolidação que já estava em andamento. A partir dos anos 1980, praticamente todas as editoras comerciais de médio porte nos EUA foram absorvidas por empresas maiores, que foram se fundindo cada vez mais até que o campo passou a ser dominado por um punhado de mega editoras. Mas até mesmo seu tamanho colossal acabou não sendo um baluarte contra o poder da Amazon, já que até os grandes tinham dificuldades para resistir à predação. Uma das mais públicas e prolongadas batalhas foi travada em 2014, quando a Hachette precisou renovar o contrato de fornecimento. Ao longo de seis meses de negociações, a Amazon removeu o mecanismo de pré-venda dos principais lançamentos da Hachette, atrasou o envio dos livros em estoque por semanas, aumentou os preços e até recomendou livros de outras editoras. Sem alternativas, a Hachette foi forçada a ceder.

Mas não sinta *muita* pena das maiores editoras. Elas já têm os maiores fundos de catálogos e economias de escala, ambos fortalecendo sua lucratividade em relação a outras editoras. Além disso, elas também têm mais poder de negociação, o que significa que conseguem manter alguns preciosos pontos percentuais a mais de margem do que seus rivais menores. Assim, as táticas da Amazon não apenas extraem uma parcela cada vez maior dos lucros dos livros; elas ativamente inclinam o campo de jogo competitivo em favor das maiores empresas.

As pequenas editoras acabam ficando com apenas 40% depois que a Amazon extrai sua parte, e essa quantia tem que custear quase tudo: o autor, a editora e os profissionais responsáveis pela edição; também os administradores que lidam com metadados, os contadores que processam os royalties, os vendedores que colocam os livros nas lojas, a equipe que vende os direitos no exterior, os designers de capa e a equipe de marketing e, é claro, impressão, envio e iluminação do escritório. Alguns desses custos são fixos. Então, o que vai acontecer? Como explica Carstensen, especialista em monopsônio, quando as empresas são forçadas a conceder descontos maiores aos compradores mais poderosos, elas tendem a conseguir dinheiro "exercendo poder sobre os trabalhadores de modo que reduzem ainda mais os salários e outros investimentos no local de trabalho".[13] Em outras palavras, no fim, são os autores e outros profissionais da cultura que pagam pelas margens mais altas da Amazon.

Vemos essa realidade nos adiantamentos, que caíram pela metade desde a crise financeira global de 2007-2008. E também a vemos no crescente papel dos agentes literários, para os quais as editoras transferem cada vez mais os custos de fazer negócios. Cada vez mais, os agentes são encarregados de trabalhos que antes eram de responsabilidade de editoras e executivos, incluindo a seleção inicial de manuscritos, o trabalho com os autores para refiná-los e o suporte durante o processo editorial. Eles são pagos pelos autores — 15% da sua própria participação decrescente.

Em outras palavras, a Amazon subjuga as editoras e, por sua vez, as editoras subjugam seus funcionários e autores. É mais fácil praticar esse tipo de assalto nos setores de criação do que em outros, uma vez que os autores e outros profissionais das artes são fortemente motivados por considerações não financeiras. As paixões das pessoas são instrumentalizadas para facilitar sua própria exploração. É por isso que o simples fato de conceder mais direitos autorais a criadores não ajuda de fato, *a menos que isso seja acompanhado de formas de garantir o valor desses direitos*. Quanto mais os autores tiverem para dar, mais as editoras — e, em última instância, a Amazon — terão para tomar.

É claro que, quanto mais a Amazon leva, mais difícil é para qualquer outra empresa competir. Ao conseguir descontos maiores, ela consegue atrair mais clientes oferecendo preços mais baixos e, depois, usar esses clientes para arrancar sempre mais concessões. Eis o *flywheel* anticompetitivo em ação. Sua agressividade em nada deveria surpreender. Bezos sinalizou suas intenções logo no início, quando brincou com a possibilidade de chamar sua empresa de *relentless* [implacável]. Ainda hoje, se você acessar relentless.com, será direcionado para o site da Amazon.

AS EDITORAS ENTREGARAM AS CHAVES DO CASTELO

O controle da Amazon sobre o mercado de livros físicos não seria um problema tão grande se as editoras tivessem conseguido acompanhar os mercados emergentes de livros eletrônicos e audiolivros. Eles têm um enorme potencial de lucro, pois, depois que os custos editoriais e de produção do livro impresso são recuperados, a distribuição digital quase não tem custos de produção. Não há custos de impressão nem de envio e não há o risco de que os livreiros devolvam as cópias não vendidas pagando um alto custo em troca de um reembolso total — uma característica de longa data do mercado de livros físicos, onde também era prática comum que os livros de bolso do "mercado de massa" fossem destruídos em vez de devolvidos, sendo que suas capas arrancadas ("descascadas") eram devolvidas em troca de um crédito total para as editoras. Mas as editoras foram passadas para trás. As vendas de e-books e audiolivros também foram capturadas pela Amazon, cujos encargos sugam grande parte dessa margem atualmente.

No início dos anos 2000, o negócio de venda de CDs da Amazon foi destruído pelo iPod e pelo iTunes da Apple, que criou e depois dominou o mercado de download de músicas. Sabendo do poder dessa jogada, a Amazon decidiu criar um dispositivo que lhe permitisse dominar o setor de livros, da mesma forma que o iPod permitiu que a Apple dominasse a música. A missão era clara: Bezos disse ao executivo encarregado de desenvolver seu leitor de e-books que "procedesse como se seu objetivo fosse desempregar todos aqueles que vendem livros físicos".[14]

A chave para alcançar esse objetivo são as regras anticircunvenção, que passaram a ser exigidas pela primeira vez em 1996 por meio de dois tratados internacionais de direitos autorais.[15] Desenvolvidas em resposta aos temores dos detentores de direitos de que a facilidade de cópia e distribuição proporcionada pela internet pudesse destruir seus modelos de negócios, os tratados exigem que os países membros proíbam o descumprimento de medidas tecnológicas projetadas para proteger contra a violação de direitos autorais. Essas medidas, geralmente chamadas de "gerenciamento de direitos digitais" (DRM), destinam-se a proteger contra cópias não autorizadas e, de fato, os redatores do tratado limitaram cuidadosamente o escopo da obrigação apenas a isso por meio do Tratado de Direitos Autorais da Organização Mundial da Propriedade Intelectual (OMPI), especificando expressamente que a obrigação não "vai além do escopo dos direitos autorais".[16] Mas essa limitação foi quase universalmente ignorada pelos países que implementaram o tratado. A versão para os EUA, contida na seção 1201 da Lei de Direitos Autorais do Milênio Digital (DMCA), torna crime — passível de punição com uma sentença de cinco anos de prisão e uma multa de US$ 500.000 para a primeira infração — violar um *software lock* [bloqueio de software] cujo acesso a uma obra protegida por direitos autorais seja restrito. Essa medida é mais ampla do que a exigida, pois não faz distinção entre a violação de *lock* para fins legais ou ilegais. Em vez disso, uma vez que exista um *lock* que controle o acesso a uma obra protegida por direitos autorais, o próprio *lock* se torna sagrado.

Essa implementação excessivamente ampla alterou radicalmente o equilíbrio de poder no setor de entretenimento. Significava que qualquer empresa que criasse uma plataforma de entretenimento se tornaria o único árbitro sobre se e como os clientes, os concorrentes *e até mesmo o proprietário dos direitos autorais* poderiam alterar o funcionamento dos *locks*.

Podemos ver o poder dessa mudança na aquisição do mercado de download de músicas pela Apple. As principais gravadoras insistiam, desde o início, que a Apple aplicasse DRM aos downloads de música. Abalados pela febre do compartilhamento de arquivos *peer-to-peer* gratuitamente, processo iniciado pelo Napster, eles queriam garantias de que as músicas baixadas legalmente não chegariam ao mercado clandestino. Mas o DRM nunca impediu a pirataria de músicas: em parte, porque as músicas podem ser facilmente extraídas de CDs e compartilhadas e em parte porque qualquer *lock* pode ser removido. No entanto, isso teve outro efeito: impôs aos clientes a obrigação de ouvir música com produtos fabricados ou autorizados pela Apple.

A Apple se recusou a licenciar sua tecnologia de DRM para potenciais concorrentes, o que implicava que as pessoas que compravam músicas no iTunes só pudessem reproduzi-las em dispositivos da Apple.[17] Isso ocorreu, é claro, graças à seção 1201 da DMCA, que proibia a remoção do DRM para reprodução dos arquivos em outros dispositivos. Para aqueles que haviam construído bibliotecas no iTunes, isso aumentava o custo da migração para uma marca alternativa, já que teriam que recomprar todo o conteúdo, deixando-os menos propensos a migrar (para deixar claro, a lei de direitos autorais permite que você reproduza suas músicas em dispositivos diferentes daquele para o qual foram originalmente vendidas, mas como a Apple não licenciou sua própria tecnologia DRM, os clientes ficaram encurralados). Quando o RealMedia lançou um software que permitia que as pessoas reproduzissem músicas protegidas por DRM de uma loja diferente nos iPods, a Apple acusou-o de praticar *hacking*, ameaçou-o com um processo judicial nos termos da DMCA e desativou o software. Essas estratégias deram resultado. Em cinco anos, a Apple controlava 88% do mercado legal de downloads,[18] e rapidamente se tornou a principal varejista de música nos Estados Unidos, superando até mesmo o Walmart.[19] Ao insistir no DRM, as gravadoras fizeram de Steve Jobs um poderoso guardião entre elas e seus clientes

A única maneira de retomar esse controle era por meio da concorrência, e a única maneira pela qual os concorrentes poderiam vender músicas aos usuários da Apple era se elas não tivessem DRM. Então foi isso o que aconteceu. Reconhecendo tardiamente que, quando os consumidores compram um pão de forma, eles querem ter a liberdade de "colocá-lo em qualquer torradeira",[20] o setor fonográfico apostou alto em uma nova loja para o download de músicas sem DRM, a ser lançada em setembro de 2007 por ninguém menos que a Amazon — que alardeou seu compromisso em liberar o mundo da música distribuindo camisetas com o slogan DRM: Don't Restrict Me [DRM: Não Me Restrinja].[21] Logo depois, o DRM foi abandonado por todos os principais vendedores de música, inclusive a Apple. Naquela época, porém, o roteiro já havia sido escrito, mostrando como o DRM conseguia converter uma vantagem de mercado temporária (que dura apenas enquanto você é a melhor opção) em uma vantagem duradoura, ainda que seus clientes prefiram ir a outro lugar.

As editoras de livros estariam em uma posição muito diferente hoje se tivessem prestado atenção quando tudo isso estava acontecendo. Infelizmente, não estavam. Elas disseram à Amazon que estavam dispostas a permitir que ela vendesse seus títulos no formato e-book, mas apenas sob a condição de que eles fossem protegidos com DRM. Com isso, entregaram à Amazon as chaves do castelo.

A Amazon entendeu que, embora o DRM seja o inimigo quando você está tentando quebrar o monopólio alheio, ele é seu melhor amigo quando está tentando criar o seu próprio monopólio. A loja Kindle de livros eletrônicos, lançada poucas semanas depois que a Amazon apresentou sua coleção de músicas sem DRM, derrubando a Apple, tinha exatamente o mesmo tipo de DRM que permitiu que a Apple se tornasse tão poderosa no mercado de download de músicas. Todos os livros estavam atrelados à plataforma da Amazon. A Amazon não permitia nem mesmo que as editoras que quisessem lançar seus títulos sem DRM pudessem fazê-lo. Os intransigentes, como a editora de informática O'Reilly, que entendia o perigo, não obtiveram permissão para lançar seus títulos como e-books sem DRM na plataforma da Amazon até que a supremacia do Kindle fosse estabelecida com segurança.[22]

As editoras também cometeram outro erro crítico logo no início. A Amazon estava pressionando-as para que digitalizassem grande parte de seus catálogos e que o fizessem rapidamente ou então corriam o risco de serem rebaixadas nos resultados de pesquisa e nas recomendações dos clientes.[23] As editoras correram para fazer os investimentos exigidos por seu maior comprador, mas, na pressa, esqueceram-se de perguntar: por quanto a Amazon pretendia vender esses títulos digitalizados? Só descobriram isso 17 minutos após o lançamento do Kindle, em novembro de 2007, quando Bezos anunciou que os e-books mais populares e os novos lançamentos custariam US$ 9,99 — por volta de um terço do preço normal cobrado pelos livros físicos nos Estados Unidos.[24] Isso explicava a urgência: a Amazon precisava que as editoras digitalizassem e licenciassem seus catálogos antes de descobrir o que ela pretendia.

As editoras ficaram tão chocadas quanto a Amazon previu que ficariam. Suas vendas mais lucrativas eram de livros físicos em capa dura (*hardcovers*), vendidos no varejo por cerca de US$ 26, e temiam que os e-books de US$ 9,99 pudessem canibalizar essas vendas e influenciar negativamente a percepção dos clientes sobre o valor dos livros. Também se preocupavam com o fato de que os e-books baratos afastariam os clientes das cópias físicas, ameaçando a viabilidade contínua das livrarias físicas e dando à Amazon ainda mais poder do que já tinha.

A US$ 9,99 por exemplar, a Amazon de fato perdia dinheiro quase sempre que vendia um livro, mas estava disposta a fazer isso para asfixiar o mercado. O agente literário Andrew Wylie analisa a estratégia: "O que Bezos quer é derrubar o preço de varejo o mínimo que puder — um dólar e noventa e nove, até mesmo noventa e nove centavos. Essa é a jogada da Apple — o que queremos é tráfego em nosso dispositivo e faremos qualquer coisa para obtê-lo".[25] O padrão de bem-estar do consumidor da lei antitruste incentiva essas táticas, uma vez que, a curto prazo, elas reduzem os preços. Essa lei não se preocupa com o que pode acontecer no futuro, quando as editoras e os autores não puderem pagar as contas.

A aposta valeu a pena. Em dois anos, 90% do mercado de livros eletrônicos estava sob o controle da Amazon. As editoras descobriram que os leitores que haviam acumulado bibliotecas com seus livros favoritos não estavam interessados em migrar para plataformas concorrentes onde não os conseguiriam lê-los. Para manter suas bibliotecas intactas, era preciso continuar comprando da Amazon.[26] Em outras palavras, ao proteger esses livros com DRM, a Amazon conseguiu converter uma vantagem temporária de mercado em um gargalo anticompetitivo duradouro.

A seção 1201 do DMCA garante que a Amazon é a única com o direito de remover seus *software locks*. Embora a disposição anticircunvenção faça parte da lei de direitos autorais e tenha sido ostensivamente criada para proteger os proprietários de direitos autorais, esses mesmos proprietários não têm o direito de remover os *locks* de seu próprio conteúdo. Se a Hachette, por exemplo, contornasse o DRM incluindo-o em seus próprios livros e migrasse seus leitores para uma plataforma menos abusiva, incorreria em responsabilidade civil e criminal por isso. Mesmo que a Hachette conseguisse persuadir um tribunal de que deveria ter o direito de remover os *locks* da Amazon de seus próprios livros, acabariam sendo removidos os *locks* de todas as outras editoras também — e isso certamente seria ilegal. E se quisesse escanear as contas Kindle dos leitores para localizar seus próprios livros a fim de entregar novas cópias em um aplicativo diferente, enfrentaria uma resistência feroz da Amazon, respaldada pela força da lei: os termos de serviço da Amazon proíbem o compartilhamento das senhas que possibilitariam esse procedimento e as grandes empresas argumentam veementemente que tais violações infringem a Lei de Fraude e Abuso Informático (Computer Fraud and Abuse Act), um estatuto da era Reagan redigido de forma ambígua. Mesmo sem isso, a Hachette talvez não se atreva a tomar tal atitude. Embora seja uma das maiores editoras do mundo, ainda assim depende da Amazon para sobreviver. Como mostramos nas páginas anteriores, a Hachette aprendeu a dolorosa lição de que a Amazon retaliará com força qualquer ameaça a seus interesses.

Ao usar o DRM para aumentar os custos de migração a um patamar que faz com que poucos leitores tenham interesse em buscar outro lugar, a Amazon também mantém as editoras aprisionadas. A elegância desse fosso é que ele é "autoescavado": quanto mais e-books os leitores compram, mais largo e mais difícil de transpor o fosso se torna. A estratégia era óbvia para autores como Charlie Stross já em 2012: "Ao insistir insensatamente no DRM e depois vender para a Amazon no atacado, as editoras entregaram à Amazon o monopólio sobre seus clientes — e, assim, deram poder a um monopsônio predatório".[27]

Quando as editoras perceberam a armadilha em que haviam caído, ficaram desesperadas para sair. A Amazon exigia concessões cada vez maiores à medida que seu controle sobre o mercado de livros físicos se tornava mais firme e as editoras sabiam que ela faria o mesmo com os e-books. Também temiam que a Amazon pudesse "desintermediá-los" totalmente da equação, negociando os direitos diretamente com autores e agentes e vendendo livros diretamente ao público.[28] Como demonstraremos, foi exatamente isso o que aconteceu!

As editoras se focaram em elevar o preço de US$ 9,99, o que, segundo elas, desvalorizava seus produtos, enfraquecia as vendas físicas e ameaçava a viabilidade dos vendedores que não eram da Amazon. Nesse momento, as livrarias independentes começaram a desaparecer rapidamente, desgastadas por décadas de luta contra as grandes lojas e, depois, contra a gigante online.

A salvação (ou assim pensavam as editoras!) viria por meio da Apple, que estava prestes a lançar seu iPad e desejava criar uma livraria compatível. Trabalhando em conjunto, a gigante da tecnologia e cinco das seis grandes editoras da época (Hachette, HarperCollins, Macmillan, Penguin e Simon & Schuster, com exceção da Random House, a maior de todas) criaram um modelo diferente. Em vez de vender e-books no atacado, as editoras definiriam seus próprios preços, e a Apple receberia uma comissão de 30% sobre o valor que viesse a ser estabelecido. Esse modelo é chamado de *agency pricing* [preço de agenciamento], ao qual a Amazon se opôs veementemente, pois tiraria dela o poder de definir preços. Embora a Apple também insistisse em limites de preço, ela estava disposta a permitir que a maioria dos livros fosse vendida por até US$ 14,99 — 50% a mais do que o preço da Amazon. As editoras esperavam que isso revalorizasse os livros aos olhos dos consumidores e aliviasse parte da pressão sobre as livrarias físicas.

Os termos do acordo mostram o desespero das editoras. No modelo antigo, elas estavam vendendo e-books para a Amazon pelo mesmo preço de atacado dos livros físicos, embolsando cerca de US$ 13,00 sem ter que arcar com os custos de produção e distribuição impressa. Com o modelo de agenciamento, as editoras poderiam fazer com que os consumidores pagassem US$ 14,99, mas, depois de pagar 30% de comissão, ficariam com apenas US$ 10,50. Em outras palavras, as editoras estavam tão determinadas a fazer com que o preço aumentasse para o consumidor que concordaram em aceitar um valor substancialmente menor. O fato de terem conspirado para ganhar menos dinheiro mostra quão profundo era o medo que tinham das consequências se os descontos da Amazon persistissem.

Embora a Apple não tivesse problemas com o fato de os consumidores pagarem preços mais altos, também não estava disposta a ser subcotada. Por isso, fez com que as editoras garantissem que a Apple poderia vender seus livros pelo menor preço de varejo do mercado. Se a Amazon continuasse a vendê-los por

US$ 9,99, a Apple também poderia vendê-los por US$ 9,99 — e ainda receber seus 30% de comissão.

A Apple adorava esse acordo porque garantia uma grande margem e eliminava a concorrência de preços. Para as editoras, significava que elas não tinham outra opção a não ser migrar todos os seus varejistas de e-books para contratos de agenciamento. O motivo era que, se a Amazon continuasse vendendo pelos mesmos preços e a Apple igualasse os preços da Amazon (como o contrato permitia), as editoras acabariam recebendo menos de sete dólares por venda — ou seja, menos da metade do que estavam recebendo da Amazon. Fazendo o pacto em conjunto, as principais editoras garantiam que apresentariam à Amazon uma frente unida, necessária para forçá-la a adotar o novo modelo. Isso era inerente ao plano. Nem mesmo a maior editora acreditava que poderia forçar a mão da Amazon sozinha.

A Amazon ficou sabendo do acordo pouco antes de os contratos com a Apple serem assinados de fato. Ela retaliou imediatamente, anunciando que os autores que se autopublicassem via Kindle receberiam, a partir de então, 70% de royalties no mercado dos EUA, aproximadamente o dobro da fatia anterior.[29] Esse era o empurrão para a desintermediação que as editoras temiam. As editoras tradicionais geralmente pagam aos autores cerca de 10% sobre as cópias físicas e 25% sobre os e-books, e elas sabiam que 70% de royalties atrairiam alguns de seus autores mais lucrativos.

No entanto, as cinco das seis grandes editoras prosseguiram e assinaram os contratos de agenciamento com a Apple. O diretor executivo da Macmillan, John Sargent, foi o primeiro a admitir a mudança, e a Amazon retaliou imediatamente, removendo os botões "comprar" de todos os títulos da Macmillan — impressos e eletrônicos — prejudicando a principal fonte de vendas da Macmillan.[30]

Mas quando ficou claro que quase todas as grandes editoras haviam agido em conjunto, a Amazon teve que admitir a derrota. Pouco tempo depois, a Amazon aderiu, com relutância, aos contratos de agenciamento exigidos pelas editoras. Elas estavam certas: agindo em conjunto, eram fortes o suficiente para superar o domínio da Amazon. A era dos best-sellers a US$ 9,99 havia terminado.

No entanto, a alegria das editoras durou pouco. Em sua ânsia de se livrar do controle da Amazon, esqueceram um detalhe importante. A lei antitruste dos Estados Unidos foi consideravelmente neutralizada, mas fazer conluio para aumentar os preços para o consumidor ainda é uma típica violação. De fato, o padrão de bem-estar do consumidor tornou-se a principal norma a ser realmente aplicada. A Amazon reclamou com a Comissão Federal de Comércio e o Departamento de Justiça tomou medidas contra os envolvidos.

As editoras sentiram-se ultrajadas: como *elas* poderiam ser responsabilizadas por conduta anticompetitiva quando só fizeram aquilo para neutralizar o ataque da própria Amazon? Mas é assim que as coisas funcionam atualmente. A teoria antitruste da Escola de Chicago não apenas permite que as empresas se tornem muito grandes, mas também que esmague os trabalhadores independentes que buscam se unir para fazer valer seus direitos coletivamente. A lei tem uma cláusula de isenção que exime os funcionários de responsabilidade na maioria dos tipos de organização, mas ela não se aplica a trabalhadores temporários e outros contratados independentes. Se tais trabalhadores tentarem se unir contra um comprador poderoso para fazer valer coletivamente seus direitos, eles serão responsabilizados por violar a lei antitruste, mas isso não acontece com a empresa que os está espremendo. Os caminhoneiros do Porto de Los Angeles descobriram isso da pior maneira possível quando tentaram se sindicalizar, simplesmente para que os órgãos reguladores os acusassem de conluio ilegal a fim de fixar o preço da mão de obra.[31]

Essas regras são o motivo pelo qual organizações como o Sindicato de Autores não conseguem unir escritores independentes. Elas garantem que quanto mais atomizado o trabalho se torna — e portanto com mais necessidade de uma ação coletiva para protegê-lo — maior a probabilidade de que uma união para exigir melhor tratamento seja contra a lei. (Trataremos desse assunto mais detalhadamente no capítulo sobre ação coletiva).

O juiz não se interessou pelos protestos das editoras que diziam apenas estar tentando nivelar o campo de jogo com a Amazon: "A suposta violação das leis antitruste por outra empresa não é uma desculpa para praticar suas próprias violações da lei".[32] No final, as editoras foram obrigadas a fazer um acordo de US$ 166 milhões. A Apple ficou com o ônus de mais US$ 450 milhões.

A primeira vista, o erro das editoras foi fixar explicitamente os preços, em vez de participar discretamente de uma não concorrência estratégica. O conluio do tipo "acena e pisca", em que as empresas coordenam o comportamento observando e respondendo às ações de seus concorrentes, pode ter os mesmos resultados que a fixação direta de preços e quase nunca é objeto de processos judiciais.[33] O conluio tácito não é eficaz para organizar grandes grupos, mas funciona bem em mercados altamente concentrados, nos quais o número finito de participantes permite rastrear facilmente o que os outros estão planejando fazer. Isso dá aos monopsonistas mais uma vantagem: quando fornecedores e trabalhadores se organizam para melhorar seus resultados, são ameaçados judicialmente, mas quando se organizam tacitamente junto com seus grandes concorrentes, é quase certo que não haverá problema.

Se a Penguin, por exemplo, tivesse sinalizado publicamente para o mercado que estava cogitando adotar um modelo de agenciamento e ficasse atenta às respostas (públicas) de seus concorrentes, poderia ter alcançado o mesmo objetivo sem adição dos enormes gastos e da humilhação pública.

As sanções impostas pelo tribunal contra as editoras e contra a Apple resultaram em uma ligeira modificação no modelo de agenciamento, mas assim que as ordens judiciais expiraram, o modelo de agenciamento voltou definitivamente. Random House, a única grande editora que se recusou a participar do arranjo, inicialmente permaneceu em termos de atacado com a Amazon e buscou um acordo semelhante com a Apple. Mas à Apple somente interessava um contrato de agenciamento, o que efetivamente afastava a Random House do mercado lucrativo e em rápido crescimento dos leitores de iPhone e iPad. A Random House tentou criar seu próprio aplicativo, mas a Apple se recusou a aprová-lo. Assim como a Amazon se tornou uma barreira entre as editoras e os leitores, a Apple se tornou uma barreira entre os desenvolvedores de aplicativos e os usuários. Isso forçou a Random House a finalmente fechar seu próprio contrato de agenciamento com a Apple em 2011, cerca de um ano depois dos outros grandes participantes.[34]

Embora o setor editorial tenha conseguido implementar sua mudança em termos de agenciamento, isso fez pouco para reduzir o poder de mercado da Amazon. Desde 2018, segundo estimativas da Bloomberg, a Amazon controla 89% do mercado de e-books, com a Apple ficando com apenas 6,3% e menos de 5% sendo distribuídos entre todos os demais.[35] Temos que nos basear em tais estimativas porque a Amazon se recusa a divulgar os dados de vendas de e-books, parte de sua conhecida mania de sigilo.

A Amazon também se recusa a revelar o tamanho do mercado de autopublicação, embora esse mercado tenha explodido desde que ela aumentou os royalties para 70%. Sabemos que cerca de metade dos livros mais vendidos nos gêneros romance, fantasia e ficção científica são atualmente autopublicados,[36] e, segundo uma estimativa, os títulos autopublicados representam até dois terços do volume de compras de e-books dos consumidores dos Estados Unidos.[37] Ocasionalmente, no entanto, a Amazon lança pistas tentadoras: por exemplo, mais de mil autores independentes ganharam mais de US$ 100.000 em royalties em 2020, e "outros milhares" ganharam pelo menos US$ 50.000.[38] Alguns escritores autopublicados, como LJ Ross e Hugh Howey, já venderam milhões de cópias sem o envolvimento de editoras. Howey conseguiu alavancar essas vendas em um contrato de publicação tradicional e, ao mesmo tempo, manter os direitos de seus e-books, o que é o melhor dos dois mundos. Trata-se de uma rara exceção: é praticamente inédito que os autores detenham seus direitos sobre livros eletrônicos em contratos com qualquer editora, muito menos com uma das maiores.

Os livros autopublicados tendem a ser vendidos por um preço muito menor do que os títulos publicados de forma tradicional — geralmente na faixa de US$ 3 a US$ 5. Isso se deve a políticas da Amazon, que só permite aqueles polpudos 70% de royalties para livros com preços entre US$ 2,99 e US$ 9,99.

Apesar de tudo o que as editoras tentaram fazer para aumentar o preço dos e-books, a Amazon ainda conseguiu reduzi-los. Essa é uma boa notícia para os leitores preocupados com o preço e, sem dúvida, ajuda a democratizar a leitura e o acesso aos livros. E é excelente para os autores que podem encontrar um público na plataforma, incluindo os milhares de escritores que ganham uma renda de classe média, o que as editoras tradicionais têm cada vez mais dificuldade em oferecer.[39] Mas é claro que esse fenômeno será temporário: os gestores da Amazon não dão aos autores uma participação tão grande porque se preocupam com eles, mas sim como um meio de enfraquecer as editoras tradicionais. Uma vez que eles tiverem feito isso e esses autores não tiverem outras opções, também serão extorquidos.

Já tivemos o primeiro vislumbre disso, quando a Amazon tentou monopolizar o mercado de impressão sob demanda, exigindo que os autores autopublicados usassem seu serviço interno. Em um raro exemplo em que a lei antitruste dos EUA realmente serviu para ajudar uma pequena empresa contra uma grande, a Amazon foi forçada a abandonar o estratagema depois que uma pequena editora lançou uma ação coletiva contra ela.[40]

O DRM não apenas permitiu que a Amazon assumisse um controle rígido sobre os e-books, mas também sobre os audiolivros. O áudio foi o formato de publicação que mais cresceu na última década e agora é um mercado multibilionário que se tornou tão importante para as editoras comerciais quanto os livros físicos.

O principal produtor e distribuidor de audiolivros é a Audible, que a Amazon comprou apenas três meses depois de lançar sua loja Kindle. Na época, a Audible tinha seu próprio DRM, e a Amazon prometeu que se livraria dele se os clientes reclamassem.[41] Mas o DRM de seus audiolivros continua vigente até hoje, apesar de protestos consistentes e em alto e bom som. Os audiolivros da Apple também são protegidos por DRM.

Quem é o beneficiário dessa proteção? Não são as editoras nem os autores. A Random House abandonou a obrigatoriedade do DRM em 2008, mas quando publicou o audiolivro do romance de Cory, *Little Brother*, tanto a Amazon (Audible) quanto a Apple se recusaram a vendê-lo sem DRM.[42] Como ele não permitiu a aplicação de DRM, o livro simplesmente não pôde ser disponibilizado para os milhões de usuários de audiolivros que estavam atrelados a esses dois principais provedores de audiolivros. É impossível dizer exatamente quanto isso custou a Cory, mas seu agente diz que é o suficiente para pagar a hipoteca de sua casa em Los Angeles — cálculo obtido comparando os livros de Cory com outros autores que seu agente representa.

A Random House não é a única editora a reconhecer o DRM como uma armadilha. Em 2018, uma grande coalizão de editoras licenciou o Google para lançar uma loja de audiolivros sem DRM com uma variedade quase tão abrangente quanto a da Audible.[43] Isso mostrou que eles não viam mais o DRM como algo que atendia a seus interesses, embora a proteção de seus direitos autorais fosse o objetivo principal de tornar a circunvenção ilegal em primeiro lugar. Mas a Amazon e a Apple ainda insistem no DRM porque ele ajuda a manter seu poder sobre os mesmos detentores de direitos autorais que supostamente deveria proteger.

A Amazon, essencialmente, não é apenas uma poderosa compradora de livros. Ela também é concorrente direta das editoras, graças às suas próprias marcas editoriais, ao mercado de autopublicação e às suas produções audíveis. Os dados que ela coleta dos concorrentes lhe dão uma enorme vantagem. Ela dispõe de informações em tempo real sobre os títulos físicos, digitais e de audiolivros de praticamente todas as editoras do planeta e pode ver exatamente o desempenho de cada um em todas as plataformas de propriedade da Amazon. Em contrapartida, as editoras individuais dispõem apenas de informações limitadas e defasadas sobre as vendas de seus próprios títulos, um quadro cada vez mais incompleto do que está acontecendo no espaço dos e-books e quase nenhuma informação sobre áudio. Sem intervenção, é difícil imaginar o *flywheel* da Amazon desacelerando.

CRESÇA RAPIDAMENTE

Bezos criou o slogan "Get Big Fast" [Cresça Rapidamente] porque sabia que o tamanho era crucial para conseguir preços cada vez mais baixos dos fornecedores.[44] As editoras tentaram reagir ao poder da Amazon fazendo exatamente a mesma coisa, acelerando a campanha de fusões e aquisições que já durava décadas para se consolidar em um número cada vez menor de empresas maiores, todas tentando publicar livros cada vez maiores (como as memórias de Barack e Michelle Obama, para as quais a Penguin Random House adiantou a surpreendente quantia de US$ 65 milhões). Essa tendência para o "grande" ajuda a explicar a jogada da Penguin Random House para absorver a Simon & Schuster. Matt Stoller descreve a fusão como "defensiva, uma tentativa de ganhar poder de barganha contra um livreiro monopolista". Esse tipo de integração de produtores é uma resposta compreensível diante de compradores excessivamente poderosos, especialmente porque a lei antitruste impede que empresas separadas se unam para criar um poder compensatório. No entanto, causa problemas indiretos para fornecedores e trabalhadores. Como diz Stoller, "não é justo que os autores sejam obrigados a vender nos termos estabelecidos por editoras cada vez mais poderosas, mas essa dinâmica é impulsionada por uma situação muito mais injusta, a de que as editoras estão tendo que lidar com a impiedosa e trilionária Amazon".[45]

A crescente mentalidade de "best-seller" contribui para a vulnerabilidade das editoras independentes de serem absorvidas. Os varejistas do mercado de massa só estocam os títulos para os quais preveem êxito e os mercados online amplificam os títulos que se movimentam mais rapidamente. Isso resulta em "um ciclo tão autorrealizável que é quase tautológico: os mais vendidos vendem mais porque são os mais vendidos".[46] Como resultado, de acordo com o analista literário Mike Shatzkin, "as editoras de médio porte não conseguem mais se sustentar. Elas não conseguem competir pelos títulos realmente grandes, então são compradas".[47]

Até mesmo as maiores editoras estão se fundindo umas com as outras. Por incrível que pareça, a Penguin e a Random House (as duas maiores editoras comerciais do mundo) conseguiram permissão para se fundir em 2013, criando um colosso de escala inimaginável, que agora pertence totalmente ao conglomerado privado alemão Bertelsmann. Essa gigante está agora buscando persuadir os órgãos reguladores a deixá-la engolir a Simon & Schuster, uma das maiores editoras ainda existentes no mundo.

À medida que as editoras vão engolindo outras e sendo engolidas, elas procuram recuperar as perdas sofridas para a Amazon com os ganhos extraídos de escritores e bibliotecas. Os escritores têm tido menos poder, talvez, para negociar os termos de seus contratos do que nunca, sendo constantemente obrigados a ceder seus direitos mundiais para o idioma inglês, os direitos para áudio e até mesmo os direitos para histórias em quadrinhos, tudo de uma só vez. As bibliotecas, por sua vez, têm enfrentado custos crescentes e condições onerosas para os materiais eletrônicos que compram das principais editoras, mesmo quando os materiais eletrônicos representam uma parcela cada vez maior de suas coleções. Por muito tempo, a Amazon se recusou a licenciar os títulos que publica para bibliotecas, independentemente dos termos. Em 2020, no entanto, como a pandemia da COVID-19 trouxe à tona a importância crucial do acesso remoto a livros, alguns estados dos EUA aprovaram leis para exigir que as editoras licenciassem títulos para bibliotecas em termos razoáveis, e a Amazon foi finalmente forçada a ceder. Algumas editoras, como a Hachette, disponibilizam seus livros para bibliotecas norte-americanas, mas se recusam a licenciá-los para bibliotecas do Reino Unido, da Austrália e da Nova Zelândia, independentemente dos termos. Em outras palavras, à medida que mais e mais valor é desviado para o topo da cadeia alimentar, há menos e menos para todos os demais.

Embora a Amazon tenha começado com livros, esse nunca foi seu principal objetivo. Desde o início, ela planejava usar os livros que procurávamos e comprávamos para coletar dados a nosso respeito a fim de nos vender ainda mais coisas e, se possível, dominar o mundo.[48] Os e-books foram perfeitos para a mentalidade extrativista da Amazon, porque eles têm um custo maior em termos de privacidade do que os títulos físicos jamais teriam. A Amazon sabe o que pesquisamos, o que lemos e o que ouvimos, além de quando e por quanto tempo. Essa "inteligência de mercado acionável" permite que ela roube autores de outras editoras, comercialize seus próprios títulos entre os leitores e faça a venda cruzada de itens que não são livros. A combinação de vigilância e integração vertical significa que a Amazon supera em muito as editoras e outros varejistas, consolidando seu domínio e dando-lhe mais oportunidades de espionar os leitores.

Esse é o verdadeiro cerne do "capitalismo de vigilância" — não a ideia de que as Big Techs usam *data-mining* [mineração de dados] e *machine learning* [aprendizagem automática] para criar sistemas de controle mental que driblam nossas faculdades críticas e nos induzem a comprar o que eles querem vender. Na verdade, as Big Techs abusam do poder de monopólio para impedir que tenhamos escolha, limitando o que podemos comprar, redirecionando nossas buscas para ocultar os produtos dos rivais e prendendo-nos por meio de *lock-ins* ao seu ecossistema com tecnologias que não podemos alterar sem correr o risco de sermos condenados a uma longa pena de prisão.[49]

A Amazon rastreia as frases que sublinhamos, as palavras que procuramos e quem mais está lendo no mesmo endereço. Isso tudo permite que ela deduza as informações mais íntimas sobre nossas vidas: se estamos lutando com nossa identidade de gênero ou sexualidade, se achamos que nosso parceiro está nos traindo ou se estamos deprimidos, se estamos com problemas financeiros ou lutando para engravidar ou pensando em pedir demissão. As bibliotecas públicas têm algumas dessas mesmas informações e as protegem ferozmente. Mas a Amazon as usa para alimentar uma máquina insaciável, projetada para extrair o máximo de lucro. Se você, como leitor, não se sente à vontade com isso, é uma pena: o DRM torna ilegal que você leia ou escute os livros que comprou em plataformas livres de vigilância.

Mas nossa exposição individual e a comoditização são apenas o começo dos danos causados. A Amazon usou os livros para extrair dados sobre os consumidores e usou esses dados para, aos poucos, dominar todo o resto. Os dados que surgiram dos livros físicos e, mais tarde, dos e-books e audiolivros, alimentaram esse *flywheel* que lhe dava cada vez mais informações, o que lhe permitia atrair cada vez mais clientes e cada vez mais produtos e que, em última análise, acabou lhe dando o poder de pressionar seus fornecedores e trabalhadores até praticamente asfixiá-los.

Não há razão para acreditar que esse *flywheel* desacelerará sem intervenção. O dinheiro que a Amazon extrai ao longo de toda a cadeia de suprimentos financia sua famosa *kill zone* [zona da morte]. Qualquer pessoa que entrar no território da Amazon (ou do Facebook, Google e outros gigantes) sabe que será comprada ou destruída. A Amazon jogou fora US$ 200 milhões em um único mês ao perseguir a empresa por trás do site diapers.com, primeiro enfraquecendo-a ao surrupiar seus clientes oferecendo preços incrivelmente baixos, depois adquirindo-a por uma fração do valor anterior. Então, a Amazon fechou sua nova aquisição e voltou a aumentar os próprios preços.[50]

Foi uma maneira cara de conquistar o mercado de fraldas, mas uma maneira barata de ensinar a todos os demais a se manterem longe do caminho da Amazon. Ninguém se esqueceu da lição. Os investidores de risco geralmente se recusam a financiar empresas que possam interferir no território dos gigantes,[51] o que resulta em uma inovação comprovadamente menor nesses espaços.[52] A Amazon Web Services (AWS), divisão que controla quase metade da infraestrutura de nuvem pública do mundo, também oferece uma visão panorâmica das novas empresas emergentes, o que permite detectar antecipadamente ameaças e dificulta ainda mais que concorrentes em potencial alcancem a escala necessária para competir.

A esta altura, já sabemos que a história do sapo na panela de água fervente é apócrifa: eles realmente pulam fora assim que sentem um calor desconfortável.[53] As editoras também teriam saído se a Amazon não tivesse conseguido usar seu DRM em livros e audiolivros, além de suas licenças de direitos autorais em resenhas, como uma tampa para mantê-las dentro da panela. Sem esse poder, a Amazon talvez nunca tivesse alcançado o domínio que a tornou tão essencial para terceiros venderem por meio de sua plataforma, que tornou o Prime tão atraente e que alimentou uma enorme *kill zone* da qual os concorrentes tiveram que se afastar.

Atualmente, a maioria das editoras ainda exige que o DRM seja aplicado aos seus livros para Kindle, embora isso não impeça a pirataria da mesma forma que o DRM não impedia a pirataria de música do iTunes. Ferramentas de software disponíveis em larga escala podem removê-lo em microssegundos. A Amazon agora permite que editoras e autores autopublicados optem individualmente pela exclusão, porque não há mais risco para sua posição: enquanto a maioria dos livros estiver em *lock-in*, a maioria dos clientes também estarão presos. Agora que a tampa está fechada, a Amazon continua se fortalecendo enquanto seus concorrentes, fornecedores e funcionários se enfraquecem. Não é assim que as coisas deveriam funcionar. Os lucros supracompetitivos criados por monopólios e monopsônios supostamente atrairiam novos participantes que os eliminariam da concorrência. Mas isso não funciona quando damos de presente a empresas poderosas maneiras de converter suas vantagens temporárias de mercado em defesas duradouras respaldadas por leis.

O DRM não está sendo usado apenas pela Amazon. O tamanho dos computadores encolheu tanto que estão integrados à estrutura de todos os aparelhos, ferramentas e tecnologias em nossas vidas, e todos eles executam algum software, que é restrito por direitos autorais e ao qual se aplica a DMCA. Como a lei não faz distinção entre o *lock-breaking* [quebra de bloqueio] para fins legais e ilegais, tudo o que as empresas precisam fazer é acrescentar uma fina camada de DRM que tem que ser driblada para que o cliente consiga fazer qualquer coisa que comprometa seus lucros. A General Motors usa DRM para impedir que mecânicos independentes diagnostiquem problemas em seus carros. A Volkswagen usava esse recurso para evitar que pesquisadores independentes descobrissem que eles estavam fraudando os testes de emissões. A Philips o utiliza para garantir que você compre apenas lâmpadas Philips para instalar nos soquetes Philips. A HP o utilizou para instalar uma bomba-relógio em suas impressoras, que impedia a impressão com cartuchos que tivessem sido recarregados ou fornecidos por terceiros. Uma patente da Johnson & Johnson planeja usar DRM para forçar pessoas com pâncreas artificial a comprar insulina patenteada. A John Deere emprega seu DRM para impedir que os agricultores consertem seus próprios tratores. Fabricantes de urnas eletrônicas o utilizam para impedir que investigadores na área de segurança publiquem informações sobre vulnerabilidades críticas.[54]

Nada disso tem a ver com a aplicação de direitos autorais. Na verdade, a DMCA cria uma nova *cause of action* [causa *petendi*] — crime de violação ao modelo de negócios — disponível para qualquer um que possa usar software para controlar o que você faz com as coisas que possui. E isso tem sido exportado globalmente. Desde o Projeto de Lei C-32 do Canadá até o artigo 6 da Diretiva de Direitos Autorais da União Europeia, países de todo o mundo têm imposto proibições de longo alcance à quebra de DRM. Isso dá às corporações o poder de criar suas próprias leis privadas e fazer com que elas sejam aplicadas por tribunais e pela polícia. A Amazon não é o único monopsonista a tirar proveito da lei anticircunvenção para consolidar seu domínio; o Google, o Facebook e a Apple fazem a mesma coisa. É fundamental abordar essa questão para quebrar o poder desses gigantes e evitar que as do futuro usem DRM para obter mais do que sua parte justa.

CAPÍTULO 3

COMO AS NOTÍCIAS FICARAM RUINS

Em 1995, um autodenominado "nerd com habilidades sociais limitadas" começou a enviar e-mails para alertar as pessoas sobre eventos de arte e tecnologia em São Francisco. No início, os e-mails eram direcionados a apenas dez ou doze pessoas, mas cada vez mais gente pedia para ser adicionada à lista. As pessoas começaram a questionar se ele poderia divulgar eventualmente uma vaga de emprego ou um apartamento. Virou uma bola de neve. Em dois anos, a lista de e-mails havia se transformado em um site com um milhão de acessos por mês, conectando compradores a vendedores de diversos serviços e mercadorias. Chamava-se Craigslist.

O Craigslist era (e ainda é!) totalmente diferente dos sites hipercapitalistas e cheios de vigilância aos quais estamos aprisionados hoje em dia. Sem anúncios e sem firulas, o interesse nunca foi maximizar o lucro. Seu fundador, Craig Newmark, rejeitou desde o início a propaganda em troca de pequenas taxas para empregadores que publicavam anúncios de emprego em algumas cidades. A empresa tem como foco dar aos clientes o que eles querem, em vez de sugá-los pelo valor de sua atenção.

Essa abordagem há muito tempo confunde o pessoal da tecnologia que surfava rumo ao status de bilionário, incluindo o cofundador do Stubhub, Eric Baker. Ele estimou que, somente em 2005, o Craigslist poderia ter tido um faturamento de mais de meio bilhão de dólares se tivesse se disposto a monetizar totalmente sua base de usuários (embora essa estimativa tenha sido criticada desde então por ser extremamente exagerada). "O Craigslist tem em mãos o potencial de ser uma mina de ouro em termos de faturamento, só precisa abandonar seu Manifesto Comunista". Mas o CEO da Craigslist, Jim Buckmaster, sempre descreveu o site como um serviço público. "Não nos interessa vender nossos usuários para tentar ficar insanamente ricos".[1]

Embora o Craigslist nunca tenha gerado muito dinheiro, ela acabou absorvendo receitas que antes eram destinadas a jornais e revistas. Os usuários deixaram claro sua preferência: diante da opção de pagar muito menos (geralmente nada) para atingir um público muito maior, eles abandonaram maciçamente os classificados dos jornais locais. Um estudo acadêmico estimou que o Craigslist custou aos jornais locais mais de US$ 5 bilhões em receita entre 2000 e 2007.[2]

Depois, surgiram todos os outros mercados online. Muitos dos anúncios mais lucrativos, principalmente de itens de alto valor, como carros e imóveis, foram parar em sites especializados. E sites de leilão, como o eBay, conectaram compradores e vendedores de forma mais rápida e eficiente do que os jornais conseguiriam. Esse foi um grande golpe para os jornais locais que dependiam em grande parte dos classificados para pagar suas contas.

No entanto, é importante ressaltar que isso faz parte de um declínio mais antigo. As receitas de anúncios impressos foram consumidas pelo crescente setor de TV desde a década de 1950. Elas também foram afetadas pela mesma falta de escrutínio das fusões que temos lamentado repetidamente. A intensa consolidação no varejo significava que havia cada vez menos compradores para os anúncios de página inteira que anteriormente exibiam supermercados, lojas de departamento e lojas locais de artigos esportivos. Por ter ficado vulnerável, o setor de notícias dos EUA tornou-se um dos pioneiros da engenharia financeira suja, de aquisições financiadas por dívidas e de decisões comerciais questionáveis. No início da era neoliberal, os jornais foram alvo de aquisições alavancadas, em que um fundo de Wall Street convence um banco a emprestar-lhe dinheiro para comprar uma empresa, usando a empresa que está comprando como garantia. É como comprar a casa de seu vizinho hipotecando-a — sem a permissão de seu vizinho.

Algumas empresas adquiridas por meio de aquisições alavancadas enfrentavam dificuldades antes de a aquisição, mas todas enfrentam dificuldades após a aquisição. Afinal, depois que a empresa é adquirida, ela passa a ter uma nova e enorme carga de dívida: o dinheiro que foi emprestado com base em seus ativos para pagar a aquisição. Os novos proprietários normalmente celebram a compra pagando a si mesmos enormes dividendos especiais e esvaziando os cofres da empresa e, em seguida, passam a encontrar "eficiências" que a posição precária e endividada da empresa exige.

Normalmente, isso significa uma combinação de venda de ativos e demissão de funcionários. As instalações físicas são vendidas e alugadas de volta ou eliminadas completamente, em favor de fornecedores terceirizados, às vezes no exterior, onde a mão de obra é barata. Funcionários antigos são demitidos — sendo que os sindicalizados são os alvos preferenciais dos cortes — e são substituídos por trabalhadores mais baratos ou por colegas que agora devem fazer o trabalho de dois (ou três ou quatro) funcionários.

Tudo isso e muito mais aconteceu com o setor jornalístico dos EUA. Jornais de propriedade familiar foram vendidos a astutos operadores do setor financeiro que fundiram jornais em grandes redes nacionais. Esses novos proprietários prontamente venderam suas gráficas e fábricas e as alugaram de volta, obtendo ganhos únicos às custas de uma exposição eterna a choques de aluguel e taxas de juros, fazendo com que esses custos essenciais disparassem.

Esses novos jornais corporativos fundiram suas redações, fechando escritórios no exterior e demitindo repórteres nacionais (quando dez jornais se fundem em um único conglomerado, não há necessidade de dez mesas separadas em Washington, nem mesmo de dez repórteres na capital do estado — um basta). Com o tempo, muitos dos repórteres que sobreviveram também eram dispensados em favor da cobertura das agências de notícias — por que pagar a um correspondente para cobrir notícias internacionais ou nacionais quando a A.P. e a Reuters fazem isso mais barato? Até mesmo os repórteres locais foram cortados — quanto valor eles geram, afinal? Para um investidor de *private equity*, um estagiário de faculdade de jornalismo sem salário pode cobrir uma competição de comer cachorro-quente ou as reuniões do conselho escolar.

Não foi apenas o lado noticioso do negócio que enfrentou essas "eficiências" — a equipe de vendas também foi cortada. Se você é a única empresa na cidade que vende anúncios classificados, por que precisa pagar um vendedor que conhece todos os comerciantes locais? Basta adquirir um número de telefone para chamadas gratuitas — um 0800 — e centralizar as vendas de classificados em um estado livre de leis trabalhistas, onde não será necessário se preocupar com a sindicalização da força de trabalho. Mantenha alguns vendedores no escritório central e encarregue-os de vender publicidade de marcas nacionais para empresas de automóveis, tênis ou eletrodomésticos que queiram atingir os leitores de todos os jornais da sua rede.

Assim era antes que a Craigslist começasse a oferecer uma proposta mais atraente para os anunciantes de classificados das cidades americanas. A circulação de jornais impressos nos EUA vinha diminuindo desde o início da década de 1990.[3] Mas quando os classificados online chegaram, toda essa "racionalização" fez com que os jornais tivessem menos condições de suportar o choque. Eles foram arrasados pela internet porque de fato já estavam morrendo quando ela chegou. Enquanto a Craigslist começou a absorver o dinheiro fácil dos anúncios classificados, os vendedores locais que haviam passado suas carreiras construindo relacionamentos e antecipando as necessidades das empresas da comunidade começaram a trabalhar em outras áreas ou a receber seus míseros cheques de aposentadoria, depois de terem sido demitidos pelos mestres do universo que compraram seus empregadores e os declararam obsoletos.

Quando os jornais se tornaram online, o fato de que a maioria dos meios de comunicação estava publicando basicamente os mesmos artigos tornou-se constrangedoramente aparente, com redes nacionais que apresentavam a mesma história para todos os jornais e agências de notícias que atendiam a todas as redes e jornais locais da mesma forma. Talvez os jornais pudessem ter se adaptado melhor se tivessem um amortecedor para protegê-los dos choques. Mas não tinham: seus baús de guerra haviam sido convertidos em dividendos especiais para seus chefões corporativos e em serviços de dívida para os bancos de investimento que financiaram suas aquisições alavancadas. Na verdade, era pior do que isso, porque esses jornais agora precisavam se preocupar com o fato de que, se tivessem um déficit, talvez não conseguissem pagar as gráficas, as fábricas e os prédios que antes eram propriedade suas e agora estavam alugados.

Eles reagiram aumentando a publicidade online, monetizando o enorme crescimento de alcance surgido quando as pessoas voltaram a atenção para a internet. No início dos anos 2000, a Web era aberta, com um número aparentemente infinito de editores e vários mecanismos de busca (alguém se lembra do AltaVista?), além de redes de anúncios. Essas condições ajudaram brevemente a mídia online a florescer e, em 2006, os jornais norte-americanos geraram um faturamento recorde: quase US$ 50 bilhões, comparados aos US$ 38 bilhões na década anterior. Mas então o Google passou a dominar a publicidade em buscas e o Facebook, a mídia social. Esse foi o começo do fim.

COOKIE MONSTERS

Em última análise, tanto o Google quanto o Facebook são empresas de publicidade e obtêm cerca de 80% e 98% (respectivamente) de suas receitas com publicidade. Juntos, eles controlam 70% do mercado de anúncios nos Estados Unidos e mais de 65% no Reino Unido.[4] Eles fecharam os mercados de anúncios sociais e de pesquisa de forma a extrair cada vez mais valor — às custas dos jornalistas, produtores de vídeo, músicos e outros profissionais de criação que produzem a cultura e as informações às quais esses anúncios são vinculados.

A estratégia do Google para impor o *lock-in* em fornecedores como as editoras de notícias tem sido a integração vertical em toda a cadeia de anúncios. Agora, ele veicula os anúncios, compra espaço publicitário dos editores e os vende a outros, disponibiliza as análises que os sites usam para persuadir os anunciantes a incluir conteúdo e opera os motores de busca de que os sites respaldados por anúncios dependem para obter tráfego. Uma investigação da Competition and Markets Authority [Autoridade de Concorrência e Mercados] do Reino Unido descobriu que o Google dominava todo o mercado de anúncios online, controlando ao menos 50% e chegando a 100% em diferentes pontos da cadeia.[5]

O Google disponibiliza gratuitamente pelo menos uma versão básica de cada um desses serviços para as empresas, o que inicialmente pareceu ser uma vantagem, mas na verdade era uma armadilha. Josh Marshall, do Talking Points Memo, desespera-se por nunca ter conseguido retirar seu site. "Administrar o TPM sem os vários serviços do Google é quase impensável... Alguns deles são essenciais e eu não saberia por onde começar a substituí-los. Em muitos casos, não existem alternativas porque nenhuma empresa consegue se estabelecer com um produto que o Google permite que as pessoas usem gratuitamente".[6]

O Google torna o mercado online ainda mais hostil a novos concorrentes ao investir parte de seus lucros de monopólio na manutenção de seu predomínio. A empresa foi comprando seu caminho para a pesquisa padrão em todas as plataformas: fabricantes de dispositivos (incluindo Apple, LG, Motorola e Samsung), operadoras sem fio (como AT&T, T-Mobile e Verizon) e desenvolvedores de navegadores (como Mozilla e Opera) recebem dinheiro para encaminhar seus usuários ao Google. A empresa paga bilhões por ano somente à Apple. Isso lhes permite capturar quase 90% de todas as consultas gerais do mecanismo de busca e quase 95% em dispositivos móveis. Com o Google dando respostas a quase todas as perguntas que fazemos, não é de se admirar que os editores se desesperem para se livrar dele.

Dina Srinivasan pesquisa o complexo setor de anúncios online, tendo trabalhado nele por dez anos. Ela ressalta que o Google domina os mercados de anúncios por meio de condutas que seriam ilegais em outros mercados comerciais: "A plataforma de negociação do Google [Ad Exchange] compartilha informações de alta qualidade dos negócios e velocidade com os intermediários de propriedade do Google, o Google direciona ordens de compra e venda para sua plataforma de negociação e seus sites (buscas e YouTube), e o Google abusa de seu acesso a informações privilegiadas".[7] Esse controle rígido dá ao Google a visão de um *stalker* em relação aos negócios dos editores. Mas ele não é o único que pode espiar o interior. Historicamente, a forma como o Google tem vendido seus anúncios acaba fornecendo essas informações a um grande número de outras pessoas, o que também tem sido extremamente prejudicial para os editores de notícias.

Você provavelmente já sabe que a internet hoje em dia se baseia na vigilância em massa não somente sua, mas de todas as pessoas que você conhece. Dossiês sobre suas atividades e preferências são constantemente compilados e atualizados, facilitados por cookies, esses minúsculos pacotes de dados que identificam e rastreiam usuários online. Quando você navega para uma página da Web, o servidor de anúncios usa cookies para identificar e consultar seu dossiê, faz a correlação com sua identidade em vários bancos de dados e oferece aos agentes (às vezes dezenas deles!) a oportunidade de mostrar a você um anúncio. É assim que você acaba recebendo aqueles anúncios assustadores que o perseguem pela Web depois de fazer uma pesquisa sobre, por exemplo, disfunção erétil: você recebe uma *tag* chamada "pessoa interessada em ereção" e isso atrai ofertas de fornecedores de remédios para ereção.

Tudo isso é razoavelmente bem conhecido. Mas o que é menos conhecido e igualmente importante é o que acontece com os que perdem nos leilões em tempo real quando você visita um site. Digamos que você visite o site do *Washington Post*. Dezenas de agentes fazem lances para ter a chance de fazer publicidade para você. Todos, com exceção de um, perdem o leilão. Mas cada um desses perdedores pode adicionar uma *tag* ao seu dossiê: "Leitor do *Washington Post*". Anunciar no *Washington Post* é caro. "Leitor do *Washington Post*" é uma categoria valiosa: muitas empresas de primeira linha elaboram planos de marketing que dizem: "Certifique-se de que os leitores do *Washington Post* sejam informados sobre este produto!"

A questão é a seguinte: as empresas querem anunciar para os leitores do *Washington Post*, mas nem sempre elas se importam em anunciar no *Washington Post*. E agora há dezenas de "perdedores" de leilão que podem vender o direito de anunciar para você como leitor do *Post* quando visita sites mais baratos.

Quando você clica em um desses sites horrorosos do tipo "Aqui estão vinte e dois motivos para colocar um elástico na maçaneta da porta do seu quarto de hotel", cada uma dessas vinte e duas páginas pode ser vendida para anunciantes que desejam atingir os leitores do *Post*, por uma fração do preço cobrado pelo *Post*.

Em outras palavras, o sistema de leilão de anúncios permite que os anunciantes comprem o público da publicação sem contribuir com a publicação em si. Algumas marcas, especialmente as de luxo, ainda valorizam aparecer na fonte prestigiosa — Chanel e Mercedes Benz querem ser associadas ao *New York Times* e não a um site cafona de "vinte e dois motivos". Mas nem todos os anunciantes se importam com a forma como chegam até você. E assim, em grande parte, esse sistema desintermediou os editores de notícias do valor de suas criações.

Esse era um grande problema. Por muito tempo, os jornais se baseavam em um modelo de receita de anúncios que, por sua vez, dependia de conteúdo mais lucrativo para subsidiar outros trabalhos importantes de interesse público. Como diz Clay Shirky, no mundo impresso, "o Walmart estava disposto a subsidiar o escritório de Bagdá. Isso não se devia a nenhum vínculo profundo entre publicidade e reportagem, nem a nenhum desejo real por parte do Walmart de que seu orçamento de marketing fosse destinado a correspondentes internacionais. Foi apenas um acidente. Os anunciantes não tiveram outra opção a não ser usar seu dinheiro dessa forma, já que eles não tinham nenhum outro veículo para anúncios gráficos".[8] Os jornais não precisavam fazer muito para obter receita com anúncios, pois os anunciantes não tinham outra opção.

O mundo online deu aos anunciantes uma gama de novas opções, e as marcas (naturalmente!) tiraram proveito delas. No entanto, a consequência disso foi que as editoras de notícias perderam o ganho que lhes permitia investir em conteúdo caro e vital.

Embora essas mudanças tenham custado aos editores de notícias quantias extraordinárias, elas geraram rios de dinheiro para outros. Quase não há transparência nos mercados de anúncios online, portanto, ninguém sabe realmente quanto dinheiro vai para onde, mas grandes somas estão sendo engolidas por plataformas de tecnologia de anúncios, como a do Google.

Uma técnica conhecida para maximizar os lucros é o Google comprar espaço publicitário dos editores com desconto e vendê-lo aos anunciantes por um ágio enorme e não divulgado. Quando o *Guardian* comprou parte de seu próprio catálogo de anúncios e rastreou o dinheiro, descobriu que até 70% da receita era desviada antes mesmo de chegar ao editor.[9] Os intermediários estavam abocanhando a maior parte do valor, deixando os provedores de notícias com apenas 30 centavos por cada dólar gasto em anúncios anexados ao seu conteúdo. Em 2003, em contrapartida, praticamente todo o dinheiro ia para os editores.[10]

A publicidade online é um negócio altamente lucrativo. Um relatório de 2020 da Competition and Markets Authority do Reino Unido constatou que o custo de capital do Google era de cerca de 9%, embora estivesse obtendo retornos supracompetitivos de mais de 40%. O Facebook, que tem um esquema semelhante, mas focado em mídia social em vez de busca, teve retornos ainda mais altos — absurdos 50%.[11] Em um mercado competitivo, os editores venderiam seus anúncios em outro lugar. Mas o duopólio Google-Facebook não lhes dá essa opção.

A estratégia do Facebook também se concentrou na integração, embora mais horizontal do que vertical. Como o CEO Mark Zuckerberg explicou em um e-mail de 2008, "é melhor comprar do que competir". Foi por isso que o Facebook pagou US$ 1 bilhão em 2012 pelo Instagram, na época uma pequena empresa com treze funcionários. Apenas dois anos depois, adquiriu o WhatsApp por US$ 19 bilhões. Na época, esses preços eram de cair o queixo, mas as aquisições logo passaram a fazer sentido. As pessoas que querem escapar dos jardins murados invasores de privacidade e consumidores de dados do Facebook não têm para onde ir — não se ainda quiserem se conectar online com seus familiares e amigos. Elas são feitas de refém, todas as suas ações são vigiadas, todos os seus momentos de atenção são monetizados.

Por causa desses gargalos anticompetitivos, muitas empresas de notícias também estão sujeitas aos algoritmos do Facebook. Embora algumas tenham conseguido migrar com sucesso para modelos de assinatura, outras ainda dependem muito da mídia social para gerar tráfego. Mas, pelo menos na maioria dos países, elas não são pagas pelo compartilhamento de notícias no Facebook, embora lucrem muito com os anúncios vendidos com base nesse conteúdo.

O Facebook também compete diretamente com a mídia de notícias por verbas de publicidade. Os anunciantes têm um valor finito para gastar e precisam decidir quanto vai para a mídia de notícias, em comparação com os canais de mídia social como o Facebook. Como observa Tim Hwang, isso contribui para os desafios que os produtores de notícias enfrentam: "Como os anunciantes dão menos dinheiro para mídias como os jornais, eles também prejudicam a capacidade dos jornais de oferecer o conteúdo que os assinantes exigem. Isso dificulta a concorrência das empresas de mídia tradicionais com seus rivais digitais".[12] Os jornais locais são particularmente vulneráveis, pois comparados com os grandes jornais nacionais, são menos capazes de obter o tipo de receita com assinaturas que poderia compensar a perda de receita com anúncios.

Não estamos dizendo que o vínculo entre as notícias e a publicidade é inevitável, ou que essa é a forma como devemos financiar as notícias no futuro (abordaremos mais essas questões na segunda parte deste livro). Mas está claro que, em um mercado competitivo, a cadeia de suprimentos de publicidade não funcionaria dessa forma. Haveria mais transparência. O Google e o Facebook teriam margens menores. A maior parte do dinheiro gerado por esses anúncios iria para as pessoas que realmente criam a cultura e o conhecimento aos quais estão vinculados.

Essas não são as únicas empresas que redirecionam o dinheiro das editoras. Como diz Matt Stoller, "isso é o que está acontecendo em toda a economia, especialmente no setor de mídia: intermediários de todos os lugares estão tentando encontrar maneiras de redirecionar o fluxo da receita de outras pessoas para si mesmos".[13] Com tanto dinheiro sendo desviado, a carnificina nas notícias era inevitável. Assoladas por anos de extorsões agressivas, integração vertical e horizontal e *ring-fencing* [delimitação] da Web aberta, as receitas dos jornais americanos despencaram, passando de quase US$ 50 bilhões em 2006 a apenas US$ 14 bilhões em 2018.[14] As editoras e os jornalistas ainda estão se esforçando para preencher essa lacuna em seu modelo de receita. Houve cortes atrás de cortes: o fim do subsídio para o escritório de Bagdá acabou significando o fim do escritório de Bagdá. E tem havido um fluxo constante de demissões, vendo-se nas redações nos EUA perdas de metade das equipes nos onze anos seguintes à crise de 2008.[15] Cada vez mais notícias, caso ainda sejam cobertas, são geradas por inteligência artificial sem envolvimento humano. Cerca de um terço do conteúdo da Bloomberg News é gerado por um repórter robô. É dessa forma que a Associated Press informa sobre as ligas menores de beisebol e o *Los Angeles Times* publica suas primeiras matérias quando há terremotos.[16]

Muitos editores têm recorrido a uma publicidade cada vez mais intrusiva e a um conteúdo cada vez mais suscetível a cliques, tornando-se cada vez menos atraente para os assinantes. Algumas dessas iniciativas borram a linha entre o editorial e os anúncios — como a oferta da revista *Rolling Stone* de fazer com que "lideranças intelectuais" pagassem dois mil dólares para escrever para eles e "moldar o futuro da cultura",[17] ou a *Forbes*, que vende aos anunciantes o direito de blogar no seu site.[18]

Esse buraco nas receitas é desastroso em várias frentes. Para a democracia, porque restam muito poucos recursos comerciais para financiar o jornalismo investigativo e o escrutínio do governo, permitindo o florescimento da corrupção e do desperdício. Para as artes, porque há apenas espaço para cobrir os maiores livros e produções (Scott Timberg, autor de *Culture Crash*, salienta que "há esposas de jogadores de futebol americano (NFL) que recebem mais cobertura da imprensa do que todos os artistas de jazz vivos juntos"[19]). Para causas sociais, como o movimento Black Lives Matter e o #MeToo, que recebem uma cobertura menos detalhada do que o necessário e merecido (situação agravada pelos receios em torno da segurança das marcas, que levam os anunciantes a evitarem cada vez mais conteúdos considerados controversos — incluindo o bloqueio da apresentação dos seus anúncios nos conteúdos que mencionam termos como "Black Lives Matter", "George Floyd" e até "Pessoas negras"[20]). Para o planeta, com pouquíssimos repórteres que fazem jus à cataclísmica mudança climática, a maior e mais lenta história a ser noticiada. E, é claro, para os escritores: não apenas por dificultar que os jornalistas sobrevivam, mas também por eviscerar uma fonte de lucro que já foi responsável por custear o nascimento de tantos livros.

O que ganhamos em troca? Pouquíssimo. Deixando de lado os custos óbvios para a democracia, a cultura e o estado do conhecimento humano, começa a ficar claro que nem mesmo os anunciantes se saem muito bem com o modelo de publicidade comportamental imposto pelo Google e pelo Facebook, extremamente complicado e repleto de dados. Como o setor de anúncios online é incestuoso e deliberadamente opaco, levou-se algum tempo para descobrir o que realmente estava acontecendo, mas agora está claro que tudo isso foi um grande embuste.

Veja os números de vídeos do Facebook, por exemplo. Em 2014, a empresa começou a fornecer aos anunciantes dados sobre quanto tempo os usuários passavam assistindo a vídeos. O que não mencionou, porém, foi que, ao fazer esse cálculo, ela ignorou todas as visualizações que duravam menos de três segundos. Isso teve o efeito de aumentar o tempo de visualização em pelo menos 60 a 80% (de acordo com o Facebook, que finalmente admitiu o golpe) e até 900% (de acordo com os anunciantes que foram prejudicados). Mas os anunciantes estavam longe de ser as únicas vítimas. O Facebook incentivou ativamente os sites de notícias com dificuldades a migrarem para o vídeo, demitindo alguns dos funcionários que trabalhavam com textos em favor de produtores de vídeo. Mas, ao contrário da história pintada pelos números do Facebook, poucas pessoas estavam interessadas em assisti-los e esses investimentos caros não deram certo. Os cinegrafistas e produtores também tiveram que ser demitidos e milhões de dólares extremamente necessários escorreram pelo ralo.[21] Mesmo depois disso, porém, o Facebook não se preocupou em acertar os números. Em 2017, prometia aos anunciantes que poderia alcançar 25 milhões de pessoas a mais do que realmente existiam nos EUA.[22]

Outra fraude gigantesca foi descoberta inadvertidamente por Kevin Frisch, um executivo de análise que trabalhava para a Uber e que vinha sofrendo críticas de seus chefes porque os anúncios da empresa estavam aparecendo no site de extrema direita Breitbart. Ele havia colocado o site na lista dos proibidos, mas os anúncios continuavam chegando e o sistema de anúncios online é tão obscuro que ele nem conseguia descobrir de qual rede estavam vindo. Então, decidiu desativar as redes de anúncios, uma a uma, e descobriu algo extraordinário: não fazia absolutamente nenhuma diferença no número de novos clientes que se inscreviam. "Cortamos dois terços de nossos gastos com anúncios — US$100 milhões de um gasto anual de US$ 150 milhões — e basicamente não vimos nenhuma mudança no número de instalações do aplicativo. O que vimos foi que muitas instalações que achávamos que ocorreram por meio de canais pagos surgiram por meio de canais orgânicos".[23] Por fim, descobriu-se que cerca de US$ 120 milhões, ou 80% do gasto anual, eram atribuíveis a fraudes.

O esquema funcionava da seguinte forma: os comerciantes desonestos colocavam em campo aplicativos de baixa qualidade e alto volume (como monitores de bateria) que solicitavam acesso à raiz. Esses aplicativos espionavam todos os aplicativos que você instalava. Se um deles fosse o Uber, eles "disparavam um clique" no sistema para informar que você havia sido "convertido" por um anúncio. Era muito simples. A Uber estava perdendo pelo menos US$ 100 milhões por ano com fraudes — e *ninguém havia percebido nada*. Hoje em dia, Frisch aconselha: "Você deve começar supondo que metade do que está nos canais de exibição é fraude. Em seguida, pergunte a si mesmo: você está sendo esperto o suficiente para se livrar disso?"[24]

O mercado de anúncios online está repleto de fraudes. Primeiro, há os *scripts* automatizados e as *click farms* [fazendas de cliques] com humanos cuja função entediante é ficar clicando em anúncios para dar a aparência de que estão realmente direcionando tráfego para os anunciantes. Um estudo de 2018 sugeriu que isso representava cerca de 28% do tráfego da Web, e outro estimou o custo para o setor de publicidade em US$ 19 bilhões no mesmo ano.[25] Há ainda a falsificação de domínio. Os golpistas criam novos domínios que se parecem com sites legítimos e importantes (por exemplo, thet1mes.co.uk) e leiloam anúncios neles. Quando o News UK — que publica o *Times of London*, o *The Sun*, e outros jornais britânicos — realizou um teste de fraude em 2017, descobriu que 2,9 milhões de lances estavam sendo feitos a cada hora em inventários falsos e estimou que os golpistas estavam ganhando 700 mil libras esterlinas por mês que deveriam ter ido para eles.

Quanto mais você observa, mais parece que tudo na área de tecnologia de publicidade é fraudulento: públicos falsos disparando cliques falsos em vídeos falsos em sites falsos que sugam dólares reais das contas dos anunciantes. E por que tem sido tão difícil detectar isso? O sistema de anúncios tem camadas embutidas de desorientação porque as pessoas que mais lucram não querem que você perceba que se trata de uma fachada.

Talvez a maior fraude de todas seja a própria teoria: a ideia de que, com um volume suficiente de dados de vigilância e aprendizado de máquina, a tecnologia de anúncios pode vender qualquer coisa a qualquer um. Com certeza parece plausível que o Google e o Facebook, com todas as informações que conseguiram descobrir sobre você de forma invasiva, sejam capazes de fazer um trabalho muito melhor ao direcionar anúncios do que um anunciante que visa apenas os leitores de uma determinada publicação. Mas esse argumento está ficando cada vez menos convincente.

Certa vez, o magnata das lojas de departamento John Wanamaker fez um comentário terrível: "Metade do dinheiro que eu gasto em publicidade é desperdiçado; o problema é que eu não sei qual é essa metade". A declaração é um testemunho da capacidade de persuasão dos publicitários que fizeram a proposta a Wanamaker: imagine pensar que pelo menos metade do seu dinheiro em publicidade é desperdiçado! Um número cada vez maior de grandes anunciantes está começando a questionar se os anúncios online são tão valiosos quanto prometido. Várias empresas, incluindo eBay, Procter & Gamble e Chase, já desativaram centenas de milhões de dólares em publicidade online sem perder nenhum negócio.[26] Pense no que isso significa. Somos monitorados, expostos e vítimas de discriminação digital, apenas para criar uma ilusão que separa alvos do seu dinheiro.

Estamos agora em uma situação em que o modelo de negócios de quase toda a internet se baseia em anúncios supervalorizados e de baixo desempenho. Tim Hwang chama isso de bolha, semelhante à bolha das hipotecas *subprime*

— e teme que, ao estourar, o evento crie uma crise ainda maior para as notícias: "Gostando ou não, a publicidade é uma força essencial, embora tênue, para financiar jornalistas e um vasto universo de veículos de mídia menores e mídias de nicho".[27] Se continuarmos permitindo que grande parte desse dinheiro seja sugado por intermediários, as consequências — para a democracia, para os escritores e para todos nós — serão graves.

Mas para aqueles que desejam combater os monopólios (como nós), há algumas notícias potencialmente boas. Fiona Scott Morton e David C. Dinielli, da Universidade Yale, argumentam de forma persuasiva que a vantagem em termos de dados que as Big Techs usam para desviar o dinheiro dos anúncios é extremamente frágil.[28]

Os investidores têm evitado financiar concorrentes do Google e do Facebook, em parte porque acreditam na narrativa elaborada por essas empresas sobre como a vigilância de longo prazo de nossos hábitos online lhes dão uma vantagem imbatível quando se trata da segmentação de anúncios. Mesmo que você conseguisse levantar o capital para implantar sistemas de vigilância em toda a Web em uma escala que competisse com as Big Techs, isso mostraria apenas um retrato do que está acontecendo agora. O Google e o Facebook ainda manteriam o monopólio sobre o que aconteceu antes.

Mas todos esses dados antigos só são valiosos se de fato ajudarem a direcionar melhor os anúncios. Uma investigação recente da Autoridade de Concorrência e Mercados do Reino Unido (analisada por Morton e Dinielli) descobriu que não é bem assim. Na esmagadora maioria, são os dados extremamente recentes que geram a segmentação mais valiosa. Por exemplo, os dados de localização são extremamente importantes enquanto o usuário estiver naquele local, mas depois disso eles se tornam basicamente inúteis. Se eu souber que você está passando em frente à minha cafeteria, talvez eu gaste muito dinheiro para enviar um anúncio que o incentive a entrar e se deliciar com meus doces. Mas, e depois que você pegar o metrô e atravessar a cidade? Quem se importa com você e seus hábitos de comer doces?

Isso também se aplica aos anúncios de redirecionamento: se eu souber que você está comprando um par de tênis, posso estar disposto a gastar muito dinheiro exibindo meus anúncios de tênis. Mas, duas semanas depois, você não importará mais. Já comprou seu tênis ou mudou de ideia. Seja como for, você não tem mais nenhum valor.

O resultado disso é que a mitologia dos extensos e longitudinais bancos de dados de vigilância do Google e do Facebook pode ser mais valiosos do que os próprios dados. Intervenções nos mercados de anúncios online — talvez para impedir que o Google e o Facebook coletem dados tão íntimos ou para facilitar concorrentes que operam de maneira mais ética e transparente — poderiam rapidamente apagar grande parte das vantagens de dados das Big Techs e começar a afrouxar os gargalos anticompetitivos.

CAPÍTULO 4

POR QUE PRINCE MUDOU DE NOME

No início dos anos 1990, Prince começou a aparecer em público com a palavra *SLAVE* estampada na bochecha. Isso causou muito desconforto à sua gravadora e era exatamente esse o objetivo. A Warner assinou contrato com Prince em 1977, quando ele tinha apenas 18 anos. Entretanto, depois que o artista alcançou um extraordinário sucesso comercial e de crítica, seus interesses divergiram. Prince era um criador de música prolífico e queria lançar seu trabalho para o público. Mas a Warner estava preocupada com o fato de que, se os álbuns fossem lançados com muita frequência, haveria menos entusiasmo e menos vendas. *SLAVE* também protestou contra o fato de não ser proprietário de suas matrizes — os originais a partir dos quais são feitas todas as cópias. "Se você não é dono de suas matrizes", disse ele, "a matriz é sua dona".[1] Acirrando ainda mais a briga, em 1993 ele mudou de nome para um símbolo impronunciável, recusando-se a lançar qualquer música nova com seu nome anterior: "A empresa é dona do nome Prince e de todas as músicas comercializadas sob o nome Prince. Eu me tornei apenas um peão usado para gerar mais dinheiro para a Warner Brothers".

Essa briga ferrenha aconteceu em uma época em que as grandes gravadoras dominavam o setor. Elas controlavam a reprodução no rádio, a mídia impressa e televisiva, bem como a distribuição nas lojas. E abusavam desse poder de maneira impressionante.

Um truque era alocar quase todos os custos para os artistas e quase todos os lucros para eles mesmos. Isso incluía cobrar dos artistas quantias enormes por coisas como *breakage* [quebra] e *packaging* [embalagem] (inclusive de arquivos digitais que não se quebram ou requerem embalagem!). Os royalties eram extremamente baixos, especialmente para os artistas que estavam começando. O astro da música *country* Lyle Lovett lamentou certa vez que "nunca ganhou um centavo" com seus quase cinco milhões de discos vendidos. Toni Braxton vendeu US$ 170 milhões em discos em seu primeiro contrato e recebeu um cheque de royalties de apenas US$ 1.972. Courtney Love analisou os números no ano 2000, mostrando como uma banda com a venda de um milhão de discos pode facilmente acabar trabalhando por um salário mínimo, enquanto a gravadora lucra milhões.[2]

Isso se deve, em grande parte, a uma característica peculiar e antiga dos contratos de gravação — o *recoupment* [reembolso]. Antes que um centavo das vendas de uma música chegue ao seu bolso, os artistas precisam reembolsar não apenas qualquer adiantamento que tenha sido pago, mas também a maioria das outras despesas que a gravadora teve para fazer o disco. O que chega na conta dos artistas é limitado apenas pela imaginação dos redatores de seus contratos. O contador especializado em música Craig Williams explica que, ao revisar o demonstrativo contábil de uma banda, descobriu que "eles haviam sido cobrados pelo champanhe, pela comida e pelos táxis utilizados em sua própria festa de contratação!"[3]

Recomenda-se aos artistas que não assinem contratos que deem às gravadoras um "cheque em branco, como deduções ilimitadas para viagens, estadias em hotéis, aluguel de carros, refeições e entretenimento", ou deduções de custos gerais para que a empresa faça negócios.[4] Mas, mesmo que evitem essa armadilha, ainda é comum que se vejam obrigados a arcar com todos os custos de gravação, incluindo o pagamento do produtor, custos de produção, custos de turnê, custos de marketing e viagens, além dos custos de quaisquer vídeos ou, no mínimo, metade deles. Para piorar a situação, os músicos muitas vezes são obrigados a usar os fornecedores internos da gravadora ou parceiros preferenciais para esses serviços e esses fornecedores praticam preços escandalosos, sabendo que seus "clientes" não têm escolha a não ser pagar o valor que aparece na fatura.

Isso é radicalmente diferente da maioria das outras formas de produção cultural. Em um contrato convencional do setor de livros comerciais, por exemplo, os autores começam a receber royalties assim que reembolsam o adiantamento. Eles não precisam pagar primeiro os custos de edição, composição, impressão, encadernação, design da capa e promoção. E, embora algumas das editoras comerciais de médio porte tenham sido pioneiras em um novo contrato convencional de livros, no qual os autores dividem os custos de produção e promoção com a editora, esses contratos geralmente vêm com uma divisão de lucro de 50% entre o autor e a editora — não as taxas mesquinhas que são pagas aos artistas fonográficos há muito tempo.

A estrutura desses contratos revela por que até mesmo os artistas "bem-sucedidos" têm tanta dificuldade para fazer o *recoupment*. Considere um grupo da década de 1970 que recebeu um adiantamento de quarenta mil dólares (dez mil para cada um dos membros, para se manterem durante os dois anos ou mais necessários para gravar o disco), mais os custos de gravação e turnê de US$ 110.000, em um contrato com royalties de 5%. Para cada cem dólares que a música deles rende, noventa e cinco vão direto para a gravadora e cinco vão para a redução de sua dívida. Somente quando a música deles tiver gerado *três milhões* é que a dívida original de US$ 150.000 será finalmente quitada e a banda começará a ser paga pela primeira vez desde o adiantamento inicial (ainda assim, serão apenas cinco dólares para cada cem que a música deles gerar).

Parece ruim? Esse teria sido um *bom* negócio — omitimos alguns detalhes para simplificar. Na vida real, teriam sido ainda acrescentados custos adicionais à dívida da banda e descontados valores de royalties para *packaging*, *breakage* e promoções, e as vendas internacionais só teriam sido pagas pela metade da taxa nacional. Não é de se admirar, portanto, que pouquíssimos artistas consigam reembolsar. Embora não haja transparência quanto ao tema, Richard Burgess, presidente da Associação Americana de Música Independente (A2IM), estima que menos de 5% dos artistas de grandes gravadoras conseguem fazê-lo.[5] E mesmo se o fizerem, as gravadoras *ainda* serão proprietárias de suas matrizes de gravação — aquelas a partir das quais todas as outras gravações são feitas. O lendário guitarrista americano Nile Rodgers diz: "O negócio da música é o único negócio em que, depois que você paga a hipoteca da casa, eles ainda são os donos da casa. Não faz o menor sentido. Não há nenhuma outra indústria no mundo em que isso ocorra. Nós quitamos todos os royalties e eles ainda são donos da nossa propriedade".[6]

No início dos anos 2000, embora os cofres do setor estivessem transbordando com os ganhos da bolha dos CDs, a parcela que ia para os fornecedores — os artistas e compositores que realmente haviam criado o produto — era de míseros sete por cento.[7]

Alguns selos se recusavam até mesmo a pagar essa parte irrisória, fazendo com que suas prensas operassem secretamente em um "terceiro turno" para fabricar um grande número de discos que nunca existiriam oficialmente nos registros contábeis e sobre os quais nunca seriam pagos royalties. Nem mesmo os Beatles tiveram sua devida remuneração: no início dos anos 2000, uma auditoria descobriu que a gravadora havia descartado milhões de discos como sucata antes de vendê-los secretamente e embolsar os ganhos. A essa altura, os "erros de contabilidade" das gravadoras eram tão generalizados que se tornou uma prática habitual que os artistas mais vendidos auditassem suas gravadoras — e verificou-se que esses erros ocorriam, quase universalmente, em uma única direção. Um contador cuja firma realizou milhares de auditorias referentes ao cumprimento de royalties e recuperou mais de US$ 100 milhões relatou apenas um caso em que era o artista que devia dinheiro à gravadora, e não o contrário.[8]

As gravadoras sabiam que os artistas que se destacavam e se tornavam famosos e poderosos por seus próprios méritos não aceitariam mais o mesmo tratamento, então maximizavam seus lucros fechando os contratos iniciais pelo maior tempo possível. Um ciclo típico de lançamento de álbuns era de dois a três anos, e não era incomum que se assinassem contratos por sete álbuns. É notório o fato de LeAnn Rimes ter assinado um contrato de 21 álbuns na década de 1990, quando tinha apenas 12 anos. Para ilustrar ainda mais os abusos da época, esse mesmo contrato a proibia de morar em qualquer lugar que não fosse o Texas ou o Tennessee.

Alguns artistas ficaram tão desesperados para escapar de contratos injustos que tomaram a medida extrema de declarar falência. Pioneiras do R&B americano, o grupo TLC, fez isso depois de receber apenas 2% dos US$ 175 milhões gerados por seu trabalho musical. Toni Braxton seguiu o exemplo. Em vez de mudar a forma como tratava os artistas, o setor fonográfico reagiu fazendo lobby junto ao Congresso dos Estados Unidos para mudar a lei de falências e mantê-los aprisionados, não importando o que acontecesse. Cary Sherman, ex-presidente e CEO da Recording Industry Association of America [Associação do Setor Fonográfico dos Estados Unidos], afirmou que tudo o que as gravadoras querem é "uma aparência de igualdade na relação de negociação".[9] Mas era exatamente isso que elas não queriam. O enorme poder das gravadoras sobre os artistas foi o que lhes permitiu transferir tanta riqueza dos criadores para os acionistas.

A internet mudou tudo isso. Não pretendemos romantizar demais esse período. O início dos anos 2000 foi uma das épocas mais desafiadoras pelas quais os músicos já passaram: o compartilhamento de arquivos destruiu o modelo de negócios do setor fonográfico, milhares de profissionais de criação e equipes de apoio perderam seus empregos e inúmeros artistas que viviam da venda de suas músicas de repente não puderam mais fazê-lo.

Em retrospectiva, no entanto, fica claro que as novas tecnologias digitais e a internet também contribuíram muito para democratizar a gravação e a distribuição de música. No passado, o mercado de música gravada havia assumido aquele perigoso formato de ampulheta, com músicos, compositores e intérpretes em uma extremidade e ouvintes na outra. Um punhado de gravadoras extremamente poderosas ficava no meio, controlando o acesso dos ouvintes aos artistas e o acesso dos artistas aos ouvintes. Era um clássico mercado anticompetitivo.

Mas, então, novas ferramentas permitiram que gravações de qualidade profissional fossem produzidas de forma muito mais econômica do que antes. A internet trouxe a capacidade de distribuí-las sem custo, instantaneamente, em todo o mundo. Isso dividiu o público em infinitas tocas de coelho online, fazendo com que a TV, o rádio e a mídia impressa perdessem muito da sua influência. Pela primeira vez, as redes sociais deram aos artistas a capacidade de atingir seus fãs diretamente, abrindo uma série de novas maneiras de gerar receita, como vendas diretas de álbuns, ingressos e merchandising. Também abriu o acesso ao capital, permitindo que os artistas financiassem álbuns e vídeos ambiciosos fora do sistema de gravadoras. A contribuição dos fãs para projetos musicais já ultrapassou um quarto de bilhão de dólares somente no site de financiamento coletivo Kickstarter. As grandes gravadoras ainda controlavam a reprodução nas rádios e a distribuição física nas lojas, mas isso já não importava tanto uma vez que os artistas conseguiam se destacar sem necessidade delas.

Quando os artistas passaram a ter alternativas genuínas ao sistema das grandes gravadoras, o gargalo anticompetitivo começou a dilatar. As gravadoras de hoje não são mais os bichos-papões de décadas passadas — não porque tenham percebido o erro de seus métodos, mas porque a mudança na dinâmica do poder provocada pela internet livre as forçou a mudar. Os artistas agora têm uma relação muito mais igualitária, fazendo parcerias com as gravadoras para obter capital, gerenciar seus direitos e distribuição, além de ter acesso a equipes qualificadas de marketing e promoção e a análises que lhes indicam para onde direcionar suas energias. Em vez de se concentrar exclusivamente em um pequeno grupo de talentos, as grandes gravadoras também entraram no mercado de serviços para artistas, o que confere a elas um foco no atendimento ao cliente como nunca tiveram antes. Hoje existem alternativas tão fortes para os serviços oferecidos que elas precisam competir de fato por novas contratações. E, como resultado, os artistas são mais bem tratados.

Com tudo isso, abusos continuam inerentes ao setor musical. O lucrativo mercado de *streaming* é controlado pelo Spotify e por quatro empresas das Big Techs. Se você assiste a clipes musicais, certamente o faz no YouTube. A Live Nation Entertainment controla a promoção de shows e a venda de ingressos. Nos Estados Unidos, a SiriusXM controla o rádio via satélite, enquanto a iHeartRadio domina as ondas de rádio terrestres. Apenas três gravadoras — Universal Music Group (UMG), Sony Music Entertainment e Warner Music Group — controlam atualmente quase 70% do mercado global de música gravada e também são proprietárias das três gravadoras que controlam quase 60% dos direitos globais de músicas.

Como mostraremos nos próximos capítulos, todas essas peças se encaixam. Para entender como isso acontece, temos que começar pela maneira como os contratos injustos assinados por tantos artistas naquelas décadas abusivas ainda têm um enorme efeito de distorção nos negócios envolvendo música atualmente.

Considerando o número de músicos, a história centenária da música gravada e a enorme quantidade e diversidade de músicas produzidas, a propriedade concentrada de músicas e gravações é impressionante. Essas gravadoras não investiram efetivamente na produção de tudo isso: grande parte foi adquirida por meio de fusões e aquisições, incluindo uma grande parte que foi comprada a preços baixos de empresas em apuros depois que o compartilhamento de arquivos afundou o modelo de negócios do setor fonográfico. A gravadora britânica Sanctuary, por exemplo, estava sendo negociada a 130 libras esterlinas (cerca de 190 dólares americanos) por ação em 2001. Mas com a mudança do modelo de negócios, ela foi comprada pela UMG por 0,225 centavos de libra por ação apenas seis anos depois (cerca de 0,45 em dólares americanos).

Já vimos como a Amazon conseguiu extrair grande parte do valor dos livros. Primeiro, ela ofereceu preços baixos para atrair clientes, depois usou seu poder de participação no mercado para exigir descontos cada vez maiores e, em seguida, com o surgimento dos mercados de e-books e audiolivros, consolidou leitores e editoras com seus *locks* digitais. O Google e o Facebook usaram estratégias muito diferentes para capturar o valor da publicidade de notícias: integrando-se vertical e horizontalmente até se tornarem tão envolvidos nos ecossistemas de distribuição que puderam extrair uma parcela cada vez maior da receita de anúncios gerada por esse conteúdo.

As três grandes gravadoras e editoras musicais têm um poder extrativista semelhante, mas ele provém de outra fonte: a agregação industrial de direitos autorais. Os contratos de gravação geralmente duram por todo o tempo de vigência dos direitos autorais. Nos Estados Unidos, para gravações posteriores a 1978, essa duração é a vida inteira do autor mais outros 70 anos ou, no caso de "obras por encomenda", 95 anos a partir do momento em que são publicadas. Existe uma lei de rescisão que permite que uma pequena porcentagem de artistas recupere seus direitos depois de 35 anos, mas as gravadoras insistem que ela não se aplica à maioria dos álbuns e, mesmo para *singles*, a lei é tão complexa e cara que a maioria dos artistas acaba ficando eternamente presa a seus contratos originais. Com poucas exceções, portanto, os contratos assinados entre as décadas de 1970 e 2000, época em que as grandes gravadoras estavam no auge do poder e os abusos contra artistas eram mais frequentes, ainda regem o uso dessa música.

Esses direitos autorais e contratos são altamente eficazes quando se trata de converter vantagens temporárias de mercado em vantagens mais duradouras respaldadas por lei. Como sociedade, concordamos em conceder o monopólio de cada livro, música, pintura, escultura e filme em troca dos benefícios sociais mais amplos que desejamos obter: incentivar a criação e a ampla disseminação do conhecimento e da cultura e recompensar as pessoas que os produziram. Mas esses objetivos estão sendo desvirtuados por corporações superpoderosas.

Os direitos autorais são direitos exclusivos para realizar determinadas atividades — como copiar ou transmitir — relacionadas a obras como filmes, livros ou músicas. Alguns desses trabalhos acabam sendo valiosos no mercado, mas um direito autoral não concede poder de mercado automaticamente. Entretanto, quando os direitos autorais são agregados em escala industrial, eles conferem o poder de moldar os mercados.

Uma das poucas violações da lei antitruste ainda executadas pelos órgãos reguladores é a "manutenção de monopólio", ou seja, tomar medidas no mercado para garantir que ninguém possa competir com você. Por isso, Mark Zuckerberg enfrenta tantos problemas por ter admitido que o Facebook adquiriu o Instagram para continuar dominando a vida digital dos milhões de usuários do Facebook que estavam abandonando a rede social e aderindo ao Instagram.

Mas não há nenhuma regra contra continuar mantendo um monopólio de direitos autorais. Um órgão regulador de antitruste não punirá a UMG por "defender seus direitos autorais", mesmo que isso torne seu monopólio de mercado mais abrangente e poderoso. De fato, quando uma grande empresa "defende sua propriedade intelectual", os governos entram em cena para *ajudá-las*. Isso acontece mesmo quando esses direitos foram extorquidos em grandes quantidades de criadores por meio de "acordos" não negociáveis em troca de alcançar o público que essas empresas mantém como refém.

As aquisições da maioria dos direitos do mundo têm dado às maiores gravadoras e editoras musicais o poder de moldar os mercados de música, de receber mais do que sua parte justa do valor e de controlar o futuro da música. Veja a forma como os direitos autorais são pagos. Como hoje em dia é muito mais barato produzir e distribuir música e devido ao fato de que, como explicamos anteriormente, a internet criou muito mais concorrência, as taxas de royalties estão mais altas do que nunca. Está se firmando como padrão 25%. Algumas gravadoras pagam 50%, especialmente se não fornecerem adiantamento.

As grandes gravadoras precisam ser competitivas com essas taxas quando contratam novos artistas. Mas os que já têm contrato não são tão sortudos. Muitos deles estão sujeitos a acordos firmados há décadas, negociados quando os artistas tinham muito menos poder e quando os custos de produção e envio de discos eram muito mais altos do que hoje. Entre as décadas de 1950 e 1970, era comum que os royalties chegassem a apenas 4%. O primeiro contrato dos Beatles com a EMI foi fechado sem adiantamento e com royalties de apenas um centavo por disco (a partir desse valor eles ainda tinham que pagar o empresário e depois dividir o restante em quatro partes).[10] O contrato da Radiohead, assinado em 1991, dava à banda 12%.[11]

Alguns artistas alcançam um sucesso estratosférico que lhes dá o poder de renegociar contratos antigos e abusivos. Mas a maioria não consegue. Como resultado, um grande número de artistas tradicionais, incluindo ícones do jazz, R&B, disco, soul e hip-hop, continuam vinculados aos seus contratos originais horríveis, embora suas gravadoras agora paguem muito menos por fabricação e envio.

Quando as gravadoras declararam apoio ao movimento Black Lives Matter em meados de 2020, o professor e escritor Josh Kun chamou a atenção para a hipocrisia: se eles realmente quisessem apoiar a vida de pessoas negras, ele disse, poderiam "começar alterando contratos, distribuindo royalties, diversificando os conselhos de administração e pagando retroativamente todos os artistas negros e seus familiares sobre os quais construíram seus impérios".[12] Uma maneira de fazer isso é aumentar universalmente todos os royalties sobre gravações digitais. Martin Mills, CEO da influente gravadora independente Beggars Group, começou a pedir uma taxa mínima de 15% em 2016. Embora isso seja muito inferior às normas atuais, ainda seria muito mais do que a maioria dos artistas de renome recebe atualmente. Outra resposta seria perdoar as dívidas de *recoupment* após um determinado período (a Beggars faz isso após 15 anos). Sob forte pressão, a Sony finalmente anunciou em 2021 que faria algo semelhante. No entanto, até o momento em que este livro foi para a gráfica, a UMG e a Warner ainda não haviam feito o mesmo.[13]

As taxas imoralmente baixas pagas sobre o catálogo não prejudicam apenas os artistas tradicionais; elas também tornam muito mais difícil para as gravadoras independentes competirem — e, assim, romperem a hegemonia das grandes gravadoras.

Quando a música era materializada em discos físicos e vendida em lojas com espaço limitado nas prateleiras, a maior parte das vendas era de discos da *frontlist* (lançamentos). Na era digital, entretanto, o catálogo (músicas mais antigas) tem se tornado cada vez mais importante. A UMG é a maior das grandes gravadoras. Em 2019, por exemplo, 57% das receitas totais digitais vieram de músicas lançadas pelo menos três anos antes (o que o setor chama de "fundo de catálogo"). Acontece que, diante da escolha de quase todas as músicas que já foram lançadas comercialmente, os ouvintes estão buscando uma seleção muito diferente da que são oferecidas. As pessoas realmente gostam mais das coisas antigas do que das novas. (Isso torna ainda mais trágico o fato de que a UMG, que havia muito tempo deixava seus acervos de gravações históricas mofando em um depósito porque não conseguia descobrir a melhor forma de armazená-las, perdeu centenas de matrizes de artistas — às vezes as únicas cópias restantes — em um incêndio em 2008.)

Como o catálogo basicamente não tem *overhead* [custos de operação], quanto mais ele for controlado por uma gravadora, mais receita ela terá para subsidiar todo o resto. Assim, podemos entender como seus enormes repertórios inclinam o negócio a favor das grandes gravadoras. Eles já tinham as melhores economias de escala, os orçamentos de promoção e marketing mais extravagantes, as conexões necessárias para conseguir tocar as músicas nas rádios e as redes para distribuir discos físicos para as lojas. Além disso, eles obtêm um retorno inesperado com a nova lucratividade não prevista do catálogo na era digital. E a cereja do bolo é que contratos injustos e desatualizados significam que todo o seu valioso repertório antigo tem margens de lucro muito maiores do que qualquer coisa nova produzida atualmente. Isso ajuda a explicar como a situação financeira das gravadoras está melhorando. Um inquérito do parlamento britânico de 2020 sobre a economia do *streaming* de música constatou que "o faturamento das grandes gravadoras registrou um aumento de 21%, mas o lucro operacional obteve um crescimento sem precedentes de 64%". Em outras palavras, o relatório concluiu que "as grandes empresas não apenas estão ganhando mais dinheiro do que nos últimos vinte anos, como também estão lucrando mais com essa renda".[14]

Isso está se convertendo em enormes receitas para os executivos das empresas, havendo indícios de que "os cinco principais executivos da Warner receberam pacotes de remuneração iguais aos ganhos das 27 principais trilhas musicais de 2019, bem como pacotes de ações no valor de US$ 590 milhões". Segundo o relatório, é o status de oligopsônio das grandes gravadoras que está permitindo que elas se beneficiem "desproporcionalmente" do *streaming* de música em comparação com os criadores que elas supostamente representam: "Isso resultou em níveis recordes de crescimento de renda e lucro e níveis históricos de rentabilidade para as grandes gravadoras, enquanto a renda dos artistas é, em média, menor do que o salário médio".[15] Jake Beaumont-Nesbitt, consultor de políticas do International Music Managers' Forum [Fórum Internacional de Gerentes de Música] (IMFF), diz que esses reservatórios de direitos autorais prejudicam as gravadoras mais novas, que têm menos catálogo de fundo que lhes proporcione uma renda passiva. "Criar um público para um novo artista na chamada economia da distração requer uma campanha contínua de conteúdo e comunicação durante muitos meses", ele nos disse. "Tudo isso é de alto risco em um mercado imensamente competitivo e imprevisível; prejuízos são normais. Gravadoras estabelecidas com catálogos perenes podem compensar esse risco de pesquisa e desenvolvimento com uma renda estabelecida, enquanto novos artistas ou gravadoras que lançam seus próprios álbuns não conseguem".[16]

O controle sobre o catálogo não só permite que as grandes empresas absorvam o valor das músicas do passado, mas também que cobrem aluguel dos novos artistas.

As pessoas fazem música com os instrumentos e as ferramentas de sua época. Desde a revolução dos computadores na década de 1980, uma das ferramentas mais importantes tem sido o *sampling*, que consiste em retirar sons gravados já existentes e reutilizá-los em novas composições.[17] Quando o hip-hop estava surgindo, a utilização de *samples* era uma prática livre. A maioria dos músicos nem sequer considerava se o *sampling* era uma violação de direitos autorais (assim como Dizzy Gillespie não considerava que usar dezesseis compassos de *Whispering* de John Schonberger no solo da canção *Groovin' High* assim fosse), e, se o fizessem, presumiam que era um uso justo ou *de minimis* (muito insignificante para que a lei assim o estimasse).

Nessa breve era de ouro, grupos como Public Enemy, Beastie Boys e De La Soul experimentaram o uso de centenas de *samples* para criar densas paredes de som que começaram a transformar o som da música contemporânea. Mas, à medida que a nova forma de arte se popularizava e começava a ganhar dinheiro, as gravadoras que detinham os direitos autorais das gravações com *samples* começaram a exigir uma parte. Com o passar do tempo, eles reivindicaram com sucesso o direito de controlar o *sampling* de seus catálogos, baseando-se em leituras restritas de exceções de direitos autorais que sugerem que mesmo trechos muito curtos em geral precisam ser licenciados.[18]

São necessárias duas licenças: uma da gravadora, que controla os direitos autorais da gravação, e outra da editora musical, que controla os direitos autorais da música subjacente. Os artistas raramente conseguem contornar isso via samplagem de sons que não estão protegidos por direitos autorais; como os direitos duram muito tempo e a história da música gravada é tão curta, quase tudo permanece restrito. Se os direitos não forem liberados, as gravadoras não se arriscarão a lançar as faixas por medo de litígios onerosos e indenizações legais de até US$ 150.000 por infração.

Os custos da licença dependem da duração, reconhecimento e fama dos *samples*, mas podem chegar a cinco ou seis dígitos. A advogada de entretenimento Dina LaPolt resume a situação sem rodeios: "Há dois tipos de *sample*: o tipo muito caro, e o tipo muito, mas *muito* caro".[19] Os artistas contratados por empresas independentes geralmente têm que pagar esses custos do próprio bolso, porque suas gravadoras não podem arcar com esse ônus.[20] Às vezes, os detentores de direitos pedem uma parte dos novos direitos autorais em vez de (ou além da) taxa inicial. Isso pode se tornar complicado quando há mais de um *sample*: "Os detentores de direitos autorais exigem a propriedade de 100%

de sua nova composição sampleada. Três vezes 100% é 300%, mas você só tem 100% para dar".[21] O jornalista Harry Allen estima que um hip-hop com muitos *samples*, como *It Takes a Nation of Millions to Hold Us Back*, de Public Enemy, teria que ser vendido por US$ 159 "apenas para pagar todos os royalties das editoras que reivindicam 100% de suas composições".[22] Este é um problema real para os artistas. Se eles não recuperarem seus contratos de gravação, os únicos royalties que receberão virão dos direitos das músicas; se eles forem obrigados a transferir os direitos das músicas também, poderão ficar totalmente sem renda.

Essas realidades econômicas forçaram músicas complexas e com muitos *samples* a sair do mercado comercial. Até mesmo um ou dois *samples* podem ter uma liberação proibitiva. Mark Kates, ex-executivo de gravadora, disse a McLeod e DiCola: "Em geral, você começa pagando US$ 5.000 para iniciar a conversa. Eles nem sequer consideram a possibilidade de pagar menos do que isso".[23] Isso foi há uma década e, atualmente, os custos são ainda mais altos, pois as editoras musicais e as gravadoras continuaram a aumentar suas taxas. "Isso literalmente tirou os artistas menores do jogo. Somente os que estão muito, muito bem de vida podem se dar ao luxo de samplear".[24]

Mesmo aqueles que têm dinheiro talvez não consigam obter uma licença, pois os relacionamentos e a influência também são fundamentais: você precisa das pessoas certas para encaminhar a solicitação. Os artistas que assinam com grandes gravadoras têm muito mais chances de obter a autorização de que precisam do que aqueles que assinam com gravadoras independentes ou que trabalham fora do sistema de gravadoras. O especialista em *clearance* [licenciamento] Bill Stafford descreve a obtenção de licenças para artistas de gravadoras independentes como "muito, muito difícil". E completa, "sem alguém para ajudá-los, eles ficam no fundo da pilha".[25] Big Daddy Kane descobriu isso quando não pôde lançar uma faixa com *samples* de cantores consagrados porque Prince (que detinha esses direitos) simplesmente não estava interessado. A música ficou parada até que Big Daddy assinou com a Warner. Prince também fazia parte do seu catálogo, então a autorização foi concedida.[26] E até mesmo o rapper Chance, que permaneceu independente apesar de seu enorme sucesso comercial e de crítica, luta para liberar direitos e sua frustração em navegar pelo sistema transparece em sua música *No Problem*, que começa com a letra "If one more label try to stop me..." [Se mais alguma gravadora tentar me impedir...]. As complexidades com a liberação de *samples* podem ajudar a explicar por que nenhum outro *rapper* sem gravadora conseguiu replicar seu sucesso.

Esses altos custos estão fazendo pouco para ajudar os artistas. No início, a nova cultura de licenciamento criou um ganho inesperado para alguns dos artistas de R&B e soul que haviam sido forçados a firmar contratos injustos décadas antes. Seus discos eram sampleados, os *samples* eram liberados e eles recebiam algum dinheiro. No entanto, cada vez mais, os artistas que assinavam com as gravadoras descobriam que seus contratos os desapropriavam de futuras receitas de *sampling*, exigindo-se que qualquer receita fosse compensada com as dívidas quase que indiscutíveis dos custos de gravação de seus discos. Os novos ganhos do *sampling* iam direto para a gravadora.

Dessa forma, as grandes gravadoras têm o mercado de *sampling* selado em ambas as extremidades. Se você for um artista, é provável que uma grande gravadora seja proprietária da gravação que você deseja liberar e uma grande editora seja proprietária dos direitos da música. Será extremamente difícil produzir música do jeito que você quer, e isso reflete a cultura do momento, a menos que você assine com uma delas. O dinheiro que você paga vai para a gravadora e, se alguém no futuro decidir fazer um *sample* da sua música, esse dinheiro também irá para eles. As regras são projetadas para aumentar o custo de produção de música, criando barreiras à entrada que dificultam a concorrência dos independentes e, ao mesmo tempo, acrescentam pouco aos resultados financeiros dos artistas.

Esse sistema mantém o domínio das grandes gravadoras. Toda vez que um artista assina com uma grande gravadora para viabilizar sua produção musical, ele acrescenta seus direitos autorais ao repertório estratégico da gravadora por mais um século.

Conceder mais direitos autorais (nesse caso, o direito de controlar o *sample*) aos músicos no universo concentrado da música gravada é, mais uma vez, como dar mais dinheiro ao seu filho que sofre bullying. Os valentões simplesmente pegam o dinheiro extra também. Se não permitíssemos que as gravadoras extraíssem todos os direitos autorais dos artistas, elas não conseguiriam obter uma vantagem tão poderosa. Mas não aprendemos essa lição: continuamos dando mais direitos aos músicos.

Em 2015, um tribunal dos EUA concedeu US$ 5 milhões aos herdeiros de Marvin Gaye porque a música *Blurred Lines*, de Robin Thicke, Pharrell Williams e T. I., seria "muito semelhante à *vibe* de Gaye". A conclusão do tribunal não foi que a música havia copiado *algo* de Gaye, mas sim que ela era reconhecível como *o tipo de música que Gaye teria composto*. Houve problemas nesse caso: as confissões de Robin Thicke de que estava sob efeito de Vicodin quando compôs a música e as entrevistas publicitárias em que ele disse que se propôs a fazer algo com o *groove* de Gaye provavelmente influenciaram a conclusão do júri. No entanto, a sentença criou uma verdadeira indústria de processos semelhantes, tendo como alvo artistas como Katy Perry e Ed Sheeran. Mais de duzentos artistas renomados, incluindo John Oates, Jennifer Hudson, Jean Baptiste e membros do Tool e do Linkin Park, entraram com um recurso *amicus curiae* contra a decisão sobre *Blurred Lines*, alegando ao tribunal que ela ameaçava a indústria da composição: "Toda música compartilha a inspiração de obras musicais anteriores, especialmente dentro de um gênero musical específico. Ao eliminar-se qualquer padrão significativo que permita delimitar a fronteira entre a *inspiração* permissível e a *cópia* ilegal, a decisão certamente sufocará a criatividade e impedirá o processo criativo".[27]

O músico, crítico e especialista do setor Ted Gioia diz que esse ambiente está dificultando ainda mais o surgimento de novos músicos: "O receio de ações judiciais envolvendo direitos autorais fez com que muitos no setor tenham um medo mortal de ouvir gravações demo que não foram solicitadas. Se você ouvir uma demo hoje, poderá ser processado por ter roubado a melodia — ou talvez apenas seu *groove* — daqui a cinco anos. Tente enviar uma demo pelo correio a uma gravadora ou produtor e aguarde o retorno dela sem ter sido aberta".[28]

Até mesmo a Recording Industry Association of America [Associação da Indústria de Gravação dos Estados Unidos] (RIAA), que faz lobby para as grandes gravadoras e historicamente tem defendido a versão mais abrangente de direitos autorais que se possa imaginar, começou a apresentar petições sobre esses casos, argumentando que há direitos autorais demais hoje em dia, porque seus membros são parte nesses processos sobre *vibes* e isso está colocando em risco seus negócios.

Mas, embora os membros da RIAA estejam sofrendo no curto prazo, é fácil imaginar como eles se adaptarão: os novos contratos de gravação simplesmente farão com que a cessão de seus direitos de *vibe* seja uma condição não negociável do acordo. Isso transferiria a propriedade de *todos os gêneros musicais* para as Big Three [as três grandes gravadoras], que possivelmente brigarão entre si por causa de suas demandas sobrepostas, porém, mais provavelmente, concederão licenças cruzadas umas às outras, como fazem com os *samples* atualmente. Isso aumentaria ainda mais sua primazia, principalmente porque esse tipo de litígio é tão caro, seja na instauração ou na defesa, que é inacessível para qualquer uma das gravadoras, exceto para as que possuem os maiores recursos. Se alguém que gravasse música em um gênero reconhecível exigisse a permissão de uma das Big Three para fazê-lo, seria praticamente impossível gravar *qualquer* música sem a permissão delas e elas inevitavelmente usariam esse poder para arrancar concessões cada vez maiores dos artistas. Sabemos disso porque foi o que fizeram todas as demais vezes em que tiveram a possibilidade de fazê-lo. Quando Prince pintou *SLAVE* na bochecha, ele estava apontando uma realidade incômoda: que a forma como criamos a lei de direitos autorais afasta o poder dos artistas e os subjuga aos mestres.

CAPÍTULO 5

POR QUE O *STREAMING* NÃO COMPENSA

Qualquer um que acompanhe o mundo da música sabe que a renda do *streaming* é uma piada, a menos que você seja um artista de grande sucesso. As taxas pagas geralmente são regidas por contratos privados sigilosos — primeiro entre as plataformas e as gravadoras, depois entre as gravadoras e os artistas —, portanto, é difícil ver claramente quanto é gerado por cada *stream* [transmissão de conteúdo]. No entanto, existem algumas janelas para espiar esse mundo obscuro. A violoncelista e compositora independente Zoë Keating tem publicado informações sobre seus rendimentos com *streaming* desde 2012. Em setembro de 2019, por exemplo, sua música foi reproduzida no Spotify mais de 200.000 vezes, gerando um pagamento de US$ 753,00 — cerca de 36 centésimos de centavo (US$ 0,0036) por reprodução.[1] Isso permite deduzir aproximadamente quanto os artistas vinculados a gravadoras devem estar recebendo. Mesmo que a taxa de royalties seja relativamente generosa, como 25%, pode ser que isso represente apenas nove centésimos de um centavo (US$ 0,0009). E para aqueles artistas que estão presos a contratos de décadas com royalties de, digamos, 6%, talvez sejam necessárias cem mil reproduções para gerar o suficiente para comprar uma pizza de vinte dólares. Fora os impostos. E, se ainda não tiverem conseguido reembolsar seus custos de gravação, nenhum desses artistas receberá um centavo.

Obviamente, o sucesso do *streaming* requer uma escala enorme. Isso é muito ruim para a música que não se presta a ser ouvida de forma repetida, um argumento reiterado pela musicista experimental e compositora Holly Herndon. Ao comentar sobre uma composição de Krzysztof Penderecki, ela disse: "*Threnody to the Victims of Hiroshima* é uma peça orquestral realmente intensa que me mudou musicalmente e estou muito feliz por ela existir, mas definitivamente não a reproduziria durante um jantar. Ao ouvi-la uma vez, você absorverá a ideia e será transformado para sempre".[2] Alguns centésimos de centavo para um *stream* de uma faixa de nove minutos não dá para muito — especialmente se a quantia for dividida com toda uma orquestra!

O colaborador de Herndon, Mat Dryhurst, também se desespera diante das chances de ganhar dinheiro com o *streaming*: "Para artistas como nós, que fazemos um álbum a cada três anos, o pagamento por *streaming* simplesmente não faz sentido, porque é muito importante que você escute todas as faixas".[3]

A maioria dos artistas está no mesmo barco. O Spotify não informa quantos estão em sua plataforma, mas são dezenas de milhões. Desses, apenas 43 mil são responsáveis por 90% dos *streams*.[4]

Provavelmente, o *streaming* nunca será uma maneira viável para que artistas e compositores com menor volume ganhem a vida, mas também não precisa ser *tão* ruim para eles. A razão pela qual isso acontece é porque foi projetado dessa forma. Como a jornalista e comentarista musical Liz Pelly nos disse, o *streaming* "foi moldado *pelas* grandes empresas *para* as grandes empresas". Embora as empresas de *streaming* sejam muito criticadas por esses resultados terríveis (e vamos nos aprofundar na responsabilidade delas no capítulo a seguir), foram as grandes gravadoras que criaram o sistema em primeiro lugar. Como eles controlam grande parte do catálogo, qualquer pessoa que queira iniciar um serviço de *streaming* precisa passar por eles. Isso dá às Big Three [as três maiores gravadoras] o poder de "operar sem as regras usuais aplicáveis aos mercados altamente competitivos", de acordo com Gadi Oron, da International Confederation of Authors and Composers Society [Confederação Internacional de Sociedades de Autores e Compositores], que representa quase 250 sociedades de criadores em todo o mundo.[5]

Não é de surpreender que eles tenham criado outro sistema do tipo "o vencedor leva tudo" que beneficia desproporcionalmente os artistas e as gravadoras mais importantes. Como explica David Turner, "o armamento oligopolista das grandes gravadoras ocorreu com o surgimento de cada novo serviço de *streaming*, garantindo que a configuração dos royalties fosse favorável às gravadoras e não aos músicos".[6] É por isso que seus lucros estão aumentando, mesmo quando os artistas veem sua participação despencar — lembre-se de que a receita deles recentemente aumentou 21%, mas os lucros aumentaram *64%*.[7] Não é de surpreender que o CEO da British Phonographic Industry (uma associação comercial de gravadoras) tenha dito à investigação parlamentar do Reino Unido, que tratou da economia do *streaming* de música, que o "foco deveria estar no crescimento do bolo do *streaming*, em vez de tentar discutir para onde esse bolo do *streaming* deveria ir".[8] Assim como os mágicos que se apresentam nos palcos de Las Vegas, eles querem que olhemos na direção errada para ocultar o truque que está transferindo grande parte do valor da música para seus cofres corporativos.

Uma característica estrutural e particularmente vantajosa para as grandes empresas é a forma como os royalties são divididos. Todas as principais plataformas operam um sistema *pro-rata*, no qual o dinheiro dos royalties de todos os assinantes é reunido [sistema de *pool*] e, posteriormente, pago por parcela de reproduções. Se, por exemplo, Drake recebe 5%, sua gravadora receberá 5% do dinheiro — mesmo de assinantes que nunca ouviram uma de suas faixas.

Keating diz que os fãs pensam que não funciona assim: "Eles acham que, se estão tocando tudo da Zoë Keating, a parte da assinatura que vai para o artista vem toda para mim. Mas não é assim".[9] Esse sistema de *pool* significa que aqueles que ouvem menos (talvez porque sejam fãs de músicas estilisticamente mais desafiadoras, como a música clássica de vanguarda de Keating ou a eletrônica experimental de Herndon e Dryhurst) acabam canalizando menos dinheiro para seus artistas favoritos do que aqueles que ouvem música simples de fundo continuamente. A plataforma francesa de *streaming* Deezer diz que o sistema *pro-rata* prejudica os artistas locais e de nicho ao dar aos artistas e gêneros populares mais do que sua cota justa.[10]

Uma das respostas seria migrar para um modelo "centrado no usuário". Em vez de ir para um único *pool*, o componente de royalties de gravação de cada assinatura (cerca de 52% do total) seria distribuído entre os artistas que o usuário realmente escutou. Se um assinante ouvisse apenas Keating naquele mês, o valor total (US$ 5,19 em uma assinatura de US$ 9,99) iria para ela. De fato, aqueles que ouvem menos recompensariam seus artistas preferidos com royalties mais altos. Aqueles que usam música como fundo renderiam relativamente menos a cada artista.

Há pouca modelagem a respeito de como os pagamentos centrados no usuário transfeririam dinheiro; além disso, quem ganha e quem perde não está, de forma alguma, bem definido.[11] As organizações de direitos dos artistas, como o Musicians' Union [Sindicato dos Músicos] do Reino Unido, são favoráveis, mas realistas, em relação aos sistemas centrados no usuário: não os veem como uma panaceia, mas acreditam que poderiam aumentar a transparência e, ao menos, melhorar os resultados nas margens. Turner critica o modelo por ser uma solução individualista, retirada diretamente do manual neoliberal: "Essa solução consumista desloca das gravadoras/serviços de *streaming* a responsabilidade de compensar os artistas de forma justa, transferindo-a para os fãs individualmente". Mas ele ainda diz que veria com bons olhos a adoção desse sistema. "A mudança representaria uma grande reviravolta na forma como o *streaming* de música funciona e permitiria uma conversa mais saudável sobre todo o modelo de negócios".[12]

A Deezer vem tentando testar esse sistema há, literalmente, anos, mas a resistência das grandes empresas a impede de fazê-lo. Isso sugere que os maiores *players* sabem bem que estão sugando mais do que sua cota justa de valor.

MANIPULADO: HORIZONTAL E VERTICALMENTE

Outro grupo que sofreu com o papel das grandes gravadoras na concepção da estrutura do *streaming* são os compositores. É como uma piada de mau gosto: "Qual é a única coisa pior do que os royalties de *streaming* pagos aos artistas?" Resposta: o que você ganha com a composição dessas músicas.

O setor musical está integrado não só horizontalmente, com três grandes gravadoras controlando a maior parte do mercado, mas também verticalmente. As três grandes gravadoras — UMG, Sony, e Warner — também são proprietárias das três grandes editoras de música. E isso cria um conflito de interesses gigantesco.

Já mencionamos que a parcela da receita de *streaming* que vai para os artistas é de aproximadamente 52% da receita total do Spotify. Isso já é ruim o suficiente — mas a parcela que vai para os compositores varia entre apenas *10 e 15%*. É assim que uma artista como Fiona Bevan pode acabar ganhando míseras 100 libras em royalties pela coautoria de uma faixa em *Disco*, de Kylie Minogue, apesar de ela ter chegado ao topo das paradas.

Nos EUA, a participação dos compositores no *streaming* interativo como o Spotify é definida por uma licença estatuária e não ditada pelas gravadoras. Durante anos, ela foi fixada em apenas 10,5% da receita, cortesia de uma fórmula estranha sobre a qual falaremos mais tarde. Embora as grandes gravadoras tenham se manifestado contra essa taxa, se examinarmos mais de perto, ela foi, de fato, excepcionalmente favorável para as grandes gravadoras, que também são proprietárias das maiores editoras musicais do mundo.

No capítulo anterior, explicamos essa característica peculiar dos contratos do setor musical: o *recoupment*, ou seja, a prática de exigir que os artistas reembolsem qualquer adiantamento inicial, além de grande parte das demais despesas da gravadora para a produção do disco. A integração vertical no setor musical se combina com essa prática de uma maneira que prejudica os compositores. Como as gravações são mais caras de fazer do que as composições, as empresas proprietárias de gravadoras e editoras musicais têm o incentivo perverso de empurrar o máximo possível de receita para o lado da gravadora.[13] Se os compositores ganharem mais, eles receberão seus próprios adiantamentos e começarão a ser pagos. Mas se a maior parte for destinada aos artistas, que têm muito menos probabilidade de receber, esse dinheiro ficará na gravadora, engordando ainda mais os lucros da corporação. O conflito de interesses é óbvio e as consequências são tangíveis.

Os rendimentos insignificantes da composição de músicas estão tornando o setor cada vez menos sustentável e forçando os profissionais a desistirem de seu ofício: o número de compositores em tempo integral em Nashville sofreu uma queda de 80% em apenas 15 anos.[14] Para os acionistas, no entanto, isso funciona muito bem. A renomada advogada do setor musical, Amanda Harcourt, defendeu o reequilíbrio das participações relativas de compositores e intérpretes, mas não está otimista quanto às chances de isso acontecer: "Com tanta integração horizontal, é improvável que isso ocorra".[15] Essa é mais uma maneira pela qual o domínio das grandes empresas de música permite que elas moldem os mercados para desviar o dinheiro dos próprios criadores que supostamente deveriam beneficiar.

A MANOBRA FINANCEIRA SEM FONTE APARENTE

Em 2015, um contrato entre o Spotify e a Sony foi vazado — e o mundo da música ficou em polvorosa. Nos Estados Unidos, os serviços de *streaming* interativo, como o Spotify e a Apple Music, licenciam músicas diretamente com as gravadoras e outras distribuidoras, nos termos acordados entre as partes. Os termos desses acordos são mantidos em segredo. Os gigantes empresariais estão cientes de que quanto menos você souber o que está acontecendo, menor será a probabilidade de combatê-los.

Os conhecedores do setor por anos suspeitaram que as grandes empresas haviam negociado acordos que priorizavam seus próprios interesses em detrimento dos interesses de seus artistas — e certamente em detrimento dos interesses de seus rivais independentes. Até o vazamento, no entanto, isso era apenas boato. Mas o contrato vazado comprovou que era verdade.

Em especial, o acordo deu à Sony o direito de receber até US$ 42,5 milhões em adiantamentos e até US$ 9 milhões em espaço publicitário gratuito (que poderia ser usado ou vendido), além de outros US$ 15 milhões em descontos.

As gravadoras geralmente exigem pagamentos antecipados ou garantias de receita mínima como condição para licenciar seus catálogos. Imagine um adiantamento de US$ 5 milhões por três meses. O Spotify paga à gravadora esses US$ 5 milhões antecipadamente. Se os usuários ouvirem músicas o suficiente para atingir US$ 5 milhões em royalties devidos àquela gravadora naquele trimestre, o Spotify recupera efetivamente o adiantamento. Se fizerem mais *streams*, o Spotify pagará royalties adicionais para acertar as contas. A controvérsia sobre o contrato era principalmente sobre o que aconteceria se os usuários ouvissem *menos*. O excesso seria compartilhado com os artistas ou simplesmente embolsado pela gravadora?

Há muito tempo, os contratos de gravação faziam distinção entre a receita atribuível a usos específicos das músicas (que deve ser repartida entre o criador e as gravadoras) e a receita não atribuível ou geral (que fica com a gravadora).[16] Isso deu às gravadoras um incentivo cruel para maximizar a *breakage* [quebra], um termo que originalmente se referia a uma dedução dos custos de discos físicos quebrados, sobre os quais os artistas não receberiam royalties, mas que mais tarde passou a abranger todos os pagamentos que não estão vinculados ao uso específico do repertório. Organizar acordos para maximizar a *breakage* exclui os artistas que as gravadoras deveriam representar. Entretanto, como os contratos que os afetam geralmente são mantidos em segredo, não há transparência quanto ao fato de os acordos terem sido deliberadamente estruturados para eliminar a participação do artista — nem quanto dinheiro a *breakage* acaba custando a eles.

O contrato vazado iluminou um pouco essa escuridão. A única razão pela qual a Sony conseguiu negociar adiantamentos tão grandes e aqueles anúncios gratuitos e com desconto foi porque ela controlava um grande número de direitos de artistas. Mas o contrato mostrou que ela os usava para estruturar acordos que a favorecessem. O esquema não é novo. Nas décadas de 1950 e 60, as grandes gravadoras fechavam acordos com clubes de discos com base em adiantamentos enormes e taxas de royalties minúsculas. Embora todos soubessem que esses adiantamentos vultosos nunca seriam pagos, as gravadoras também sabiam que a parte não recuperada não seria atribuível a nenhum artista em particular e que não teriam obrigação de dar a seus artistas nem mesmo a mísera parte que lhes era devida.[17]

Mas esse era apenas um golpe barato. Na era do *streaming*, a estruturação de contratos para maximizar a *breakage* e, assim, minimizar a parte que deve ser repassada aos artistas tornou-se uma fatia muito maior do negócio. O ex-diretor executivo da SoundExchange, John Simson, descreveu as grandes gravadoras como "obstinadas em receber dinheiro não atribuível".[18] Como somente os artistas mais poderosos têm a capacidade de exigir contratualmente uma parte da *breakage*,[19] ao fazê-lo, a margem da gravadora é efetivamente aumentada por meio do valor que deveria ser destinado aos artistas por direito.

Para ilustrar a distorção que esses adiantamentos podem causar, a Merlin, que licencia direitos de música digital em nome de gravadoras independentes, uma vez registrou mais de US$ 1 milhão em *breakage* decorrentes de adiantamentos não reembolsados através de somente duas transações globais de *streaming*. Em um deles, a parte não reembolsada era mais da metade do que havia sido ganho em royalties; no outro, quase cinco vezes mais. Nesse último acordo, se a Merlin fosse uma gravadora tradicional, poderia ter ficado com US$ 500 para cada US$ 100 que dividiu com os artistas. Os artistas cujos contratos preveem uma taxa de royalties de 25% teriam ficado com apenas US$ 25 de um total de US$ 600, em vez dos US$ 150 a que teriam direito se o pagamento tivesse sido estruturado como royalties.[20]

Na verdade, a Merlin repassa todas essas receitas para as gravadoras independentes que representa. Embora raramente tenham qualquer obrigação contratual de repassá-las a seus artistas, desde o início, muitas das principais gravadoras independentes se comprometeram publicamente a dar a seus artistas uma parcela proporcional da receita não atribuível proveniente de serviços digitais, como uma demonstração de boa-fé.[21]

As grandes gravadoras por muito tempo se recusaram a abordar a questão da *breakage*, mas foram obrigadas a fazê-lo quando o contrato que vazou mostrou a extensão do valor não atribuível que estava sendo retirado dos artistas. As três emitiram declarações garantindo aos artistas que compartilhavam a *breakage* dos adiantamentos (quando não os outros benefícios revelados no contrato). *Insiders* do setor aceitaram as garantias da Warner,[22] mas em relação à Sony e à Universal houve (e ainda há!) muito ceticismo. *O que* eles estavam pagando e havia *quanto tempo* estavam pagando?

Aparentemente, não muito tempo: a análise de um especialista independente sobre um demonstrativo de royalties de 2014 de uma banda de sucesso com contrato com a UMG revelou muitos erros e inconsistências, mas "nenhuma evidência de pagamento de *breakage*".[23] Charles Caldas, que era então CEO da Merlin, acredita que foi somente com o vazamento do contrato que eles começaram a "dizer (com muito, *muito* cuidado!) que pagariam a *breakage* nos adiantamentos de *streaming*".[24] E não deram respostas sobre como compartilhariam o valor de todo esse espaço publicitário gratuito e com desconto. Como os demonstrativos de royalties são tão deliberadamente confusos, e como as gravadoras têm poucas obrigações de transparência com seus artistas, ainda hoje, muitas vezes, não está claro quando e em que termos os ganhos são realmente repartidos.

Adiantamentos e dinheiro de anúncios não são os únicos meios pelos quais as gravadoras desviam valores dos artistas. Uma fonte de lucro ainda maior é a prática de obter participação acionária gratuita ou com grandes descontos em plataformas de tecnologia emergentes como condição para licenciar seus catálogos. Vejamos o caso da plataforma de *streaming* SoundCloud, que teve dificuldades para convencer as grandes gravadoras a licenciar suas músicas. A Warner foi a primeira a entrar no acordo. Além das taxas negociadas para o uso do seu catálogo, a gigante da música garantiu uma participação acionária de 5%, que, segundo alguns rumores, foi adquirida com um desconto de 50% em relação ao valor pago por outros investidores.[25] Esses acordos de participação acionária são negócios "que aparentemente todos os lados preferem que passem despercebidos", mas são uma parte importante do novo cenário da mídia e dão às grandes empresas outra enorme vantagem econômica sobre as independentes.

E isso não se limita ao SoundCloud: as Big Three passaram a ter participação em uma infinidade de novos empreendimentos musicais, incluindo Shazam, Deezer e até mesmo o YouTube (quando foi comprado pelo Google, as grandes gravadoras teriam negociado uma participação acionária avaliada em torno de US$ 50 milhões, ou cerca de 3%[26]) Comparemos com a Kobalt, uma editora musical que conquistou participação no mercado (incluindo artistas de peso, como Childish Gambino) com seu etos "radicalmente transparente" e que recusa participações acionárias em empresas de *streaming*, preferindo pagamentos mais altos por *streaming*.[27]

De todos esses acordos, os mais lucrativos foram aqueles com o Spotify. Assinados em 2008, ano em que a empresa foi lançada, esses acordos deram 6% de participação à Sony, 5% à Universal, 4% à Warner e 2% à EMI — que acabou ficando com a Universal após a fusão das duas gigantes. Outros 1% foram para a Merlin, a agência global de direitos digitais que representa gravadoras independentes e que, na época, era responsável por cerca de 12% do mercado mundial.[28] O preço? Menos de US$ 10.000 pelo lote.[29] Em comparação com os valores pagos por outros investidores em empresas em estágio inicial, foi praticamente gratuito. A recompensa foi considerável: quando o Spotify se tornou uma empresa de capital aberto em 2018, somente a participação da Sony foi avaliada em cerca de US$ 1,5 bilhão.[30] Isso representa um retorno sobre o investimento de 45.000.000%.

Mais uma vez, o conflito de interesses é óbvio. As grandes empresas queriam que o Spotify abrisse o capital com a maior *valuation* possível para maximizar o valor de suas ações, mas também tinham interesse em negociar os maiores royalties possíveis para seus músicos, o que reduziria esse valor. "Como eles podem negociar com eles mesmos, teoricamente?", perguntava-se um *insider* da indústria. "O que é um royalty justo, o que é um adiantamento justo, sendo que eles *são* ambos lados?"[31]

Essa pergunta estava na mente de todos à medida que o IPO do Spotify se aproximava. Os contratos de longo prazo das grandes gravadoras haviam expirado e elas estavam licenciando suas gravações para o Spotify mês a mês. Novos contratos de longo prazo eram um pré-requisito essencial para o IPO do Spotify: a empresa teria um valor muito maior se pudesse garantir aos possíveis investidores que a plataforma não estava prestes a perder acesso ao repertório mais popular. Naquela época também, o Spotify ainda estava perdendo centenas de milhões de dólares por ano e "precisava reduzir os pagamentos de royalties para mostrar aos investidores o potencial de lucro".[32] A Universal, a Sony e a Warner se encontravam em uma posição de negociação vantajosa porque o Spotify precisava desesperadamente de seu conteúdo, mas, mesmo assim, cada uma delas decidiu aceitar cortes de royalties de cerca de três pontos percentuais.[33] Ou seja, eles exerceram seu poder de forma a reduzir a taxa de mercado para música gravada, mas a aumentar o valor do Spotify para os investidores.

Não se sabe ao certo o quanto esse corte realmente afetou seus resultados financeiros — é bem possível que tenham insistido em contrapartidas adicionais na forma de adiantamentos vultosos, anúncios gratuitos e outras vantagens para compensar o custo, além do impulso que isso proporcionou aos seus investimentos em *equity*. Porém, o que *sim* fica claro é que essa medida prejudicou a concorrência independente. Conforme demonstrado no contrato vazado com o Spotify, as grandes gravadoras têm cláusulas de *most favored nation* [nação mais favorecida] nos contratos com as plataformas de *streaming*, garantindo que ninguém mais receberá uma taxa maior. Com isso, quando as gravadoras independentes voltaram à mesa de negociações, o teto era mais baixo que antes. Em outras palavras, as grandes gravadoras usaram o poder de seus vastos catálogos de direitos para prejudicar diretamente os artistas e produtores independentes.

Como se isso não bastasse, durante muito tempo não estava claro se as grandes gravadoras repartiriam qualquer parte do ganho inesperado resultante entre seus artistas. A Merlin havia prometido desde o início repassar o valor total de sua participação acionária a seus membros, e muitas dessas gravadoras independentes, por sua vez, haviam se comprometido a repassá-lo aos artistas. Mas as Big Three enrolavam. Mesmo sob enorme pressão de artistas e empresários, a Sony claramente deixou de abordar essa questão ao responder ao contrato vazado do Spotify. Foi somente em 2016, sete anos depois de garantir sua participação acionária, que a Warner finalmente anunciou que repartiria os lucros. Isso fez com que a Sony seguisse o exemplo poucas horas depois. A UMG permaneceu em silêncio por mais dois anos até que, finalmente, também prometeu que dividiria o dinheiro com seus artistas.

A pergunta de um bilhão de dólares passou a ser então *como* o dinheiro seria dividido. Uma vez que o ganho inesperado proveniente da venda de ações não era atribuível a nenhum uso específico, as grandes produtoras podiam decidir livremente se e como repassá-lo, exceto em casos atípicos de artistas com poder suficiente para conseguir incluir uma cláusula de direito em seus contratos.

Uma opção teria sido tratá-la como uma receita geral de licenciamento. Os contratos de gravação normalmente estabelecem duas taxas principais de royalties: uma mais baixa para vendas, representando os custos adicionais e os riscos envolvidos na fabricação e venda de um disco, e uma mais alta, em que as gravadoras simplesmente licenciam suas obras para que outras partes as explorem (por exemplo, em um comercial de TV) sem precisar fazer nada além de fechar o negócio e receber o dinheiro. Os royalties de licenciamento são normalmente 50% da receita — muito mais altos do que os 5% a 25% que os artistas normalmente recebem pelas vendas, dependendo de quando seus contratos foram assinados. E o mais escandaloso é que as vendas de música digital são chamadas de "licenças" para os consumidores, que é como estes podem estar vinculados a termos que incluem a proibição de revenda, mas são chamadas de "vendas" para os músicos, o que garante que eles recebam a taxa mais baixa. Defensores dos artistas reivindicaram que o ganho em *equity* fosse tratado da mesma forma que os acordos de licenciamento, o que faria com que metade do dinheiro fosse destinado aos artistas. As três principais gravadoras apresentaram maneiras diferentes de dividir o dinheiro, todas elas menos vantajosas para os artistas.

A Warner, que vendeu toda a sua participação acionária no Spotify logo após o IPO por mais de meio bilhão de dólares, alocou uma porcentagem fixa de 25% dos lucros para ser dividida entre artistas e gravadoras que atuam como distribuidoras. É provável que esse valor tenha sido um pouco maior do que a taxa de royalties de vendas da maioria dos artistas, embora seja apenas a metade da taxa de licenciamento regular. De forma controversa, no entanto, a Warner aplicou os proventos de capital às contas de royalties dos artistas. Você se lembra daquelas dívidas enormes e praticamente irrecuperáveis às quais a maioria dos artistas está sujeita graças ao sistema que os obriga a pagar praticamente todos os custos de produção e comercialização de seus discos? Essa decisão fez com que os lucros da venda fossem compensados em relação a essas dívidas. Como não houve transparência nesse processo, não sabemos exatamente quem recebeu quanto, mas é provável que a maioria dos artistas que assinaram contrato com a Warner tenha tido suas dívidas ligeiramente reduzidas sem nunca ter visto um único dólar em suas contas bancárias.

A Sony vendeu metade de sua participação no Spotify por US$ 750 milhões. Ela usou as taxas de royalties de vendas dos artistas para calcular sua cota proporcional, provavelmente variando de 5 a 25%, dependendo da idade do contrato. Esse valor é mais baixo que o da Warner e muito mais baixo que a taxa de licenciamento usual. Porém, é importante ressaltar que os ganhos não foram contabilizados como ganhos não recuperados, o que significa que os artistas efetivamente receberam algum dinheiro.

A UMG adotou ainda outra abordagem. Lembremos que ela demorou ao menos dois anos a mais do que as outras grandes gravadoras para confirmar se dividiria os lucros quando vendeu sua participação e, quando finalmente o fez, foi por meio de uma declaração concisa de uma linha: "Em conformidade com a abordagem da UMG em relação à remuneração dos artistas, estes teriam participação nos lucros provenientes de uma venda de *equity* [do Spotify]".[34] Os observadores do setor continuaram especulando qual seria a porcentagem que iria para os artistas, se ela seria reembolsável ou não e como as gravadoras distribuídas seriam tratadas.

No momento em que este texto foi escrito, a UMG ainda não havia vendido nenhuma de suas ações, cujo valor aumentara extraordinariamente para US$ 2 bilhões até o final de 2020. Mas os artistas finalmente têm certa clareza a respeito de como serão pagos — graças, inesperadamente, a Taylor Swift. Em 2018, ela se tornou uma artista independente após treze anos de contrato com a Big Machine Records. Como uma das estrelas mais lucrativas do planeta, ela tem um enorme poder de negociação. Ao assinar um novo contrato com a UMG, ela o usou para manter a propriedade de suas gravações mestras, um feito quase sem precedentes em contratos com grandes gravadoras. Além disso, ela insistiu que a UMG concordasse em dividir os lucros das vendas do Spotify com todos os seus artistas em regime não reembolsável. Ainda não está claro qual é a taxa que eles planejam pagar — a escassa taxa de royalties de vendas adotada pela Sony, os 25% da Warner ou a taxa de licenciamento de 50% que reflete de forma mais justa os riscos e as recompensas. Mas quando as ações forem vendidas, os artistas da UMG verão ao menos parte do dinheiro.

Um relatório do Deutsche Bank de 2019 estima que o *streaming* é a forma mais lucrativa de distribuição de música, gerando uma margem de 18%, em comparação com 13% dos downloads e somente 11% da mídia física. Mas, como vimos, esses lucros não estão sendo usufruídos de maneira uniforme. Daniel Glass, presidente e fundador da Glassnote Records, diz: "Há muito pouca classe média e baixa no setor fonográfico. Esse mundo secou". Essa história ajuda a mostrar o porquê.

Espera-se que os direitos autorais de música permitam que artistas e compositores criem novas obras, que sejam recompensados por isso e que incentivem os investidores a colocá-las no mercado. Mas com a agregação industrial de direitos autorais, concentrados em tão poucas mãos, esses objetivos estão sendo subvertidos. Entre eles, as Big Three contratam apenas cerca de 650 artistas por ano — uma fração mínima dos artistas em atividade.[35] No entanto, seus vastos reservatórios de direitos autorais lhes dão um poder descomunal para determinar a forma como a música é paga a todos os demais. Os adiantamentos maciços e outras contrapartidas que eles costumam exigir a título de custo dos negócios aumentam as barreiras à entrada, dificultando o surgimento da concorrência. E como os contratos abrangem toda a vigência dos direitos autorais, que pode ser de um século ou mais, os artistas ficam atrelados mesmo quando as gravadoras agem contra seus interesses. O resultado é um setor controlado por um pequeno número de impérios anticoncorrenciais, sustentado por privilégios jurídicos e com capacidade de exigir aos estados que se cumpram.

Há anos sabemos dos riscos que a propriedade altamente concentrada e os contratos excessivamente longos apresentam. A organização Public Knowledge e a Consumer Federation of America [Federação de Consumidores da América] alertaram explicitamente contra permitir a fusão da EMI e da UMG em 2012: "As grandes gravadoras incumbentes têm o incentivo para sufocar as novas plataformas de distribuição digital porque essas plataformas começam a nivelar o campo de atuação entre as grandes gravadoras, as gravadoras independentes e os artistas sem contrato".[36] Mas esse acordo foi aprovado e, desde então, temos observado o desenrolar desse processo de asfixia.

Apesar de tudo isso, é notável que a participação de mercado das gravadoras independentes esteja crescendo. Em 2012, as grandes gravadoras controlavam 76% do mercado global de música gravada; em 2018, esse número caiu para 66%.[37] O presidente da A2IM, Richard Burgess, sugere que isso ocorre porque os modelos algorítmicos usados por algumas plataformas de *streaming* "tendem a ajudar a trazer à tona gravações menos populares para pessoas que têm gostos mais específicos". Os dados sugerem que esses ouvintes também são os mais propensos a pagar pelas músicas — a análise da Merlin de meio trilhão de *streams* revelou que o repertório de seus membros independentes "tem um desempenho 25% melhor no que diz respeito à participação no mercado nas assinaturas pagas em comparação com as assinaturas gratuitas".[38] A tendência é evidente há anos, mas era fácil de ser ignorada quando as gravadoras independentes cresciam a partir de uma base baixa. Esse não é mais o caso. A Merlin levou nove anos para distribuir seu primeiro bilhão de dólares para as gravadoras associadas, mas apenas dezoito meses para distribuir o segundo.[39] Em 2019, as grandes gravadoras aumentaram sua receita de *streaming* em 22%, enquanto as independentes a aumentaram em 39%. E, quando você analisa a participação no mercado por propriedade de direitos autorais (o que exclui as músicas que as grandes gravadoras distribuem, mas não possuem), as independentes agora reivindicam 40% do mercado.[40] Imagine como elas poderiam ser uma ameaça à hegemonia das grandes gravadoras e como poderiam afrouxar os gargalos anticompetitivos do setor — caso o campo de jogo estivesse mais nivelado.

CAPÍTULO 6

POR QUE O SPOTIFY QUER QUE VOCÊ DEPENDA DAS *PLAYLISTS*

A vida de Paul Johnson era como a de qualquer outro músico com dificuldades — trabalhando em vários empregos, fazendo shows, se esforçando. Então, sua canção acústica folk-pop *Firework* foi incluída em uma das *playlists* [listas de reprodução] do Spotify chamada Fresh Finds [Novos Achados], criada para apresentar novos artistas. O Spotify e outras plataformas de *streaming* investem pesadamente em *playlists*, da Discover Weekly [Descobertas da Semana] (que preveem de quais novas músicas os assinantes podem gostar) ao editorial RapCaviar (o ponto mais desejado no hip-hop). As inserções em *playlists* são altamente cobiçadas, tanto pela forma como acumulam *streams* — mais de sete bilhões em cinco anos no caso do RapCaviar — quanto pela forma de expor músicas a novos ouvintes. A última opção valeu a pena para Johnson. Seu primeiro *playlisting* [lançamento em lista de reprodução] o levou de alguns milhares de *streams* por dia para vinte mil e, mais tarde, à medida que sua música ganhava cada vez mais espaço, para centenas de milhares. Graças a essa exposição, ele agora está ganhando cerca de US$ 200.000 por ano, principalmente em royalties de *streaming*.

Isso é excelente para Paul. Mas, como quase todos os sucessos na música, assemelha-se a uma história escrita por Horatio Alger, cujos protagonistas eram meninos pobres que ascendiam à riqueza. O Spotify quer que você acredite que a transição da pobreza para a riqueza se deve a muito trabalho e talento, quando, na verdade, é necessária uma grande dose de sorte. Ignorar o fator sorte minimiza quão difícil é para os músicos se sustentarem por meio de rendimentos de *streaming* — e quantas pessoas talentosas e que trabalham duro jamais conseguirão fazê-lo.

Já falamos sobre as frações de centavos ínfimas pagas pelo *streaming*, o que significa que ganhar a vida com ele exige números extraordinários. No entanto, o *streaming* se converteu na principal modalidade do mercado de música gravada, com receitas de US$ 13,4 bilhões em 2020 — 62% do mercado global.[1]

Como já observamos, imediatamente antes do início da era do *streaming*, passamos por um dos raros momentos na história da música gravada em que o poder se direcionava aos artistas. Embora tenha sido uma época economicamente desastrosa para muitos deles, a democratização trazida pelas tecnologias digitais e pela internet também forçou finalmente as gravadoras a corrigir os abusos que haviam cometido durante décadas. O CEO da Sony Music, Rob Stringer, chegou a expressar arrependimento pelos maus-tratos sofridos no passado, reconhecendo que "muitas pessoas fizeram coisas que não deveriam ter feito: enganaram um artista ou pisaram em alguém para chegar a algum lugar".[2]

Agora, no entanto, o mercado de música gravada está novamente assumindo o formato de ampulheta, desta vez com as plataformas de *streaming* no centro. Nos dois capítulos anteriores, explicamos como o setor de música foi organizado para permitir que as gravadoras e editoras absorvam grande parte do valor da música. Neste, demonstraremos como as plataformas de *streaming*, à medida que se tornam mais poderosas, se posicionam para fazer o mesmo.

O mais dominante, o Spotify, diz aos investidores que planeja alavancar seus ouvintes em um jogo massivo de anúncios digitais que o tornariam líder de mercado, atrás apenas do Google e do Facebook.[3] Promove *playlists* com nomes como Mood Booster [Levanta Astral], Happy Hits [Sucessos Felizes], Life Sucks [A Vida É uma Droga] e Coping with Loss [Lidando com a Perda] para extrair o que a empresa alega serem dados de atividade e de humor, em tempo real, dos assinantes; em seguida, vende essas informações para vender anúncios.[4] Mas é quase certo que essa é uma alegação falsa: a exemplo das demais grandes empresas de tecnologia, o Spotify é melhor vendendo aos anunciantes a ideia de que pode controlar mentes para fazer com que as pessoas comprem coisas do que realmente fazê-las comprar. Na realidade, o dinheiro será resultado da inserção do Spotify como guardião entre músicos e ouvintes. E essas mesmas *playlists* que proporcionaram a Paul Johnson e a outros artistas seu sucesso inicial serão fundamentais para que isso aconteça.

O *streaming* é vendido como uma forma de os ouvintes acessarem praticamente qualquer música, quando quiserem. No entanto, cada vez mais, obedecendo aos estímulos das plataformas de *streaming*, os assinantes escutam *playlists* preparadas por algoritmos ou curadores humanos em vez de fazerem suas próprias escolhas. Como aponta a Federação Internacional de Músicos, as *playlists* estão cada vez mais difundidas: "Há uma *playlist* para cada momento do dia: acordar, tomar café da manhã, malhar, relaxar, meditar, correr, comemorar etc. Com um único clique, a música fica ligada durante os 30 minutos seguintes ou durante toda a noite ou madrugada".[5]

De fato, as *playlists* se tornaram tão importantes que ficar de fora pode levar ao fracasso até mesmo os lançamentos de megaestrelas (como descobriu Katy Perry depois que o Spotify a excluiu por ter dado à rival Apple Music uma exclusividade temporária, algo que lembra o corte da Amazon às editoras que não lhe davam descontos grandes o suficiente). O jornalista e comentarista musical David Turner considera que eles estão simplesmente repetindo a mesma cantilena: "O humor em relação à criação de *playlists* mudou com muita rapidez nos últimos dois anos, indo da empolgação à desilusão, depois que reconhecemos que os mesmos problemas de controle de acesso que existiam em formatos como a rádio continuam se repetindo".[6]

A cultura das *playlists* importa antigos desequilíbrios de poder. Quando a escritora e comentarista musical Liz Pelly analisou o gênero dos artistas de destaque nas *playlists* mais populares do Spotify, ao longo de quatro semanas, encontrou uma única música interpretada por uma mulher na crescente *playlist* de cinquenta faixas do RapCaviar. As demais grandes listas não se saíram muito melhor.[7] As maiores *playlists* editoriais em todas as plataformas também priorizam as vozes estadunidenses: um estudo recente descobriu que quase metade de todos os artistas apresentados pelo Spotify eram desse país. A porcentagem é ainda maior na Amazon Music, com 67%. E, como no passado, o sistema geralmente ajuda os artistas representados pelas maiores gravadoras a obterem maior exposição. Suas equipes têm acesso direto aos editores para promover músicas e são ajudadas pelo fato de que as plataformas precisam ficar do lado bom das grandes gravadoras para garantir termos favoráveis na próxima vez que a licença for negociada. Dito isso, no entanto, nem tudo é como as grandes empresas querem. Há mais artistas do que antes dividindo entre si os 10% principais de *streams*, o que significa que os 40 maiores sucessos pop estão recebendo menos *streams*, enquanto todo o resto recebe mais.[8]

O *streaming* também está mudando o próprio *som* da música. O Spotify quer que os assinantes escutem o máximo que puderem e uma forma de garantir isso é alimentá-los com o *streambait* — um tipo de música de fundo que pode ser deixada ligada o dia todo sem que canse o ouvinte. Para isso, o Spotify oferece opções que requerem pouca atenção — Chill Hits [Sucessos Relaxantes], Chill Vibes [Vibrações Relaxantes], Chill Rap [Rap Relaxante], De-Stress Chill [Desestresse Relaxante], Chilled Soul [Soul Relaxante], Peaceful Piano [Piano Sereno]. Os músicos que buscam aquele volume gigantesco necessário para ganhar a vida com o *streaming* são orientados a criar músicas vazias e esquecíveis. Aquilo que é pago por *stream* parece estar influenciando até mesmo a duração das músicas, substancialmente reduzido na era do *streaming*. O álbum *Scorpion* de Drake, de 2018, tem 25 músicas, com uma média de pouco mais de três minutos e meio cada uma.

Ao direcionar os ouvintes para as *playlists*, o Spotify também está nos treinando a terceirizar nossas decisões sobre o que escutar. Quanto mais os ouvintes se dirigem automaticamente para o ¡Viva Latino! ou o Baila Reggaeton ou o Rock Classics do Spotify, mais o *streaming* acaba imitando a rádio. A diferença é que, na rádio, havia milhares de DJs decidindo o que tocar, incluindo muitos que eram apaixonados por descobrir novos talentos locais. Com o *streaming*, apenas um gigante global e sem rosto programa cada canal.

Essa tendência ameaça desintermediar os artistas e as gravadoras, assim como a Amazon buscou desintermediar as editoras ao incentivar os escritores a publicar diretamente. Há anos Liz Pelly vem alertando sobre esse perigo: "Uma cultura musical dependente de *playlists* é dependente do Spotify, enquanto uma cultura musical dependente de álbuns é dependente de gravadoras".[9] É menos provável que ouvintes passivos se conectem com os músicos que fazem sucesso ou que procurem seus shows. Em vez disso, simplesmente continuam baixando *playlists* que prometem mais do mesmo e aceitam qualquer artista intercambiável que venha a seguir.

Quando as plataformas de *streaming* exercem tanto controle sobre o que é ouvido, elas ganham cada vez mais capacidade de transferir valor do artista e das gravadoras, bem como dos compositores e editores. Há anos, suas *playlists* de música ambiente são dominadas por compositores e intérpretes com pseudônimos, sem presença online, mas com milhões e milhões de músicas tocadas em *streaming*, e as principais bandas de música ambiente, como Brian Eno e Bibio, têm sido preteridas em favor desses artistas.[10] Uma pesquisa descobriu que mais de 90% das faixas apresentadas na lista Ambient Chill [Relaxamento Ambiente] do Spotify vieram desses misteriosos artistas "viralizados", todos originários da produtora sueca Epidemic Sound. Os cinquenta maiores entre esses artistas já acumularam juntos quase três bilhões de *streams*.[11] Para colocar esse número em contexto, o RapCaviar do Spotify, a *playlist* mais influente em *streaming*, passou recentemente de sete bilhões.

A suspeita é que o Spotify tenha negociado royalties mais baixos do que o normal com a Epidemic Sound e, em seguida, priorizado suas músicas para engordar suas margens. Um ex-*insider* do Spotify confirmou isso à revista *Variety*, descrevendo a prática como "uma das várias iniciativas internas para reduzir os royalties que estão pagando às grandes gravadoras".[12] Isso pode significar uma economia substancial: a revista *Rolling Stone* estima que o Spotify teria que pagar, apenas para os dez primeiros desses artistas fabricados, cerca de US$ 5 milhões em royalties se estivesse pagando as taxas habituais da indústria.

O Spotify também começou a cobrar colaboração, um eufemismo educado para *payola* [propina], dos produtores de criação — parte do "mercado de dois lados" que permite que ele não apenas venda artistas para ouvintes, mas também ouvintes para artistas. Isso tem se tornado uma jogada típica do setor tecnológico: lembre-se de como a Amazon extorquia os editores em relação aos custos de publicidade e de como o Facebook incentivava as empresas a usarem a rede para conectar-se aos clientes antes de, repentinamente, exigir que eles pagassem pelo acesso.

No final de 2020, o Spotify lançou um recurso "experimental" que aumentaria os *streams* dos artistas — mas somente se eles concordassem em reduzir as taxas "promocionais".[13] A maioria já está recebendo tão pouco que talvez esteja disposta a fazer essa troca, na esperança de que o aumento da exposição possa levar a novas vendas de álbuns, merchandising e ingressos — ou, melhor ainda, ao tipo de descoberta que levou Paul Johnson à fama. Isso seria ir ladeira abaixo, com artistas e gravadoras sentindo que não têm opção a não ser aceitar taxas cada vez mais baixas para acessar o público que o Spotify agora controla tão rigidamente.

Outra iniciativa, a da Marquee, convida artistas e gravadoras a comprarem anúncios *pop-up* com o objetivo de estimular os ouvintes a conferirem suas músicas. A cinquenta e cinco centavos de dólar por clique, a maioria das gravadoras diz que não vê muito retorno direto sobre o investimento com anúncios, mas algumas dizem que os pagamentos parecem aumentar suas chances de conseguir o tão desejado lugar nas *playlists*. George Howard, professor da Berklee College of Music, explica que esse tipo de prática "dá continuidade ao que a *payola* sempre alcança — as grandes gravadoras, que têm mais dinheiro e os lançamentos mais frequentes, obtêm o maior número de reproduções, consolidando a quantidade de arte que é lançada". O presidente da A2IM, Richard Burgess, diz que o Spotify prometeu nunca fazer isso e que essa é mais uma forma de diminuir as margens das gravadoras: "Algumas gravadoras acham que o programa promove suas músicas entre pessoas que elas alcançariam de qualquer forma e a despesa, na verdade, apenas reduz os royalties que elas recebem". A possibilidade de tratar os fornecedores de seu principal insumo como uma central de lucros é um truque interessante e mostra quanto valor poderá ser transferido dos criadores para os acionistas se o domínio do *streaming* continuar.

Além disso, o Spotify e outras plataformas estão simplesmente transferindo a margem dos criadores e artistas para eles mesmos à medida que ganham poder para fazê-lo. Em 2016, as plataformas de música ficaram com 31,6% da receita. Em 2018, havia aumentado para 32,7% — embora seus sistemas já estivessem mais maduros, o que sugeriria menos despesas gerais em vez de mais e, portanto, justificaria uma participação menor em vez de maior.[14]

Os investidores estão apostando que, com estratégias como essas, o Spotify pode consolidar seu domínio no mercado de música gravada. Embora tenha perdido dinheiro todos os anos desde o lançamento, ainda assim o preço de suas ações dobrou em dois anos desde que foi lançada a oferta pública inicial em 2018. A exemplo da Amazon, os investidores acreditam que a empresa conseguirá obter poder de mercado suficiente para ditar condições e desviar mais dos rios de ouro do *streaming* de artistas e gravadoras. E esses rios estão ficando cada vez mais fundos: o Goldman Sachs previu que o mercado de *streaming* ultrapassará US$ 37 bilhões até 2030.[15]A empresa de capital de risco Andreessen Horowitz concorda que o Spotify é capaz de atingir esse número: "Historicamente, as gravadoras de música têm comandado certos aspectos econômicos dos serviços de *streaming*, mas se a grande base de usuários existente do Spotify continuar a ganhar participação, a negociação poderá mudar, permitindo que o Spotify obtenha uma economia significativamente diferenciada em relação à concorrência".[16]

O Spotify controla pouco mais de um terço do mercado. O restante é dominado pelas grandes empresas de tecnologia: Apple (com 19%), Amazon (15%), Tencent (em *joint venture* com o Spotify, 11%) e Google (6%).[17] Esses outros participantes estão promovendo a mesma cultura de *playlists*, e pelos mesmos motivos. Com isso, eles acreditam que podem fazer com que o mercado musical retorne ao seu antigo formato de ampulheta, desta vez com eles no centro.

Se deixarmos as coisas como estão, será difícil evitá-las. Há muitas pessoas motivadas e focadas em artistas que desejam criar plataformas alternativas que funcionem melhor para os artistas, mas que são impedidas por barreiras de entrada altíssimas. Se você quiser iniciar um serviço de *streaming*, é bom que tenha recursos suficientes. O licenciamento de música é extremamente complexo. As gravações de som e as composições subjacentes são de propriedade de pessoas diferentes e precisam ser licenciadas separadamente usando regras diferentes. Além de negociar individualmente as licenças de gravação de som com todos os principais distribuidores, você precisará passar por todos os trâmites associados à liberação dos direitos mecânicos das músicas subjacentes em todos os países em que deseja operar. A renomada advogada do setor musical, Amanda Harcourt, ao demonstrar somente o que está envolvido na liberação dos direitos de composição para a criação de um serviço de *streaming* na Europa, descreve o processo como "monótono" e "excessivamente complexo", com altos custos de transação que o tornam especialmente difícil para empresas de pequeno e médio porte.[18]

No início dos anos 2000, os provedores de software *peer-to-peer* não licenciados e as plataformas de *streaming* eram abundantes. As vendas de discos despencaram e um setor fonográfico em pânico adotou uma política de litígio de terra arrasada, expulsando-os do mercado. Devido ao vínculo entre essas tecnologias e a queda nas receitas, eles caracterizaram os fãs de música como ladrões sem princípios, obcecados em obter tudo de graça. No entanto, como se vê pelo rápido crescimento do *streaming* licenciado, quando isso finalmente se tornou uma opção, o que realmente havia conquistado os fãs era a oferta de acesso instantâneo a todas as músicas populares do mundo. Se o setor fonográfico tivesse aproveitado a oportunidade de trabalhar com os legisladores para simplificar o licenciamento para esses novos métodos de distribuição na época, a transição poderia ter sido muito menos dolorosa, e agora teríamos regras de licenciamento mais adequadas à finalidade do que os labirintos arcaicos de hoje.

O CEO do Spotify, Daniel Ek, descreve essas complexidades de licenciamento como um dos maiores limites para o crescimento da plataforma.[19] Isso, sem dúvida, é verdade, mas esses labirintos ainda funcionam a seu favor. É claro que eles forçam o Spotify a crescer mais lentamente, mas também impedem o surgimento de rivais. Isso os torna cruciais para o próprio *flywheel* anticoncorrencial do Spotify: pagar esses altos custos de transação lhes poupa de ter que concorrer de fato. Além disso, como vimos em um capítulo anterior, as grandes gravadoras costumam intimidar novos participantes como condição para conceder-lhes as licenças de que precisam para começar, aumentando ainda mais os custos de entrada no mercado. Isso explica por que os únicos rivais de peso do Spotify são gigantes da tecnologia com muito dinheiro — eles são os únicos com recursos para isso.

Com o Spotify e os *players* de tecnologia já tão dominantes no mercado, é difícil imaginar como esses labirintos de licenciamento e os altos custos iniciais deixarão espaço para que mais alguém se estabeleça. Isso torna provável que o poder das plataformas de *streaming* continue a crescer em relação ao de artistas ou de gravadoras. Seu objetivo explícito é conseguir isso: recentemente, a Tencent Music Entertainment e o Spotify trocaram participações acionárias "para dar a ambas as empresas maior vantagem nas negociações com os principais grupos musicais".[20] Ainda que o Spotify tenha, indubitavelmente, desempenhado um papel crucial para tirar o setor musical da cratera deixada pelo estouro da bolha dos CDs e pelo surgimento do Napster, isso não significa que o sistema que ele criou será mais saudável ou mais sustentável para a música.

O potencial de resposta do setor fonográfico a essa ameaça crescente é limitado. Eles dependem demais das receitas de *streaming* para retirar completamente seus catálogos do Spotify e não querem correr o risco de que seus catálogos sejam substituídos por alternativas mais baratas, como já está acontecendo no espaço de música ambiente. Eles poderiam exigir condições mais favoráveis, mas os maiores *players*, a Sony Music e a UMG, ainda têm grandes participações acionárias na empresa, e isso poderia ameaçar esses investimentos. Isso pode explicar por que, depois de uma reação inicialmente hostil ao mercado bilateral do Spotify, a UMG assinou um novo acordo plurianual que o adota. As "principais músicas já aparecem em *playlists* populares do Spotify em um nível desproporcionalmente maior do que as músicas independentes".[21] Talvez ela perceba que, devido às recentes incursões dos independentes, suas margens relativamente maiores e sua forte participação na empresa, um acordo em que as gravadoras sejam forçadas a comprar acesso aos ouvintes poderia ser vantajoso para a UMG.

Mais importante ainda é o fato de que a eliminação do Spotify ajudaria seus rivais das Big Techs a se tornarem relativamente mais fortes. Isso também é perigoso. As gravadoras sabem — pela experiência direta com a Apple e o YouTube e pela experiência *de todos* com a Amazon — que essas empresas farão jogo duro assim que se tornarem dominantes. Isso torna vital manter o Spotify no jogo e limita ainda mais suas possíveis respostas.

A JOGADA DO PODCAST

O Spotify não está interessado apenas em controlar a música — ele também está atrás do *podcasting*. Em apenas dois anos, gastou cerca de um bilhão de dólares comprando os principais *podcasts*, produtoras e ferramentas, com o objetivo óbvio de integrar verticalmente um setor que tem prosperado com centenas de participantes. Essa jogada do *podcast* nos permite ver, em tempo real, algo que tem acontecido historicamente.

Quando começamos a escrever este livro, os *podcasts* eram um dos poucos vestígios remanescentes da internet aberta. O setor tinha as mesmas três camadas que as notícias online tinham no passado: produção, distribuição e anúncios, todos controlados por *players* diferentes. Desde então, no entanto, temos visto um punhado de pretensos oligopolistas tentando assumir o controle das diferentes camadas — a mesma tática que o Google usou para se posicionar e sugar grande parte do valor das notícias. O Spotify é um deles e a Amazon e a SiriusXM também estão fazendo grandes jogadas. Se eles forem bem-sucedidos, isso significará menos espaço para o *podcasting* atuar como uma praça pública. Esse risco já havia sido anunciado quando a Amazon adicionou pela primeira vez *podcasts* à sua plataforma de música, com a condição de que os *podcasts* não apresentassem nenhum conteúdo contrário à Amazon.[22] Ao perceber o exagero, a gigante rapidamente voltou atrás. No entanto, é um lembrete claro do poder ao qual renunciamos quando permitimos que empresas poderosas assumam o controle da infraestrutura de que poderíamos precisar para nos organizar contra elas.

O *podcasting* começou no início dos anos 2000, pegando carona no RSS, um protocolo de distribuição amplamente usado que facilita um ecossistema de informações descentralizado. Qualquer pessoa pode publicar um *feed* RSS e, tradicionalmente, os *podcasts* têm sido publicados simplesmente como *feeds* RSS que incluem um link para um MP3 hospedado na internet pública. Quando você se inscreve em um *podcast*, está apenas dizendo ao seu leitor de *feeds* para consultar, de vez em quando, os servidores que hospedam esse *feed* RSS para ver se ele foi atualizado e, se tiver sido, fazer o download do MP3 ao qual a nova entrada está vinculada.

A natureza intrinsecamente descentralizada do RSS e, portanto, dos *podcasts*, permitiu que o *podcasting* prosperasse como uma indústria caseira, composta por milhões de pessoas que criam, compartilham e escutam. Alguns tinham orçamentos, estúdios e anunciantes. Outros eram apenas uma única pessoa com um aplicativo de gravação de voz — pense nas primeiras personalidades do YouTube, exceto pelo fato de que, em vez de todas essas vozes e formatos estranhos e variados ficarem concentrados no silo exclusivo do YouTube, estavam espalhados por toda a internet, em milhões de servidores hospedados por grandes e pequenos provedores com uma grande diversidade de modelos e prioridades de negócios.

A jogada de *podcasting* do Spotify consiste em transformar esse ecossistema aberto em outro jardim amuralhado. Em apenas dois anos, gastou quase um bilhão de dólares comprando empresas de produção e ferramentas de criação de *podcasts*. Outros US$ 100 milhões foram destinados a garantir conteúdo exclusivo, como o *podcast* de Joe Rogan, que rapidamente se tornou o mais popular — deixando-os totalmente expostos à medida que Rogan despejava cada vez mais informações errôneas sobre vacinas e ideias racistas[23] — e também tem atraído talentos como os Obama e Bruce Springsteen. O RSS não tem lugar na visão do Spotify porque o objetivo é fechar o sistema aberto. Você precisará de uma conta no Spotify para ouvir qualquer conteúdo e o Spotify estará espionando você quando o fizer.

Pare um pouco para pensar sobre o tipo de *podcast* que você ouve. Ao vigiar seus hábitos de escuta, o Spotify poderá descobrir seu posicionamento político, sua sexualidade e suas inseguranças e, em seguida, vender aos anunciantes acesso direto aos seus ouvidos. Assim como acontece com os jornais, o valor extra dos ouvintes ricos será sugado pela plataforma, em vez de ir para os próprios criadores. E os assinantes *premium*, que antes não estavam sujeitos a anúncios, se tornarão um produto totalmente novo.

À medida que o Spotify integra verticalmente um setor que antes florescia com milhares de participantes individuais, estamos vendo uma repetição, em tempo real, daquilo que aconteceu com o setor de notícias. O objetivo do Spotify é criar outro mercado anticompetitivo, com o público em uma extremidade e os criadores na outra. A empresa ficará no meio, cobrando pedágio do público para alcançar os criadores e dos criadores para alcançar o público. Quanto maior o público e o *pool* de conteúdo que ela controla, mais facilmente poderá extorquir os criadores.

Desde os primeiros passos nesse mercado, podemos ver como o Spotify está trabalhando para tornar o público dependente das *playlists* e não de *podcasts* ou produtores específicos. Ele oferece uma programação selecionada sobre tópicos que variam de notícias a futebol, a comida e crimes reais, fluindo livremente de um programa para o outro.

Esse desenvolvimento deve assustar todos os criadores que dependem da renda de *podcasts*. Como explica Pelly, "as *playlists* são projetadas para criar e condicionar fãs específicos dos produtos do Spotify, não artistas ou criadores de *podcasts*". Essa cultura "retira a autonomia e o poder das pessoas que sustentam a plataforma: se os usuários acessam a plataforma em busca de uma *playlist*, em vez de um artista ou criador de *podcasts* específico, o fato de o Spotify conseguir ou não manter esses artistas ou criadores de *podcasts* em sua plataforma importa muito pouco para seus objetivos financeiros". Os criadores e produtores individuais perdem seu poder: "Se eles sacanearem os criadores independentes de *podcasts* de culinária e todos eles decidirem sair da plataforma, que diferença isso fará para o ouvinte que está acostumado a apertar o *play* na lista de *podcasts* 'Chill Dinner Time Talk' [Conversa Descontraída na Hora do Jantar], sem perceber a diferença? O Spotify encontrará outro profissional de *podcast* para adicionar a uma *playlist* ou, melhor ainda, conseguirá fazer coisas novas nos estúdios do Spotify".[24]

É por isso que o crítico de *podcasting* Nick Quah teme pela próxima geração de criadores de *podcasts*. "Minha maior preocupação é que, se você não tiver um relacionamento preexistente com uma plataforma... Se você não tiver uma plataforma, se for um novato em ascensão de um grupo demográfico que é historicamente negligenciado pelas empresas de mídia tradicionais, que chance você tem? E em que proporção você tem chance quando comparado a outros grupos demográficos?"

A virada para o *podcast* — e, particularmente, a produção interna deles pelo Spotify — também pode contribuir para tornar a situação dos músicos ainda pior. Um dos desafios do Spotify é que grande parte de sua receita é destinada ao pagamento de royalties de música. Como essa é, em geral, uma proporção fixa da receita (tirando aqueles artistas "viralizados" misteriosamente!), ela não melhora com uma escala maior. No entanto, quando o Spotify cria seus próprios *podcasts*, consegue disponibilizá-los para quantos ouvintes quiser, tudo por um preço fixo. Naturalmente, a empresa direcionará seus ouvintes para o produto de menor custo, assim como promete fazer com as tarifas promocionais, como já vimos antes. Músicos que estavam ganhando uma ninharia com 200.000 *streams* por mês *realmente* terão dificuldades se suas reproduções caírem pela metade porque os ouvintes foram direcionados para *podcasts*.

Se o Spotify conseguir integrar verticalmente o *podcasting* e isolá-lo da internet aberta (e o tamanho de seu investimento certamente sugere que está determinado a isso), poderá desviar dos criadores uma parcela cada vez maior do valor que eles geram. O preço das ações da empresa disparou quando anunciou seus *podcasts*, o que sugere que os investidores acreditam que a empresa tem a capacidade de fazer isso.

Quando exatamente a mesma coisa aconteceu com as notícias, poucas pessoas perceberam o que estava em jogo até que se perdeu a partida. Desta vez, sabemos exatamente o que está acontecendo. A questão é se deixaremos que isso aconteça mesmo assim.

CAPÍTULO 7

O QUE OS EUA TÊM EM COMUM COM RUANDA, IRÃ E COREIA DO NORTE

A rádio é um dos *players* mais importantes do ecossistema musical, gerando uma receita anual de mais de US$ 40 bilhões em todo o mundo. Desse total, a rádio terrestre americana gera cerca de US$ 13 bilhões.[1] Mas, para os artistas de gravação, é o mesmo que nada. Isso ocorre porque os EUA são um dos únicos países do mundo que não pagam royalties aos proprietários das gravações que eles tocam nas rádios, colocando-os em um clube exclusivo com membros como Ruanda, Irã e Coreia do Norte.[2]

O argumento de longa data das grandes rádios é que o *airplay* [tempo tocada no ar] é igual à promoção gratuita, que vende discos, apesar das evidências de que aqueles que ouvem mais música na rádio, na verdade, compram *menos* música.[3] Agora que praticamente ninguém compra discos, eles atualizaram sua retórica e argumentam que o *airplay* também vende ingressos para shows e merchandising.

Os lobistas das emissoras de rádio dizem que pagar às gravadoras e aos músicos "incapacitaria financeiramente as estações de rádio locais, prejudicando os milhões de ouvintes que dependem da rádio local para obter notícias, informações de emergência, atualizações meteorológicas e entretenimento".[4] De alguma forma, porém, estações de rádio via internet e satélite, que precisam pagar, conseguem fazer funcionar!

Alguns proprietários de estações começaram a fazer acordos privados com gravadoras maiores, nos quais eles concordam em pagar voluntariamente pelo uso de rádio em troca de taxas reduzidas para usos online — uma prática que tem sido criticada por ter o potencial de reduzir as taxas obrigatórias a serem pagas pelos últimos, prejudicando desproporcionalmente as gravadoras menores que não têm o poder de negociar pagamentos de rádio para compensar isso.[5] Não é um substituto para uma obrigação jurídica como as que estão em vigor em quase todo o mundo.

Quando os lobistas da radiodifusão afirmam que a rádio local seria ameaçada pela obrigação de pagar artistas e gravadoras, eles também ignoram a realidade de que ela *já* foi destruída — pela mesma falta de concorrência que se tornou endêmica em todo o setor cultural. A Lei de Telecomunicações de

1996 desregulamentou o setor de rádio dos EUA, inclusive removendo o limite do número de estações que uma única empresa poderia ter em todo o país. Reed Hundt, que era o presidente da Federal Communications Commission [Comissão Federal de Comunicações] na época, prometeu "diversidade na programação e nos pontos de vista expressos nessa poderosa mídia que tanto molda nossa cultura".[6] Como era previsível, porém, a mudança trouxe o oposto. O número de proprietários de estações de rádio entrou em queda livre após a desregulamentação, passando a Clear Channel (hoje chamada iHeartMedia) de 40 estações a 1.200 em apenas cinco anos.

À medida que a propriedade se tornou mais concentrada, o dinheiro e o poder também se tornaram. Em 1993, as quatro maiores empresas receberam 12% de toda a receita de marketing. Em 2004, elas estavam arrecadando 50%, sugando uma enorme quantia de dinheiro das estações de propriedade local.[7] Essas grandes redes também trouxeram a homogeneização. Agora é "comum que um único centro automatizado forneça conteúdo uma série de estações em todo o país", e os DJs locais desapareceram.[8]

Richard Burgess, da A2IM, lamenta essa perda, dizendo que isso significa que as empresas independentes têm menos opções para divulgar artistas por meio de estações locais, o que dificulta ainda mais a concorrência com as grandes empresas: "Uma das maneiras que os gerentes e as pequenas gravadoras usavam para divulgar artistas era ir à estação de rádio local. Eles talvez tocassem o disco às 4h da manhã. Se recebessem algumas mensagens por telefone, o transferiam para um horário melhor. E você podia crescer e quebrar um recorde dessa forma. Agora, em muitos casos, não há ninguém lá".[9] Esse controle centralizado também possibilita que esses compradores poderosos cancelem artistas de que não gostam, como fez a Clear Channel quando as Dixie Chicks criticaram George W. Bush.[10]

Isso não significa que as grandes rádios não possam pagar. Com cerca de US$ 13 bilhões por ano as receitas das rádios terrestres dos EUA eclipsam as da indústria fonográfica nacional e a previsão é de que continuem fortes.[11] Todos os meses, a iHeartMedia atinge 90% dos americanos. Em 2018, ela teve uma margem de 27%, acima de qualquer outra mídia de áudio apoiada por publicidade.[12] No entanto, ela entrou em processo de falência no mesmo ano — não porque suas bases fossem fracas, mas porque a empresa estava cambaleando sob uma dívida insustentável com a qual havia sido sobrecarregada como parte de uma aquisição alavancada no final de 2006.

As aquisições alavancadas — nas quais as pessoas tomam empréstimos contra empresas das quais ainda não são proprietárias — são uma característica fundamental da cartilha do *private equity*. Normalmente, cerca de 70% do preço de compra é proveniente de dívidas.[13] Apenas uma pequena fração do preço de compra é aplicada pelos sócios gerais do próprio fundo, provindo o restante do patrimônio de investidores externos. Normalmente, a empresa alavancada tentará comprar concorrentes em uma tentativa de monopolizar o setor e, em seguida, usará esse poder para espremer os fornecedores, ao mesmo tempo em que usará suas enormes dívidas para espremer também os trabalhadores e os credores. A ideia é que os parceiros saiam após três a cinco anos com um grande ganho de capital, tendo embolsado taxas de consultoria e administração generosas no decorrer do processo.

Esses negócios são estruturados de forma a proporcionar ao fundo um retorno maior caso o investimento seja bem-sucedido e a protegê-lo das desvantagens em caso de fracasso. As especialistas Eileen Appelbaum e Rosemary Batt descrevem isso como um caso clássico de "risco moral", porque "o sócio geral que toma a decisão de endividar a empresa da carteira, que é obrigada a amortizar, arca com muito pouco dos potenciais custos associados a esses riscos".[14] Como as empresas de *private equity* são muito melhores em capturar valor do que em criá-lo, muitas vezes ocorre uma carnificina. Esses efeitos não se limitam, de forma alguma, aos setores de criação: nos Estados Unidos, dez das quatorze maiores falências de varejo desde 2012 ocorreram sob a égide de empresas de *private equity*, custando diretamente quase 600.000 empregos, além de outros 728.000 em fornecedores e empresas relacionadas.[15] A devastação pode se estender aos ex-trabalhadores, que têm suas aposentadorias dizimadas. Quem ganha? Nem a economia, que é destituída de empresas anteriormente produtivas, nem os funcionários, que não têm mais trabalho. Os credores certamente saem perdendo — a reestruturação da falência da iHeartMedia resultou na redução de sua dívida de US$ 5,75 bilhões para US$ 16,1 milhões, quase o valor exato que havia sido imputado a ela por meio da aquisição alavancada. Mesmo a maioria das pessoas que realmente investe não sai ganhando: desde 2006, o *private equity* teve um retorno aproximadamente igual ao do mercado em geral — o mesmo que você obteria de um fundo de índice Vanguard — apesar de exigir que os investidores mantenham seu dinheiro preso indefinidamente, assumam muito mais riscos e paguem taxas muito mais altas.[16]

Os contribuintes também perdem muito com isso, uma vez que são cada vez mais prejudicados quando esses investimentos vão por água abaixo. Em 2020, a Reserva Federal dos EUA, pela primeira vez na história, prometeu comprar títulos corporativos, incluindo a dívida mais arriscada em termos de "grau de investimento". O objetivo era salvar as empresas produtivas na economia atingida pela COVID, mas os fundos de *private equity* aproveitaram a oportunidade para endividar ainda mais suas empresas e, em seguida, usar "recapitalizações de dividendos" para despejar os lucros diretamente nos bolsos de seus proprietários. Incríveis 24% do dinheiro levantado no mercado de empréstimos dos EUA durante a primeira metade de setembro de 2020 foram usados para pagar dividendos a proprietários de *private equity* — seis vezes mais do que a média usual.[17] Os únicos beneficiários reais dessa forma parasitária de *private equity* são os bilionários que estão no topo da hierarquia. O fato de essas práticas não serem regulamentadas, apesar da carnificina que elas geram, é apenas mais uma forma de empilhar o castelo de cartas em favor do enriquecimento dos já ricos às custas de todos os demais.

O poder das grandes rádios é diferente do poder da Amazon (que depende muito dos altíssimos custos de migração), das gravadoras (já que não agrega industrialmente os direitos autorais) e das plataformas de *streaming* (não há licenciamento, portanto não há labirintos de licenciamento!). Em vez disso, o sistema se baseia na captura regulatória. É aí que os órgãos reguladores passam a ser dominados pelos interesses que supostamente deveriam policiar, em vez do interesse público que deveriam proteger. Os cães de guarda se tornam animais de estimação. Quando pensamos em remover os suportes jurídicos que permitem que as empresas obtenham uma parcela injusta de valor, não devemos nos esquecer disso.

O termo *captura regulatória* tem uma história engraçada: entrou na linguagem comum por meio dos economistas da Escola de Chicago, os arquitetos do capitalismo monopolista e não regulamentado. A Escola de Chicago defendia deixar que as empresas abrissem caminho para o domínio total do mercado — e observou que, uma vez que um mercado fosse monopolizado, as empresas nele presentes despejariam seu dinheiro excedente sobre os órgãos reguladores que deveriam estar supervisionando suas atividades. Os órgãos reguladores se tornariam agentes das empresas, criando regras destinadas a punir os iniciantes que desafiassem as empresas dominantes, consolidando a vantagem das empresas estabelecidas. A Escola de Chicago denominou esse fenômeno *captura regulatória* e o identificou corretamente como um problema sério em mercados monopolizados.

No entanto, a Escola de Chicago tinha uma solução única para o problema de monopolistas serem capazes de perverter seus reguladores: eliminar a regulamentação por completo! Sem regulamentação, sem reguladores, sem captura regulatória, sem problemas (de alguma forma, impedir a formação de monopólios não parecia passar pela cabeça deles).

O setor de rádio dos EUA exemplifica a captura regulatória. Depois de usar seus monopólios regulatórios sobre as ondas de rádio para acumular grandes audiências e receitas, eles os converteram em influência — mobilizando seus lucros de monopólio para comprar políticas que fortalecessem ainda mais seu domínio. É por isso que eles conseguiram derrotar, literalmente, dezenas de projetos de lei que buscavam estender o direito de execução pública dos EUA à reprodução de rádio, mesmo quando os participantes mais novos e mais fracos da internet e da rádio via satélite foram obrigados a pagar.[18]

Essa influência também os ajudou a garantir a desregulamentação de 1996 sem nenhum dos mecanismos de freios e contrapesos que poderiam garantir que ela realmente proporcionasse o estímulo competitivo prometido. O resultado? Consolidação praticamente irrestrita, sem a obrigação de pagar por um de seus principais insumos, o que lhes deu vantagem sobre os concorrentes, além de lucros supracompetitivos.

A recusa da rádio em pagar pelas gravações não afeta apenas artistas estadunidenses — os artistas de outras nações também não ganham nada com o uso de seu trabalho no maior mercado do mundo. E isso também tem outros efeitos indiretos. Quando as gravações dos EUA são tocadas no Reino Unido ou na Austrália, os royalties são recolhidos, mas não são pagos aos artistas porque os direitos de execução dependem da reciprocidade. Como explica a Future of Music Coalition [Coalizão para o Futuro da Música], "isso deixa dezenas de milhões de dólares de royalties na mesa anualmente, em vez de irem para os bolsos dos artistas americanos".[19]

Às vezes, essa receita é distribuída entre artistas estrangeiros, ajudando, pelo menos, a compensar o fato de que seu trabalho é surrupiado nos EUA. Outras vezes, entretanto, ela é paga à filial local de uma gravadora multinacional, como a Sony. John Simson, que anteriormente dirigia a SoundExchange, diz que, nesses casos, "não está claro se a gravadora do Reino Unido tem alguma obrigação de pagar à gravadora e ao artista dos EUA... Normalmente, o pagamento não é efetuado".[20] Em vez disso, ele vai para uma caixa preta, engordando a margem da gravadora às custas dos artistas.

A captura regulatória não se limita à rádio. Todas as grandes empresas sabem que ter legisladores solidários é um bom investimento. Pode ser que isso os ajude a evitar totalmente a regulamentação, como a rádio tem conseguido de forma tão eficaz. Ou talvez resulte em uma regulamentação na qual os concorrentes em potencial não possam se dar ao luxo de cumprir, tirando-os do mercado. A Apple possui regularmente um tesouro de cerca de US$ 200 bilhões em dinheiro. Na última verificação, o Google tinha US$ 132 bilhões e a Amazon quase US$ 70 bilhões. Essa é uma grande influência que eles podem comprar — o que torna ainda mais urgente controlá-los.

Quando as empresas exercem uma influência exagerada sobre as políticas, isso subverte a democracia — exatamente o que os reguladores antitruste pré-borkianos estavam tentando evitar ao criar padrões que visavam o "tamanho" em vez do mero bem-estar do consumidor. A Clear Channel (agora iHeartMedia) não investiu apenas o dinheiro que economizou ao recusar-se a pagar os artistas para fazer lobby — parte dele também foi destinado a semear o ódio e a divisão. Em seu livro *Monopolized!*, David Dayen descreve como a Clear Channel e sua gigante colega Cumulus Media criaram a cultura de rádio de direita que, graças ao seu domínio, não deu aos motoristas e outros ouvintes outra escolha a não ser "um fluxo não filtrado de ataques conservadores agressivos". Essa doutrinação em todo o país promoveu o interesse geral da Clear Channel em impostos mais baixos e ainda menos regulamentação, o que, é claro, era compartilhado por seus mestres do *private equity*.[21]

Há uma ligação óbvia, ainda que um pouco atenuada, entre o tipo de lucro supercompetitivo que resulta da falta de pagamento justo a trabalhadores e fornecedores, a subversão do processo democrático e a invasão do Capitólio dos EUA. O projeto americano sempre envolveu a defesa de minorias elitistas contra as maiorias que produzem suas fortunas. Às vezes, isso envolve coerção explícita, como a escravização dos africanos. Às vezes, a coerção é mais sistêmica, como quando é negado aos trabalhadores o direito legal de se organizar e fazer greve (com a ameaça de violência se eles fizerem isso mesmo assim).

Defender esse sistema em um país que se autodenomina "a terra da liberdade" é um trabalho narrativo e ideológico pesado e os Estados Unidos sempre contaram com narradores, fanfarrões e demagogos para mantê-los divididos. Como disse certa vez o Presidente Lyndon B. Johnson, "se você conseguir convencer o homem branco mais humilde de que ele é melhor do que o homem negro mais qualificado, ele não perceberá que você está roubando dele. Se você der a ele alguém para desprezar, ele esvaziará os bolsos para você". Aqueles que estão a serviço da oligarquia também mantêm os trabalhadores uns contra os outros, em parte por meio de narrativas que visam atribuir as dificuldades financeiras a causas individuais em vez de sistêmicas, daí a sugestão de que "o socialismo nunca se enraizou na América porque os pobres não se veem como um proletariado explorado, mas como milionários temporariamente constrangidos".[22] A rádio de direita tem uma relação simbiótica com as elites ultrarricas. Elas podem não ouvi-la, mas a financiam, alimentam e promovem e isso proporciona um fabuloso retorno sobre o investimento na forma de um bando de perus que votarão de forma previsível a favor do Dia de Ação de Graças. Enquanto semear o ódio continuar maximizando os lucros, podemos esperar mais do mesmo.

CAPÍTULO 8

LIVE NATION E A TRANSFORMAÇÃO DA MÚSICA AO VIVO EM FRIGORÍFICO DE FRANGO

Três frigoríficos de aves têm o controle de quase todos os frangos vendidos nos Estados Unidos. Eles conseguiram esse poder comprando tudo o que tinha a ver com a produção de frangos; em seguida, fizeram com que os fazendeiros comprassem seus galinheiros, pintinhos, remédios e ração; e, por fim, usaram contratos para determinar exatamente como eles deveriam ser criados. Os agricultores se encontram em um panóptico apavorante no qual essas empresas sabem e podem controlar tudo de seus negócios, mas praticamente não oferecem informações em troca. Os contratos não estipulam um preço fixo antecipado pela carne, mas não permitem que os fazendeiros negociem e troquem ideias com seus vizinhos para saber se foram remunerados de forma justa. Enquanto isso, os frigoríficos dividem o país para que raramente haja concorrência. (As evidências sugerem que, na verdade, eles "combinam secretamente" para "ficar longe do território um do outro"[1]).

Christopher Leonard apelidou de "chickenization" [em referência ao modelo da indústria do frango] esse sistema de controle centralizado radical decorrente do tipo de integração vertical semelhante à indústria de frangos e que está se espalhando rapidamente pelos mercados agrícolas. Os processadores de carne suína adotaram o modelo quase que integralmente. A Monsanto seguiu a mesma cartilha quando adquiriu os fornecedores de sementes, fertilizantes e pesticidas e, em seguida, ofereceu aos agricultores grandes incentivos para que usassem sua linha de produtos. Agora estes estão presos a contratos que tornariam financeiramente arriscado usar as sementes de qualquer outro fornecedor.

Os capitalistas anticompetitivos querem reproduzir o mesmo modelo da indústria de processamento de frango onde puderem, para assim controlar o trabalho dos demais e ficar com a maior parte. Agora, o setor de música ao vivo também está se tornando um negócio de processamento de frango. Anteriormente, a realização de eventos ao vivo exigia empresários de artistas, agentes de talentos, promotores de eventos, locais e bilheterias, cada um operando de forma bastante independente dos demais. Hoje, no entanto, há um leviatã chamado Live Nation Entertainment que integrou verticalmente todos esses elementos. Essa empresa gerencia artistas, contrata e promove talentos para se apresentarem em locais de sua propriedade, administra e vende ingressos. Ela também está integrada horizontalmente a ponto de ser a maior empresa de entretenimento ao vivo do mundo, a maior produtora de shows de música ao vivo, uma das maiores empresas mundiais de gerenciamento de artistas (representando mais de quinhentos dos principais nomes do planeta) e a maior bilheteria mundial de entretenimento ao vivo.[2] Tudo isso lhe dá um enorme controle sobre a música ao vivo.

Quando se pensa nas condições que permitem que as empresas criem mercados com gargalos anticompetitivos, a integração vertical e horizontal está entre os principais culpados: nada melhor do que garantir que não haja outros participantes no mercado para manter vendedores e compradores firmemente presos a você! Há muito tempo, a integração é vista como competência da lei antitruste e seus órgãos reguladores são os encarregados de decidir se essas associações devem ser permitidas.

Como explicamos no início, o foco deste livro não é a lei antitruste em si, por isso, você deve estar se perguntando por que nos concentramos na integração vertical e horizontal. A resposta é que queremos convencê-lo de que os gargalos anticompetitivos resultantes são problemáticos, mesmo que os reguladores antitruste discordem, e que há uma série de remédios *fora da esfera da legislação antitruste* que podem e devem ajudar a afrouxá-los. É disso que trata toda a segunda metade deste livro.

Vimos como a economia atual do *streaming* é impossível para todos os artistas, exceto para os mais populares. No entanto, dizem a eles para não se preocuparem, pois sempre podem ganhar a vida fazendo shows!

Quando a COVID-19 cancelou tudo, vimos que, na verdade, *não se pode* contar com o lucro de eventos. E, mesmo antes disso, essas garantias evasivas ignoravam a rotina brutal da vida em turnê — o custo físico de apresentações, as constantes descargas de adrenalina, a falta de alimentação e sono, os longos períodos de separação da família e da comunidade. Ainda assim, antes da pandemia, não era incomum que os músicos ganhassem 95% da renda com eventos ao vivo. Esses shows também sustentavam inúmeros outros trabalhadores, incluindo os *roadies* [técnicos de apoio], fornecedores de alimentos e bebidas, seguranças e pessoal de marketing. Um ambiente ao vivo saudável é fundamental para manter a música funcionando.

Há mais de uma década, no entanto, a Live Nation vem tirando a força vital do setor. Em 2010, a empresa fez uma fusão com a Ticketmaster mediante um acordo que poderia ter sido bloqueado com base na lei antitruste existente, mas que foi aprovado pelo Departamento de Justiça dos EUA. O resultado foi um *flywheel* particularmente elegante de exploração anticoncorrencial.

A associação com a Ticketmaster dá à Live Nation uma perspectiva de *voyeur* nos negócios de seus concorrentes. Ao controlar a venda de ingressos dos concorrentes, a empresa obtém *insights* detalhados, em tempo real, sobre suas respectivas posições financeiras, inovações de programação, sucessos e fracassos, podendo imitá-los ou evitá-los. Consegue acessar informações detalhadas sobre a demanda por shows, onde essa demanda está concentrada, como ela evolui ao longo do tempo e se os fãs estão dispostos a comprar mais caro de cambistas no mercado secundário. Isso permite que a empresa tome decisões mais precisas sobre os nomes a serem contratados e quanto pagar a eles (no mercado local); também permite que ela entre em cena e assuma o controle de shows produzidos por empresários independentes quando eles estão prestes a ser destaque (no âmbito da gestão). Tudo isso aumenta suas margens, permitindo que ela ofereça os melhores preços aos artistas mais rendáveis, garantindo os shows mais lucrativos para si mesma e consolidando ainda mais seu domínio.

O negócio de ingressos da Live Nation também cria um sério conflito de interesses. Os empresários de artistas tendem a ser veementemente contra o *scalping* [cambismo] de ingressos (a prática de revender ingressos acima do próprio valor) porque isso irrita os fãs e tira valor dos artistas. Mas os agentes de venda de ingressos adoram esse "mercado secundário", porque ele gera uma segunda taxa, ainda mais lucrativa, sobre o mesmo produto que já foi vendido uma vez.[3] Desde 2012, pouco depois de associar-se à Ticketmaster, os relatórios anuais da Live Nation têm identificado o crescimento desse mercado como um de seus principais planos estratégicos.[4]

Quando as duas empresas se fundiram, o Departamento de Justiça dos EUA exigiu que a Live Nation prometesse que não retaliaria os proprietários de locais de eventos por contratarem outras empresas de venda de ingressos e que não condicionaria ou ameaçaria condicionar eventos a locais que usassem seus serviços de venda de ingressos.

A Live Nation começou a quebrar essas promessas praticamente assim que a fusão foi aprovada. Em 2019, o Departamento de Justiça finalmente começou a investigar. Até então, a reputação da Live Nation por "comportamento ameaçador e retaliação" era tão forte e seu poder tão difundido, que era difícil encontrar alguém disposto a falar. Contudo, no fim, seis locais de eventos, com suas identidades mantidas em segredo por medo de represálias, descreveram um padrão semelhante. Um deles recebeu uma advertência dizendo que, se optasse por um concorrente para a venda de ingressos, a resposta da Ticketmaster "seria 'atômica'" e, "caso eu [o executivo da casa de espetáculos] denunciasse a ameaça, que seria desmentida por ela, a Live Nation nunca mais faria um show em nosso edifício e encontraria outros lugares para apresentar seu conteúdo".[5] Outro, depois de fechar contrato com um concorrente, descobriu que o número de ligações da Live Nation para discutir a reserva de shows caiu de uma frequência semanal para zero. Elas foram retomadas imediatamente após a casa de shows "voltar para a família".

Os locais para a apresentação de eventos entenderam rapidamente "que a recusa em contratar a Ticketmaster resulta[ria] em receber menos shows da Live Nation ou até mesmo nenhum".[6] Isso efetivamente os forçou a assinar contratos com a Ticketmaster, reduzindo drasticamente a capacidade de concorrência de outros agentes de ingressos. Isso pode ajudar a explicar por que as tarifas dos ingressos têm superado enormemente o crescimento dos preços dos eventos. De acordo com um estudo de 2018 do Government Accountability Office [Escritório de Prestação de Contas do Governo] dos EUA, as taxas agora representam extraordinários 27% do preço dos ingressos, um ônus suportado pelos consumidores. (No Reino Unido, onde os locais e os promotores geralmente fazem contratos com vários distribuidores de ingressos, em vez de acordos exclusivos, as taxas variam de 10 a 15%).[7] Não é de se admirar que, embora a venda de ingressos represente apenas 13% da receita da Live Nation, ela gera mais de um terço de seu lucro.

Como a Live Nation se defende? Como resume a revista *Billboard*, "não é uma ameaça se você estiver apenas apresentando a alguém as opções disponíveis".[8] Isso é exatamente o que o capanga no seu bairro pacato falaria ao exigir que você o contratasse como segurança.

Nas entrevistas para este livro, sempre demos às pessoas a opção de não serem identificadas. A maioria delas recusou essa opção — exceto aquelas com quem conversamos sobre a Live Nation. Na maioria dos casos, elas se mostraram ansiosas até mesmo falando em *off*. Como nos disse um conhecedor do setor de música ao vivo: "Eles gerenciam alguns dos maiores artistas do mundo. Reservam e são proprietários de algumas das maiores salas do mundo. Se você quiser trabalhar com qualquer um desses artistas, terá que entrar no jogo. Se você é um agente de reservas, se você é um promotor de eventos, se você é mais um artista, então terá que garantir que está do lado deles".[9]

Apesar das conclusões óbvias do Departamento de Justiça de que a Live Nation havia violado reiteradamente os termos do decreto de consentimento vinculado à fusão, a Live Nation se safou com um tapinha nas costas: o decreto foi prorrogado por cinco anos, embora tenha sido alterado para facilitar a aplicação futura pelo governo, supondo que algum local ainda tivesse coragem de se defender, e a empresa foi obrigada a pagar os custos de US$ 3 milhões do governo. A Live Nation pagou, mas insistiu que "discordava veementemente" das conclusões do Departamento de Justiça. Para colocar essa penalidade monetária em contexto, a Live Nation gerou US$ 11,55 bilhões em receita em 2019, incluindo US$ 1,54 bilhão com a venda de ingressos. A advogada especializada em antitruste, Jennifer M. Oliver, afirma que isso demonstra que remédios comportamentais, como os decretos de consentimento, "são facilmente ignorados ou abusados por gigantes pós-fusão e os benefícios da violação geralmente superam a punição".[10] Ou, como os economistas Uri Gneezy e Aldo Rustichini bem disseram, "uma multa é simplesmente um preço a pagar".[11]

A fusão entre a Live Nation e a Ticketmaster é agravada pelas práticas enganosas da repartição de ingressos. Se você já tentou comprar entradas para um evento badalado, sabe que geralmente a compra é restrita a seis ou oito assentos de cada vez e que as pessoas são submetidas a testes irritantes para provar que não são *bots* que estão adquirindo ingressos para revenda. Isso faz com que *pareça* que a Ticketmaster está fazendo tudo o que pode para acabar com o cambismo e suas declarações públicas assim atestam. Na esfera privada, entretanto, a história é diferente.

Em 2018, repórteres disfarçados do canal televisivo canadense CBC News e do jornal *Toronto Star* flagraram representantes da Ticketmaster se vangloriando que clientes estavam adquirindo ingressos por meio de centenas de contas.[12] O software TradeDesk da Ticketmaster sincroniza automaticamente as contas desses usuários com sites de revenda, incluindo o seu próprio, tornando mais fácil para os cambistas venderem sua pilhagem. O "Professional Reseller Handbook" [Manual do Revendedor Profissional] da Ticketmaster também prometia descontos nas taxas se "os cambistas atingissem metas como US$ 500.000 ou US$ 1 milhão em vendas anuais"[13] — algo que nunca acontecerá com a revenda de seis a oito ingressos por show. A Ticketmaster se beneficia porque é remunerada toda vez que os ingressos são vendidos, e preços mais altos no mercado de revenda significam mais dinheiro: US$ 25,75 em um ingresso de US$ 209,50 na primeira venda e US$ 76 a mais se ele for revendido por US$ 400.[14] A Ticketmaster respondeu insistindo que não fornecia ingressos a cambistas antes que aos usuários regulares (algo que o artigo, na verdade, não havia alegado).[15]

Apenas três meses após a entrada em vigor do decreto de consentimento alterado, a Live Nation foi atingida por uma nova ação coletiva que buscava recuperar os danos causados pelas taxas supracompetitivas que os consumidores eram obrigados a pagar graças ao monopólio da Ticketmaster. A ação alega, entre outras coisas, que as novas medidas supostamente anti-cambismo da Ticketmaster são, na verdade, projetadas para manter os clientes presos, de modo que tenham que revender os ingressos que compraram a mais no próprio site da Ticketmaster, garantindo assim que a Ticketmaster receba as taxas e dando à empresa uma enorme vantagem sobre rivais do mercado secundário, como o StubHub. A Live Nation e a Ticketmaster alegaram que o tribunal não tinha jurisdição para lidar com a reivindicação, uma vez que seus usuários são obrigados a renunciar aos seus direitos de ação coletiva e concordar com a arbitragem obrigatória como condição para acessar o site. Essas cláusulas são usadas regularmente para tirar o poder de fornecedores e trabalhadores; este é um exemplo de como elas são usadas da mesma forma contra os consumidores.

Resumindo: os artistas são informados de que, para ganhar dinheiro com música, precisam fazer turnês. Se fizerem uma turnê, terão de fazê-lo por meio de locais que usem a Ticketmaster (já que ela controla mais de 70% do mercado) e, se usarem a Ticketmaster, isso prejudicará seus fãs e dará à Live Nation uma vantagem competitiva sobre os rivais independentes. É um sistema que só os acionistas da Live Nation conseguem amar.

A pandemia da COVID-19 paralisou os locais de música ao vivo em todo o mundo. Como muitas casas independentes já operavam com margens muito pequenas, isso as colocou sob um novo e extraordinário estresse financeiro. Uma pessoa que trabalha nesse cenário nos disse que estava recebendo e-mails anunciando o fechamento de locais quase todos os dias: "Esses locais são, em alguns casos, propriedade da mesma família há gerações e não têm fontes auxiliares de renda ou acesso a financiamento como uma empresa multinacional ou de capital aberto teria. Sem poder operar os negócios e sem apoio do governo para atravessar a pandemia, que outras opções têm os donos dessas propriedades locais?"[16]

A Live Nation também foi pressionada pela pandemia, mas tem acesso a mercados de capital que praticamente garantiam que ela ainda existiria quando a música ao vivo retomasse as atividades — com menos concorrentes e uma posição ainda mais dominante no mercado. Os investidores tinham certeza disso. A revista de investimentos *Barron's* exalta o "fosso impenetrável com uma estrutura semelhante a um monopólio" da Live Nation e a "vantagem da Ticketmaster nas negociações com os locais de eventos", graças ao controle da empresa sobre os artistas. Isso sugere que a Ticketmaster "continuará a comprar estrategicamente as empresas que não forem capazes de sustentar o ciclo mais recente" — uma maneira educada de dizer que ela engolirá empresas em dificuldades a preços de liquidação.[17] A Live Nation levantou US$ 1,2 bilhão em novo capital em maio de 2020 e o preço de suas ações mais do que dobrou desde o início da pandemia. Esse aumento contou com a ajuda do fundo soberano da Arábia Saudita, que se tornou o terceiro maior acionista após adquirir uma participação de 5,7%.[18]

Neste livro, temos nos concentrado nos gargalos anticompetitivos, mas isso precisa ser entendido como um efeito, e não como uma causa. A causa do capitalismo anticompetição é a *oligarquia*, a concentração de riqueza e poder em poucas mãos. Ninguém simboliza a oligarquia como a realeza saudita, os trilionários do petróleo que abertamente sequestram e esquartejam os jornalistas que os criticam. A casa de Saud embarcou em um projeto para transferir seus interesses comerciais para além do petróleo e tem injetado dinheiro em outros setores na tentativa de monopolizá-los. A realeza saudita é a principal financiadora do SoftBank, os investidores por trás do Uber, do WeWork e de outras notórias empresas de tecnologia deficitárias. A estratégia da SoftBank (ou seja, a estratégia saudita) é perder dinheiro pelo tempo necessário para estabelecer um monopólio e, se não houver monopólio, descarregar esses investimentos por meio de IPOs, comprados por investidores ingênuos que presumem que, se, por exemplo, o Uber se manteve em atividade por mais de uma década, deve haver alguma maneira de torná-lo lucrativo eventualmente. Até agora, isso não aconteceu, mas o SoftBank certamente se saiu bem em seu IPO. *Nunca* é um bom sinal quando um *player* importante em seu setor recebe um grande investimento da casa de Saud.

Ainda que os sauditas personifiquem a oligarquia, os Estados Unidos não ficam muito atrás. Uma análise de 1.779 resultados de políticas públicas constatou que "as elites econômicas e os grupos organizados que representam interesses comerciais têm impactos independentes substanciais sobre as políticas do governo dos EUA" e que "os grupos de interesse de massa e os cidadãos comuns têm pouca ou nenhuma influência independente".[19] Em 2015, o ex-presidente estadunidense Jimmy Carter descreveu os EUA como tendo se tornado "uma oligarquia com suborno político ilimitado" depois que a decisão da Suprema Corte no caso *Citizens United v. Federal Election Commission* [Cidadãos Unidos vs. Comissão Federal Eleitoral] removeu efetivamente os limites às doações políticas.[20] Isso se confirmou na eleição de 2016, na qual Wall Street investiu um recorde de dois bilhões de dólares. Isso compra muita influência.

O poder da Live Nation vem da integração vertical em uma escala enorme, combinada com uma análise insuficiente das fusões e falhas na aplicação das leis de proteção ao consumidor. A história de como ela conseguiu alcançar seu domínio mostra que o problema não está tanto na lei antitruste em si, mas na incapacidade de aplicá-la. Havia uma grande oportunidade para que os órgãos reguladores fechassem esse acordo ou até mesmo o aprovassem com condições mais rigorosas. Não o fizeram, porque a lei antitruste foi posta em coma induzido pelo governo Reagan há quarenta anos, os órgãos estão sem orçamento e desmoralizados, o judiciário sofreu uma lavagem cerebral por meio de suntuosos seminários de "educação continuada" — os seminários Manne — em um resort na Flórida, aos quais 40% do judiciário federal dos EUA já compareceu para aprender por que a lei antitruste não deve ser aplicada. A lei antitruste dos EUA é, na verdade, muito boa (e novos projetos de lei em tramitação no momento em que escrevemos este livro a fortaleceriam ainda mais), mas o consenso político no país tem sido que a legislação antitruste é, em sua maior parte, obsoleta, uma peculiaridade da história que pode ser ignorada da mesma forma que ignoramos as leis que exigem que você contrate um menino para correr à frente do seu carro com uma lanterna e um sino para alertar os cavaleiros que você está chegando.

As falhas na aplicação da lei antitruste levaram a uma enorme redução na concorrência e ao empobrecimento dos locais de shows independentes, bem no momento em que os profissionais do setor musical, atingidos pelo declínio nas vendas de discos, mais precisavam dessas receitas. Como nos disse outro conhecedor do setor de música ao vivo (novamente sob condição de anonimato), "as práticas monopolistas não incentivam a criatividade, nem a propriedade local, nem o empreendedorismo. Em geral, elas não estão a favor do trabalhador. Então, você deve se perguntar: quem se beneficia com isso?"[21] A resposta está na crescente desigualdade da sociedade: os 0,1% que estão no topo se beneficiam. O mesmo não acontece com o restante de nós.

CAPÍTULO 9

POR QUE SETE MIL ESCRITORES DE HOLLYWOOD DEMITIRAM SEUS AGENTES

Abril de 2019 foi um mês ruim para os agentes de talentos em Hollywood. Choveram telefonemas, e-mails e mensagens de texto, com tons que variavam do acusatório ao apologético. Em poucos dias, tudo estava resolvido. Sete mil escritores de Hollywood haviam demitido seus agentes.

A função do agente de talentos é marcar reuniões nas quais os clientes apresentam seu trabalho, depois negociam os termos e fecham o negócio. Anteriormente, eles costumavam receber uma comissão de 10% sobre o preço do trabalho, o que alinhava seus interesses com os de seus clientes: quanto mais o cliente ganhava, maior era o salário do agente.

Como em todos os outros setores culturais que analisamos, as agências de talentos se concentraram em poucas grandes empresas. As gigantes são a William Morris Endeavor (WME) e a Creative Artists Agency (CAA); ambas pertencentes hoje a firmas de *private equity*. Juntamente com a muito menor United Talent Agency (UTA) e a ICM Partners, elas formam as Big Four [quatro grandes] entre as agências. (No momento em que este livro foi para o prelo, a CAA tentava engolir a ICM, ameaçando concentrar ainda mais o setor). Juntas, essas agências representam quase todos os roteiristas, atores e diretores mais requisitados da indústria cinematográfica e televisiva dos EUA. Isso lhes dá um grande poder. E, assim como toda corporação que se torna forte o suficiente para fazê-lo, elas o utilizam para promover seus próprios interesses.

Nesse caso, isso envolvia um golpe chamado *packaging* [empacotamento]. As agências consolidadas tinham em seus quadros enormes contingentes de talentos de Hollywood e, ao longo de décadas, passaram a vender cada vez mais os serviços de seus clientes aos estúdios como "pacotes", agrupando os principais atores, roteiristas e diretores de cada projeto. Diziam a esses clientes — os talentos — que isso seria muito bom, pois seus agentes não cobrariam mais a comissão de 10%. Em vez disso, as agências cobrariam do estúdio taxas de *packaging*: geralmente uma taxa inicial alta, uma quantia fixa adicional quando o programa obtinha lucros líquidos e, em seguida, uma porcentagem dos lucros brutos durante a vida útil do programa.

Essa prática desvinculou a remuneração do agente do que seus clientes recebiam. Em vez de se contentar com míseros 10%, as agências descobriram que podiam negociar para obter *mais* que seus clientes. Por exemplo, a taxa de *packaging* da CAA para a série *Cold Case* [*Arquivo Morto*] era de US$ 75.000 por episódio — mais do que a escritora e criadora Meredith Stiehm recebeu durante as duas primeiras temporadas. No geral, ela calcula que a agência ficou com noventa e quatro centavos por cada dólar que ela ganhou com o programa.[1] Isso está longe da taxa habitual de 10% que ainda é cobrada por agências menores.

O conflito de interesses é óbvio. Os estúdios de cinema e TV também têm muito poder. Se eles estão dando taxas dessa magnitude, é porque estão recebendo algo em troca. O Writers Guild of America [Sindicato dos Roteiristas dos EUA] (WGA), tem alegado que as agências agora "rotineiramente se recusam a negociar salários maiores para os escritores contratados", aceitando a primeira oferta para proteger seus próprios honorários. Chip Johannessen, que escreveu para seriados como *24*, *Moonlight* e *Beverly Hills, 90210* [*Barrados no Baile*], diz que a ICM o pressionou a abrir mão de benefícios a que tinha direito contratualmente porque não havia dinheiro suficiente para produzir seu programa; mais tarde, ele descobriu que a ICM também "cobrou uma taxa substancial de *packaging* com uma divisão de lucros mais favorável... enriquecendo deliberadamente às custas [dele]". Krista Vernoff, *showrunner* [responsável pela produção de uma série] de *Grey's Anatomy* [*A Anatomia de Grey*] diz que seus amigos advogados do setor de entretenimento "têm inúmeras histórias sobre agentes que lhes pedem que 'assumam a liderança' em negociações agressivas com roteiristas porque eles têm medo de irritar seus chefes nas agências".[2]

As agências tentam impedir que seus talentos trabalhem em produções com colegas representados por outras empresas, pois isso significaria que teriam de rachar a taxa de *packaging*. Elas pressionam os profissionais de criação a aceitar projetos que não são de seu interesse, mas que dariam à agência o "pacote" mais vendável. Essa estrutura também incentiva as agências a venderem programas para os estúdios dispostos a pagar a taxa mais alta, em vez daqueles dispostos a pagar mais no geral ou que ofereçam o melhor desenvolvimento ou encaixe criativo.

Desde 2019, cerca de 90% dos seriados foram agrupados em pacotes, principalmente pelas quatro grandes agências, que até então haviam engolido a maioria de seus concorrentes. Essas agências se beneficiam enormemente dos efeitos de rede — quanto mais roteiristas, atores e diretores elas representarem, mais valiosos se tornarão seus pacotes. Isso alimenta seu *flywheel* anticoncorrencial: os talentos que não são contratados por uma dessas agências ficam de fora da maioria dos contratos, o que os força a entrar no sistema, tornando esses pacotes ainda mais valiosos e predominantes e dificultando cada vez mais que outros profissionais de criação optem por sair desse sistema.

Uma vez que as agências representavam todos os profissionais criativos mais valiosos, elas conseguiam extrair cada vez mais valor. "Embora as taxas de *packaging* tenham surgido inicialmente porque as agências forneciam mais de uma parte do projeto", David Goodman nos disse, "com o tempo, as quatro grandes ganharam tanto poder que a agência recebia uma taxa de *packaging* apenas representando um profissional de criação no projeto. Na televisão, quase sempre era o roteirista/criador. Portanto, os honorários de *packaging* eram um 'extorsão' — se você quer meu cliente, terá que pagar".[3]

Nos últimos anos, as maiores agências tiraram ainda mais proveito de seu controle sobre os talentos, criando ou adquirindo suas próprias empresas de produção — principalmente a WME com sua divisão Endeavor Content, que financia e produz conteúdo original. A CAA e a UTA seguiram o exemplo, embora em menor escala. Nos programas que produzem, essas agências negociavam com elas mesmas, o que o sindicato (WGA) descreve como um conflito de interesses "indefensável": "Atuar como empregador e representar um cliente em negociações salariais são intrinsecamente opostos: o incentivo de um empregador é maximizar seus lucros e manter os custos trabalhistas baixos, enquanto a agência tem o dever de obter o melhor contrato possível para seu cliente".[4]

Os agentes não apenas se tornaram irremediavelmente conflitantes; também há menos deles para lidar com mais trabalho. Um ex-agente aponta que, "quando a Endeavor fez a fusão com a William Morris para formar a WME, eles aceitaram cerca de 250 clientes a mais para a TV e mantiveram apenas três agentes da WMA, dispensando mais de 100 representantes e equipe de apoio".[5] Um número ainda maior de funcionários se perdeu em função das melhorias de "eficiência" exigidas pelos parceiros de *private equity* da WME e da CAA. Isso significa que os agentes têm menos tempo para trabalhar proativamente com seus contatos para descobrir quais negócios podem estar no horizonte e consegui-los antes para seus clientes.

Em resposta a esses problemas, muitos escritores se viram forçados a contratar advogados e gerentes para cuidar dos interesses que seus agentes supostamente deveriam cuidar. Pelo privilégio de fazer isso, eles têm de pagar mais 10%. Ironicamente, muitos desses gerentes são ex-agentes que foram dispensados para cortar custos. O agente veterano Gavin Polone diz que, "na verdade, a agência transferiu o custo adicional de orientação profissional para um único cliente, fazendo com que ele pague por esse serviço diretamente com uma taxa adicional de 10%".[6] Ele faz uma analogia com um restaurante que demite seus lavadores de louça e insiste que os clientes aluguem pratos limpos em outro lugar — tudo isso cobrando os mesmos preços e aumentando os lucros. É claro que isso não funcionaria no ramo de restaurantes, porque há muita concorrência: "Os clientes simplesmente buscariam outro lugar para comer, onde os pratos fossem oferecidos gratuitamente".

Os roteiristas de Hollywood não podem fazer isso. Tantas agências foram reunidas nessas quatro empresas dominantes que não há outro restaurante para onde ir. Esse é outro mercado anticompetitivo.

O resultado é que, mesmo depois de contratar novos gerentes e advogados, os roteiristas continuaram perdendo terreno. Considerando apenas as temporadas de 2013-14 e 2017-18, o WGA calcula que os salários caíram 16%, mesmo com o aumento do número de programas roteirizados.[7]

Em parte, essas quedas podem ser atribuídas a mudanças na forma como a televisão está sendo produzida. No passado, um roteirista normalmente trabalhava em um programa de emissora de vinte e dois episódios e recebia sua taxa por episódio vinte e duas vezes por ano.

Agora, no entanto, com o aumento da oferta de *streaming* e de programas de alta qualidade na TV a cabo, há muitos programas que gravam apenas dez episódios. Kimberly Ndombe, uma roteirista em ascensão creditada em programas como *Good Trouble* e *Chicago Fire*, diz que um programa não é suficiente: "Você tem que conseguir trabalhar em vários. Existem mais programas para se trabalhar, mas acho que é mais difícil ganhar a vida".[8]

Mas nem sempre é possível ficar pulando de um lado para outro. As agências de talentos, tão ocupadas em negociar suas próprias taxas, deixaram de negociar a exclusividade (por quanto tempo um roteirista se dedicaria a um único programa) e o período (o tempo que podem ser obrigados a trabalhar em um único roteiro antes de terem que receber uma remuneração maior), o que fez com que os roteiristas desses programas mais curtos ficassem cada vez mais tempo presos. Isso os impede de aceitar outros trabalhos, o que se tornou um grande obstáculo para os salários.

Conversamos com David Slack, que escreveu para programas como *Law & Order* [*Lei e Ordem*] e *Person of Interest* [*Pessoa de Interesse*], além de fazer parte da diretoria do WGA. Ele nos disse que até mesmo os roteiristas sênior, que recebiam taxas "bastante significativas" por episódio, estavam vendo-as serem reduzidas para os valores da taxa padrão — o mínimo exigido pelo sindicato, anteriormente pago apenas aos roteiristas mais novos.

Essas séries mais curtas também geram outros efeitos. Todos os roteiristas recebem honorários semanais por trabalharem nas salas de redação, mas os roteiristas de nível mais alto recebem um complemento pelos honorários de roteiro dados ao autor creditado de um determinado episódio. O mínimo do sindicato é de cerca de US$ 27.000 para um programa de meia hora. Normalmente, o *showrunner* — a pessoa com o principal controle criativo e gerencial — é creditado pelo primeiro e último episódios de uma temporada, e outros roteiristas sênior esperam ser creditados (e receber a taxa de roteiro associada) em pelo menos um. Como explica o repórter e crítico Kyle Paoletta, "quando a encomenda de um programa prevê apenas seis ou oito episódios e sua equipe de roteiristas inclui um *showrunner* e alguns veteranos, as chances de um profissional de baixo escalão receber uma taxa de roteiro diminuem vertiginosamente".[9] Isso tem efeitos indiretos, retardando a evolução profissional, pois os roteiristas assistentes geralmente não conseguem um emprego de escritor contratado na equipe até que sejam creditados em episódios.

Mas as quedas nas taxas não podem ser explicadas exclusivamente em função de programas de menor duração e da mudança para o *streaming*. *Grey's*

Anatomy é um seriado de rede e suas temporadas estão entre as mais longas do mercado — normalmente, 25 episódios. Mas a *showrunner* Krista Vernoff diz que, quando começou a escrever para *Grey's Anatomy* há quinze anos, ganhava mais dinheiro por episódio do que ganham agora os roteiristas da série no mesmo nível — embora *Grey's* aparentemente pague melhor do que a maioria.[10] Como David Slack, do WGA, nos disse, "é cada vez mais difícil para os profissionais de criação serem remunerados pelo valor monetário real de nossa contribuição".[11] A realidade é que, apesar de esta ser a era de ouro da televisão, cada vez menos os espólios estão indo para os criadores que fazem isso acontecer — exatamente como em todos os outros setores culturais que analisamos.

Convencido de que esses declínios ocorreram porque os interesses das agências ficaram desconectados, para não dizer opostos, aos dos roteiristas que deveriam representar, em 2019 o sindicato processou as Big Four por violação de dever fiduciário. Mas a ação judicial não era o único — nem o principal — plano dos roteiristas para obterem algum alívio. Seu trunfo era a ação coletiva.

Com o apoio esmagador de seus membros, o WGA adotou um novo código de conduta que aboliu as taxas de *packaging* e proibiu que as agências detenham mais de 20% de participação em qualquer produtora. Em conformidade com as normas do sindicato, os membros foram orientados a encerrarem o relacionamento com todos os agentes que não assinassem o contrato. Foi por isso que esses sete mil membros demitiram seus agentes. Em poucos dias, os negócios das quatro grandes agências ficaram paralisados. Retomaremos a história do que aconteceu em seguida em nosso capítulo sobre ação coletiva.

DEFENDENDO O BACK-END

Os roteiristas de TV não apenas lutam para defender sua renda no jogo fraudulento das agências; eles também lutam para manter seus direitos de participação nos lucros de seu trabalho. Anteriormente, os principais roteiristas tinham direito a residuais ou *back-end*, o que significa uma participação nos lucros por todos os tipos de uso, incluindo transmissão nacional, licenciamento internacional e *streaming*.

Quando um programa se torna um sucesso, o *back-end* chega a superar muito o quanto aquele talento ganha durante os primeiros anos de exibição. Roteiristas, atores e diretores há muito tempo contam com esses pagamentos para amortecer a pausa entre trabalhos e eles têm sido particularmente úteis para os roteiristas que estão se esforçando para adaptar-se a temporadas de escrita mais curtas e taxas de remuneração mais baixas.

Normalmente, quando há negociações entre partes afiliadas (digamos que a NBC Universal seja dona de um programa que quer transmitir em sua própria plataforma), eles são obrigados a definir os termos com base em uma taxa de mercado justa. É por isso que a NBC teve que desembolsar US$ 500 milhões ao longo de cinco anos pelos direitos de *streaming* de *The Office*, um programa que já era de sua propriedade, superando a oferta da Netflix de US$ 90 milhões por ano; também por isso a WarnerMedia teve que pagar quase a mesma quantia para recuperar *Friends*. É uma salvaguarda para as demais pessoas que têm direito a uma parte dos lucros.

Nem todos os proprietários seguem as regras. A Fox ganhou as manchetes em 2019 quando foi condenada a pagar mais de US$ 50 milhões por defraudar os criadores da série policial *Bones* dando a seus próprios afiliados condições preferenciais em acordos internacionais de licenciamento e *streaming*. Inusitadamente, os próprios funcionários, executivos e testemunhas da Fox forneceram algumas das provas mais contundentes contra a empresa, admitindo que seus principais executivos não somente haviam ignorado flagrantemente as obrigações da corporação para com os criadores do programa, como também haviam prestado falso testemunho para tentar encobrir seus erros.[12] Há um incentivo financeiro óbvio para esse tipo de truque: tudo o que é roubado dos criadores vai direto para os resultados financeiros da empresa.

À medida que o cenário da mídia se torna cada vez mais integrado verticalmente, os *players* mais poderosos querem mudar a forma como esse sistema funciona. Todos os maiores estúdios já lançaram suas próprias plataformas de *streaming*: a Disney é proprietária da Disney Plus e da ESPN Plus (e também da Hulu, após a fusão da Disney com a Twenty-First Century Fox), a NBC tem a Peacock, a CBS tem a Paramount Plus e a WarnerMedia tem a HBO Max. Eles não querem continuar tendo que pagar aos criadores taxas de mercado para colocar seus programas em suas próprias plataformas. Eles querem ficar com a vantagem para si mesmos.

É por isso que as empresas estão tomando medidas para mudar esse modelo. A Disney, por exemplo, começou a oferecer aos produtores contratos que lhes dão direito a pagamentos provenientes de uma reserva de lucros preestabelecida, com a participação baseada no sucesso e na longevidade de um programa. Entretanto, eles não estariam diretamente vinculados às receitas de licenciamento, então, não obrigam a empresa a oferecer um valor justo de mercado.[13] Isso elimina um dos últimos elementos verdadeiramente competitivos do mercado.

Isso segue a estratégia usada pela Netflix e pela Amazon para suas próprias plataformas de *streaming* de vídeo. Quando esses serviços compram um programa, eles tentam obter os direitos globais e não o licenciam para outras plataformas. Isso significa que o antigo sistema residual não faz sentido. Em vez disso, a Netflix cobre os custos de produção, além de um "pagamento de lucro" negociado a partir do primeiro episódio, enquanto a Amazon paga um bônus a partir da terceira temporada de um programa, com base no valor determinado pela própria empresa. Na prática, esses acordos acabam financiando o *back-end*.

Não estamos sugerindo que o sistema residual deva continuar funcionando exatamente da mesma forma que antes. Aliás, em muitos aspectos, esse sistema perpetua a natureza "o vencedor leva tudo" dos mercados de trabalho do setor de criação, fazendo com que algumas das estrelas de maior sucesso levem para casa a maior parte da receita. Isso ocorre porque a fórmula atual recompensa desproporcionalmente os sucessos de bilheteria — seriados como *Friends* e *Modern Family* [*Família Moderna*], cujo enorme êxito provavelmente deu a seus criadores poder suficiente para repactuarem seus contratos de forma independente. Isso também não é bom. Como argumenta Scott Timberg em seu livro *Culture Crash*, um mundo em que um pequeno grupo fica com a maior parte dos benefícios enquanto os demais brigam entre si por migalhas é "o mundo em que a classe criativa de hoje encontra dificuldades cada vez maiores para exercer seu ofício, pagar o aluguel e receber seus parcos rendimentos".[14]

Alguns conhecedores da indústria argumentam que, embora o novo modelo de acordo da Disney possa limitar as vantagens de mega sucessos como *The Big Bang Theory*, aquelas "séries de sucesso mediano que duram poucas temporadas e atingem índices de audiência respeitáveis/modestos e que normalmente não conseguiriam gerar um retorno significativo com o mecanismo tradicional" poderiam, na verdade, ter melhor desempenho com o novo acordo.[15] Esse seria um resultado bem-vindo, mas há formas melhores de alcançá-lo do que conceder um novo poder ilimitado aos estúdios que já controlam tantos criadores de filmes e programas de TV.

CAPÍTULO 10

POR QUE O *FORTNITE* PROCESSOU A APPLE

Quando lançou o primeiro iPhone em 2007, a Apple produzia *coisas*: software, sim, mas principalmente hardware — produtos reluzentes e inovadores que visavam mudar a maneira como as pessoas interagiam com o mundo. No ano seguinte, a Apple apresentou sua loja de aplicativos como uma espécie de ideia posterior. Steve Jobs deixou claro que não se tratava de um centro de faturamento — "Não pretendemos ganhar dinheiro com a loja de aplicativos" — mas sim um recurso que ajudaria a vender mais dispositivos, atraindo mais desenvolvedores e mais aplicativos. Os usuários não poderiam instalar software de nenhuma outra procedência, pois, segundo a Apple, isso os manteria protegidos contra programas nocivos. Os desenvolvedores receberiam 70% da receita; o restante seria destinado à Apple para cobrir a "manutenção".

Os iPhones conquistaram enorme popularidade. Diferentemente dos dispositivos anteriores, os iPhones podiam ser usados para desfrutar facilmente de notícias, livros, filmes, programas de TV e jogos. Os distribuidores de conteúdo aproveitaram a chance de atingir esse novo e rico público móvel. Seu conteúdo tornou os iPhones e, depois, os iPads cada vez mais desejáveis e as vendas de dispositivos dispararam.

Não demorou muito para que a Apple percebesse que controlar a única fonte do seu software abria possibilidades de receita com as quais nunca havia sonhado e, em 2011, mudou abruptamente as regras a seu favor. A empresa sempre recebeu seus 30% sobre as compras feitas em aplicativos, mas permitia-se que as empresas direcionassem seus usuários para comprar conteúdo em um navegador da Web, em vez de no próprio aplicativo, processando os pagamentos por conta própria e contornando a taxa da Apple.[1] De acordo com as novas regras, os aplicativos não poderiam mais ser vinculados a opções de compra fora do ecossistema da Apple, o que garantiria a ela uma fatia de 30% nas vendas de e-books, filmes, jogos, assinatura de notícias — qualquer tipo de conteúdo. Tratava-se de uma grande mudança: a diferença entre pagar à Apple 30% do preço inicial da compra do aplicativo (que geralmente era zero) e ter que abrir mão de 30% da receita vitalícia gerada por esse aplicativo (que poderia ser de milhares de dólares). Embora os usuários ainda pudessem acessar o conteúdo que haviam comprado ou assinado em outro lugar, era proibido aos serviços sequer mencionar isso em seus aplicativos.[2]

O *flywheel* anticoncorrencial é óbvio: a Apple começou com um produto inovador e atraente, que fidelizou os primeiros usuários. Em seguida, ofereceu aos desenvolvedores de software e distribuidores de conteúdo uma maneira fácil de atingir esse público, incentivando-os a investir em novos softwares com uma variedade cada vez maior de conteúdo. Eles também deram a si mesmos poder ilimitado para decidir quais aplicativos entrariam na loja, sendo que as diretrizes para desenvolvedores nem sequer fingem oferecer qualquer tipo de equidade nos procedimentos: "Serão rejeitados os aplicativos cujo conteúdo ou comportamento ultrapasse o limite. Que limite, você pergunta? Bem, como um juiz da Suprema Corte disse uma vez, eu saberei quando vê-lo e achamos que você também saberá quando ultrapassá-lo".[3] Os pesquisadores Nieborg e Poell descrevem essa regra como "emblemática do rigoroso controle de conteúdo da plataforma, do forte viés curatorial e, acima de tudo, do baixo nível de responsabilização".[4]

Atualmente, os aplicativos geram uma enorme receita. No momento em que escrevemos este livro, todos os aplicativos para iPhone de maior faturamento, com exceção de um, podem ser instalados gratuitamente, e os desenvolvedores ganham dinheiro com assinaturas e compras no aplicativo.[5] A empresa se recusa a revelar a quantidade de receita proveniente de aplicativos, mas a principal empresa de dados analíticos de aplicativos estimou-a em mais de US$ 70 bilhões em 2020 — mais de um quarto de sua receita anual.[6]

A proibição de pagamentos externos pela Apple marcou um ponto de virada. A empresa havia começado a ganhar dinheiro com dispositivos. Agora estava ganhando dinheiro como barqueiro: o único que podia atravessar o rio entre compradores e vendedores.

A VIDA NO JARDIM MURADO

O pedágio da Apple atinge em cheio os criadores de conteúdo. Quarenta dos cinquenta aplicativos de maior faturamento são produtos criativos (games) ou plataformas que distribuem os produtos de terceiros: audiolivros, *streaming* de vídeo e música. Os 30% da Apple afetam drasticamente os valores disponíveis para as pessoas que realmente criam esse conteúdo.

A Apple não precisa produzir nenhum dos filmes, programas de TV, jogos, livros ou músicas que são transmitidos ou baixados por meio de seu sistema operacional móvel. Também não precisa promovê-los, obter suas licenças ou fornecer o aplicativo no qual serão reproduzidos. Basta processar os pagamentos e distribuir alguns arquivos pela Internet. Para isso, a empresa recebe 30% da receita. São 30% que não estarão ao alcance dos fabricantes situados mais abaixo na cadeia.

As condições econômicas também são impossíveis para o *streaming* de música. Como vimos, as empresas de *streaming* pagam cerca de 70% das taxas de assinatura aos detentores de direitos autorais; se elas derem à Apple os 30% restantes, não sobrará nada, nem para pagar a conta de energia do escritório.

A resposta inicial do Spotify ao pedágio foi cobrar um preço mais alto dos usuários da Apple, mas isso só ajudou a impulsionar a posição da Apple, tornando seu próprio produto, o Apple Music, relativamente mais barato no iOS. (A Apple também se ajuda com a autopreferência: seus próprios aplicativos estão no topo dos resultados da loja de aplicativos quando as pessoas pesquisam conteúdo como música, livros e títulos de áudio.)[7]

Entretanto, em 2016, os 30% sobre as assinaturas em curso se tornaram muito constrangedores, até mesmo para a Apple, e a empresa os reduziu para 15% após o primeiro ano.[8] Para fins de comparação, o processamento de cartões de crédito normalmente custa entre 2% e 3%, o que ainda é um valor muito alto para um serviço básico que poderia ser oferecido de forma fácil e barata de outras maneiras.

Algumas das maiores empresas com maior participação no mercado são fortes o suficiente para se opor a essa taxa. A Amazon, desde o início, se recusou terminantemente a pagar. Isso significa que, embora você possa ler livros produzidos para Kindle em dispositivos Apple, não poderá usar o aplicativo Kindle no iOS para comprar novos títulos. Da mesma forma, o Spotify bloqueou novas assinaturas direto no aplicativo a partir de 2016, quando já estava estabilizado o suficiente no mercado para enfrentar a inevitável perda de usuários. Em vez disso, os novos clientes tinham que se registrar em seu site, o que evitava o pedágio da Apple. Isso, sem dúvida, impediu que algumas pessoas que queriam pagar por música o fizessem, com efeitos óbvios para aqueles que as produzem. Em 2018, a Netflix representava o maior faturamento na loja de aplicativos, com US$ 853 milhões em receita, dos quais centenas de milhões foram diretamente para a Apple.[9] A Netflix teve que tolerar essa extorsão enquanto aumentava sua participação no mercado, mas, assim que conseguiu clientes suficientes, também eliminou as assinaturas pelo aplicativo.

As empresas menores têm menos poder, o que as coloca diante de uma escolha nada invejável: pagar a taxa (o que resulta em margens inviáveis que tornam impossível competir com empresas como a Amazon, Spotify e Netflix, que vendem o mesmo tipo de conteúdo) ou remover a possibilidade de os clientes fazerem assinaturas ou comprarem por seus aplicativos, sabendo que será muito mais difícil que elas atinjam a massa crítica (e, portanto, mais uma vez, tornando impossível competir com os grandes *players*).

Consequentemente, o gargalo anticompetitivo da Apple alimenta outros gargalos. Às vezes, isso acontece de forma extremamente direta: em 2020, por exemplo, a Apple fechou um acordo permitindo que a Amazon e alguns outros provedores de vídeo por assinatura premium usassem os próprios métodos de pagamento em seus aplicativos de *streaming* de vídeo. O motivo? A Apple está tentando fazer com que o aplicativo Apple TV seja a forma padrão de as pessoas assistirem a programas e filmes — ou seja, quer criar *mais um* monopólio para si mesma. A empresa fechou esse acordo para persuadir os provedores de vídeo a integrar seu conteúdo.[10] Isso é desastroso para a concorrência, tanto a curto prazo (os distribuidores de vídeo que não são favorecidos terão que pagar até 30% a mais de receita do que os que são favorecidos pelo mesmo produto) quanto a longo prazo (porque quanto mais olhos a Apple puder desviar para seu próprio aplicativo de TV, mais difícil será que os demais sobrevivam). Embora os vendedores de conteúdo — como Amazon, Netflix e Spotify — possam contornar a taxa registrando assinantes em outro lugar na Web (pelo menos depois de terem conseguido abocanhar a maior parte do mercado!), a manobra é muito mais difícil para aqueles que dependem de compras no aplicativo — uma importante fonte de receita para os desenvolvedores de jogos.

Os jogos têm se tornado produtos culturais cada vez mais importantes. Gerando cerca de US$ 160 bilhões em 2020, o setor global de jogos de computador é maior do que o cinema e a música juntos. Cerca de metade desse valor está em dispositivos móveis, nos quais os jogos geram três quartos de toda a receita de aplicativos.[11]

Uma parte considerável vem do *Fortnite Battle Royale*, que coloca cem jogadores uns contra os outros em uma luta até a morte no estilo *Jogos Vorazes*. O jogo logo ganhou uma popularidade absurda, chegando a 350 milhões de usuários em várias plataformas, incluindo iOS e Android.

Embora o game possa ser jogado gratuitamente, seus criadores ganham dinheiro quando os jogadores compram extras, como "passes de batalha" (que dão acesso a recursos exclusivos), visuais sofisticados (as irmãs mais novas da Rebecca sempre querem novos visuais) e equipamentos mais legais (os jogadores gostam de destruir uns aos outros com estilo!). Tudo isso se acumula: somente em 2019, o *Fortnite* gerou receitas de US$ 1,8 bilhão.

Os desenvolvedores do *Fortnite,* a Epic Games, não gostaram muito da perspectiva de pagar uma taxa de 30% apenas para processar pagamentos. (Como esse tipo de compra no jogo não conta como uma "assinatura", a taxa com desconto introduzida pela Apple em 2016 não se aplicava). O Google cobra a mesma taxa usurária, mas, ao contrário da Apple, permite o *sideload* [instalação lateral] de aplicativos no Android — ou seja, que os usuários instalem software fora da Play Store, o equivalente do Google à loja de aplicativos da Apple. Determinada a manter uma parte maior de sua receita, a Epic anunciou que contornaria a Play Store para evitar o pagamento da taxa de 30% e, em vez disso, pediria aos usuários de Android que carregassem o software de um site externo.

No entanto, a Epic logo percebeu que a aparente liberdade para fazer o *sideload* de aplicativos em celulares Android era ilusória. Os clientes do Android eram submetidos a "pop-ups de segurança assustadores e repetitivos", bloqueios técnicos e advertências de que softwares de terceiros, como o *Fortnite,* eram malwares perigosos. Tudo isso afugentou potenciais usuários, reduzindo a receita. Depois de dezoito meses tentando fazer com que funcionasse, a Epic relutantemente cedeu e disponibilizou o jogo na Play Store do Google.[12]

Isso destaca uma realidade que facilmente deixamos de perceber quando dependemos exclusivamente de aplicativos e funcionalidades sancionados centralmente: as megacorporações restringem deliberadamente os recursos de nossos dispositivos para manter seu controle absoluto.

O Cory aprendeu uma lição a respeito disso quando arrecadou, via *crowdfunding*, dinheiro para o audiolivro de seu romance *Attack Surface*. Como ele se recusa a permitir que o DRM seja anexado a seus audiolivros, e como a Audible, da Amazon, se recusa a vendê-los sem o DRM, seus direitos do audiolivro são basicamente inúteis para as editoras. Ele queria mostrar que havia um mercado fora da Audible — e seus fãs compareceram em peso, comprando livros no valor de US$ 267.613. Esse parece ser um sucesso retumbante, certo? Bem, mais ou menos.

Quando os arquivos eram entregues, percebeu-se que *muitos* usuários estavam tendo dificuldades para reproduzi-los em seus celulares. Eles tinham que fazer o download, descompactar, instalar um leitor de audiolivros compatível, caso ainda não tivessem um, direcioná-los para os arquivos e torcer para funcionar. Rebecca se considera uma pessoa experiente em tecnologia, mas os dois primeiros aplicativos de audiolivros que experimentou não funcionaram de jeito nenhum e o terceiro não conseguia ultrapassar a primeira quarta parte do livro, sem nenhum motivo que pudesse ser identificado antes de, finalmente, desistir.

A mobilidade e a reprodução de formatos de arquivos abertos são algumas das funcionalidades mais básicas que esperamos dos computadores, mas não é preciso muito para descobrir por que é quase impossível fazer isso em dispositivos móveis. Se pudéssemos fazer isso fora dos aplicativos que eles controlam, a Apple e o Google teriam menos condições de nos aprisionar e menos condições de extorquir aqueles que criam o conteúdo que jogamos, ouvimos, lemos e assistimos. O iPod, antecessor do iPhone, não tinha problemas com esse tipo de operação — a capacidade de baixar e reproduzir músicas facilmente sem usar um aplicativo foi removida dos dispositivos que vieram depois dele. Quem nos fornece esses dispositivos considera a falta de funcionalidade um recurso, não um *bug*.

Embora a Epic tenha colocado o *Fortnite* na Play Store a contragosto, a empresa foi ficando cada vez mais ressentida com os pedágios usurários que os gigantes do setor de dispositivos móveis estavam cobrando. Ela solicitou formalmente à Apple que lhe permitisse oferecer opções de pagamento direto e criar sua própria loja de aplicativos concorrente, com a ideia de reduzir os preços ao consumidor e aumentar a fatia que iria para os desenvolvedores.[13] Quando a Apple recusou, a Epic começou a arquitetar um plano.

Em agosto de 2020, a Epic ativou um recurso oculto em suas versões para iOS e Android, permitindo que os usuários pagassem diretamente. Com inteligência, a Epic usou esse padrão falho dos "danos ao consumidor" a seu favor, oferecendo aos clientes que optavam por pagar pelo site preços mais baixos do que aqueles que continuavam usando o aplicativo. Sua flagrante violação das regras da loja de aplicativos fez com que o *Fortnite* fosse banido das lojas da Apple e do Google em poucas horas, e a Epic abriu um processo antitruste contra a Apple no mesmo dia.

A Apple, ciente do quanto estava em jogo, agiu de modo sujo. Ela não apenas baniu o *Fortnite* da loja de aplicativos, mas ameaçou encerrar as contas de desenvolvedor das empresas relacionadas à Epic. Esse ataque retaliatório foi direcionado diretamente ao Unreal Engine, um mecanismo gráfico de propriedade da Epic que é amplamente usado por desenvolvedores independentes para criar seus próprios videogames, bem como por cineastas (a Lucasfilm o usou para criar *O Mandalorian*).[14]

Como o corte ao acesso colocaria em risco todo o negócio da Epic, a ameaça da Apple elevou drasticamente as apostas. Isso poderia ter sido suficiente para forçar a Epic a recuar, se um tribunal federal não tivesse emitido uma liminar permanente proibindo a Apple de seguir adiante.[15]

Obviamente, não se trata de uma batalha entre Davi e Golias, mas sim de uma empresa de um trilhão de dólares contra uma empresa de vários bilhões de dólares. É por isso que a Epic teve os recursos para iniciar o processo antitruste e se defender da retaliação da Apple. Mas é disso que se precisa para enfrentar um monstro gigantesco como esse. A Apple detém tanto poder e tem dado a si mesma tanta liberdade para exercê-lo que os desenvolvedores menores têm pavor de se posicionarem contra ela — como vimos com a Live Nation.[16]

A má repercussão da briga com o *Fortnite* fez com que a Apple introduzisse um desconto adicional nas taxas, reduzindo pela metade o valor cobrado dos 98% dos desenvolvedores que ganham menos de US$ 1 milhão por ano para 15% (o que ainda é usurário!). Essa foi uma resposta para amenizar a má publicidade, mas fez pouca diferença na prática, já que os desenvolvedores beneficiários geram, entre todos, apenas 5% da receita.[17] E na realidade é inútil para aqueles que vendem materiais como livros, filmes, programas de TV ou notícias: os preços desse tipo de conteúdo praticamente garantem que eles não se enquadrarão na faixa de desconto.

"LIVRE" COMO EM "LIVRE MERCADO"

Se você aprendeu economia nos romances de ficção científica de Robert A. Heinlein ou na Universidade de Chicago, provavelmente acredita que a expressão "livre mercado" descreve um sistema econômico livre de interferência governamental — onde todas as transações consensuais entre duas ou mais partes são permitidas.

Mas se você vai à fonte, *A Riqueza das Nações*, de Adam Smith, encontrará uma definição muito diferente de livre mercado: a preocupação de Smith não era liberdade em relação aos governos, mas liberdade em relação aos *rentistas*.

Um rentista é alguém que deriva sua receita de "rendas econômicas", ou seja, da mera posse de algo. Em uma fábrica, há trabalhadores que contribuem com mão de obra, investidores que constroem e mantêm o prédio, e o proprietário, que extrai parte das receitas derivadas dessa atividade devido à posse do terreno onde está a fábrica.

Cada dólar extraído pelo proprietário é um dólar que não pode ir para os trabalhadores como salário, nem ser aplicado na manutenção e melhoria da fábrica, nem enriquecer as pessoas que constroem e mantêm a fábrica.

Uma das formas mais poderosas de extrair rendas econômicas é ter um monopólio. Um balseiro que cobra preços altos não necessariamente está extraindo rendas porque outra pessoa pode construir uma ponte ou operar um serviço de balsa concorrente. Mas se o balseiro usar seus lucros para exercer influência com êxito para que se proíba a construção de pontes e a operação de serviços de balsa concorrentes, *então* ele estará extraindo rendas, pois o preço que seus passageiros pagarão é muito alto simplesmente por não haver alternativa.

Os monopólios se autorreforçam. Os monopolistas astutos retêm parte dessas rendas para projetos especiais, como subornar políticos para garantir um tratamento favorável, comprar concorrentes, ou garantir a ruína desses concorrentes com preços predatórios e outros truques sujos. Assim, o balseiro pode usar suas rendas de monopólio para tirar todos os principais funcionários do concorrente. Ou ele pode reduzir os preços das passagens para um valor abaixo do custo operacional, subsidiando a tarifa com seu fundo de emergência de rendas de monopólio até que o concorrente vá à falência, seja vendido por centavos de dólar e ele possa então aumentar o preço novamente.

O balseiro também pode gastar parte de seus lucros excedentes para fazer lobby junto aos legisladores para que aprovem regras que exijam um número mínimo de balsas em operação a qualquer momento — dificultando o início de qualquer novo operador. Quando uma pessoa ou corporação busca aumentar seus lucros por meio de uma regulamentação mais favorável, isso é chamado *rent-seeking* [busca de renda].

Vimos anteriormente como a captura regulatória pode prejudicar os produtores do setor de criação no contexto da rádio: as mudanças nas leis de propriedade permitiram que a Clear Channel comprasse sua posição predominante, usasse essa posição para esmagar os rivais e empregasse parte dos lucros resultantes para manter a escandalosa vantagem de não ter que pagar aos artistas ou gravadoras por suas músicas.

Um mercado é "livre" se o que está à venda e quanto custa é definido pelas capacidades dos produtores e pelos desejos dos compradores. Cada renda cobrada no mercado reduz essa liberdade, pois as escolhas sobre o que vender e o que comprar desaparecem nas mãos dos rentistas que possuem coisas em vez de produzi-las.

A Apple, com sua loja de aplicativos, é rentista. Depois de investigar a empresa e outros gigantes da tecnologia por mais de um ano, os democratas da Câmara dos Deputados dos Estados Unidos divulgaram um relatório de 450 páginas, concluindo que a empresa criou barreiras à concorrência, cobrou dos desenvolvedores preços supracompetitivos e exerceu discriminação contra rivais, tudo isso enquanto dava preferência às suas próprias ofertas.[18] Os desenvolvedores não conseguiam se libertar porque estavam aprisionados no *flywheel* anticoncorrencial da empresa: "efeitos de rede, altas barreiras à entrada e altos custos de migração no mercado de sistemas operacionais móveis".

Essas barreiras de entrada incluem as mesmas leis de DRM que permitiram que a Amazon roubasse o controle dos mercados de e-books e audiolivros.

A Epic tem um prédio cheio de engenheiros. Ela poderia ter pago alguns deles para criar sua própria loja de aplicativos para iOS e vender seus jogos por meio dela, ficando com todo o dinheiro. Assim como propôs à Apple, ela poderia até mesmo ter convidado outros criadores de aplicativos para sua loja e oferecido a eles um acordo melhor, enquanto ainda ganhava um pouco mais.

Instalar uma loja de aplicativos de terceiros em dispositivos iOS tem alguns desafios técnicos, é claro. Para impedir que isso aconteça, a Apple se esforçou ao máximo, usando uma combinação de software e hardware que permite que seus dispositivos defendam os interesses de seus acionistas contra os interesses de seus clientes. No entanto, engenheiros são falíveis. E quando se trata de segurança, defender é sempre mais difícil do que atacar: os defensores não podem cometer nenhum erro, enquanto os atacantes só precisam encontrar um.

Sabemos que onze gerações de iPhones são vulneráveis a um *exploit* [software malicioso] chamado Checkm8, que ataca um defeito no enclave de segurança dos dispositivos — um chip projetado para resistir a qualquer correção ou modificação, tornando-os permanentemente vulneráveis a ataques do Checkm8.[19]

A Epic poderia colocar em campo uma loja de aplicativos de terceiros que usasse o Checkm8 para instalar-se em iPhones compatíveis e ter acesso aos milhões de clientes que perdeu ao ser banida da loja oficial de aplicativos — por uma pequena parte do que o processo antitruste de uma década custaria. O fato é que a Epic, com as ações judiciais, somente gastaria dinheiro, enquanto uma loja Epic para iOS poderia realmente gerar lucro. A Epic quer criar essa loja, mas seus advogados certamente já lhe explicaram que dar às pessoas uma ferramenta para instalar uma loja de aplicativos rival violaria a seção 1201 da lei DMCA [Digital Millenium Copyright Act] e arriscaria uma sentença de cinco anos de prisão e uma multa de US$ 500.000 por ato de evasão, o que seria ainda mais caro do que processar um monopolista que vale US$ 1 trilhão e tem acesso a alguns dos advogados mais agressivos do mundo.

Descobrir como fazer com que seu programa seja reproduzido em um celular sem pagar um pedágio ao seu fabricante não é uma violação aos direitos autorais, mas *é* uma violação ao modelo de negócios. O Congresso dos Estados Unidos poderia facilmente ter redigido a seção 1201 do DMCA para dizer: "Contornar o DRM para violar direitos autorais é ilegal", mas não o fez. Criou um novo crime — "desrespeito criminoso ao modelo de negócios" — que, na verdade, *favorece* a conduta anticoncorrencial. Ao dar o poder da lei ao fosso da loja de aplicativos da Apple, a DMCA impede que haja concorrência, permitindo que os monopolistas continuem embolsando dinheiro que deveria ir para os fabricantes, não para os rentistas.

A interoperabilidade é essencial para a concorrência. O fabricante do seu tênis não tem o direito de vetar as meias que você usa. Conseguimos nos livrar dos chefes de minas de carvão que pagavam em notas não interoperáveis, que só podiam ser usadas na loja da própria empresa. A Microsoft não conseguiu impedir que a Apple criasse o pacote iWork, que lê e grava todos os formatos de arquivo bizarros do Microsoft Office.

No entanto, a Apple e seus defensores insistem que é a Epic que está se excedendo nesse caso. Eles dizem que os clientes da Apple *gostam* do fato de que a Apple recebe uma parte de cada venda de aplicativo, assim como preferem que o conserto independente de dispositivos da Apple seja proibido para que somente a Apple possa consertar seus celulares (e decidir quando esses celulares não poderão mais ser consertados e, portanto, deverão ser substituídos). Eles afirmam que o veto da Apple permite que ela proteja seus usuários bloqueando aplicativos maliciosos e que nunca abusaria desse poder para seu próprio benefício.

Esse argumento é *risível*. Se a Apple acredita que seus clientes preferem dar à empresa que lhes cobrou US$ 1.000 por um celular 30% de cada aplicativo que roda nesse aparelho, poderia simplesmente dar-lhes alternativas: "Compre o *Fortnite* por meio da loja de aplicativos ou por meio do aplicativo da Epic; você decide! 'Think different!' [Pense diferente]!"

A ideia de que os clientes da Apple preferem comprar da Apple é desmentida pelas medidas extremas que a empresa toma para impedir que eles comprem em outro lugar. Não acreditamos nos burocratas da Alemanha Oriental quando insistiam que o objetivo do muro de Berlim não era manter as pessoas trancadas, mas sim impedir que pessoas de fora invadissem o paraíso dos trabalhadores da República Democrática Alemã. Não devemos acreditar na Apple quando ela insiste que impedir a interoperabilidade é apenas uma forma de impor as preferências de seus clientes. A Apple pode facilmente provar que seus clientes não querem escapar de seu jardim murado: basta que a Epic instale um portão e veja se alguém sai por ele.

ESSES DANOS NÃO SÃO SOMENTE COMERCIAIS

Conceder a corporações como a Apple e o Google o direito de controlar portões tão importantes não tem consequências apenas para os criadores e produtores que estão sendo extorquidos ou para os usuários que são forçados a pagar mais. Isso afeta nossas liberdades mais essenciais.

O escritor russo Anton Tchékhov exortava os autores de peças teatrais a não colocarem uma arma no palco a menos que uma personagem fosse dispará-la. Mas esse conselho tem um corolário para o público: "Se há uma pistola na lareira no Ato I, ela deve ser disparada no Ato III".

A Apple deveria ter prestado atenção. Embora não tenha sido a primeira a usar DRM para impedir que os usuários instalassem software em dispositivos sem sua aprovação (os fabricantes de consoles de games já faziam isso há décadas), ela *foi* a primeira empresa a popularizar o modelo para dispositivos de uso geral.

Há dez anos, Cory previu que, assim que a Apple se desse o poder de decidir qual software você estaria autorizado a usar, os governos começariam a ordenar que ela impedisse o uso de softwares que eles não gostassem.[20] Não demorou muito para que essa profecia se cumprisse.

Em 2017, a Apple retirou todas as VPNs em funcionamento da loja de aplicativos chinesa, para que o Estado chinês — que na época estava prendendo um milhão de uigures e colocando-os em campos de concentração — pudesse espionar sua população com mais eficiência.[21] Em 2020, a Apple eliminou os leitores de RSS da loja de aplicativos chinesa, que estavam ajudando os clientes da Apple na China a evitar a censura e a vigilância do Estado.[22] As consequências dessas perdas podem ser mortais.

Se você está lendo isto, mas não é um dissidente chinês, isso não lhe servirá de consolo. No momento, vivemos em um sistema que Bruce Schneier chama de "segurança feudal".[23] Na maioria dos países, as proteções inadequadas concedidas pelo Estado ao usuário (contra espionagem, vigilância, malware e fraude) nos forçam a buscar proteção de senhores feudais (por exemplo, empresas de tecnologia) e esperar que seus interesses comerciais estejam alinhados com nossos direitos humanos.

Talvez o Google use seu poder para proteger sua privacidade, bloqueando algumas das piores formas de vigilância online, como quando começou a bloquear cookies de terceiros no Chrome. Mas a proteção é episódica — a empresa não quer proteger sua privacidade; quer garantir que só ela poderá violá-la. Se você estiver preocupado com a possibilidade de o próprio Google ou um de seus parceiros de confiança abusar de seus dados, essa proibição não ajudará.

Da mesma forma, a Apple faz um grande (e merecido) negócio com sua "preocupação" com a privacidade, mas essa privacidade está a serviço de uma mensagem de marketing: "A Apple é a alternativa pró-privacidade". A Apple se preocupa com a venda de dispositivos e a privacidade é um meio para esse fim. Caso haja uma mudança no modelo de negócios e vigiar você se torne mais lucrativo, ela fará isso.

Os senhores feudais da internet nos protegem contra os bandidos sem lei que vagam fora das muralhas de seus castelos. Mas eles não nos amam. Eles não querem nos proteger. Querem ganhar dinheiro. Se puderem ficar mais ricos sacrificando nossa segurança, eles o farão em um piscar de olhos.

Nesse sistema de segurança feudal, uma pequena elite de senhores da guerra mercantilistas obtém todos os direitos de propriedade (o direito de decidir como a infraestrutura será usada) e o restante de nós obtém os direitos de inquilinos (o direito de fazer uso limitado da propriedade dos senhores da guerra).

Os senhores da guerra prometem nos defender dos bandidos e construir muros altos para manter esses bandidos do lado de fora. Mas se alguém subornar o senhor da guerra contra nós, de repente esses muros nos trancarão *do lado de dentro*, deixando-nos desamparados.

De fato, os muros não são apenas uma proteção; eles são uma tentação. Qualquer um que coagir ou subornar um senhor da guerra para deixá-lo entrar no complexo poderá usufruir de uma variedade de presas indefesas — o jardim murado se torna um banquete do tipo "coma à vontade" para benefício desses predadores.

O poder que a Apple concedeu a si mesma *convida* os estados a fazerem exigências como as do governo chinês. Ao decidir fabricar e vender dispositivos na China e, ao mesmo tempo, insistir no controle total sobre os aplicativos que poderiam ser usados, a Apple praticamente garantiu que seria designada para ajudar nas prisões em massa em campos de concentração.

Se seus usuários pudessem fazer o *sideload* de aplicativos que subvertem ordens governamentais prejudiciais, essas ordens seriam menos eficazes, oferecendo menos tentação para que os governos as emitissem em primeiro lugar. Se mesmo assim eles fizessem isso, os usuários teriam uma saída. Isso é importante para os cidadãos em todo o mundo, não apenas na China. Porque, se há uma coisa que aprendemos nos últimos 5 ou 6 anos, é que não há como prever o tipo de governo que poderemos ter no futuro.

CAPÍTULO 11

YOUTUBE: INCORPORANDO GARGALOS ANTICOMPETITIVOS

YouTube é *a* plataforma de vídeo online. Mais de dois bilhões de usuários passam o equivalente a 114.000 anos por dia assistindo a destaques esportivos, música e instruções de artesanato, clipes musicais, gravações caseiras banais, teóricos da conspiração, TV argelina vintage, gatos em cima de aspiradores robôs e tudo o mais que a mente humana possa imaginar. Os usuários fazem upload de quinhentas horas de conteúdo a cada minuto. Quando pedem às crianças que classifiquem as profissões mais desejáveis, "YouTuber" geralmente está no topo da lista.[1] Para muitos criadores, não há alternativa: seu trabalho tem que estar na plataforma, ou é como se não existisse.

Quando o YouTube começou, havia poucos indícios de que ele se tornaria esse rolo compressor. A empresa foi fundada no início de 2005 por três funcionários do PayPal — Jawed Karim, Steve Chen e Chad Hurley. Eles montaram um escritório em cima de uma pizzaria localizada entre Palo Alto e São Francisco e o primeiro vídeo foi um clipe de dezenove segundos de Karim descrevendo as trombas dos elefantes de um jeito bobo (no momento em que este texto foi escrito, o vídeo já havia sido visualizado mais de 180 milhões de vezes). Como explicam os especialistas em YouTube Jean Burgess e Joshua Green, os fundadores eram "agnósticos" no que diz respeito ao conteúdo da plataforma, concentrando-se, em vez disso, no lado de rede social: "Na prática, o YouTube realmente não se importava com o tipo de conteúdo que seus usuários postavam, desde que a escala de usuários da plataforma e suas atividades continuassem a crescer".[2]

No entanto, foi o *conteúdo* que se mostrou fundamental para o sucesso. As pessoas adoraram a possibilidade de subir, assistir e compartilhar vídeos online com facilidade, e o site cresceu vertiginosamente. Muitos dos clipes eram postados sem a permissão do proprietário dos direitos autorais. Em março de 2006, o YouTube começou a limitar os vídeos em dez minutos, com a intenção de eliminar filmes e programas de TV que violavam as regras,[3] e, mesmo antes disso, os uploads tinham um limite máximo de tamanho de arquivo de 100 MB.[4] Entretanto, excertos não autorizados de obras comerciais protegidas por direitos autorais continuaram amplamente disponíveis. Em dezembro de 2005, um esquete de dois minutos e meio do programa televisivo *Saturday Night Live* intitulado “Lazy Sunday” foi notoriamente postado. Visualizado 1,2 milhão de vezes em dez dias, o clipe aumentou o tráfego do YouTube em 83%, reacendeu o interesse pelo programa de comédia, lançou a carreira de Andy Samberg e catapultou o YouTube para a consciência do público em geral.

Enquanto isso, a apenas alguns quilômetros de distância, o Google estava lutando para criar seu próprio catálogo de vídeo online. A iniciativa havia começado muito antes, no final de 2003, mas o progresso do Google Video, que recebeu um nome um tanto triste, foi lento. O serviço buscava oferecer um catálogo de conteúdo profissional legalmente licenciado, mas tinha dificuldade em decolar, em grande parte porque os detentores de direitos estavam relutantes em licenciar seu conteúdo para uso online. As negociações de direitos, contudo, não eram o único empecilho: o serviço tinha problemas também em termos técnicos. Foi somente em meados de 2005 que o Google Video ofereceu uma maneira de reproduzir seus vídeos e, mesmo assim, desajeitadamente, exigia que os usuários instalassem um software separado para isso.[5] O Google estava ficando para trás do YouTube.

Isso não quer dizer que as coisas estivessem progredindo de forma totalmente tranquila para o pessoal em cima da pizzaria. Desde o momento em que os usuários começaram a subir vídeos, os fundadores do YouTube suavam sob a pressão jurídica de empresas de conteúdo furiosas que exigiam que eles fizessem mais para evitar a violação de direitos autorais. Como explica o jornalista Steven Levy, apesar disso, eles prosseguiram: “Embora os YouTubers soubessem que as pessoas que estavam enviando vídeos não tinham o direito de fazê-lo, acreditavam que o YouTube não teria problemas, desde que não houvesse reclamações de detentores de direitos autorais sobre vídeos específicos, e nesse caso eles poderiam contestar”.[6] Essa abordagem foi respaldada pela lei Safe Harbor dos EUA, que protege as plataformas de responsabilidade caso hospedem conteúdo ilícito submetido por usuários, desde que ajam “rapidamente” para removê-lo assim que tomarem conhecimento. Promulgadas nos Estados Unidos em 1998, essas leis foram posteriormente exportadas para o mundo todo, inclusive para a União Europeia em 2000.[7]

A lei Safe Harbor tem o objetivo de equilibrar duas considerações importantes: proteger os interesses dos detentores de direitos autorais e proteger a liberdade de expressão online, assegurando àqueles que operam serviços de hospedagem de que não são obrigados a examinar e bloquear todas as possíveis violações, o que limitaria a esfera pública online a materiais que tivessem sido examinados por advogados e submetidos a acordos de indenização privados. Afinal, o YouTube hospeda todo tipo de material — aulas (de tudo, de matemática e física a idiomas, artesanato, ioga e natação), dicas de beleza, comentários políticos, comédia, cantigas infantis, *unboxing* de brinquedos, dicas para construir guarda-roupa e trocar velas de ignição e tudo mais que você possa imaginar. É um tesouro insondavelmente valioso de conhecimento, entretenimento e cultura que não seria possível se os *hosts* fossem responsáveis por tudo que seus usuários transferissem. É por isso que as Safe Harbor limitam a responsabilidade por violação de direitos autorais às circunstâncias em que o *host* não consegue remover rapidamente o conteúdo infrator depois de ser notificado de sua existência. O YouTube seguiu essas regras, retirando do ar vídeos ilícitos após receber notificações de infração, mas com o site crescendo exponencialmente e mais conteúdo ilícito sendo transferido o tempo todo, as empresas de mídia ficaram exasperadas com o interminável "jogo da toupeira". A ameaça de um processo judicial caro era enorme.

A disparada dos custos também estava desafiando a start-up. Era caro hospedar e distribuir todos aqueles vídeos, e o YouTube não estava gerando praticamente nenhuma receita. O crescimento exponencial do site ameaçava se tornar mais uma maldição do que uma bênção, pois ultrapassava rapidamente os esforços da equipe para monetizar o site, e os fundadores logo perceberam que precisavam transferi-lo para alguém com mais recursos.

Naquela época, o Google Video estava adotando uma abordagem muito diferente em relação às violações. Embora tenha acabado adicionando um recurso que permitia que os usuários fizessem o upload de vídeos, seu modelo dependia de persuadir as grandes produtoras de entretenimento a licenciar o conteúdo, e a empresa estava ansiosa para não afugentá-las. Dessa forma, o Google policiou as violações com muito mais cuidado do que seu concorrente, e *muito* além de suas obrigações relacionadas à Safe Harbor. Mas sua estratégia não foi recompensada: a maioria dos estúdios de cinema e das gravadoras ainda se recusava a permitir que o Google vendesse seu conteúdo de vídeo. Quando finalmente foi lançado, "o estúdio de cinema mais importante que o Google conseguira convencer a exibir filmes completos no serviço foi o independente GreenCine", conta Levy, e "os destaques de seu escasso inventário eram filmes do diretor polonês Andrzej Wajda e o documentário *Mau Mau Sex Sex*".[8]

E, assim, o Google percebeu que seu negócio de vídeo era um fracasso, enquanto os fundadores do YouTube estavam tentando se livrar de seu filho problemático e bem-sucedido. Como conta o então consultor jurídico do Google, David Drummond, "um dia olhamos e vimos o YouTube construindo uma marca divertida e ousada, de uma forma que o vídeo do Google não era. Imaginamos que, se colocássemos isso na plataforma do Google, com a distribuição do Google, as máquinas do Google e tudo o mais, isso se tornaria realidade e muito mais rápido".[9] O gigante das buscas atacou, pagando US$ 1,65 bilhão pelo site incipiente — um bilhão a mais do que o Google achava que o YouTube realmente valia. No entanto, segundo Levy, desde o início havia sinais de que a jogada valeria a pena: enquanto o negócio estava sendo fechado, a Twentieth Century Fox, de Rupert Murdoch, "declarou que, independentemente do que o Google estivesse pagando, a Fox pagaria mais".[10]

O Google assumiu o controle em outubro de 2006, apenas dezoito meses após o nascimento do YouTube. Uma das primeiras ações do novo dono foi resolver o problema de violações no site. Os advogados da empresa acreditavam que a grande quantidade de infrações no YouTube gerava uma enorme responsabilidade em potencial. O limite de tempo dos vídeos refreou o número de filmes e programas de TV que infringiam a lei, mas pouco fez contra a música não autorizada. Embora estivesse protegido pelas regras da Safe Harbor, o Google não podia ter certeza de que o sistema de remoção não seria interpretado de forma restrita (ou abolido por completo!) caso fosse visto como um mecanismo que permitisse um vale-tudo. Assim, a empresa começou imediatamente a descobrir como poderia detectar, de forma mais proativa, o material infrator antes que se tornasse público na plataforma.[11] Em junho de 2007, a empresa estava testando um novo sistema que utilizava tecnologias de "impressão digital" de áudio e vídeo para identificar automaticamente os vídeos infratores assim que fosse feito o upload.[12]

Entretanto, a essa altura, as empresas de mídia já haviam perdido a paciência. Em março daquele ano, a Viacom entrou com uma ação judicial contra o YouTube por violação direta e indireta de direitos autorais, pedindo uma indenização de um bilhão de dólares. (Mais tarde, isso foi alterado para deixar claro que se tratava apenas de infrações ocorridas antes da implantação do sistema de filtragem de direitos autorais do Google). Por fim, fez-se uma fusão do caso com outros processos movidos por detentores de direitos, incluindo a Premier League inglesa, que exigia bilhões a mais.

A investigação prévia ao julgamento trouxe revelações constrangedoras para ambas as partes. Descobriu-se que a Viacom havia se esforçado para comprar o YouTube quando ele entrou no mercado, tanto sozinha quanto em *joint venture* com o Google. Além disso, parecia que a Viacom havia secretamente colocado seu conteúdo no YouTube, mesmo quando estava reclamando de violações, deliberadamente reduzindo a qualidade dos vídeos para que parecessem roubados e mandando funcionários fazerem, anonimamente, upload de conteúdo usando computadores públicos.[13] Enquanto isso, e-mails comprometedores dos cofundadores do YouTube revelavam que eles estavam cientes das violações desenfreadas no site desde o início, e inclusive que um deles, Jawed Karim, havia feito ele mesmo o upload de alguns vídeos, ao passo que o fundador do Google, Sergey Brin, declarou publicamente que o Google enfraqueceu seus padrões de *compliance* com direitos autorais após adquirir o YouTube para "faturar com downloads ilegais".[14]

Entretanto, a ação judicial acabou não dando certo. Os autores não conseguiram convencer o tribunal de que o YouTube seria inelegível para a proteção da Safe Harbor. Para ser responsabilizado por violação, decidiu o juiz, não bastava que o YouTube tivesse conhecimento geral: precisava ter conhecimento de "violações específicas e identificáveis de itens individuais específicos" e não ter agido rapidamente para removê-los. Isso não corresponde aos fatos. Na verdade, o YouTube respondeu muito rapidamente às advertências de remoção da DMCA. Um mês antes de entrar com a ação, a Viacom havia passado meses acumulando 100.000 links de vídeo e os enviou ao YouTube por meio de um único aviso de remoção em massa. O juiz observou, aparentemente impressionado, que praticamente todos haviam sido removidos no dia útil seguinte.[15]

Como o YouTube havia cumprido suas obrigações de acordo com a DMCA, a regra da Safe Harbor foi aplicada e o julgamento sumário foi concedido em favor do YouTube. Houve algumas escaramuças posteriores na apelação, mas, em geral, o Google saiu ganhando. As partes acabaram resolvendo o litígio em 2014. Embora os termos do acordo tenham sido confidenciais, a Reuters informou que não houve nenhum pagamento em dinheiro.[16] Para a Viacom e os demais autores da ação, a derrota resultou extremamente cara. Não se sabe quanto eles gastaram com o processo, mas o Google informou que gastou US$ 100 milhões apenas nos três primeiros anos.[17]

Enquanto tudo isso acontecia, o YouTube continuava crescendo rapidamente, com os grandes recursos do Google evitando que ele tivesse que se preocupar com a sustentabilidade de seu modelo de negócios. Como explica o cofundador Chad Hurley, isso contribuiu para sua ascensão meteórica: "Poderíamos ter gasto mais tempo pensando em como monetizar o sistema, mas continuamos a nos concentrar em mais crescimento, mais usuários e uma experiência melhor".[18] Recentemente, em 2016, a empresa ainda estava em déficit, com a CEO Susan Wojcicki dizendo que "ainda estava no modo de investimento" e que "não havia um cronograma" para que ela se tornasse lucrativa.[19]

Pertencer ao Google também ajudou o YouTube de outras formas. Em 2009, algumas estimativas indicavam que o YouTube gastava US$ 350 milhões por ano entregando vídeos aos usuários. Mas Levy relata que o Google "disse aos jornalistas, confidencialmente, que essas estimativas se baseavam no que os *outros* tinham que pagar para movimentar um número tão grande de bits. Com sua supereficiente infraestrutura de nuvem e sua rede privada de fibra ótica, os custos do Google eram menores, muito menores". A empresa notoriamente reservada não estava admitindo quão menores eram, mas a RampRate, "outra empresa familiarizada com custos de infraestrutura", estimou-os em apenas US$ 83 milhões — um quarto do que os demais teriam que pagar.[20] Isso deu ao YouTube outra enorme vantagem sobre os rivais.

Apesar de os tribunais confirmarem que o YouTube não era responsável nos termos da DMCA (e com a própria lei declarando explicitamente que a proteção não estava condicionada a "um provedor de serviços monitorando seu próprio serviço ou buscando afirmativamente fatos que indicassem atividade infratora"), o YouTube continuou investindo em seu sistema automatizado de detecção de violações. Depois de mais de uma década e 100 milhões de dólares, o resultado é um vasto sistema de *compliance* chamado Content ID. Ele funciona da seguinte forma: o YouTube convida os proprietários de conteúdo a enviar cópias de suas obras protegidas por direitos autorais, adiciona-as a um banco de dados e, em seguida, verifica todos os vídeos enviados pelos usuários em contraste com esses uploads antes de permitir que eles sejam publicados no site. (Também continuam verificando sempre que seu banco de dados é atualizado ou o algoritmo é alterado. Os YouTubers relatam que regularmente recebem correspondências de Content ID por conteúdo que publicaram uma década antes).

Quando uma violação aparente é detectada, o detentor dos direitos tem três opções: bloquear o vídeo, rastrear seus dados analíticos ou "monetizar". Se optar pela monetização, esse detentor poderá participar das receitas de anúncios geradas pelo vídeo.[21] O YouTube alega que o Content ID tem 99,5% de sucesso na resolução de reivindicações de conteúdo musical e 98% no caso de demandas envolvendo outras formas de conteúdo, como filmes, TV e jogos.[22]

A filtragem preventiva do YouTube não apenas vai muito além do que a lei atual dos EUA exige (que as plataformas removam "rapidamente" o conteúdo quando souberem que há violação), mas também cria um novo e importante fluxo de receita para criadores e produtores.

Anteriormente, se alguém usasse a música *YMCA* do Village People como trilha de fundo em um vídeo caseiro de bebês brincando em uma piscina inflável, o vídeo estaria sujeito a uma notificação de remoção e seria removido. Com o Content ID, no entanto, ele pode gerar receita para os detentores dos direitos autorais. O Google informou que, a partir de 2017, os detentores de direitos optaram por monetizar mais de 90% das correspondências feitas pelo Content ID, chegando a mais de 95% para usos de música.[23]

Em 2019, o primeiro ano em que divulgou as receitas do YouTube em seus relatórios, o Google obteve receitas de anúncios de mais de US$ 15 bilhões e pagou cerca de US$ 8,5 bilhões a detentores de direitos autorais, incluindo cerca de US$ 3 bilhões a detentores de direitos de música.[24] De acordo com estatísticas publicadas anteriormente, cerca de metade do que o YouTube paga ao setor musical é proveniente dos clipes musicais profissionais que eles mesmos sobem para a plataforma, e a outra metade vem do conteúdo que os usuários sobem.[25] Se essa proporção ainda se mantiver, o YouTube terá pago cerca de US$ 1,5 bilhão em 2019 aos detentores de direitos do setor musical por usos que, sem o Content ID, simplesmente não poderiam ter sido convertidos em dinheiro. Contextualizando, todo o mercado global de música gravada naquele ano foi estimado em US$ 20,2 bilhões, o que coloca a contribuição do conteúdo gerado por usuários hospedado no YouTube em cerca de 7,5% do mercado (com a adição de conteúdo original licenciado contribuindo igualmente).

Apesar disso, o Content ID tem poucos amigos. O rigor com que é programado para detectar violações às vezes leva a falsos positivos. Nem todo uso de material protegido por direitos autorais é proibido pela lei de direitos autorais, e é impossível que um algoritmo descubra se um trecho de uma reportagem, transmissão esportiva ou música é permitido. Pode ser que a quantidade obtida seja insignificante demais para ser infringida ou que seja de domínio público — como é o caso quando os direitos autorais expiram. O presidente da Public.Resource.Org, Carl Malamud, nos disse que eles receberam mais de trezentas ocorrências do Content ID em cerca de seis mil vídeos do governo postados no YouTube que, com exceção de dois, resultaram em falsos positivos. Ao menos em parte devido aos esforços de Malamud, o YouTube acrescentou "é de domínio público" à lista de motivos para contestar uma ocorrência do Content ID.

O uso de material protegido por direitos autorais não implica em infração quando é permitido por lei, por exemplo, quando é *fair use* [uso justo] (nos Estados Unidos) ou *fair dealing* [negociação justa] (na maior parte da Commonwealth). Determinar se um uso é permitido requer um equilíbrio cuidadoso de fatores como a quantidade utilizada, a finalidade (se é uma paródia, uma crítica à política do governo, uma reportagem, a transformação de algo em um novo trabalho criativo) e até que ponto esse uso interfere na comercialização do trabalho original.[26] Mas o Content ID não é capaz de determinar isso e erra ao bloquear vídeos que, para um juiz humano, claramente não estão infringindo direitos autorais. Um músico recebeu *cinco* demandas automatizadas contra seu vídeo de dez horas de ruído branco contínuo — ou seja, um assobio eletrônico genérico não protegido por direitos autorais.[27] Outro usuário teve um vídeo bloqueado apenas porque havia pássaros cantando ao fundo.[28]

Isso dificulta que os criadores de determinados tipos de discurso criativo se beneficiem financeiramente de seu trabalho. Por exemplo, quando especialistas em música e cinema criticam uma mídia no YouTube, os trechos que eles usam podem ser um *fair use* permitido, mas ainda assim são detectados pelo Content ID e têm a oportunidade de monetização oferecida aos detentores dos direitos do conteúdo que estão criticando. Esse sistema é especialmente problemático para intérpretes de música clássica. Eles têm o direito legal de tocar músicas de domínio público, mas quando sobem gravações de si mesmos tocando obras de compositores como Mozart, Mendelssohn e Liszt, o Content ID é acionado porque as grandes gravadoras (principalmente a Sony) subiram suas próprias gravações no banco de dados. O sistema não consegue distinguir entre a nova execução da composição (permitida!) e uma cópia de, por exemplo, uma gravação de propriedade da Sony Music (o que seria uma violação). Logo, ao menos parte do conteúdo monetizado pelos principais detentores de direitos submetido ao Content ID ocorre de forma injusta. A Electronic Frontier Foundation denuncia isso como uma espécie de "Robin Hood" às avessas: "O dinheiro é retirado de artistas independentes que usam partes de material protegido por direitos autorais e colocado nas mãos de grandes empresas de mídia, apesar do fato de que esse dinheiro nunca poderia ser reivindicado no tribunal".[29]

Embora exista um sistema para contestar falsos positivos, ele é tão complicado que até mesmo docentes especializados em leis de direitos autorais têm dificuldade para transitar por ele! Em 2020, a Universidade de Nova York (NYU) fez o upload de um vídeo com musicólogos debatendo o caso do processo judicial envolvendo a música *Blurred Lines* com o objetivo de mostrar aos espectadores de que maneira as provas periciais são construídas em casos de violação de direitos autorais. Para isso, foi necessário reproduzir partes das músicas, e o vídeo foi detectado pelo Content ID. Embora se tratasse de um caso exemplar de *fair use*, esses sofisticados especialistas em direitos autorais tiveram grandes dificuldade em retirar a advertência: "Embora os especialistas em direito de propriedade intelectual da NYU Law [Faculdade de Direito da Universidade de Nova York] estivessem certos de que o vídeo não infringia a lei, acabaram se perdendo no processo bizantino de contestação e apelação das ocorrências do Content ID. Eles não conseguiram descobrir se desafiar o Content ID até o fim e perder resultaria na exclusão do canal". No fim, as ocorrências desapareceram — sem nenhuma explicação! — depois que os professores usaram conexões pessoais para entrar em contato com o YouTube.[30] Como afirmaria um engenheiro, "resolver um problema entrando em contato pessoalmente com executivos de alto nível do YouTube não é uma solução que possa ser ampliada". Certamente não é uma opção aberta à grande maioria dos criadores forçados a depender desse sistema.

Se um criador se opuser à demanda por monetização de um detentor de direitos (por exemplo, porque tem certeza de que seu uso é permitido por lei), isso pode ser convertido em um aviso oficial da DMCA e, em seguida, em uma advertência por direitos autorais de acordo com a política do YouTube. Três advertências em noventa dias resultarão no encerramento da conta do criador e na exclusão de todos seus vídeos — o que torna esse território perigoso para aqueles que são regularmente denunciados injustamente, como os intérpretes de música clássica e críticos de música e cinema. Embora os falsos positivos sejam irritantes para as grandes gravadoras e estúdios de cinema, que têm gerentes de conta exclusivos no YouTube para resolver esses contratempos, eles tornam-se uma séria ameaça para aqueles que não têm acesso a esse serviço de primeira linha. Para muitos criadores, pode implicar a perda do seu "ganha-pão", já que o predomínio do YouTube faz com que não haja praticamente nenhum outro lugar para eles trabalharem. Isso transforma a contestação de falsos positivos em uma perspectiva tão assustadora que nem mesmo os professores de direito da NYU tiveram confiança o suficiente para arriscar-se nela.

Mesmo os grandes detentores de direitos, que são os que mais se beneficiam com o sistema, não são fãs incondicionais. O Content ID tem extremo êxito na identificação de vídeos infratores, permitindo que os detentores de direitos impeçam sua exibição no site. Mas isso também significa perder a visibilidade e a receita provenientes da monetização — e, como o YouTube controla quase todos os olhos no universo do *streaming* de vídeo, parece não haver outro lugar que ofereça um negócio melhor. Isso força a mão deles, fazendo com que concordem em licenciar seu conteúdo, mesmo que as taxas oferecidas pelo YouTube sejam muito mais baixas se comparadas às que acreditam que obteriam em um mercado concorrencial. Em outras palavras, os detentores de direitos autorais acabam concordando relutantemente com termos ruins porque é melhor ter suas músicas divulgadas e ganhar *algum* dinheiro do que nenhum. Você reconhece essa história? Claro que sim, porque é exatamente o mesmo motivo pelo qual os artistas assinaram aqueles contratos terríveis com as gravadoras quando também não tinham outra opção!

O predomínio do YouTube também confere à empresa um poder descomunal para moldar a cultura. Quando um vídeo termina de ser reproduzido, o algoritmo do YouTube exibe os que vêm na sequência. Isso faz com que a invisibilidade algorítmica seja o maior risco para os criadores, grandes e pequenos:

quando o YouTube não reproduz automaticamente o conteúdo deles para os espectadores interessados, é muito difícil criar e manter uma base de inscritos de qualquer escala.

O funcionamento interno do algoritmo de recomendação do YouTube é guardado a sete chaves, o que levou ao surgimento de um enorme setor de especialistas autoproclamados que insistem que só eles sabem o segredo para chamar a atenção para o seu conteúdo.[31] Mas não sabem. Ninguém, além do YouTube, sabe. Para os criadores de conteúdo, esse algoritmo decide se eles afundam ou prosperam. "Há muitas pessoas que deixaram o emprego de tempo integral porque estavam se saindo bem o suficiente para se sustentar", disse a comediante e musicista britânica Emma Blackery ao *The Guardian*. "Então, o algoritmo muda e, de repente, elas não conseguem mais se sustentar".[32]

A especialista em plataformas de mídia social Sophie Bishop diz que isso "evidencia a precariedade da construção de uma carreira dependente de plataformas". O modelo de negócios do YouTube é baseado em publicidade, o que, segundo Bishop, faz com que seu algoritmo priorize o conteúdo que atrai dados demográficos mais lucrativos: "A otimização ensina aos criadores de conteúdo como se encaixar nos contornos da visibilidade no YouTube, que, por sua vez, é informada pelos desejos dos anunciantes e suas estratégias organizacionais".[33] O algoritmo do YouTube molda a criatividade: "Os tópicos discutidos nos vídeos, os gêneros envolvidos, a duração dos vídeos, os títulos utilizados, o design das miniaturas dos vídeos e a organização do discurso".[34] Ser escravo do algoritmo tem um custo real, de acordo com a etnógrafa digital Zoë Glatt: "Os criadores são incentivados a adotar uma abordagem de quantidade em detrimento da qualidade se quiserem obter sucesso no YouTube. Isso, combinado com a falta de clareza sobre qual conteúdo exatamente o YouTube irá promover e o que pode ser desmonetizado, leva a uma vida profissional extremamente precária e estressante para os criadores".[35]

Os que não estão satisfeitos com o sistema não têm para onde ir. Até aproximadamente 2015, muitos blogueiros de vídeo ganhavam a vida com êxito no Blip TV, "uma alternativa ao YouTube mais voltada para a comunidade". Embora tenha sido fundado no mesmo ano que o YouTube e, em determinado momento, poderia orgulhar-se de ter quase um milhão de editores de vídeo, "foi rapidamente eclipsado pelo YouTube, que tinha muito mais recursos à disposição depois de ter sido adquirido pelo Google". O Blip foi comprado pela Maker Studios em 2013 com o objetivo de competir com o YouTube. Mas a Maker foi adquirida pela Disney, que prontamente fechou a plataforma, incentivando os criadores do Blip a monetizar seus canais no YouTube.[36] O Imeem foi fechado de forma semelhante em 2009, após ser adquirido pelo MySpace da News Corporation, assim como o Vessel, quando foi comprado pela Verizon. Em cada um desses casos, empresas enormes fecharam o acesso a opções alternativas para os criadores de conteúdo. Inúmeras outras plataformas de vídeo simplesmente fracassaram, incapazes de competir com os recursos e o alcance do YouTube, até chegarmos ao ponto em que o YouTube é efetivamente o único *player* disponível atualmente.

Os principais detentores de direitos autorais atribuem a culpa pelo atual domínio do YouTube diretamente às Safe Harbor da DMCA. Se o YouTube tivesse que licenciar obras protegidas por direitos autorais desde o início, afirmam, os detentores de direitos teriam conseguido negociar taxas de licenciamento mais altas. Isso ignora o fato de que mesmo o Google Video, com todo o poder do gigante das buscas por trás, não conseguiu obter as licenças de conteúdo necessárias para criar um serviço atraente. Em contrapartida, eles afirmam que as Safe Harbor ajudaram o YouTube a conquistar os espectadores necessários para se tornar o gigante que é hoje. Isso é mais convincente, embora todas as outras plataformas de hospedagem, incluindo o Vimeo (fundado alguns meses antes do YouTube) e todas as plataformas de curta duração que surgiram e desapareceram antes e depois disso também tenham se beneficiado dessas proteções. O que é estranho nesse argumento é que ele ignora o fato de que o monitoramento automático de violações do YouTube vai muito além de suas obrigações nos termos da DMCA e está em vigor desde o início da existência do site. Não é possível explicar o *flywheel* anticoncorrencial do YouTube por meio das Safe Harbor da DMCA.

O predomínio do YouTube começou por meio de efeitos de rede. O valor de sua rede aumentava à medida que mais pessoas se juntavam a ela: quanto mais vídeos eram postados, mais atraente o site se tornava para os espectadores, e mais vídeos eram postados, e assim por diante. Isso foi continuamente reforçado pela autopreferência do Google — que usa sua supremacia na busca para direcionar os usuários para o YouTube em vez de plataformas alternativas.[37] Além disso, não precisou ser tão conciliador com os detentores de direitos como teria sido se seu monolítico proprietário não tivesse US$ 100 milhões para financiar a defesa de litígios por violação. Além disso, fundamentalmente, a empresa se beneficiou das economias de escala mágicas decorrentes do fato de ser parte do Google, o que fez com que seus custos ficassem muito abaixo do que um proprietário menor teria que pagar. Também usufruiu da liberdade de crescer sem ter que se preocupar com o lucro final — algo que não seria possível se não fosse subsidiada por outras fontes. Esses são fatores que o padrão de bem-estar do consumidor adora — eficiência! Preços baixos (nesse caso, zero) para os consumidores! Mas foi exatamente isso que levou ao âmago das reclamações de criadores e detentores de direitos contra o YouTube: sua capacidade de extorquir esses detentores de direitos e os criadores de conteúdo.

Em 2021, o YouTube quase dobrou sua receita de 2019, para US$ 28,8 bilhões.[38] Estima-se que pague 55% aos criadores de conteúdo e, embora não saibamos qual é o custo operacional, fica claro que está se tornando *extremamente* lucrativo. A empresa de pesquisa de mercado comercial YouGov informa que, em 2020, o YouTube (gratuito ou pago) foi o serviço de música mais popular nos EUA, na França e na Índia, e o segundo (depois do Spotify) no Reino Unido.[39] No entanto, o YouTube paga substancialmente menos em royalties do que as plataformas de *streaming* concorrentes, como o Spotify e os catálogos de música da Amazon e da Apple. As principais gravadoras chamam a diferença entre o que o YouTube extrai da música e a quantia que vai para os artistas e investidores de "lacuna de valor" e a descrevem como "a maior ameaça à sustentabilidade futura do setor musical".[40] Da mesma forma que essas empresas extraem riquezas extraordinárias de artistas e produtores independentes, o YouTube faz o mesmo com elas.

Há outras semelhanças entre as brigas das gravadoras com o YouTube e as brigas dos artistas com as gravadoras. Da mesma forma que os artistas se opõem à falta de transparência em relação a suas vendas e royalties, as gravadoras acusam o YouTube de ofuscar a quantidade de música que é realmente reproduzida via YouTube, quanto é pago e como decidem as taxas.[41] O YouTube não informa publicamente sobre essas questões, mas parece que é feito todo tipo de acordo diferente: em 2018, por exemplo, uma empresa de marketing de influenciadores relatou que trabalhava com clientes que recebiam de US$ 0,35 por mil visualizações até US$ 5 pela mesma quantidade.[42] O Google alega que suas taxas de música são mais altas do que o plano com anúncios do Spotify,[43] mas, sem transparência, não há como verificar essa alegação — e para os criadores e detentores de direitos não há como usar os pagamentos feitos a outros como alavanca para aumentar os próprios.

Em outras palavras, o YouTube age exatamente como todos os compradores poderosos que analisamos: usa seu poder para evitar a transparência e reduzir os valores a serem pagos a fornecedores e trabalhadores. A "lacuna de valor" não é causada por leis Safe Harbor. Ela é causada por um comprador excessivamente poderoso que está extorquindo a indústria fonográfica *porque seu predomínio lhe permite fazê-lo.*

INCORPORANDO OS GARGALOS ANTICOMPETITIVOS

Em 2021, o domínio do YouTube era inquestionável. Com quase dois bilhões de usuários globais, a empresa tinha, de longe, o maior público e a maior cobertura de qualquer site de vídeo online, e era o segundo site global mais visitado, atrás apenas do próprio Google.[44] Os criadores fazem upload de seus vídeos para o YouTube porque é lá que os espectadores estão, e isso, por sua vez, faz com que esses espectadores continuem chegando. Hoje, a plataforma hospeda literalmente bilhões de vídeos, o que a torna a primeira escolha natural para quem procura vídeos de música, tutoriais sobre como fazer molho *hollandaise* ou os últimos destaques do futebol. Esse é um fosso de dados profundo: será difícil para um concorrente criar uma biblioteca que se iguale a ele.

Dito isso, no entanto, o YouTube não está imune à concorrência. Ele não tem os criadores de conteúdo tão aprisionados quanto a Amazon e a Apple, por exemplo. Isso fica evidente na popularidade do TikTok, baixado mais de três bilhões de vezes em seus primeiros anos online.

Se o YouTube for longe demais na exploração dos indivíduos e das empresas que fornecem seu conteúdo, eles podem levar isso para outro lugar. A plataforma do YouTube oferece aos *streamers* mais populares a capacidade de se comunicar com dezenas de milhões de assinantes — incluindo fãs leais dispostos a evangelizar em seu nome. Se os YouTubers mais populares decidissem fazer uma mudança coordenada para alguma nova plataforma rival, uma que prometesse termos mais favoráveis aos criadores (e prometesse não radicalizar seus filhos), elem teriam uma enorme vantagem. E, considerando os enormes lucros que o YouTube parece estar gerando para a sede corporativa, os aspirantes a rivais sem dúvida já estão planejando fazer isso.

O Google sabe que a concorrência de novas plataformas é um risco real para seus resultados financeiros. Se quiser evitar que o YouTube se transforme em outro MySpace, a empresa precisa de fortificações mais fortes — daquelas que aprisionam os clientes e impedem a entrada de concorrentes. *É exatamente isso* o que Warren Buffett procura quando se refere a "castelos econômicos protegidos por fossos intransponíveis".[45]

Com a ajuda da União Europeia, o Google pode ter encontrado seu melhor fosso até o momento. O presidente-executivo do Facebook, Mark Zuckerberg, observou certa vez que "é melhor comprar do que concorrer".[46] As grandes empresas sabem também que é melhor cumprir uma regulamentação cara do que concorrer. Embora elas prefiram, naturalmente, o poder sem responsabilidade, o poder *com* responsabilidade pode ser igualmente bom.

A Bell Telephone Company tinha o direito de ir até a sua casa, inspecionar o dispositivo que você havia conectado à sua linha telefônica e, se o dispositivo fosse de um concorrente e você se recusasse a removê-lo, ela poderia cortar o serviço.[47] Isso permitiu que a empresa transformasse o direito que lhe foi concedido pelo Estado de regular a concessionária de telefonia em um direito respaldado pelo Estado de controlar a concorrência. Não importava se o produto da empresa rival era melhor: o fosso da Bell, garantido por lei, não poderia ser removido pela concorrência.

A Amazon e a Apple seguem a mesma cartilha quando usam leis anticircunvenção para enfraquecer a capacidade dos proprietários de direitos autorais de criar concorrência em relação a e-books e audiolivros. Esses *locks* digitais são fossos que também não podem ser eliminados pela concorrência.

Tudo isso remete ao paradoxo a que aludimos anteriormente: embora se espere que os mercados se arrisquem e que as empresas sejam disciplinadas pelo medo de uma mudança na ordem, a realidade é que elas dedicam esforços com o intuito de limitar esse risco. É por isso que, assim que uma corporação consegue criar um gargalo anticompetitivo, ela tenta torná-lo permanente. Em vez de tentar manter o predomínio fabricando os melhores produtos, as empresas o fazem aprisionando fornecedores e funcionários, eliminando ou se fundindo com rivais, e tornando seus mercados o mais inóspitos possível para novos participantes.

Regulamentações caras são instrumentos excepcionalmente úteis para fazer isso. Os custos de *compliance* podem reduzir em algumas centenas de milhões de dólares os ganhos trimestrais de uma grande empresa, mas, em troca, ela poderá ver seus rivais com menos recursos serem eliminados pelo peso da regulamentação. E, o que é mais importante, as gigantes obtêm uma nova barreira que torna muito menos atraente a entrada de qualquer outra empresa em seu mercado. Em um mundo em que o valor de curto prazo para o acionista é prioridade, essa é uma opção muito mais atraente do que realmente fabricar produtos excelentes de forma a respeitar funcionários e fornecedores. Esse é um dos motivos para sermos cuidadosos com a forma como controlamos o poder excessivo das corporações. Se as ferramentas que usamos tornam a operação tão cara que apenas as maiores empresas podem se dar ao luxo de participar do jogo, acabaremos incorporando gargalos anticompetitivos.

Houve um forte indício disso quando a União Europeia aprovou o General Data Protection Regulation [Regulamento Geral de Proteção de Dados] (GDPR) em 2016. Essa legislação bem-intencionada buscava solucionar as invasões de privacidade online que haviam se tornado endêmicas à medida que a internet se transformava em uma máquina de anúncios alimentada por vigilância. Infelizmente, algumas de suas regras eram tão caras de se cumprir que somente as maiores empresas conseguiam fazê-lo. Isso eliminou a maioria das empresas locais de tecnologia de publicidade da UE, entregando sua participação no mercado ao Facebook e ao Google. Também proporcionou a elas receitas extras para pagar pela *compliance* que supostamente deveria controlá-las e dificultou muito mais a concorrência de novas empresas com modelos de negócios que respeitam a privacidade. O GDPR oferece muitos benefícios aos cidadãos, mas essas consequências não intencionais prejudicam mais do que ajudam. O erro fatal foi regulamentar o rastreamento invasivo, em vez de proibi-lo completamente. O resultado é que o rastreamento continua, mas a um custo operacional tão alto que somente as maiores empresas têm condições de participar.

O Artigo 17 da Diretiva de Direitos Autorais de 2019 da União Europeia fará ainda mais para consolidar as plataformas estabelecidas, como o YouTube, que controlam os gargalos anticompetitivos do mercado cultural. Ele exige que os países da UE aprovem leis que eliminem as Safe Harbor e imponham responsabilidade a quase todas as plataformas comerciais que hospedam conteúdo gerado pelo usuário (a lei tem umas poucas exceções para organizações mais novas e menores). Mas os serviços online podem ser isentos de responsabilidade se puderem demonstrar que tentaram "seu melhor" para evitar a disponibilidade e o futuro upload de obras que estejam infringindo a lei. Em outras palavras, os maiores incumbentes — aqueles com acordos de licenciamento e capacidade de filtrar o conteúdo de upload em busca de infrações (como o YouTube!) — são os que menos têm a temer com essa nova regulamentação.

Essas novas obrigações exigem que as plataformas monitorem seus usuários — uma atividade que é inequivocamente proibida pelo GDPR. E, ao mesmo tempo, impõem penalidades severas se errarem por excesso de cautela ao remover manifestações de livre expressão. Para atender a esses requisitos concorrentes, será necessário um exército inimaginavelmente caro de moderadores ou uma tecnologia de filtragem absurdamente cara, o que levará à falência todas as plataformas tecnológicas, exceto as maiores. Esse não é apenas um caso de regulamentação adicional que impõe um ônus maior a entidades com menos recursos. É pior: essa lei efetivamente fortalece as plataformas mais poderosas acima de todas as outras.

As grandes gravadoras pressionaram por essa lei mesmo assim, apostando que as novas obrigações do YouTube nos termos do Artigo 17 lhes dariam a vantagem necessária para negociar taxas mais altas. Mas a lei da UE trata apenas dos sintomas do problema (as gravadoras sendo pressionadas), não de sua causa (que o poder excessivo do YouTube permite que ele as pressione).

Não há dúvida de que a nova regulamentação será ruim para os usuários, especialmente para os usuários de criação. O Artigo 17 acabou sendo emendado para prever exceções relativas a itens como citações, paródias, críticas e resenhas, mas, como vimos, mesmo os sistemas de filtragem automatizados mais caros não conseguem distinguir entre usos ilícitos e paródias, críticas e novas obras transformadoras. E alguns países europeus têm sido criticados por não implementarem adequadamente essas salvaguardas em suas leis nacionais.[48]

Mas esse desenrolar será mais prejudicial para aqueles que buscam criar plataformas alternativas de *streaming* que possam competir com o YouTube. O investimento de mais de US$ 100 milhões do Google no Content ID dá a ele um fosso adicional de capital que precisará ser igualado por qualquer empresa que busque desafiar seu predomínio. Assim, além de seus efeitos de rede, autopreferência e vantagem de dados, a nova regulamentação aumenta enormemente os custos de entrada no mercado. Isso forçará os participantes menores a se retirarem e impedirá a entrada de novos participantes, deixando os criadores com menos e mais poderosos compradores para seu trabalho. Em vez de frear o *flywheel* anticoncorrencial do YouTube, essa intervenção promete acelerá-lo.

O Google sabe disso, e é por isso que voltou atrás em sua oposição original à proposta da União Europeia. Em uma opinião publicada no *Financial Times*, a CEO do YouTube, Susan Wojcicki, enalteceu o Content ID como "a melhor solução" para o gerenciamento de direitos globais e pediu que a UE desenvolva soluções semelhantes baseadas em tecnologia.[49]

A esta altura, a indústria cultural já deve ter percebido que, se é bom para o Google, provavelmente não é bom para ela. A jogada do Google é óbvia: ser o único que pode se dar ao luxo de participar no mercado de conteúdo de vídeos postados por usuários. Essa perspectiva muito real foi reconhecida no relatório de 2021, *Economics of Streaming* [Economia do *Streaming*], elaborado pelo Parlamento do Reino Unido, que expressou a preocupação de que "o YouTube, como entidade existente e dominante, continue a operar como atualmente, e os novos participantes que possam competir pela participação de mercado do YouTube enfrentem crescentes barreiras desproporcionais à entrada".[50]

Há excelentes motivos para nos mobilizarmos contra as Big Techs. Elas estão transformando a internet em uma máquina de vigilância, enfraquecendo as democracias, radicalizando nossas famílias e amigos e colocando as comunidades umas contra as outras — tudo isso para gerar alguns dólares a mais para acionistas que já têm mais do que o suficiente. Mas a reação contra as Big Techs se concentra demais no aspecto tecnológico, e não o suficiente em seu tamanho. Interpretar erroneamente a origem do perigo pode, na verdade, piorá-lo. Se você acha que o Google é ruim agora, imagine o que ele se tornará se continuarmos criando regras que tornem praticamente impossível o surgimento de alternativas.

PARTE 2

FREANDO OS FLYWHEELS ANTICONCORRENCIAIS

CAPÍTULO 12

IDEIAS SOLTAS POR AÍ

Dizem aos profissionais do setor de criação que seus problemas serão resolvidos com mais direitos autorais, com *locks* digitais mais fortes ou com filtragem da internet. Mas, como mostramos na primeira metade deste livro, a verdadeira razão pela qual eles ganham tão pouco com a cultura que produzem é que as cadeias de abastecimento mais lucrativas foram colonizadas por corporações poderosas que usam seu controle sobre os gargalos anticompetitivos para cooptar a maior parte de seu valor.

Mostramos como as empresas se fortalecem contra a concorrência agregando direitos autorais em escala industrial e tirando proveito dos efeitos de rede, labirintos de licenciamento, captura regulatória, integração horizontal e vertical e autopreferência. Tudo isso mantém os concorrentes afastados e permite que os intermediários abram caminho entre o público e os produtores culturais para capturar uma parcela cada vez maior do dinheiro que flui de um para o outro.

Embora os *flywheels* anticoncorrenciais variem de acordo com o setor, cada capitalista anticompetitivo procura fazer a mesma coisa: fazer *lock-in* de usuários e de fornecedores, tornar os mercados hostis a novos participantes e, por fim, usar a falta de escolha para forçar os trabalhadores e fornecedores a aceitar preços insustentavelmente baixos. Foi exatamente isso que descrevemos com nosso *flywheel* anticoncorrencial no início deste livro.

O *lock-in* de usuários geralmente começa com efeitos de rede — aquele fenômeno pelo qual o valor que um usuário obtém de um serviço aumenta com cada usuário adicional. Mas as empresas dominantes tentam converter essas vantagens temporárias em fossos mais duradouros. O Spotify amarra artistas e gravadoras à sua plataforma ao treinar os ouvintes para que terceirizem as decisões sobre o que devem ouvir. A Amazon faz isso acorrentando livros com *locks* digitais cuja remoção é ilegal e persuadindo-o a comprar um ano de frete antecipadamente. As gravadoras fazem com os ouvintes exigindo que seus artistas assinem contratos de um século de duração: ao contrário do que ocorre com o café, que pode ser trocado por uma marca *fair trade*, não há outra fonte para essa música. Os fabricantes de telefones celulares fazem o dos clientes controlando onde eles podem obter os aplicativos. O Facebook e o Google fazem isso com os editores de notícias, controlando todos os lados do mercado de anúncios, assim como a Live Nation faz com o mercado de música ao vivo. E o Google usa seu mecanismo de busca para direcionar os usuários para o YouTube, em vez de para plataformas de vídeo concorrentes, e subsidia suas operações para que seja cada vez mais difícil para qualquer outra empresa competir.

Quanto mais usuários ou clientes uma empresa conseguir manter em , mais poder ela terá sobre os fornecedores. Os produtores do setor de criação — sejam eles editores de livros, jornais, gravadoras, roteiristas ou desenvolvedores de jogos — só sobreviverão se conseguirem atingir as pessoas interessadas nos produtos e serviços que oferecem. É por isso que, depois que a Amazon conquistou o mercado de e-books ao manter seus leitores presos ao Kindle, as editoras não tiveram outra opção a não ser continuar fornecendo livros a ela, mesmo estando convencidas de que esse modelo de preços levaria a indústria à beira do abismo. Em um mundo em que não houvesse proibições legais para contornar o DRM, elas poderiam ter criado sua própria loja de e-books, oferecido incentivos aos leitores para migrarem e disponibilizado um software que permitisse remover o DRM dos livros já comprados, possibilitando assim a conversão de suas bibliotecas. As próprias cláusulas anticircunvenção que serviriam para proteger seus interesses foram cooptadas pela Amazon para tirar-lhes o poder de agir.

Todos querem um poder semelhante ao da Amazon. É por isso que as quatro grandes agências de talentos reorganizaram Hollywood de modo que roteiristas, diretores e atores fossem vendidos aos estúdios como um pacote, e não individualmente. Essa mudança fez com que as agências se tornassem essenciais para fechar a maioria dos contratos e as colocou na posição de extrair uma fatia cada vez maior do lucro.

É também por isso que o Spotify está investindo tanto na cultura de *playlists*. Seu caminho mais promissor para enriquecer é treinar os assinantes a delegar o trabalho de decidir o que ouvem. Caso consiga fazer isso, será a empresa que decidirá quais músicos, compositores e criadores de *podcasts* serão ouvidos. À medida que seu poder de fazer isso aumenta, também aumentará o pedágio que poderá cobrar em troca. Essa força já está sendo exercida para reduzir os royalties de artistas e gravadoras desesperados.

Usuários e fornecedores não permaneceriam em *lock-in* se alguém novo simplesmente aparecesse com um negócio melhor e começasse a tirá-los de lá. É por isso que as empresas dominantes dedicam parte de suas receitas a tornar seus mercados hostis a novos *players*. Elas adoram aumentar os custos de migração, como quando a Amazon impossibilita que os clientes levem seus livros comprados para outro fornecedor, ou quando as gravadoras prendem os artistas em contratos inexoráveis. Se todos estiverem aprisionados, um produto ou um acordo melhor não será suficiente para conquistá-los.

Como vimos, a regulamentação também pode atuar como uma ferramenta para fortalecer os participantes dominantes. Considere o *streaming* de música, por exemplo. As regras globais de licenciamento de música são extremamente complexas — o tipo de complexidade que nos faz arrancar os cabelos.

Isso faz com que a entrada nos mercados de *streaming* seja incrivelmente cara, afastando um grande número de pessoas talentosas, apaixonadas e idealistas que realmente querem fazer algo para que o setor musical funcione melhor para criadores e produtores.

Mas isso não incomoda particularmente os maiores *players* — os Spotifys, Apples, Googles e Amazons do mundo. Sem dúvida, isso desacelera o ritmo em que podem inovar, mas também funciona como um poderoso fosso para impedir a entrada de novos *players*. Para eles, é mais barato pagar os custos decorrentes desse sistema insanamente complexo do que ter de concorrer de fato. O mesmo acontece quando o GDPR força as empresas menores de tecnologia de publicidade a saírem do mercado, ou quando o mandato de filtro de internet da União Europeia praticamente garante que o YouTube continuará seu reinado sobre as transmissões de vídeo. A regulamentação pode ser uma boa amiga das corporações poderosas, perdendo apenas para a captura regulatória — como ocorre quando as grandes rádios nos EUA usam sua influência comprada para evitar serem obrigadas a pagar aos artistas.

E, é claro, se tudo isso não for suficiente e um novo *player* entrar, de alguma forma, em sua *kill zone*, esses gigantes sabem exatamente o que fazer. Os investidores de risco também sabem disso, o que os torna cautelosos sobre onde investir e, portanto, dificulta ainda mais a entrada de novos concorrentes. Tudo isso explica por que os lucros supracompetitivos (como os do Google com o YouTube) não são suficientes para atrair novos participantes, como a Escola de Chicago ainda insiste que se faça.

Isso mostra que simplesmente culpar as Big Techs pela falência dos trabalhadores da cultura é uma abordagem muito limitada. *Todas* as grandes empresas com poder excessivo o utilizam para desviar o máximo de valor para os acionistas e executivos: o problema são os gargalos anticompetitivos. Se realmente quisermos fazer a diferença em relação a quanto vai parar nos bolsos dos criadores, esse é o nosso alvo.

PROBLEMAS SISTÊMICOS PRECISAM DE SOLUÇÕES SISTÊMICAS

Nos últimos quarenta anos, a regulamentação tem entrado em declínio como forma de corrigir comportamentos corporativos problemáticos. Em vez de nos enxergarmos como *cidadãos* que merecem ter voz ativa na forma como a sociedade é estruturada, fomos instados a olhar para nós mesmos como *consumidores*, uma espécie de carteira ambulante cuja influência na sociedade se estende apenas a uma série de decisões do tipo comprar/não comprar.

A história do movimento pelos direitos do consumidor não se resume a neutralizar o poder do público — em seus primórdios, quando os mercados eram mais competitivos, os boicotes e a má publicidade podiam levar uma empresa a mudar seus hábitos. Mas a promessa inicial dos "direitos do consumidor" tornou-se vazia quando as indústrias começaram a se consolidar. Em vez disso, o consumismo tornou-se uma forma de transferir a culpa pelos danos causados por grandes empresas lucrativas para seus clientes: se você não gosta das mudanças climáticas, livre-se do seu carro! (O que teria sido ótimo se o setor automobilístico monopolizado não tivesse usado seus lucros excessivos para fazer lobby contra o transporte público). Se estiver preocupado com aterros sanitários, basta mudar para uma marca que use embalagens recicláveis (não importa que ambas as marcas sejam de propriedade de uma das três grandes empresas, que simplesmente cobram um adicional pela alternativa "verde" enquanto continuam a fabricar a versão com alto teor de resíduos).

Quando o sistema está funcionando — quando as empresas estão competindo por fornecedores e por clientes — as escolhas individuais realmente podem fazer a diferença. Porém, uma vez que o sistema é destruído, as escolhas individuais deixam de ser importantes para os resultados financeiros das empresas. Agora que a Apple e o Google controlam completamente o mercado de aplicativos móveis, é praticamente *impossível* decidir ir para outro lugar e ainda participar da nossa sociedade online. Estamos chegando ao mesmo ponto com a Amazon para e-books e audiolivros, com a Live Nation para grandes shows e venda de ingressos, com o Spotify para *streaming* — e assim por diante, *ad infinitum*.

Não é possível resolver problemas sistêmicos apenas com ações individuais. Suas decisões individuais de compra, os serviços nos quais você cria ou não cria contas, se faz reciclagem e se vai de carro ou de ônibus não fazem quase nenhuma diferença em termos de impacto social. Se quisermos mudar o mundo, teremos que consertar o sistema. Precisamos de soluções sociais. Soluções políticas. A ação individual mais importante que você pode tomar é participar de um *movimento*. E o que precisamos agora é de um movimento contra o capitalismo anticompetitivo — um movimento que encontre novas ferramentas para cortar as raízes do poder monopolista e monopsonista.

A ANTITRUSTE É VITAL – MAS SOZINHA NÃO NOS SALVA

Nossos antepassados mais recentes praticavam a arte perdida de manter uma sociedade pluralista, na qual os monopólios eram proibidos *porque eram monopólios*, não porque poderiam aumentar os preços. Robert Bork e a turma de Chicago nos forçaram a esquecer, destruindo nossa capacidade de controlar o poder corporativo.

Foi um truque de tirar o fôlego: convencer-nos de que os monopolistas são bons, os reguladores são ruins e que os mercados asfixiados são "livres". Há quarenta anos, vivemos na terra do avesso da Escola de Chicago, onde a ganância é boa e os mercados em forma de ampulheta beneficiam a todos.

Ao concentrar a aplicação da lei nos "danos ao consumidor", o antitruste borkiano isenta deliberadamente de consideração os danos aos demais: os danos aos trabalhadores, aos fornecedores e ao meio ambiente estão todos mais ou menos fora do escopo. E como os danos ao consumidor são calculados com modelos econômicos incrivelmente complexos (e funcionalmente inúteis) que só podem ser criados e interpretados por especialistas em um ramo restrito (e funcionalmente inútil) da matemática, todos nós fomos excluídos do debate sobre concentração de mercado e poder corporativo por quarenta anos.

Assim, isolado das críticas externas ou da necessidade de formular políticas que façam contato, mesmo que de relance, com a realidade, o *establishment* antitruste criou uma série de regras e leis que empilharam concentrações em cima de concentrações, uma máquina que se "autoalimenta" e cujo ciclo de *feedback* positivo acelerou tanto o motor que tudo está prestes a explodir.

Mas depois de gerações de negligência — a antitruste nem sequer foi *mencionada* na plataforma do Partido Democrata entre 1992 e 2016 — agora ela voltou à pauta.[1] Os cidadãos estão dando o alerta sobre como as pessoas e as corporações mais ricas estão bloqueando as respostas aos problemas mais urgentes da sociedade, incluindo mudanças climáticas, brutalidade policial, desigualdade de riqueza, democracia enfraquecida e captura regulatória. O padrão de "bem-estar do consumidor" da Escola de Chicago está sendo cada vez mais questionado, principalmente pelos novos Brandeisianos, que argumentam de forma convincente que os principais estatutos antitruste dos Estados Unidos sempre tiveram a intenção de abordar os perigos mais amplos do poder excessivo do mercado — não apenas seus efeitos sobre o consumidor.[2]

Estamos ficando melhores em reconhecer que a lei antitruste pode, na verdade, prejudicar os *players* menores nas negociações com os maiores, como quando proíbe que empresas ou trabalhadores atomizados se unam em prol de seus interesses comuns. Além disso, conseguimos ver como ela está efetivamente impulsionando a concentração corporativa: quando você age em conjunto com rivais, isso o torna um cartel ilegal, mas se você *compra* seus rivais, pode fazer o que quiser.

Os órgãos reguladores também estão começando a adotar uma abordagem mais prática. Pela primeira vez, o Congresso dos Estados Unidos começou a investigar seriamente o domínio das Big Techs, especialmente seu poder sobre os fornecedores. Embora as aquisições do Instagram e do WhatsApp pelo Facebook tenham sido aprovadas pelo Departamento de Justiça, em 2020, a Comissão Federal de Comércio e mais de quarenta estados americanos tomaram medidas para contestá-las. Na União Europeia, os órgãos reguladores estão ocupados com várias investigações sobre aparentes violações da lei de concorrência, incluindo a Apple em relação à sua loja de aplicativos e a Amazon em relação à autopreferência.[3]

O governo Biden rompeu com décadas de consenso antitruste e parece estar pronto para reverter a maré. Três nomeações importantes — Lina Khan como presidente da FTC, Tim Wu como assistente especial do presidente para tecnologia e política de concorrência e Jonathan Kanter como chefe antitruste do Departamento de Justiça — incorporam o aforismo político de que "recursos humanos são política". Os três defendem o retorno a uma forma mais robusta e intervencionista de aplicação da lei antitruste.

Em julho de 2021, o governo Biden publicou uma ordem executiva inovadora de setenta e duas partes sobre antitruste, estabelecendo medidas altamente específicas que os órgãos administrativos dos EUA poderão adotar imediatamente, sem qualquer ação adicional do Congresso. Essas setenta e duas políticas abrangem desde os frigoríficos até as Big Techs. Além disso, o memorando rejeitou explicitamente a estrutura de "bem-estar do consumidor" para a aplicação da lei antitruste e prometeu um conjunto muito mais amplo de ações antitruste que leve em conta os interesses dos trabalhadores, dos fornecedores e do público.

No entanto, os chefes dos órgãos envolvidos no memorando não estão sob as ordens do presidente: são nominalmente independentes, e o decreto executivo só importa na medida em que os chefes dos órgãos optam por seguir as ordens que lhes são dadas. Em questão de horas, muitos desses chefes de órgãos emitiram declarações públicas prometendo fazer exatamente isso.

Os sucessos continuam chegando. Em setembro de 2021, a FTC descartou as diretrizes de "fusão vertical" do governo Trump — as regras que determinam quando é permitido a uma empresa fazer aquisições de empresas que concorrem com seus fornecedores. As diretrizes de 2020 foram um desastre trumpiano, mas não eram muito diferentes das diretrizes que substituíram. Felizmente, a FTC também não está voltando à versão anterior — em vez disso, está reconsiderando toda a questão com o objetivo de evitar gargalos anticompetitivos. Todos esses desenvolvimentos são bem-vindos e a lei antitruste certamente desempenhará um papel importante para nos tirar da confusão em que nos encontramos. Porém, por si só, não poderá nos salvar. Em parte, isso se deve ao fato de suas soluções serem muito limitadas, principalmente quando se trata de abordar o problema insidioso dos compradores excessivamente poderosos.

As medidas antitruste se baseiam principalmente em dois tipos de remédios: "estrutural" e de "conduta". Os remédios de conduta tratam da mudança de *comportamento*. Um exemplo é quando a Live Nation foi legalmente forçada a jurar de pés juntos que não usaria seu poder sobre eventos para aumentar seu predomínio na venda de ingressos.

O especialista em antitruste Peter Carstensen afirma que os remédios de conduta são particularmente limitados quando se trata de lidar com monopsônios. Em um sistema capitalista, a liberdade de definir as condições de uma compra é fundamental para o processo concorrencial, e isso, em primeiro lugar, torna "difícil construir regras significativas que abordem a conduta abusiva de exploração dos fornecedores pelos compradores".[4] E, mesmo quando o abuso do comprador é indiscutivelmente comprovado, os órgãos reguladores antitruste lutam para descobrir como podem proteger os fornecedores sem distorcer ainda mais o mercado.[5] As tentativas de fazer isso podem, na verdade, aumentar as barreiras à entrada, tornando os mercados ainda menos competitivos. E, mesmo que boas regras *pudessem* ser formuladas, seria realmente complicado fazer com que empresas poderosas cumpram de fato as ordens baseadas em conduta. Também vimos isso com a Live Nation, quando ela violou consistentemente o decreto de consentimento que deveria proteger a concorrência na venda de ingressos.

Os remédios estruturais são mais poderosos. Eles forçam as empresas a mudarem sua estrutura — talvez até mesmo dividindo-as em entidades diferentes para que não tenham mais o poder de distorcer seus mercados.[6] O American Antitrust Institute afirma que separar os eventos e os negócios de venda de ingressos da Live Nation teria sido mais eficaz do que o remédio de conduta que foi de fato utilizado.[7] Vemos também que os compositores teriam uma chance muito maior de conseguir um acordo justo se as três maiores editoras musicais fossem separadas dos leviatãs que também são donos das três maiores gravadoras: isso eliminaria o incentivo de mover dinheiro de um lado para o outro nos registros contábeis.

Os remédios estruturais podem ser especialmente úteis quando não há uma maneira prática de se fazer com que as empresas adotem os remédios de conduta. Veja o caso do Google, por exemplo. Os órgãos reguladores podem fazer com que a empresa prometa que não dará preferência ao YouTube em seus resultados de busca, mas é quase impossível para eles distinguir entre "o YouTube está no topo dos resultados de pesquisa porque o algoritmo acha que ele é o melhor" e "o YouTube está no topo dos resultados de pesquisa porque o Google ajustou o algoritmo para achar que ele é o melhor".

Como os economistas neoliberais gostam de dizer, "os incentivos importam" — o que significa que retirar o incentivo do Google para promover o YouTube (fazendo com que o Google separe o YouTube como uma empresa autônoma e concorrente com proprietários diferentes) seria a maneira mais confiável de garantir que as soluções de conduta sejam realmente cumpridas. A separação estrutural também pode tornar os mercados mais atraentes para os novos participantes, uma vez que eles têm o efeito de tornar menores as *kill zones* dos leviatãs.

À medida que nos tornamos mais conscientes de como as grandes corporações usam seu poder em uma área para manter a hegemonia em outra, os apelos para a separação estrutural estão ficando mais altos (enunciados de forma particularmente elegante e urgente em *Break 'em Up* de Zephyr Teachout[8]).

Entretanto, as soluções estruturais não são uma panaceia. Como exemplificado em um caso contra a IBM, elas podem ser quase insondavelmente complexas e caras na sua implementação. Como conta Tim Wu, o Departamento de Justiça apresentou acusações de monopólio contra a empresa em 1969, depois que uma longa investigação revelou evidências generalizadas de práticas ilícitas predatórias e excludentes destinadas a manter sua posição dominante. Para resolver isso, o governo queria dividi-la em empresas menores. Mas, como Wu se maravilha, o julgamento exigiu seis meses de investigação e mais seis anos de audiências. A IBM supostamente gastou cerca de um bilhão de dólares com sua defesa — uma quantia impressionante em dólares dos anos 1970, porém abaixo do que poderia ter custado à empresa concorrer de forma justa no mercado. E, finalmente, depois de tudo isso, Reagan foi eleito e o caso foi arquivado![9]

Os desmembramentos são tão caros, demorados e incertos que têm sido usados com muita parcimônia até mesmo na UE, que adota uma abordagem muito mais rigorosa para regulamentar a concorrência do que os EUA. Muitos dos gigantes atuais chegaram a um ponto em que há boas razões para persegui-los de qualquer forma. No entanto, mesmo com toda a disposição do mundo, isso só funcionará se o desmembrador em potencial for forte o suficiente para realmente aplicar a lei. Essa é uma barreira que os países menores talvez não consigam transpor. Embora sejam principalmente as falhas da lei antitruste dos Estados Unidos que resultaram no descontrole de tantas dessas empresas, o mundo inteiro tem que viver com as consequências.

Essas limitações são a razão pela qual até mesmo os especialistas em antitruste buscam outras formas de regulamentação, especialmente para controlar o poder abusivo dos compradores.[10] Devemos, sem dúvida, usar ao máximo as medidas antitruste e seus remédios, mas não devemos contar com elas para fazer *todo* o trabalho pesado. E não precisamos! Como salienta o historiador Gabriel Winant, a legislação antitruste não foi, nem de longe, o único fator que ajudou o trabalho a melhorar sua participação no início do século XX: "Independentemente de você considerar ou não a antitruste como importante, ainda é difícil acreditar que ela tenha sido uma força mais significativa na transformação da sociedade americana na década de 1930 do que a insurgência de milhões de trabalhadores industriais e a onda de reformas que eles conquistaram nos Estados Unidos: a Lei Nacional de Relações Trabalhistas, que estabeleceu direitos sindicais; a Lei de Seguridade Social, que criou o programa de mesmo nome, bem como a assistência familiar e o seguro-desemprego; a Lei de Normas Trabalhistas Justas, que estabeleceu a jornada de trabalho de 40 horas semanais e o salário mínimo e proibiu o trabalho infantil; e, indiretamente, a legislação que trata de moradias e desenvolvimento urbano, política de veteranos e muito mais".[11] Consideradas por essa lente mais abrangente, temos muitas ferramentas para ajudar a frear esses *flywheels* anticoncorrenciais e começar a recuperar o valor da cultura.

Há três maneiras principais pelas quais as intervenções fora do antitruste podem ajudar: incentivando a entrada de novos *players*, regulando diretamente o poder do comprador e criando um poder de compensação entre trabalhadores e fornecedores.[12] Se quisermos realmente corrigir os gargalos anticompetitivos que permitem que tanto valor seja desviado, precisamos abordar os três.

Esta segunda parte do livro explora como essas respostas podem se apresentar. Investigamos como podemos aproveitar ferramentas como direitos autorais, contratos e leis trabalhistas para realizar o trabalho de incentivo a novos participantes, de regulamentação do poder do comprador, e de construção do poder do produtor, necessários para frear os *flywheels* anticoncorrenciais dos gigantes empresariais. As soluções que descrevemos vão da interoperabilidade antagônica até salários mínimos para trabalhos de criação, passando por apropriação e ação coletivas.

Em vez de tratar os sintomas do poder excessivo (e correr o risco de incorporá-lo), essas táticas atacam as fontes do poder excessivo e oferecem novas defesas contra seus abusos. E elas fazem isso sem sacrificar as coisas boas do sistema atual — como o licenciamento Creative Commons, a produção amadora e baseada em bens comuns e o domínio público. A ideia é chegar à raiz do problema, eliminando o excesso de poder para que todos tenham dinheiro para o almoço. Ao apresentarmos essas ideias, examinamos uma ampla gama de setores criativos. Alguns dos leitores deste livro devem saber muito mais sobre as complexidades específicas desses setores do que nós e devem ter ideias sobre como nossas propostas podem ser aprimoradas — ou até mesmo ideias totalmente diferentes sobre como frear os *flywheels* anticoncorrenciais que os assolam. Isso é ótimo. As ideias que apresentamos têm como objetivo ser o início da discussão, não o fim. As melhores soluções virão daqueles que têm o conhecimento mais profundo dos gargalos anticompetitivos específicos de cada setor e daqueles que são mais intimamente afetados por eles. Por isso, faça uma leitura crítica. Aproveite nossas ideias, ou crie as suas próprias, e ajude a mudar o mundo.

Embora nosso foco seja impedir a extorsão nos setores culturais, esperamos oferecer certa inspiração sobre como as ferramentas fora da lei antitruste podem ser utilizadas para lidar com os gargalos anticompetitivos — especialmente aqueles causados pelo insidioso poder de monopsônio — em outros setores também. Os trabalhadores agrícolas, os motoristas de entrega e os médicos de atenção básica cujos consultórios foram comprados por empresas de *private equity* fazem parte da mesma luta — uma luta que está se tornando cada vez mais difícil de vencer. Quando os compradores obtêm muito poder, os trabalhadores são os mais prejudicados. Embora os mercados de trabalho do setor de criação tenham algumas características distintas graças ao impulso inato da humanidade de fazer arte, eles não são *tão* distintos assim. Todas as pessoas em situação difícil são vulneráveis à exploração porque suas circunstâncias assim as tornam. À medida que os monopólios e monopsônios sugam cada vez mais dinheiro e oportunidades, mais e mais pessoas são extorquidas. O que está acontecendo nos setores de criação é um prenúncio do que está por vir para todos os outros setores se o capitalismo anticompetição continuar a reinar sem controle.

IDEIAS SOLTAS POR AÍ

Mudanças transformadoras não são fáceis. Temos a tendência de falar sobre eventos marcantes — a guerra civil americana, o incêndio do Reichstag, a queda do muro de Berlim, a eleição de um político ou a aprovação de uma lei — como se fossem momentos em que tudo mudou. Mas, olhando em retrospectiva, é claro, vemos que foram apenas fatos que marcaram transformações de longo prazo. O New Deal celebrou uma mudança que vinha se formando havia mais de um século, com organização dos trabalhadores, greves, lutas de rua, discursos, cantos e lágrimas pelos mortos. A ideia que se transformou no New Deal começou como uma fantasia absurda, mas, quando a crise chegou, o presidente Franklin D. Roosevelt e seus assessores encontraram a ideia por aí, já bastante manuseada e debatida, e a colocaram em prática.

Ninguém menos que Milton Friedman — o arquiduque do neoliberalismo — reconheceu o potencial transformador de ideias prontas para serem usadas. Friedman iniciou seu projeto de impor salários baixos e condições de trabalho inseguras em 99% do mundo, e derramar riqueza sobre o restante, em um momento inóspito. Friedman buscava vender suas ideias à segunda geração de beneficiários do New Deal, tentando convencê-los de que uma sociedade em que apenas alguns pudessem arcar com as necessidades, ter lazer e exercer a autodeterminação seria melhor do que o mundo mais pluralista (embora ainda discriminatório em termos de raça e gênero) das políticas de FDR.

Quando os acólitos de Friedman lamentavam a impossibilidade de sua tarefa e a irrelevância de seu movimento, ele os confortava fazendo-os lembrar que a missão deles era criar "ideias soltas por aí" que pudessem ser usadas e colocadas em prática quando surgisse uma crise.[13] Sempre haverá crises: até mesmo a sociedade mais bem administrada está sujeita a choques exógenos — pandemias, condições climáticas extremas, terremotos, invasões. Quando ocorre uma crise, a ordem desmorona e, em um piscar de olhos, as ideias soltas por aí podem passar da periferia para o centro. Naomi Klein chama essa ideia de "doutrina do choque" e a descreve como "um dos legados estratégicos mais duradouros de Friedman".[14] Os monopolistas e monopsonistas criam suas próprias crises à medida que extraem cada vez mais lucros e oportunidades, os quais, previsivelmente, usam para tornar a situação cada vez mais favorável para si mesmos, até que não reste o suficiente para todos os demais.

Quarenta anos de friedmanismo produziram o inevitável. Lutas por justiça racial e igualdade de gênero estão sendo travadas nas ruas, exacerbadas pela emergência climática e pela pandemia da COVID-19. Os processos políticos — independentemente do partido que controla o Congresso ou a Casa Branca — existem para canalizar cada vez mais riqueza para os já ricos, auxiliados nos EUA pela *Citizens United v. Federal Election Commission*, uma decisão da Suprema Corte dos Estados Unidos que derrubou restrições às doações de campanha, dando às corporações e aos grupos de interesses especiais a possibilidade de comprar tantos políticos quanto seus cofres permitirem.[15] Os monopólios e monopsônios corporativos se tornaram tão poderosos que há cada vez menos lucros e oportunidades para as demais pessoas.

Quarenta anos é muito. Já se passou tanto tempo desde que aspiramos ter uma sociedade pluralista, uma nação humana baseada no cuidado e na ajuda mútua, que as ideias por trás dessa sociedade parecem ultrajantes. Elas são ultrajantes. São ultrajantes da mesma forma que as ideias de Friedman foram um dia.

Cory já ajudou a redigir um tratado da ONU, o Access to Knowledge (A2K) Treaty [Tratado de Acesso ao Conhecimento]. Redigido em uma reunião que durou um fim de semana no escritório da organização Médicos Sem Fronteiras em Genebra, na Suíça, o documento exigia a criação de um programa ousado de acesso universal ao conhecimento humano e estabelecia como fazer isso acontecer no âmbito da estrutura jurídica internacional. Mas quando os representantes de várias ONGs se reuniram na fria sala de reuniões do porão do MSF naquele fim de semana, havia a sensação de que eles estavam apenas fantasiando, sonhando com políticas que não tinham nenhuma esperança de serem transformadas em lei.

Ao ouvir essas reclamações, o organizador da reunião, James Love, da Knowledge Ecology International, dirigiu-se ao grupo: "Não faz muito tempo, um grupo de pessoas, não muito mais inteligentes ou melhores do que vocês, se reuniu em uma sala a um ou dois quilômetros desta, sentou-se durante um fim de semana como este e redigiu o acordo da Organização Mundial do Comércio. Se eles puderam mudar o mundo, por que nós não podemos?"

O Tratado de Acesso ao Conhecimento nunca foi aprovado na forma em que o grupo o redigiu naquele fim de semana, mas uma seção dele se tornou o Tratado de Marraquexe para Facilitar o Acesso a Obras Publicadas às Pessoas Cegas, com Deficiência Visual ou com Outras Dificuldades para Ter Acesso ao Texto Impresso. As partes do A2K que chegaram a Marraquexe, negligenciadas há muito tempo, são importantes e fizeram uma diferença transformadora na vida das pessoas com dificuldades de acesso a material impresso.

Nunca se sabe o que pode acontecer com as ideias que você tem soltas por aí. Aqui estão algumas das nossas.

CAPÍTULO 13

DIREITOS DE TRANSPARÊNCIA

Susan May, uma bem-sucedida autora de ficção especulativa, sentia instintivamente que algo estava errado com suas vendas de audiolivros. Ela havia investido muito na criação de audiolivros de alta qualidade, gastando US$ 6.200 em sua edição mais recente, e as resenhas eram ótimas. Mas as vendas registradas nos relatórios diários da Audible eram inferiores ao que deveriam ser e estavam diminuindo. Em alguns dias, chegavam até mesmo a ser negativas — informavam-lhe que ela havia vendido *menos* uma ou duas cópias.

A Audible explicou que essas vendas negativas refletiam devoluções. Sua plataforma de publicação, a ACX (Audiobook Creation Exchange), é usada por autores independentes como May e por pequenas editoras para levar seus livros aos ouvintes da Audible. Mas a ACX fornecia apenas as informações sobre vendas líquidas — ou seja, o número de vendas após as devoluções, em vez de listar as vendas e as devoluções separadamente, e a Audible não dava ouvidos aos autores que pediam os números detalhados. May descobriu que era inútil sequer perguntar: "Eles desviam e protelam e se recusam a conectá-lo com qualquer pessoa que tenha algum poder de verdade para ajudar você. Metade do tempo, eles nem sequer respondem. Então, a exaustão se instala e você desiste e vai embora."[1] O resultado era que ninguém sabia quantos livros estavam realmente sendo vendidos e devolvidos.

Mas em outubro de 2020, uma falha nos relatórios do ACX fez com que três semanas de devoluções fossem processadas em um único dia. De repente, os autores se viram com dezenas ou até mesmo centenas de vendas no vermelho, com a Audible reivindicando os royalties de cada uma delas. Como diz May, a máscara caiu. Antes disso, ela suspeitava que talvez 30% de suas vendas estivessem sendo canceladas por devoluções, mas a falha mostrou que era cerca de metade. May ficou atônita, chamando a situação de "provavelmente o pior roubo de royalties feito por uma empresa da Amazon até agora [2]

Acontece que esses autores independentes estavam subsidiando outro dos *flywheels* anticoncorrenciais da Amazon. Como vimos, a Audible domina fortemente o mercado de audiolivros. Mantém os fornecedores em *lock-in* por meio de sua estrutura de royalties, que paga taxas mais altas àqueles que concordam em serem exclusivos da Audible, combinado com uma exigência draconiana de que os livros permaneçam na plataforma por pelo menos sete anos (mais sobre isso adiante). Eles fidelizam os clientes com assinaturas mensais, descontos e DRM — ah, e uma política de troca extraordinariamente generosa que dá aos assinantes um ano inteiro para trocar títulos com a promessa de que perguntas não serão feitas. Como isso se aplica apenas aos assinantes mensais contínuos, é uma ferramenta fundamental para manter os clientes atrelados à plataforma e pagando todos os meses.

Caso os assinantes não se lembrassem da possibilidade de devolver seus livros, os e-mails de marketing da Audible os incentivavam ativamente a fazê-lo, chegando até a exibir uma tela *pop-up* oferecendo a opção de troca ao terminá-los. Os leitores se gabavam em fóruns de discussão sobre como usavam a Audible da mesma forma que usavam uma biblioteca, trocando repetidamente um título por outro. Os representantes do suporte da Audible garantiam aos clientes que não havia problema em devolver quantos livros quisessem, mesmo que tivessem gostado deles, "simplesmente porque sim".[3]

Cada autor independente que licenciou livros para a Audible via ACX foi afetado por esse esquema, assim como os narradores que trabalharam sob regime de compartilhamento de royalties, e fontes nos informaram confidencialmente que algumas editoras comerciais também tinham contratos que as expunham a recuperações injustificáveis de royalties. A Audible criou sua política de devoluções para manter seus clientes em *lock-in* e afastar os concorrentes do mercado e forçou as pessoas mais atomizadas e sem poder no sistema a subsidiá-la. Era bom para os consumidores, bom para a Audible e desastroso para os autores independentes. Não há exemplo melhor para mostrar como o teste de "bem-estar do consumidor" — a ideia de que só combatemos os monopólios quando os consumidores sofrem em decorrência de suas ações — transforma o público de arte em cúmplice de programas que destroem a vida dos profissionais de criação.

Ninguém sabe por quanto tempo a Audible forçou seus autores a permitirem que as pessoas ouvissem seus livros de graça — pelo menos ninguém fora do complexo Amazon/Audible, onde eles mantêm silêncio. Pode ter sido por anos. Sem essa falha, teria demorado ainda mais tempo, porque é quase impossível combater um adversário quando não se sabe como ele é. Ao impedir que os autores e seus defensores entendessem o que estava sendo feito com eles, a Audible conseguiu silenciar a resistência.

No entanto, quando aquele vazamento acidental de dados iluminou esse canto tão sombrio, a mudança se tornou possível. May, cuja formação é em franquias e marketing, começou a se organizar: "Eu entendo de documentos jurídicos, contratos, como lidar com empresas internacionais difíceis e como criar uma organização do zero. Às vezes, não se trata de uma negociação. Se eles não jogam limpo, você encontra outras formas de negociar. Formas públicas".[4] Um grupo de pressão que ela criou quando suspeitou que havia algo errado, o Fair Deal for Rights Holdings and Narrators [Acordo Justo para Detentores de Direitos e Narradores] (FDRHN), cresceu exponencialmente, chegando a milhares de membros depois que a falha revelou inesperadamente a extensão do golpe.

Uma integrante, Colleen Cross, estava inicialmente relutante em se envolver: "Sabe quando você está em um relacionamento abusivo e não quer reconhecer o que está acontecendo? Trabalhar com a Audible é assim". Mas quando ela viu May tentando mover montanhas sozinha, decidiu ajudar. E ela estava em uma posição única para fazer isso: ex-contadora forense e CFO convertida em escritora de suspenses sobre fraudes, ela se viu no mesmo tipo de emaranhado que apresentara a centenas de milhares de leitores.

Desde então, passou horas examinando as finanças da Amazon e os demonstrativos de remuneração de autores, tentando descobrir quanto as políticas da Audible podem ter custado aos autores independentes. Quanto mais ela olhava, mais sinais de alerta ela via. A Audible anuncia taxas de royalties de 40% para autores independentes que consentem em ser exclusivos da Audible, da Amazon e da Apple (o que ajuda a manter os ouvintes nessas plataformas) e 25% para aqueles que distribuem seus livros "amplamente" também por meio de outras plataformas. Entretanto, para as receitas geradas pelas assinaturas mensais dos membros (ou seja, a maior parte da receita), as taxas se baseiam nas vendas líquidas, seguindo um cálculo complicado feito sobre os rendimentos totais mensais dos membros.

Isso implicava que os autores receberiam uma quantia diferente todos os meses. Mas Cross percebeu que eles sempre recebiam o mesmo: apenas 21% do varejo para gravações exclusivas e 13% para as disponibilizadas em várias plataformas. Isso não teria como acontecer se os ganhos dos autores estivessem sendo calculados da forma que o contrato determinava. Depois de semanas analisando os demonstrativos, Cross descobriu que a Audible parecia não apenas estar pagando os autores independentes de forma diferente da fórmula estabelecida em contrato, mas também estar cobrando deles *duas vezes* pelas devoluções: "Você começa com as vendas líquidas (que já têm as devoluções deduzidas), e então fazem isso novamente. Em resumo, essa é a estratégia: procuram roubar margem de todos os lados".[5]

Embora a Audible não invista um centavo sequer na criação desses audiolivros, Cross calcula que o total que recebe de autores independentes acaba sendo de extraordinários 79% a 87% da receita.[6] Perguntamos a ela quanto dinheiro a política de devoluções pode ter custado ao setor independente, e sua resposta foi rápida: "Centenas de milhões de dólares nos últimos dois anos apenas com as devoluções — isso numa estimativa conservadora".[7]

Orna Ross, fundadora da Alliance of Independent Authors [Aliança de Autores Independentes], nos disse que, antes de 2014, a Audible tinha as melhores condições do mercado: "Se olharmos em retrospectiva, parece que os termos incríveis que existiam desde o início até 2014 tinham como objetivo atrair as pessoas. A publicação de audiolivros digitais passou a funcionar muito rapidamente, com a Amazon controlando o mercado — isso lhes deu o poder de posteriormente introduzir termos e práticas desfavoráveis".[8]

A Audible ofereceu várias explicações (inconsistentes!) sobre como as remunerações são calculadas, mas os autores independentes não estão satisfeitos. Uma das primeiras respostas do grupo de May foi tentar remover seus livros da plataforma como forma de protesto. Isso chamou a atenção para outra prática abusiva: a de que o contrato da Audible com autores independentes os obrigava a manter seus livros na plataforma por pelo menos *sete anos* após o upload — apesar de a ACX não contribuir com os custos de produção! Citando essa política, a Audible se recusou terminantemente a liberar quase todos os autores que tentaram sair em protesto.

Essa foi a gota d'água. Esses autores independentes — que devem ter parecido tão impotentes quando a Audible redigiu seus contratos, ocultou os retornos e se aproveitou de sua margem usurária — começaram a *realmente* exigir vingança. Eles estavam "com raiva o suficiente para continuar envolvidos", disse May. Como tantos outros profissionais e fornecedores, esses autores e narradores foram forçados a assinar contratos renunciando a seus direitos de mover ações coletivas ou outros litígios como condição para acessar a plataforma. Mas eles encontraram outras frentes de batalha. Organizaram-se em uma rede muito unida que está coletando provas, recrutando novos membros e formulando estratégias para obter sua parte. May a caracteriza como um "cérebro de colmeia", que monitora de perto a Audible e faz relatórios: "Ficamos sabendo quando algo acontece, como diferentes e-mails *boilerplate* provenientes do atendimento ao cliente da Audible ou mudanças na política, no site ou no comportamento dos representantes do atendimento ao cliente. Dessa forma, sabemos o quanto estamos aumentando a pressão no mundo executivo da Audible".[9] Eles montaram campanhas de redes sociais de longo alcance, mobilizaram organizações globais de direitos autorais para sua causa e expuseram os problemas por meio de ampla cobertura na mídia convencional. E contrataram advogados especializados em antitruste para preparar uma ação a ser levada aos órgãos reguladores nos Estados Unidos, Reino Unido e Austrália, como um começo para incitar investigações sobre a empresa — exatamente no momento em que o tratamento antiético da Amazon em relação aos fornecedores e o esmagamento dos concorrentes estavam finalmente começando a ser analisados com seriedade.

Esse é o tipo de holofote que os executivos da Amazon, sensíveis ao preço das ações, mais querem evitar. Diante da fúria coordenada dos autores, a empresa ofereceu concessões para enfraquecer o movimento: comprometendo-se a disponibilizar os dados de devolução, prometendo não reaver a parte do autor para livros devolvidos depois de mais de sete dias e dando aos participantes uma única chance de retirar títulos dentro da vigência de sete anos. Mas os autores insistem que isso não é bom o suficiente. Eles estão exigindo que não haja a cláusula *claw back* [recuperação] de royalties sobre livros que tenham sido ouvidos mais de 1/4 do tempo, e que possam aceder a dados históricos para entender quantas devoluções foram feitas e receber indenização por tudo o que perderam com o uso indevido de seus livros pela Audible.

Além disso, estão se organizando para fazer uma retirada total. Depois de pesquisar e perceber que todas as outras plataformas dominantes estão cobrando comissões de 45% a 50% apenas para hospedar seus livros e processar pagamentos, querem criar uma nova plataforma cooperativa de autores com taxas muito mais baixas que lhes permita não apenas compartilhar de forma mais justa os frutos de seu trabalho, mas também oferecer aos leitores preços mais baixos. E o objetivo final? Transformar-se no catalisador que forçará a separação da Amazon e da Audible.

Os autores na Audible têm um longo caminho a percorrer antes de obterem justiça. Mas sua história até agora mostra as possibilidades que se abrem quando se lança luz em cantos sombrios. A falha que acidentalmente expôs o esquema de devoluções da Audible transformou a exploração atomizada em solidariedade poderosa, desencadeando uma onda furiosa de ações coletivas que está reequilibrando as relações de poder entre criadores menores e uma das empresas mais poderosas do planeta. May está maravilhada com o que já conseguiram realizar: "Um dia, eu estava sentada na varanda e disse ao meu marido: 'Acho que vamos mudar o mundo editorial'. Se vencermos, seremos um exemplo para todos do que é possível fazer quando dizemos 'não, isso não é bom o suficiente', seguimos em frente e lutamos".

Mais transparência em outras áreas ajudaria muito a afrouxar os gargalos anticompetitivos do setor cultural. A Audible não é, de forma alguma, a única que tem coisas a esconder. Às vezes, as editoras erram na contabilidade, e os autores só descobrem quando percebem que estão sendo enganados e conseguem arcar com uma auditoria para descobrir o que está havendo. No entanto, mesmo quando isso acontece, o sigilo é um obstáculo. Sabemos de um exemplo em que um autor famoso auditou sua editora e encontrou um erro de *seis dígitos*, mas a editora se recusou a pagar a não ser que ele assinasse um Acordo de Não Divulgação (NDA) restritivo. Isso mostra que eles não podiam permitir que outros autores naquele grupo ficassem sabendo do problema (e por isso não podemos contar de quem se trata). Organizações profissionais como a Science Fiction Writers of America [Autores de Ficção Científica da América] realizam auditorias aleatórias em nome de seus membros, mas apenas uma pequena fração dos livros se beneficia desse tratamento.

As editoras frequentemente também deixam de informar categorias inteiras de rendimentos nos demonstrativos de royalties que fornecem aos autores — como as receitas que são pagas pelas bibliotecas que licenciam e-books para empréstimo digital. Essas são receitas de licenciamento, que deveriam ser pagas aos autores a uma taxa muito mais alta do que as receitas de vendas, mas quase nunca são — um detalhe que fica obscuro quando não são discriminadas nos demonstrativos.

A Amazon, por sua vez, é *totalmente* contrária ao licenciamento de livros às bibliotecas pelas editoras, alegando que isso é ruim para suas vendas. Mas a Amazon tem um interesse óbvio em remover as bibliotecas da equação para promover suas próprias vendas e serviços de assinatura e se recusa a disponibilizar os dados de vendas de e-books que autores e editoras precisariam conhecer para avaliar as alegações da gigante. E nem precisamos começar a falar sobre a falta de transparência em torno do Kindle Unlimited, o serviço de assinatura de livros que também é majoritariamente abastecido com material de autores independentes. Esses autores têm travado uma guerra de trincheiras com a Amazon desde o início do programa, tentando encontrar uma maneira de maximizar seus rendimentos, seja publicando muitos livros curtos, ou livros repetitivamente longos, ou livros com centenas de palavras-chave no campo de *tags*, e assim por diante. Como é previsível, os principais beneficiários da falta de transparência da Amazon em relação a remunerações e recomendações são os fraudadores, que podem dedicar recursos infinitos para gerar e publicar diferentes tipos de livros sem sentido que sugam grandes quantidades do *pool* de remunerações do Kindle Unlimited dividido com todos os participantes do programa, tanto fraudadores quanto escritores. Ironicamente, a Amazon justifica a falta de transparência do programa como parte de sua guerra contínua contra os fraudadores, endossando um modelo absurdo de "segurança por meio da obscuridade" que não apenas não consegue impedir predadores externos com seus "livros" fraudulentos, mas também dá cobertura para os próprios golpes contábeis da Amazon.

E isso é somente na área de livros comerciais. A Netflix não informa aos compositores com que frequência as músicas que aparecem nos filmes são veiculadas. As plataformas de *streaming* de música não informam publicamente seus pagamentos por *stream* e os acordos individuais estão sujeitos a rígidos contratos de confidencialidade. Como resultado, somente as plataformas e as maiores gravadoras têm alguma ideia do destino real dos bilhões arrecadados pelo *streaming* de música a cada ano. The Future of Music Coalition [Coalizão pelo Futuro da Música] aponta o quanto isso é ridículo: "Você consegue imaginar ter um emprego no qual recebe um salário imprevisível e ninguém pode lhe dizer como é calculado?"[10] Há evidências de manipulação generalizada dos números de *streaming*, com a revista *Billboard* sugerindo que isso pode estar custando aos artistas talvez US$ 300 milhões por ano.[11] A plataforma Tidal, de Jay-Z, foi acusada de fraude, e investigadores forenses da Universidade Norueguesa de Ciência e Tecnologia descobriram que seus dados foram manipulados para adicionar centenas de milhões de *streams* ao álbum *Life of Pablo*, de Kanye West, e a *Lemonade*, de Beyoncé, aumentando enormemente seus royalties às custas de outros artistas.[12]

As gravadoras não informam quanto seus registros são beneficiados pela *breakage* — receita não atribuível ao uso específico do catálogo, mas ainda assim pagam às gravadoras somente porque controlam os direitos de muitos artistas. Os compositores não faziam ideia de quanto dinheiro estava circulando em royalties não compensados até que os serviços de *streaming* cederam quase *meio bilhão de dólares* à Music Licensing Collective [Coletivo de Licenciamento de Música] (MLC). Isso foi exigido pela Music Modernization Act [Lei de Modernização da Música] — uma reforma importante sobre a qual falaremos mais em nosso capítulo sobre salários mínimos para trabalhos criativos. Sem isso, os compositores talvez nunca tivessem visto esse dinheiro. Há fortes suspeitas de que o YouTube subnotifica o número de *streams* de música reproduzidos em seu serviço para evitar o pagamento de royalties, e foi acusado de pagar taxas mais baixas a artistas que não assinaram contrato com grandes gravadoras. Será verdade? Ninguém sabe, porque não é possível acessar os dados para verificar.

Todo negócio anticompetitivo sabe que restringir o acesso às informações é uma arma poderosa contra profissionais e fornecedores. Manter os termos do contrato em segredo priva os produtores do acesso a informações no que se refere à forma como são tratados em relação aos outros. Quando você sabe que outra pessoa conseguiu um acordo melhor, isso lhe dá uma vantagem para exigir mais. Em outras palavras, saber que você está sendo mal pago é um pré-requisito para fazer algo a respeito. O International Music Managers Forum [Fórum Internacional de Gerentes de Música] entende esse poder: "Não queremos apenas que os artistas sejam remunerados de forma justa, queremos também que eles obtenham dados de uso relevantes. É impossível provar que existe uma remuneração justa sem transparência... As gravadoras e editoras são nossos 'parceiros', mas nem sempre temos os mesmos interesses".[13] A investigação parlamentar do Reino Unido sobre a economia do *streaming* de música também culpa a "falta sistemática de transparência das empresas de música e dos serviços de *streaming*" por "exacerbar as desigualdades da remuneração dos criadores, gerando assimetrias de informação e impedindo-os de exercer seu direito de auditoria".[14]

A falta de dados também prejudica a ação coletiva. Se ninguém sabe quão ruim é o seu acordo ou se seus contratos lhe proíbem de compartilhar os detalhes, é difícil se organizar para exigir coletivamente algo melhor. Não é coincidência que o grupo ativista de Susan May tenha decolado somente depois que a falha da Audible mostrou a gravidade da exploração sofrida pelos autores independentes. A artista Molly Crabapple é direta sobre os efeitos da falta de transparência: "Não falar sobre dinheiro é uma ferramenta de guerra de classes. Uma cultura que proíbe os funcionários de comparar salários ajuda as empresas a pagar menos às mulheres e às minorias".[15]

Se o sigilo faz girar os *flywheels* anticoncorrenciais, a transparência pode ajudar a desarmá-los. A transparência sobre receitas, remuneração e condições pode capacitar profissionais e fornecedores a se recusarem a aceitar preços insustentavelmente baixos, não apenas fornecendo-lhes os dados de que precisam para negociar, mas também tornando mais fácil a vexação pública. Em um mundo hiperfocado no preço das ações, essa é uma alavanca útil para a mudança. Vimos quão eficaz se mostrou o constrangimento provocado pela impressionante campanha de Susan May contra a Audible, mas esse está longe de ser o único exemplo. Lembra-se de quando o contrato da Sony com o Spotify vazou? Os artistas vinham pedindo às gravadoras que se comprometessem a dividir o *breakage* há anos, mas foi só quando esse contrato provou todas as maneiras pelas quais os acordos estavam sendo estruturados para evitar ter que dividir rendimentos com os artistas que as duas maiores gravadoras, Sony e UMG, finalmente cederam (mesmo que os termos exatos *ainda* sejam inaceitavelmente obscuros). O mesmo aconteceu quando a Science Fiction and Fantasy Writers of America [Autores de Ficção Científica e Fantasia da América] e Alan Dean Foster foram a público para falar sobre o fato de a Disney ter deixado de pagar os autores de ficção científica e a insistência radical da empresa de que havia adquirido os direitos sobre o trabalho deles, mas não a responsabilidade de pagar pelo trabalho de fato (falaremos mais sobre esse golpe descarado no Capítulo 17). Isso desencadeou a campanha de vexação pública #DisneyMustPay [#DisneyDevePagar], que finalmente forçou a Disney a fazer um acordo com Foster e alguns de seus colegas escritores. Quando se quebra o sigilo com o qual os gigantes empresariais controlam seus impérios, não apenas profissionais e fornecedores conseguem alavancar a negociação por melhores acordos; os mercados também se tornam mais favoráveis a novos participantes, que têm uma ideia melhor do que precisam fazer para competir. Isso cria alternativas para fornecedores e clientes que, de outra forma, estariam aprisionados, e *isso* tem o efeito indireto de torná-los menos suscetíveis a abusos.

Exigências de divulgação são comumente impostas às empresas de capital aberto para proteger os acionistas e, nos EUA, a Federal Communications Commission [Comissão Federal de Comunicações], a Federal Trade Commission [Comissão Federal de Comércio] e a Securities and Exchange Commission [Comissão de Valores Mobiliários] já têm poder para forçar a divulgação de informações corporativas. Com o mesmo espírito, devemos exigir a divulgação adequada de informações para ajudar a afrouxar os gargalos anticompetitivos.

A União Europeia já tomou medidas em relação a isso. Em uma diretiva de 2019, ela ordenou que todos os 27 estados-membros garantissem que seus autores e artistas recebessem informações relevantes, abrangentes e oportunas sobre como suas obras estão sendo exploradas, as receitas que geram e a remuneração devida. Os criadores também devem ter o direito de exigir essas informações dos sublicenciados, como plataformas de venda de livros e de *streaming* de música e vídeo.[16] Se bem implementadas, essas leis deixariam muito menos locais obscuros para as empresas esconderem suas predações.

Leis como essa dificultariam muito a vida de corporações vorazes, mas poderíamos e deveríamos levar a transparência muito mais longe. Requisitos de transparência que impedem a formação de gargalos anticompetitivos poderiam ser concebidos para proteger fornecedores e criadores ao longo de todas as cadeias de distribuição da criação. Afinal de contas, as gravadoras não têm o poder de obrigar o YouTube a fornecer informações precisas; tampouco os artistas têm. As plataformas e os detentores de direitos deveriam ter obrigações novas e auditáveis para relatar publicamente informações básicas que afetam os resultados dos criadores. Você suspeita que o YouTube não divulga o número de *streams*? Force-o a providenciar dados precisos, com penalidades caso não o faça. As gravadoras e editoras de música parecem estar maximizando a *breakage*? Obrigue-as a informar a quantidade, de onde veio e se e como será distribuída entre os fabricantes — e torne esses números auditáveis não apenas por artistas individuais, mas também pelas organizações que representam seus interesses coletivos. Será que finalmente estamos prontos para exigir justiça para os artistas fonográficos que ainda estão presos a contratos de décadas com taxas de royalties irrisórias? Exija que as gravadoras publiquem dados sob pseudônimos que mostrem a variedade de taxas pagas e há quanto tempo os artistas estão pagando suas dívidas de *recoupment*. A Disney quer mudar o sistema pelo qual paga os criadores por usos futuros de seu conteúdo, como o *streaming*? Exija transparência em relação ao *pool* de lucros e como ele é distribuído, e exija que isso também seja auditado de forma independente. Chamar a atenção para o que está acontecendo é uma maneira fundamental de criar um poder de produtor compensatório, exercendo pressão sobre as empresas para que façam a coisa certa pelos artistas.

Se quisermos tornar os requisitos de transparência uma realidade, será útil se a opacidade realmente causar *prejuízos* significativos. A fraude contábil relacionada ao colapso da Enron levou à aprovação da Lei Sarbanes-Oxley, que impõe responsabilidade pessoal e criminal aos executivos que assinaram declarações financeiras falsas com conhecimento de causa. *Isso* certamente mudou a forma como os executivos pensavam sobre a manipulação dos livros contábeis.

Em outras situações, precisamos de informações em uma base mais *ad hoc*. Uma opção para extraí-las poderia ser dar aos reguladores poderes adicionais para divulgar informações nos casos em que isso promova a concorrência em mercados concentrados e exigir que eles realmente exerçam os poderes que já possuem. Considere o modelo de pagamento centrado no usuário que a Deezer, um aplicativo francês de *streaming* de música, vem tentando, infrutiferamente, introduzir há anos contra a obstrução intransigente das grandes empresas. Pagando a receita de cada assinante com base no que eles realmente ouviram, os defensores argumentam que isso aumentará as taxas pagas por músicas mais complexas e sofisticadas — do tipo que você não consegue ouvir o dia todo repetidamente. Mas não temos certeza disso porque as plataformas de *streaming* e as principais gravadoras impedem o acesso aos dados que possibilitariam uma modelagem precisa. Se esse acesso pudesse ser solicitado — com as devidas salvaguardas de confidencialidade —, investigadores independentes poderiam esclarecer a questão de uma vez por todas. Assim que os resultados de qualquer análise desse tipo estivessem disponíveis e fossem debatidos na esfera pública, a discussão avançaria — e seria muito mais difícil para as empresas poderosas defenderem seus gargalos anticompetitivos.

APLICABILIDADE É FUNDAMENTAL

Os novos direitos de transparência só ajudarão a combater os gargalos anticompetitivos na medida em que puderem ser aplicados.

Ao considerar se devem agir, os criadores precisam levar em conta as chances de serem excluídos de futuros empregos em suas áreas. Nos casos em que os setores são altamente concentrados, como é o caso de muitos mercados de criação, esse medo é muitas vezes justificado — e pode ajudar a explicar por que várias leis europeias que supostamente garantem uma remuneração justa têm tão pouco efeito na prática.[17] Uma solução é impor direitos, como a União Europeia fez com relação ao fornecimento de dados de pagamento. Se a lei exigir que dados transparentes sobre remuneração sejam fornecidos a todos, não haverá um único infrator a ser identificado e punido. Outra opção é dar aos sindicatos legitimidade para impor falhas de *compliance*, evitando que alguém tenha que se arriscar, ou até mesmo dar aos reguladores poderes de auditoria. O crítico musical David Turner defende que "até mesmo uma leve auditoria governamental dos serviços de *streaming* poderia ajudar muito a combater os problemas de fraude".[18]

Outra maneira de resolver isso é tomar medidas para normalizar a transparência. Atualmente, muitos criadores têm o direito técnico de auditar suas editoras de livros ou gravadoras, mas contratos restritivos tornam esses direitos praticamente impossíveis de serem aplicados. As gravadoras, em particular, são notórias por incorporarem termos hostis aos artistas, como proibir usar auditores que já estejam auditando a empresa (e, portanto, que saibam o que procurar), restringir os dados aos quais eles podem acessar (o que vai contra o objetivo!) e impedir que os artistas divulguem a seus colegas o que descobriram (algo que vimos que também acontece no setor de livros). As contas também tendem a ser altamente complexas, o que é vantajoso para as empresas que não querem que você entenda o que está acontecendo. Isso torna as auditorias caras (podem chegar facilmente a US$ 100.000), colocando-as fora do alcance de todos os artistas, exceto os mais ricos.

Os erros contábeis tendem a fluir em uma única direção. Um contador, cuja empresa realizou milhares de auditorias referentes a *compliance* de royalties, recuperando mais de US$ 100 milhões em direitos autorais não pagos ao longo de trinta anos, lembrou de apenas um caso em que o artista era quem devia dinheiro à gravadora.[19] O lendário guitarrista Nile Rodgers disse algo semelhante à investigação parlamentar *Economics of Streaming* do Reino Unido: "Todas as vezes — e não estou inventando isso para fins dramáticos ou cômicos — que fiz uma auditoria em uma gravadora, encontrei dinheiro. Às vezes, a quantidade de dinheiro é impressionante. Isso se deve à forma como o sistema foi projetado desde o começo".[20] Mas ainda assim, devido a todas as barreiras que descrevemos acima, as auditorias raramente são usadas na prática.

Se os criadores tivessem o direito inalienável de se unir para auditar coletivamente suas editoras e gravadoras, isso tornaria a auditoria muito mais acessível e diminuiria a chance de que um participante seja alvo de vingança. Eles também deveriam ter o direito de contratar auditores em caráter de contingência — algo que geralmente é proibido por contrato, mas que ajudaria a detectar discrepâncias, práticas contábeis inadequadas e mau comportamento.

Os auditores deveriam ter acesso a todos os dados relevantes (com as devidas garantias de confidencialidade), e os contratos que dissessem o contrário não deveriam ser aplicáveis. E, quando erros fossem encontrados, os criadores deveriam ter o direito de torná-los públicos, o que melhoraria os incentivos para que as empresas fizessem o que é certo e reduziria ainda mais os custos de aplicação, indicando a outros criadores e auditores o que procurar.

Tornar os termos contratuais inaplicáveis é, de fato, uma arma poderosa, e é uma medida que, nos EUA, pode ocorrer em nível estadual (não federal), onde os legisladores geralmente respondem melhor aos eleitores. Veja o caso da Califórnia, onde os acordos de não concorrência são inaplicáveis "por serem contrários à política pública". Isso significa que os profissionais da área de tecnologia podem abandonar empresas cujos fundadores acabam se mostrando tóxicos e fundar empresas concorrentes sem se preocupar com processos judiciais de seus antigos empregadores.

Essa peculiaridade jurídica é a razão pela qual a Califórnia tem um setor de tecnologia: a primeira empresa do Vale do Silício, Shockley Semiconductor Laboratory, foi fundada por William Shockley, laureado com o prêmio Nobel, que inventou o método de fabricação de semicondutores a partir do silício (sem o trabalho de Shockley, ainda estaríamos usando arseneto de gálio em nossos eletrônicos, e o nome "Vale do Arseneto de Gálio" não tem a mesma sonoridade). Shockley fundou esse laboratório para fabricar os primeiros chips de silício para computadores, mas, na mesma época, sofreu uma espécie de colapso e ficou obcecado pela eugenia, viajando pelo país para debater com biólogos e gastando seu dinheiro do prêmio Nobel para subsidiar esterilizações cirúrgicas em mulheres negras. Ele também se tornou paranoico e errático em questões pessoais, instalando escutas nos telefones de familiares e funcionários.

Por fim, seus oito engenheiros mais experientes se demitiram, enojados, percebendo que nunca conseguiriam fabricar um chip enquanto trabalhassem para a Shockley. Eles fundaram outra empresa, a Fairchild Semiconductor, e depois se espalharam para criar várias outras. Entre elas estão a Intel, a AMD e a Microchip Technology, para citar apenas algumas.[21]

A grande maioria das empresas de entretenimento está concentrada em apenas dois estados: Califórnia e Nova York. Uma legislação em um ou em ambos os estados sobre quais medidas de transparência contratual e de auditoria e práticas contábeis são aplicáveis em contratos firmados com empresas sediadas nesses estados seria um poderoso controle sobre os abusos nos setores de criação. Acrescente o Estado de Washington, que abriga a Amazon, e você terá um grande avanço para efetuar uma mudança real para os profissionais de criação. E se essas intervenções fossem eficazes? Haveria um forte argumento para que proteções semelhantes fossem implementadas a nível nacional ou até mesmo mundial.

Os mesmos direitos também devem reger as relações entre investidores e plataformas. As gravadoras deveriam poder auditar as afirmações do YouTube sobre o número de *streams* de música. As editoras deveriam poder corroborar que a Amazon informa com precisão suas vendas de e-books e audiolivros. Esses direitos ajudariam a normalizar a transparência. No início, seriam os criadores e as gravadoras mais poderosos e com mais recursos a descobrir o que está acontecendo. Mas se eles tivessem permissão para compartilhar essas informações e se o acesso a elas se tornasse mais fácil, esse conhecimento seria transmitido a outros e, em breve, as grandes empresas que se valeram da escuridão para maximizar seus lucros aceitariam que agora há luz. Se todos viessem a saber o que estava acontecendo, não teria sentido punir especificamente qualquer um deles.

Aplicabilidade também significa gerenciar custos. Litígios podem ser extremamente caros, especialmente em países como os EUA, onde os litigantes bem-sucedidos geralmente têm de pagar seus próprios custos. Mesmo que você ganhe, essas taxas podem consumir tudo o que for concedido em indenizações e mais um pouco. Essa é uma barreira real que impede que criadores e pequenas empresas façam valer seus direitos e que é usada pelas empresas poderosas a seu favor. Em 2002, um comitê do Senado californiano descobriu que as gravadoras forçam os artistas a processá-los para assim poderem fazer acordos por um valor mais baixo.[22] O astro da música country Merle Haggard teve essa experiência: "[Meu auditor] flagra que estão me enganando em centenas de milhares de dólares; então a empresa oferece me pagar metade do que deve — sem juros. O que há de errado com essa imagem?"[23]

Há muitas maneiras de contornar isso. A solução da União Europeia é garantir que as disputas sob a obrigação de transparência possam ser submetidas a um procedimento alternativo voluntário de resolução de disputas. Para que algo assim funcione, no entanto, é necessário que seja voluntário apenas para os criadores e seus representantes — não para as empresas gigantescas que eles pretendem enfrentar. Outra solução poderia ser forçar as empresas acima de um certo tamanho a arcar com os custos de litígio no caso de violações substanciais dos direitos dos criadores, como por exemplo, subpagamentos de pelo menos 10% do valor devido. Isso faria com que esses altos custos de litígio deixassem de ser um problema e passassem a ser um recurso, dando às empresas um incentivo adequado para acertar seus números. No entanto, essas regras devem se aplicar somente às empresas dominantes. Aplicá-las a pequenos *players* tornaria muito arriscada a participação no mercado para qualquer empresa, exceto para as mais bem dotadas de recursos — outra forma de introduzir gargalos anticompetitivos.

Ainda que os criadores e as pequenas empresas não devessem ser *forçados* a litígios caros, também não deveriam ser impedidos de buscar compensações. Os autores independentes que enfrentaram a Audible tiveram grande dificuldade em obter representação legal porque seus contratos determinavam que as disputas fossem resolvidas por arbitragem, impedindo ações coletivas. Ponderando os custos de enfrentar uma gigante como a Amazon versus os prováveis retornos de mediações individuais, a maioria dos advogados simplesmente não pôde aceitar o caso, e isso está dificultando muito mais o acesso à justiça.

Os direitos de transparência são uma das formas mais promissoras de resistir a extorsões e de conseguir de fato fazer valer os direitos que trabalhadores e fornecedores já têm. Eles são fundamentais para liberar o poder da ação coletiva e para tornar os mercados concentrados mais acolhedores para os novos participantes. Ao decidir onde concentrar os esforços de reforma, os profissionais de criação e seus aliados têm muito mais a fazer do que campanhas para iluminar cantos escuros.

CAPÍTULO 14

AÇÃO COLETIVA

Em 2020 e 2021, cerca de 60 mil motoristas, 15 mil entregadores e 5 mil passageiros iniciaram uma arbitragem contra as empresas Uber, Postmates e DoorDash. A arbitragem é uma espécie de tribunal privado, só que em vez de juízes, são árbitros que tomam as decisões. Há outras diferenças também: o processo e os resultados são mantidos longe do escrutínio público e geralmente há um teto para o valor que pode ser recuperado e nenhum direito de apelação. Ao contrário de um tribunal, a arbitragem não produz precedente, portanto, você não pode aproveitar a vitória de alguém que já tenha obtido um veredicto favorável. Duas pessoas com casos idênticos podem obter resultados diferentes e, como a coisa toda é secreta, elas provavelmente nem ficarão sabendo.

Os trabalhadores a utilizam porque não têm escolha: um número cada vez maior de empresas obriga sua força de trabalho a abrir mão do direito de ter suas disputas ouvidas no tribunal como condição para fazer negócios. Geralmente, isso funciona bem para as grandes empresas. Jurisdições como a Califórnia exigem que elas paguem os custos, que podem chegar a cerca de US$ 60.000 por arbitragem, mas está comprovado que os árbitros tendem a decidir a favor das poderosas corporações que pagam suas faturas.[1] O fato de os resultados serem tão desfavoráveis aos trabalhadores mantém baixo o número de demandas.

Mas esses motoristas, entregadores e motociclistas viraram o jogo. Ao perceber que suas empresas os haviam encurralado, eles se organizaram para armar a cilada na direção oposta com uma enxurrada coordenada de demandas. A US$ 60.000 cada uma, a obrigação da DoorDash somente em taxas de arbitragem seria de US$ 300 milhões — provavelmente muito mais do que eles teriam que pagar em qualquer ação coletiva. As três empresas viram-se lutando para sair desse desastre criado por elas mesmas, ironicamente implorando aos tribunais que julgassem que as demandas de arbitragem em massa de seus funcionários não deveriam ser permitidas. A Uber acabou fazendo um acordo com a maioria de seus motoristas no valor de pelo menos US$ 146 milhões. A Postmates e a DoorDash foram obrigadas a prosseguir com milhares de arbitragens individuais que não podem pagar, colocando seus trabalhadores vulneráveis e mal remunerados em uma súbita posição de poder.

Esse jiu-jitsu de alguns dos trabalhadores com menos poder nos Estados Unidos serviu de inspiração para pensarmos em como os profissionais de criação poderiam aproveitar melhor seu poder coletivo para reivindicar uma parcela maior do valor que produzem. Se pensarmos na ação coletiva como uma teoria da mudança, quais são as alavancas mais promissoras que podem ser acionadas e sobre quais pontos de apoio elas devem ser aplicadas?

Uma grande vantagem de autores, músicos, roteiristas e artistas é que eles são altamente visíveis — coletivamente e (pelo menos os mais famosos) individualmente também. Quando eles falam, a mídia divulga. Parlamentares, impressionados, prestam atenção. Fãs dedicados amplificam suas mensagens. Os preços das ações estremecem. Mudanças podem ser feitas — como quando os artistas de gravação trabalharam juntos para reverter uma mudança na lei que o setor fonográfico havia introduzido sorrateiramente para roubar seus direitos. (Continue lendo — vamos nos aprofundar nessa incrível história no próximo capítulo!)

Mas, enquanto os principais criadores usam suas plataformas políticas e de mídia para apoiar várias causas importantes (paz mundial, fome no mundo, clima, Black Lives Matter), é menos comum que eles apoiem a melhoria das condições de seus irmãos em situação pior. Há muitos exemplos em que os interesses de artistas famosos coincidem com os dos menos favorecidos, como quando Bryan Adams defendeu um novo direito de reversão no Canadá, mas isso tem uma cara evidente de interesse próprio. Talvez seja por isso que tantos criadores decidem não se manifestar.

Mas também é possível defender reformas que beneficiariam *apenas* os outros, como fez Taylor Swift quando impôs como condição do novo acordo com a UMG que a gravadora dividisse seus ganhos do Spotify com os artistas em uma base não reembolsável. Antes disso, a empresa havia se comprometido a dividi-los, mas havia o risco de que ela seguisse o exemplo da Warner e compensasse os pagamentos com dívidas de *recoupment* [reembolso], o que faria com que poucos artistas recebessem sequer um centavo.

Às vezes também se atribui a Swift o mérito de ter forçado a Apple Music a pagar royalties aos artistas por músicas tocadas durante períodos de testes prolongados e não remunerados, embora seja muito mais provável que essa reversão tenha sido o resultado de uma coalizão muito mais ampla de ação coletiva. As gravadoras que representam cerca de um quarto do mercado global de música gravada se recusaram a fazer novos acordos com a Apple até que ela revertesse sua posição.[2] A união de esforços, *mais* a pressão adicional altamente visível de Swift, *mais* a manifestação de outros artistas, cumulativamente, foram suficientes para fazer com que até mesmo a Apple recuasse.

Artistas — como todos os trabalhadores — foram submetidos a quarenta anos de propaganda sobre a importância do indivíduo em situações econômicas e políticas: se você consegue um bom contrato, é porque produziu um catálogo que faz com que as editoras ou gravadoras se esforcem ao máximo para agradá-lo e porque é representado por um empresário ou agente inteligente e implacável que só aceita os clientes mais promissores. Mas há outra força contrária na tradição artística: a história do mentor, a pessoa que inspira os outros, o músico que cria uma gravadora para divulgar artistas desconhecidos ou o autor que financia uma editora para apresentar escritores não reconhecidos.

Todo mundo que trabalha com arte já mergulhou no tóxico caldo da comparação, tratando o sucesso de outro artista como seu próprio fracasso. Todos nós sabemos, no fundo, que a comparação é o ladrão da alegria, e celebrar e elevar outros artistas não é apenas um favor que fazemos a eles — é uma gentileza para nós mesmos.

Não estamos sugerindo que os artistas mais poderosos possam consertar o sistema disfuncional que temos descrito neste livro — mas eles certamente poderiam ajudar. E se cinquenta dos autores mais vendidos do planeta educadamente se recusassem a permitir que a Audible hospedasse seus audiolivros a menos que removesse o DRM? E se uns vinte dos maiores compositores da TV e do cinema se recusassem a trabalhar com qualquer estúdio que estivesse exigindo que seus colegas menos poderosos abrissem mão de seus direitos sobre os royalties de exibições em andamento? A prática seria substituída por uma opção mais sustentável antes que tivesse a chance de se estabelecer completamente. E se duzentos dos principais artistas se recusassem a disponibilizar suas músicas em plataformas que não atendessem aos padrões éticos mínimos e pedissem a seus fãs que também as boicotassem? Poderíamos ver rapidamente a popularização de certificações do tipo *fair trade*, como a criada pela Fair Trade Music International, que ajudariam a facilitar pequenos atos de solidariedade.

Nos EUA, há também uma necessidade urgente de reformar os limites da lei antitruste sobre os tipos de coordenação privada que são autorizados. O estudioso do direito trabalhista Sanjukta Paul explica que, de acordo com as regras atuais, ações que têm resultados economicamente idênticos são tratadas de forma muito diferente: "Digamos que haja um mercado com 100 caminhoneiros diferentes e cinco empresas com 20 caminhoneiros cada. Cada empresa define os preços das cargas que seus caminhoneiros transportam. E parece muito óbvio que sejam as empresas a definirem os preços. Mas [se] 20 desses caminhoneiros decidirem ser independentes e acordarem os preços conjuntamente, isso será proibido pela lei antitruste por ser considerado um cartel de fixação de preços".[3]

Na União Europeia, em comparação, os sindicatos têm mais poder para ajudar trabalhadores individuais atomizados a reforçar seus direitos. Por exemplo, o recém-formado App Drivers and Couriers Union [Sindicato dos Motoristas e Entregadores de Aplicativos] tinha o direito, de acordo com o GDPR, de ajudar treze motoristas a processar a Uber e a Ola, exigindo que fosse fornecido a eles maior acesso aos dados que as empresas armazenavam sobre eles. Um dos objetivos da ação era melhorar a capacidade de negociar coletivamente contra os gigantes dos serviços de caronas, fazendo com que as empresas reclamassem que isso era um abuso dos direitos de proteção de dados. No entanto, o tribunal decidiu que esse objetivo não desqualificava a ação e ordenou que as empresas fornecessem aos motoristas avaliações feitas pelos passageiros anônimos e outros dados usados para traçar seu perfil e vigiá-los.[4]

As regras dos EUA proíbem que empresas menores se unam para negociar direitos coletivamente contra as maiores. Você lembra dos problemas que tiveram as grandes editoras por conspirarem com a Apple para tentar quebrar o controle da Amazon sobre os e-books? Se fossem uma só empresa gigantesca, em vez de algumas extremamente grandes, e tivessem tomado a mesma decisão, isso não teria levantado nenhuma suspeita. Era irrelevante o fato de sua ação ter sido motivada pela queda constante dos preços praticada pela Amazon — o que significava que eles tinham menos para pagar a seus funcionários, autores e fornecedores — ou que a Amazon poderia levá-los à falência.

Mesmo um compartilhamento mais limitado pode fazer com que as empresas entrem em conflito com a lei. O presidente da A2IM, Richard Burgess, nos contou o quanto as gravadoras independentes "precisam se preocupar com a violação da lei antitruste ao discutir termos de acordos não públicos ou qualquer implicação de boicote, e não podem negociar coletivamente". Essas regras são reforçadas pela falta de transparência nos setores culturais: com tão pouca informação pública e limites tão rígidos para compartilhá-la (mesmo que seja com o objetivo de avaliar o quanto estão sendo enganados!), criadores e produtores estão em uma desvantagem absurda em comparação com as grandes corporações com as quais são forçados a lidar. A frustração de Burgess é palpável: "A lei antitruste foi virada de cabeça para baixo neste país. Embora tenha sido criada para proteger os pequenos contra corporações gigantescas, agora ela protege as corporações gigantescas contra os pequenos. Estamos vivenciando uma era que lembra a dos barões ladrões [do século XIX]".

Ironicamente, isso impulsiona a própria mudança no sentido da concentração excessiva que a lei antitruste deveria estar tentando evitar. Quando as editoras se unem contra um grande inimigo corporativo para fixar preços, elas são consideradas um cartel ilegal. Mas quando fazem fusões umas com as outras e usam seu próprio poder de monopólio para fazer exatamente a mesma coisa, o Departamento de Justiça faz vista grossa. A integração dos produtores é, na verdade, *forçada* por essas regras, mas isso só piora as coisas para todos os fornecedores e profissionais que estão mais abaixo no processo de produção. Quem iria querer viver em um mundo onde resta apenas uma editora lutando contra um único varejista de livros? Pior ainda, o que acontece quando eles fazem as pazes por meio de uma fusão? Isso não é totalmente hipotético: a AMC Networks estava em uma situação ruim depois de três rodadas de endividamento e saques junto a empresas de *private equity*. Em seguida, veio a pandemia, e a Disney (extraordinariamente grande graças à sua fusão com a Fox) criou o Disney Plus, um canal de distribuição muito popular que contorna a exibição nos cinemas, o que significa que a maioria dos filmes de grande sucesso agora será lançada em um canal que concorre diretamente com a AMC. Estando a AMC à beira da morte, há uma boa chance de que ela acabe se tornando uma subsidiária da Disney — ou da Universal, que também possui seu próprio serviço de *streaming* (Peacock) e a maior operadora de TV a cabo dos EUA (Comcast). Se isso não acontecer, a AMC poderá acabar se tornando uma divisão da Time Warner/HBO/AT&T — ou seja, da WarnerMedia. As "sinergias" são surpreendentes — e aterrorizantes — de se ponderar.

Não estamos dizendo que a fixação de preços que essas editoras praticaram contra a Amazon deveria necessariamente ter sido permitida. Mas uma das coisas mais notáveis sobre o acordo que elas fecharam com a Apple foi o desespero evidente — elas conspiraram para *receber um valor substancialmente inferior* pelo medo de até onde chegaria o predomínio da Amazon. O fato de terem chegado a esse estado de desespero é um sinal de que o desequilíbrio é sério. Enquanto existirem compradores excessivamente poderosos, deverá haver mecanismos melhores para promover a negociação coletiva dos compradores mais fracos. Às vezes, a conduta anticoncorrencial pode, de fato, ter efeitos pró-concorrenciais.

Uma solução poderia ser a proteção limitada para cartéis de produtores. O estudioso de antitruste John Kirkwood não acredita que o conluio das editoras contra a Amazon fosse justificada, mas o caso o fez pensar sobre a necessidade de uma reforma da lei antitruste. Segundo ele, os fornecedores *deveriam* ser autorizados a fazer conluios para compensar o poder de um grande cliente quando esse cliente tiver, por sua vez, um poder de compra duradouro e substancial, quando a ação deles for pró-concorrencial e quando esse conluio não gerar um poder de mercado no final da cadeia que prejudique os consumidores.[5] Essas regras pelo menos limitariam os abusos que as empresas menores são obrigadas a suportar das maiores.

Como mencionamos anteriormente, a lei antitruste dos EUA também impede que trabalhadores independentes se organizem — se esses caminhoneiros tentassem se unir e se sindicalizar, isso também seria tratado como fixação ilegal de preços. As leis promulgadas para distribuir poder de forma mais igualitária não afetaram apenas John D. Rockefeller e J. P. Morgan, mas também alguns dos trabalhadores mais vulneráveis do país, ao conceder aos trabalhadores terceirizados menos direitos do que aos empregados, embora suas condições mais precárias façam com que eles sejam, na verdade, *mais* necessitados. É por isso que algumas partes do movimento trabalhista tem tanta desconfiança em relação à lei antitruste; embora ela deva promover a concorrência, quando promove os interesses dos gigantes empresariais em detrimento dos trabalhadores, geralmente acaba tendo o efeito oposto. Estaríamos muito melhor se tivéssemos seguido a orientação da economista Joan Robinson desde o início e visto "a política de concorrência como uma questão de direitos trabalhistas".[6]

Como vimos no capítulo anterior, Susan May e Colleen Cross fizeram um trabalho incrível em sua campanha contra a Audible da Amazon. Mas elas são apenas duas pessoas que, junto com mais meia dúzia de voluntários, enfrentam uma das corporações mais poderosas e impiedosas do mundo. Imagine como essas campanhas seriam muito mais fortes se os escritores se organizassem para unir sua influência. Os sindicatos são uma ferramenta importante para criar o tipo de poder de produção compensatório necessário para contrabalançar a concentração corporativa excessiva que leva a gargalos anticompetitivos. Sabemos disso porque, quando os criadores *são* classificados como empregados, os sindicatos conseguem ajudá-los a obter condições muito melhores das que conseguiriam se tivessem negociado individualmente.

Veja o caso do Writers Guild of America, por exemplo. Os roteiristas de cinema e televisão são extremamente vulneráveis à exploração: o trabalho é visto como extremamente desejável, portanto, há um suprimento inesgotável de pessoas oferecendo sua mão de obra, o que reduz os salários e as condições. Além disso, os roteiristas geralmente precisam vender seu trabalho antes que alguém saiba qual será o valor dele, o que torna ainda mais difícil obter uma parte justa dos lucros. E muitos deles trabalham como freelancer, não como empregados.

Isso normalmente os impediria de se organizar. Mas os estúdios sempre insistem na necessidade de um alto grau de controle sobre seus escritores. O roteirista, Leo Rosten, hoje acadêmico, descreve com ironia como é trabalhar como escritor contratado: "Ele recebe colaboradores que não lhe agradam. Recebe ordens para introduzir uma dançarina de sapateado em uma história sobre um safári africano. Pedem-lhe que 'acrescente algumas piadas' a uma cena que ele lutou para manter comovente; ou que 'acelere a história' exatamente no ponto em que ele queria desenvolver os personagens".[7] Legalmente, isso é muito parecido ao tipo de controle que um empregador tem sobre um empregado. E os estúdios há muito tempo também chamam os roteiristas de "funcionários", pois isso, de acordo com a lei de direitos autorais dos EUA, lhes permite alegar que os próprios estúdios são os autores dos roteiros.

Escrever sob essas condições havia gerado um grande desespero criativo, mas veio o New Deal de Roosevelt e deu aos empregados (não aos prestadores de serviços independentes) novas e fortes proteções trabalhistas, e os escritores de Hollywood perceberam que o status que tanto invejavam era a chave para liberar uma proteção maior para sua profissão. Os estúdios voltaram atrás, tentando argumentar que seus escritores eram, afinal, freelancer, mas o controle que mantinham sobre os autores acabou com esse argumento.[8] O resultado? Os escritores de Hollywood são empregados e têm direito a todas as proteções trabalhistas que decorrem desse status — inclusive o direito de se organizar.

Dizem-nos que sindicatos poderosos devastarão seus respectivos setores, mas é claro que isso não faz sentido. Assim como outros trabalhadores, os escritores, diretores, atores e outros em Hollywood querem preservar seu setor, o que significa que ele precisa ser sustentável para todos. E o setor de TV está prosperando, tudo isso enquanto sindicatos poderosos negociam coletivamente salários mínimos e toma medidas trabalhistas para proteger os interesses de seus membros.

Isso não quer dizer que não tenha havido batalhas ferozes entre capital e trabalho ao longo do caminho. Uma das maiores começou em 2007, quando a

Netflix deixou de alugar DVDs pelo correio e passou a fazer *streaming* online. O sindicato, que não tinha jurisdição sobre a distribuição pela internet nos contratos existentes com os estúdios, reconheceu rapidamente a ameaça. Quando o contrato com os produtores expirou, exigiu que os membros tivessem direito a uma parte das receitas de distribuição digital semelhante aos pagamentos residuais que recebiam por meio de outros canais. Essa questão — a cobertura de um mercado que ainda não existia de forma significativa — foi a mais importante na mesa de negociações.

O presidente do WGA West, David Goodman, nos disse que os estúdios sabiam exatamente o que estava em jogo e estavam dispostos a fazer de tudo para manter sua vantagem: "Sabíamos que, se não conseguíssemos naquele momento, nunca mais conseguiríamos".

Percebendo que uma greve era o único caminho a seguir, os escritores tiraram os dedos dos teclados e interromperam a produção de quase todos os programas roteirizados do país. Foi um período extremamente estressante e caro, com os escritores batalhando por cem dias seguidos nos piquetes. Mas eles se mantiveram firmes e acabaram chegando a um novo acordo que lhes deu o que precisavam. Goodman ainda se maravilha com essa conquista: "Nós vencemos. Estou muito impressionado com a visão, a pesquisa e a coragem necessárias para fazer isso. E graças a Deus — porque 20% dos nossos membros trabalham nesses programas de *streaming* hoje".

Mais recentemente, a WGA vem travando outra grande batalha. Anteriormente, descrevemos como as quatro grandes agências de talentos de Hollywood ameaçavam a viabilidade das carreiras de roteiristas por meio de taxas de *packaging* e outros conflitos de interesse que estavam desviando dinheiro de seus clientes para os próprios bolsos. Embora estejamos na chamada Era de Ouro da televisão, com lucros recordes e um número sem precedentes de programas roteirizados em produção, a remuneração dos roteiristas tem diminuído, mesmo quando a de executivos e agentes aumenta enormemente. Os roteiristas tiveram seus salários reduzidos como resultado de estarem sendo contratados para programas mais curtos com acordos de permanência exclusiva durante a maior parte do ano, impedindo-os de assumir outros programas para compensar a diferença. Outra pressão para o lado negativo veio das grandes agências que abriram suas próprias empresas de produção. Isso significa que, quando montavam programas em parceria, estavam cada vez mais negociando *consigo mesmos*.

A ação coletiva foi a principal ferramenta do sindicato para reverter essa situação. É importante lembrar que, em 2019, o WGA adotou um novo código de conduta que aboliu as taxas de *packaging* e proibiu que as agências tivessem mais de 20% de participação em qualquer produtora, depois orientou os membros a encerrarem o relacionamento com os agentes que não cumprissem a determinação. Em poucos dias, mais de sete mil escritores haviam aderido à causa — incluindo algumas das estrelas mais bem pagas do setor, como a *showrunner* de *Grey's Anatomy*, Krista Vernoff: "Eu... Entendo que meu contrato está fechado, que estou em uma posição de privilégio e que essa ação não me prejudica no curto prazo porque tenho um emprego lucrativo no momento".[9] Mas ela, e outros como ela, arriscaram mesmo assim conexões, empregos futuros e renda por uma chance de colocar o setor em uma base mais sustentável.

Foram necessários 22 meses para resolver o problema, mas em 5 de fevereiro de 2021, estava feito — todas as principais agências de talentos haviam concordado com o novo código, fazendo com que o setor voltasse ao modelo de comissão pela primeira vez em décadas. A WME e a CAA, maiores e mais conflituosas, foram as últimas a resistir a mudança. Seus modelos de negócios dependiam do *packaging* e da produção interna e, com essas atividades proibidas ou restringidas pelo novo acordo, seus proprietários de empresas de *private equity* agora têm muito menos chance de uma saída satisfatória. No entanto, até mesmo eles não conseguiram resistir ao poder unificado dos roteiristas de Hollywood.

O alívio dos líderes do WGA por ter finalmente cruzado a linha de chegada era palpável, com David Goodman dizendo que ninguém tinha desejado mais do que ele a vitória da campanha das agências: "As agências que nos representam agora têm seus interesses financeiros alinhados com os de seus clientes escritores, e as práticas comerciais problemáticas das agências, como taxas de *packaging* e organizações para produção de propriedade das agências, chegaram ao fim". Ele enfatizou que a vitória se devia aos membros, "que entenderam pelo que estávamos lutando e se dispuseram a fazer sacrifícios pessoais por um bem maior. Tenho orgulho e sorte de ser um deles".[10]

Enquanto a greve ainda estava em andamento, em 2020, o acordo com o estúdio dos roteiristas foi renovado. O WGA conseguiu negociar novas proteções sobre o *span* (a quantidade de tempo que um escritor pode ser mantido em um programa sem pagamento adicional) e exclusividade, incluindo limitações específicas para programas de curta duração. Eles não conseguiram tudo o que queriam, pois a incerteza sobre a paralisação de produções durante a pandemia da COVID-19 prejudicou sua capacidade de negociação. Mas, mesmo assim, conseguiram estancar a sangria e recuperar parte do que seus agentes haviam cedido.[11]

O WGA é eficaz porque seus membros acreditam o suficiente em sua missão conjunta a ponto de comprometer conexões e renda. Como Slack nos disse, "como um sindicato, a solidariedade é a única coisa que você tem". É por isso que eles concordaram coletivamente em punir uns aos outros (e aceitaram ser punidos) caso se afastem das proteções mínimas básicas destinadas a proteger todo o setor. O WGA persegue ativamente todos os roteiristas que furam as greves, e aqueles que o fazem correm o risco de serem rejeitados ou até mesmo banidos de projetos futuros.[12] As empresas com as quais eles trabalham conhecem essas proteções e as consequências e isso estabelece um piso para os salários e as condições. Os diretores e atores de Hollywood se unem da mesma forma e com o mesmo efeito.

Esse tipo de capacidade de aplicação precisa ser levado a sério pelo outro lado, tornando-se uma alavanca eficaz para a mudança. Os sindicatos de criadores que não têm as proteções jurídicas que acompanham o status de empregado dos seus membros — como o recém-formado Union of Musicians and Allied Workers [Sindicato dos Músicos e Trabalhadores Aliados] — podem usar táticas como a vexação pública para tentar fazer com que empresas como o Spotify aumentem suas taxas. Mas sem a capacidade de fazer greve, eles têm menos poder para realizar mudanças significativas.

Mesmo com o poder do WGA, manter esse limite é uma luta constante. Os estúdios se consolidaram, assim como em todos os outros setores que analisamos. E eles descobriram que, ao se unirem — eles negociam coletivamente como Alliance of Motion Picture and Television Producers [Aliança de Produtores de Filmes e Televisão], ou AMPTP —, podem dividir e conquistar diversos sindicatos que representam diferentes interesses dos criadores. Em 2020, no entanto, os vários sindicatos de trabalhadores de Hollywood — diretores, atores, roteiristas, técnicos, *teamsters* [transportadores] e prestadores de serviços básicos — uniram forças para criar um acordo histórico com a AMPTP sobre os direitos dos trabalhadores durante a pandemia da COVID-19, incluindo novas medidas de quarentena, auxílio-doença e segurança visando sua proteção. Se essa solidariedade se mantiver, pode ser o prenúncio de uma nova era em que esses trabalhadores combinem forças para defender, ainda mais fortemente, as necessidades uns dos outros.

As condições de trabalho mudaram muito desde o New Deal de Roosevelt, mas a ideia ultrapassada de que somente os empregados podem se organizar persiste. Sanjukta Paul argumenta que "devemos ver os direitos de coordenação como um recurso público, a ser alocado e regulamentado para o interesse público, e não para a busca de fins exclusivamente privados".[13] Se seguirmos esse raciocínio, todos os trabalhadores deveriam ter a liberdade de se organizar sempre que seja de interesse público para eles. Isso não significa apenas impedir que os aproveitadores, como o Uber, classifiquem erroneamente os que na verdade são funcionários como prestadores de serviços independentes, mas também permitir que os freelancer genuínos, como tantos profissionais de criação, se unam para criar um poder compensatório aos produtores. Sandeep Vaheesan, do Open Markets Institute, diz que dar a *todos* os trabalhadores o direito de se organizar é o que precisamos se quisermos "transferir a governança da empresa e do mercado de uns poucos privilegiados, em sua maioria brancos, para as pessoas multirraciais".[14]

Esse direito não será concedido facilmente. Teremos de exigi-lo.

Embora estejamos vivendo atualmente em uma Era Dourada que tem muitas das características da década de 1920 — desigualdade desenfreada, concentração de mercado massiva, uma classe política desconectada das preocupações dos proletários — há diferenças importantes no que diz respeito à organização dos trabalhadores, para melhor e para pior.

Algumas coisas nunca mudam: assim como os trabalhadores da década de 1920, os de hoje enfrentam a ameaça de serem substituídos caso reclamem. Na Era Dourada, patrões colocavam diferentes grupos de imigrantes uns contra os outros, usando alemães americanos para interromper uma greve de poloneses americanos e, em seguida, jogavam italianos americanos contra os alemães quando eles se demitiam. Hoje, os trabalhadores podem enfrentar ameaças de substituição que vêm do mundo todo, com locais de trabalho físicos e digitais fáceis de serem realocados para zonas de baixos salários e com menos proteções trabalhistas. Isso inclui muitos profissionais de colarinho branco que antes se sentiam protegidos dessas realidades. Mas agora que a pandemia da COVID-19 demonstrou que muitos dos trabalhos que eles fazem podem ser feitos remotamente por meio de links de vídeo, estão começando a perceber que também podem ser substituídos pelo candidato mais barato, de qualquer lugar do mundo.

Os trabalhadores da Era Dourada mudaram a maré ao criar solidariedade entre diferentes grupos étnicos, reconhecendo que suas diferentes origens nacionais eram insignificantes em comparação com seus interesses econômicos comuns. Até agora, os trabalhadores do século XXI têm se enfrentado com esse mesmo feito, com os profissionais do setor automobilístico de Detroit demonizando seus irmãos mexicanos que trabalham para as empresas automobilísticas, que migraram para o sul depois do NAFTA, e os programadores de computador do Vale do Silício fazendo a mesma coisa com os trabalhadores indianos de Bangalore e Pune que assumiram "seus" empregos.

Não precisa ser assim. Embora seja verdade que é mais difícil encontrar um trabalhador substituto pessoalmente quando esse trabalhador está do outro lado do mundo, da mesma forma, nunca foi tão fácil para os trabalhadores dispersos se comunicarem, graças à mídia e às ferramentas de organização digital. Os chamados *gig workers* [autônomos] — que estão vivendo o futuro de todos os trabalhadores, se as coisas não mudarem — foram os pioneiros no uso de grupos de rede social para trocar informações e criar uma causa comum, coordenando ações em todo o mundo.

É claro que, mesmo com o direito de se organizar, os trabalhadores criativos ainda precisariam ter *disposição* para fazê-lo. Isso requer a crença de que se organizar realmente poderá alcançar resultados melhores do que os que se obtêm estando sozinhos. Roteiristas, diretores e atores têm essa crença porque têm décadas de comprovação. Em outros setores, isso terá que ser construído.

Nossos antepassados trabalhadores enfrentaram a violência de capangas que trabalhavam para seus patrões: os capangas de Pinkerton e seus concorrentes mercenários atormentavam e assassinavam trabalhadores e suas famílias por terem a ousadia de exigir condições de trabalho decentes. Os Pinkertons ainda estão por aí, equipados com ex-agentes da NSA, CIA e FBI, e estão trabalhando para a Amazon e outras Big Techs para espionar e neutralizar os organizadores sindicais. Hoje em dia, os organizadores de trabalhadores não precisam se preocupar (muito) com capangas, mas os Pinkertons e seus concorrentes mercenários digitais irão persegui-los no ciberespaço.

Esse é mais um motivo pelo qual todo artista — e todo trabalhador — precisa se preocupar com os contornos da internet: uma internet centralizada, instrumentalizada para a vigilância total, é um golpe mortal para todas as lutas por justiça. Mas uma internet pluralizada, descentralizada e centrada no ser humano é um lugar onde os trabalhadores de todos os lugares podem se organizar e lutar.

CAPÍTULO 15

LIMITES DE TEMPO EM CONTRATOS DE DIREITOS AUTORAIS

Muitos criadores acabam com contratos terríveis nas mãos. Alguns deles tão ruins que já viraram folclore: como o primeiro contrato dos Beatles, que dava à banda um centavo por disco, com o qual eles tinham que pagar o empresário e depois dividir o restante em quatro partes. Jerry Siegel e Joe Shuster venderam os direitos de *Superman* para a Detective Comics em 1938 por apenas US$ 130 — só que a história gerou centenas de milhões, ao passo que eles ficaram desamparados. Foi só quando Siegel levou a situação a público, pouco antes do lançamento do primeiro filme de *Superman*, que os detentores dos direitos foram finalmente obrigados a dar-lhes crédito por seu trabalho, uma pensão de US$ 20.000 por ano e assistência médica. O filme arrecadou US$ 300 milhões nas bilheterias.[1]

Os piores contratos são reservados aos negros. Na década de 1950, os artistas brancos que gravavam discos geralmente recebiam royalties de cerca de 4%. Os artistas negros, incluindo Muddy Waters e Bo Diddley, geralmente recebiam taxas fixas baixas e zero de royalties contínuos.[2]

Os artistas aceitam essas condições terríveis não porque querem, mas porque não têm escolha — eles estão no mesmo barco que os trabalhadores de armazéns, fábricas e lanchonetes, obrigados a abrir mão de proteções legais e trabalhar em condições árduas com pouca segurança e poucos benefícios por um salário mínimo, porque todos os empregadores estão oferecendo o mesmo.

A injustiça dos contratos dos artistas é agravada pelo fato de que eles literalmente sobrevivem aos próprios artistas, uma vez que as gravadoras e editoras de música mais poderosas normalmente extraem direitos dos criadores por todo o período de vigência dos direitos autorais. Em geral, os autores podem recuperar seus direitos quando os livros saem de catálogo, mas o advento da impressão sob demanda e do formato digital significa que, para muitos, não existe tal coisa: eles ficam presos a esses contratos indefinidamente, mesmo que a editora não esteja mais promovendo ou investindo em seus livros.[3] Muitos contratos dão aos artistas direito contínuo aos royalties, mas isso não adianta nada se as obras pararem de ser exploradas — o que acontece regularmente, pois a maioria dos direitos autorais ultrapassa em muito os interesses comerciais dos investidores.[4]

Alguns contratos se tornam mais injustos com o passar do tempo. Os royalties padrão de 4% pagos aos artistas da década de 1950 tornaram-se 10% para os artistas contratados na década de 1980 e são de quase 25% para os artistas que assinam atualmente. Grande parte da música popular, incluindo clássicos do jazz, R&B, disco, soul e hip-hop, ainda está sendo remunerada com essas taxas desatualizadas, apesar de ser vendida e reproduzida junto aos lançamentos mais recentes. Pior ainda, muitos desses artistas e seus herdeiros não recebem de fato um único centavo em suas contas bancárias, porque as gravadoras insistem que eles ainda não pagaram suas dívidas de gravação. Com um royalty de 5%, um adiantamento de US$ 40.000 e custos de gravação e de turnê de US$ 110.000, um disco teria que gerar uma receita de US$ 3 milhões para que a dívida original de US$ 150.000 fosse quitada. Mas, embora saibam do problema há décadas, as empresas que mais lucram com essa exploração, em sua maioria, não fazem nada para mudar isso.

A possibilidade de que compradores poderosos adquiram direitos por todo o período dos direitos autorais também contribui enormemente para o controle descomunal que exercem sobre o futuro de seus setores. Vimos isso mais claramente no caso do *streaming*: para conseguir estabelecer-se, o Spotify teve que se aliar às grandes gravadoras, oferecendo-lhes os melhores contratos e os maiores brindes. Como Liz Pelly nos lembra, elas também decidiram os termos do acordo: o *streaming* "foi moldado *pelas* grandes gravadoras *para* as grandes gravadoras". É ruim para o progresso quando as corporações, cujos interesses se baseiam em modelos do passado, podem ditar o futuro. Nas palavras de Audre Lorde, "as ferramentas do mestre nunca desmantelarão a casa do mestre". Basta olhar para a fotografia digital: inventada por um engenheiro da Kodak na década de 1970, ela foi morta no berço devido ao medo que a empresa tinha de que ela canibalizasse seu lucrativo negócio de filme fotográfico. Pelo mesmo motivo, não devemos confiar na ExxonMobil nem na BP para encontrar as melhores soluções para as mudanças climáticas. Os maiores beneficiários das formas existentes de se fazer as coisas nunca estarão interessados em reduzir seu próprio poder.

A capacidade de obter direitos sobre todo direito autoral também proporciona aos maiores *players* vantagens crescentes sobre rivais menores. Como vimos, três gravadoras, três editoras musicais (pertencentes a essas mesmas gravadoras) e cinco editoras de livros agregaram industrialmente os direitos autorais da maioria das gravações sonoras, músicas e livros mais valiosos do mundo. Todo esse fundo de catálogo [*backlist*] gera renda passiva que se traduz em margens maiores do que as de seus rivais independentes. As empresas a utilizam para fazer lobby por um tratamento regulatório mais vantajoso e para vencer a concorrência nos novos projetos mais lucrativos. Também lhes dá força para negociar os melhores contratos com os distribuidores. Embora todas as editoras de livros e gravadoras tenham sido moídas pela Amazon e pelo YouTube, foram as independentes as que mais perderam: elas são as gazelas escolhidas para sangrar descontos cada vez maiores.

Para consertar os setores culturais é necessário controlar a Amazon, o YouTube e seus congêneres, mas não é o suficiente. Se as Big Content ainda tiverem o poder de bloquear modelos de negócios alternativos, desviar o valor que deveria ter sido repartido com os profissionais de criação e obter uma vantagem injusta sobre os concorrentes menores, muito valor ainda será transferido dos criadores para os proprietários. Esse é um problema que a limitação de tempo nos contratos de direitos autorais poderia ajudar a resolver.

Os críticos podem zombar dessa sugestão. Afinal de contas, esses limites existem em variadas formas desde sempre e, no entanto, aqui estamos nós — os compradores de direitos autorais têm mais poder do que nunca. No entanto, quando se olha mais de perto, fica evidente que os limites nunca foram realmente implementados de modo que dê um poder significativo aos criadores.

A primeira lei moderna de direitos autorais do mundo, o Estatuto de Anne, de 1710, concedeu aos autores direitos exclusivos por 14 anos. Se depois desse período eles ainda estivessem vivos, teriam mais 14 anos. Esse sistema de prazo duplo tinha a intenção de beneficiar os autores, dando-lhes a chance de vender suas obras duas vezes. Ocasionalmente, funcionava: por exemplo, Adam Smith vendeu os direitos autorais de *A Riqueza das Nações* por 300 libras esterlinas e, mais tarde, seus editores lhe pagaram a mesma quantia para renovar os direitos autorais. Mas esses casos eram raros. Na prática, a maioria dos livros parava de ser vendida — ou o autor morria — antes que o primeiro prazo expirasse. Os vendedores de livros e de música também redigiam contratos nos quais se arrogavam a extração de direitos para sempre, tentando impedir os autores de reivindicar seus direitos após o término do primeiro prazo.[5]

Mesmo no caso improvável em que o autor sobrevivesse, seu livro ainda estivesse vendendo, ele entendesse de direitos e tivesse poder de barganha suficiente para impedir que o segundo período fosse removido à força, *ainda assim* poderia ser que não se beneficiasse desse segundo período. Isso porque as editoras mais poderosas formaram um cartel chamado Conger para fazer valer seu próprio sistema de direitos autorais "tácitos" ou "honorários", intimidando e afastando outras editoras e assim garantindo que cada uma delas mantivesse o controle sobre os livros que consideravam seus — mesmo depois que a proteção legal expirasse.[6] Nesse tipo de mercado, mesmo que o autor possuísse legalmente os direitos autorais, talvez não conseguisse persuadir nenhuma editora concorrente a publicá-lo.[7] Já em 1737, uma nova legislação foi proposta para restringir o poder das editoras, limitando as transferências a 10 anos cada, mas isso nunca se tornou lei. Embora o Estatuto de Anne supostamente devesse melhorar a situação dos autores, eles acabaram recebendo praticamente o mesmo que recebiam antes da introdução do sistema de direitos autorais.[8] Os verdadeiros beneficiários foram as editoras mais poderosas, que continuaram se fortalecendo à medida que acumulavam catálogos de direitos cada vez maiores.

A lei de direitos autorais dos EUA também incluiu direitos de reversão desde sua origem, mas eles também foram concebidos de forma a fazer pouco para reduzir o poder das editoras. A primeira lei federal de direitos autorais dos Estados Unidos, em 1790, importou a estrutura do Reino Unido de dois mandatos sucessivos de 14 anos, mas as editoras insistiram que poderiam simplesmente usar contratos para extrair direitos de ambos antecipadamente. Não estava claro de forma alguma que a lei de fato lhes conferia esse direito, já que isso anularia totalmente o propósito de que os autores tivessem um direito de reversão. No entanto, apesar de ter alterado a lei várias vezes nos últimos 150 anos, o Congresso dos Estados Unidos não conseguiu resolver o problema da ambiguidade — talvez dissuadido pela pressão substancial das editoras e de outros investidores para que não o fizesse.

A Suprema Corte acabou decidindo que os contratos com os criadores poderiam, de fato, incluir ambos os períodos antecipadamente, embora fossem necessários contratos separados para vincular os herdeiros.[9] Posteriormente, os criadores passaram a ser regularmente obrigados a assinar não apenas seus próprios direitos, mas também a fazer contratos separados para vincular os herdeiros. Jay Morgenstern, ex-gerente geral da Warner Chappell Music, relata um caso que mostra como os investidores se tornaram sistemáticos na captura desses direitos e como levaram a sério essa missão: "O estúdio exigiu todas as assinaturas e nós conseguimos cumprir a demanda. [Então], o autor morreu enquanto sua esposa estava grávida. Todos no estúdio tiveram uma parada cardíaca pensando que o novo herdeiro poderia renegar a licença no momento da reversão".[10]

Os criadores nos EUA finalmente conquistaram direitos de rescisão inalienáveis e inequívocos na Lei de Direitos Autorais de 1976. No entanto, no período que antecedeu sua promulgação, as gravadoras, os estúdios de cinema e as editoras de música e de livros combateram ferozmente todas as propostas para tornar essas proteções significativas, argumentando, de forma desonesta, que elas eram paternalistas e iam contra a liberdade de contrato. Portanto, esses direitos também acabaram sendo neutralizados.

A liberdade de contrato é um dos principais pilares do capitalismo *laissez-faire*. É a ideia de que as pessoas devem poder fazer o que quiserem sem a interferência da regulamentação governamental, incluindo o direito de decidir se querem fazer contratos entre si e os termos em que o farão. Na realidade, é claro, limitamos contratos o tempo todo. A lei não obrigará a cumprir contratos ilegais (como assassinato por encomenda ou tentativas de pagar abaixo do salário mínimo), contratos prejudiciais (em que uma parte era incapaz de consentir ou foi enganada) ou restrições injustas de comércio. E você verá que aqueles que insistem na santidade da liberdade de contrato quando convém a seus próprios interesses mudam rapidamente de opinião quando isso não acontece: as mesmas editoras que citaram a liberdade de contrato para resistir à obtenção de novos direitos pelos autores sob a lei de 1976 estavam, ao mesmo tempo, tentando garantir leis que lhes permitissem ditar aos varejistas os preços pelos quais seus livros seriam vendidos. O advogado de direitos autorais Irwin Karp apontou essa hipocrisia durante as discussões do setor sobre o projeto de lei de rescisão: "Cada um de nós se oporá a certas interferências e apoiará outras, dependendo se somos o proprietário do boi que foi chifrado ou se queremos chifrar o boi de alguém".[11]

Isso não mudou. Os detentores de direitos ainda fazem lobby junto aos responsáveis pela elaboração de políticas para preservar a liberdade de contrato sempre que são apresentadas propostas para proteger os criadores, ao mesmo tempo em que se insurgem contra elas quando a Amazon, o Google e o Facebook são os que saem ganhando. A força de trabalho operária vê o mesmo padrão "dois pesos, duas medidas" quando seus empregadores — membros de grandes associações do setor que defendem o benefício mútuo — insistem que a sindicalização priva os trabalhadores do direito de negociar seus próprios acordos com os empregadores.

Os detentores de direitos conseguiram tanto diluir as proteções ao autor que foram promulgadas quanto torná-las muito mais complexas. A proposta original era de um direito de reversão que funcionaria automaticamente, entrando em vigor 25 anos após a transferência dos direitos. A lei resultante (Código dos Estados Unidos 17 § 203, para transferências executadas depois que a lei entrou em vigor em 1978) acabou não se aplicando até 35 anos após qualquer transferência. Ela também exige que os criadores sigam procedimentos complexos e dispendiosos para recuperar seus direitos; eles correm o risco de perder esses direitos se fizerem algo errado. Os detentores de direitos também conseguiram garantir exceções substanciais que impedem que os criadores de obras por encomenda as rescindam por completo. A definição de "obras por encomenda" abrange inclusive os trabalhos feitos por empregados como parte de seu vínculo empregatício, aqueles especialmente encomendados para uso em obras coletivas e aqueles usados como partes de filmes e outras obras audiovisuais.

Essas vitórias não foram suficientes para o setor fonográfico. O lobby das gravadoras lutou para que as gravações sonoras fossem listadas como uma das "obras por encomenda" que não podem ser rescindidas, mas não conseguiu incluí-las na lista. Conseguiram, sim, ao menos argumentar que alguns álbuns se enquadravam na categoria de "obras coletivas especialmente encomendadas", mas não tiveram como impedir que os artistas reivindicassem seus direitos sobre os *singles*, que geralmente são os das músicas mais valiosas. Para tanto, os lobistas das gravadoras teriam que fazer com que a lei fosse alterada para incluir expressamente as gravações sonoras como uma categoria de obra por encomenda.

Eles tentaram conseguir isso por anos, sem sucesso. Então, por incrível que pareça, decidiram roubar esses direitos. Em 1999, um funcionário do Congresso inseriu sorrateiramente quatro palavrinhas em uma lei não relacionada, Satellite Home Viewer Improvement Act [Lei de Melhoria da Televisão Doméstica por Satélite], que teve o efeito de adicionar gravações sonoras à lista de obras por encomenda na Lei de Direitos Autorais. Não houve audiências nem publicidade em torno dessa alteração de última hora. O projeto de lei tornou-se apêndice do gigantesco projeto de mil páginas sobre apropriações, que foi aprovado e depois assinado como lei. Só então a alteração veio à tona. Uma investigação descobriu que ela não havia sido solicitada por nenhum parlamentar, mas sim feita a pedido da Recording Industry Association of America [Associação do Setor de Gravação dos Estados Unidos] (RIAA) — um lobby que representa as maiores gravadoras.

A responsável pelo registro de direitos autorais na época, Marybeth Peters, criticou a emenda por ter sido feita "na calada da noite" e "sem nenhuma participação dos artistas". A RIAA se fez de inocente, insistindo que a mudança era uma mera "emenda técnica". A lei nos EUA permite que emendas técnicas a estatutos contornem alguns dos processos legislativos habituais, mas isso se limita a corrigir erros óbvios como, por exemplo, erros de digitação — não mudar a substância do que o Congresso deliberou. Hilary Rosen, então presidente e CEO da RIAA, que mais tarde se tornou uma importante agente do Partido Democrata e diretora de política do jornal *Huffington Post*, alegou falsamente que "na visão de todos, essa era uma questão técnica", porque "as gravadoras sempre registraram gravações no departamento de direitos autorais como obras por encomenda". Como um redator jurídico respondeu de forma cáustica, "a ideia de Rosen de 'todo mundo'... não pode incluir artistas, seus advogados, professores e autores especializados em Propriedade Intelectual, altos funcionários do departamento de Direitos Autorais nem os tribunais, porque todos eles pensam de forma diferente".[12] Agravando a polêmica da manobra furtiva feita na calada da noite, o funcionário do Congresso que havia introduzido clandestinamente a emenda, Mitch Glazier, foi contratado pela RIAA poucos meses depois. Atualmente, ele é seu presidente e CEO.

Embora a mudança sorrateira da RIAA nunca devesse ter acontecido, ela ainda assim se tornou lei. Isso representou um grande golpe para os interesses dos músicos. As gravadoras já vinham usando agressivamente a categoria "obras coletivas especialmente encomendadas" para tentar impedir que os artistas reivindicassem direitos sobre os álbuns. Com a emenda roubada, esse uso de repente se tornou muito mais forte e as gravadoras finalmente tinham uma maneira de impedir que os artistas recuperassem até mesmo os direitos sobre os *singles*. Depois de terem sido prejudicados desde o início pela oposição dos detentores de direitos, esse roubo varreu os últimos vestígios do benefício que a lei de rescisão pretendia para os artistas de gravação.

Mas não ficou assim. Quando o roubo veio à tona, os artistas explodiram em uma fúria coletiva, organizando-se como nunca antes. A RIAA tentou esconder o fato, mas depois de quase um ano de pressão feroz e coordenada, os artistas finalmente conseguiram reverter a emenda. Hoje, os criadores continuam excluídos da reivindicação de direitos sobre as categorias enumeradas de trabalhos feitos por encomenda. Mas, graças aos esforços obstinados de celebridades de destaque na luta contra a manobra da RIAA, a categoria de gravações sonoras não é uma delas.

Apesar dessa vitória, a lei de rescisão dos EUA, pelo menos como está redigida atualmente, representa pouca ameaça ao poder das Big Contents. A complexidade da lei torna a rescisão cara e demorada e, como resultado, pouquíssimos criadores a utilizam de fato. Rebecca (junto com Joshua Yuvaraj, Daniel Russo-Batterham e Genevieve Grant) investigou exatamente quantos e descobriu que, nos oito anos desde que as primeiras transferências sob o § 203 da USC se tornaram rescindíveis, apenas 16 mil obras de arte performática foram sujeitas a avisos de rescisão (a maioria canções), menos de 10 mil gravações sonoras e apenas 800 livros.[13] Essa é uma parte minúscula das obras que são realmente cobertas por direitos autorais.

A escassez de rescisões de livros é particularmente impressionante. Apenas dez autores (incluindo Francine Pascal, Debbie Macomber, Nora Roberts, Stephen King, Ann M. Martin e Piers Anthony) são responsáveis por cerca de 70% do total de rescisões. Somente Pascal, com seu vasto catálogo de títulos da *Sweet Valley*, rescindiu mais de trezentos.[14]

Outro motivo pelo qual a lei de rescisão dos EUA é tão pouco utilizada pode dever-se ao fato de que ela demora muito para ser aplicada. Rebecca (junto com Jacob Flynn e François Petitjean) publicou outro estudo em 2019, dessa vez investigando a disponibilidade de livros em inglês mais antigos e culturalmente relevantes nos EUA, Canadá, Austrália e Nova Zelândia. Essa pesquisa constatou que o acesso por bibliotecas a muitos livros importantes estava indisponível, o que sugere que os termos de direitos autorais — mesmo para obras culturalmente duradouras — podem ultrapassar em muito sua vida útil comercial.[15] Essas descobertas sugerem que 35 anos para o direito de rescisão pode ser um tempo de espera longo demais para os criadores.

As gravadoras continuam resistindo até mesmo à versão esvaziada da lei de rescisão. As principais delas sempre deixaram claro que "não abririam mão de gravações que consideram de sua propriedade sem lutar", alegando que "o direito de rescisão não se aplica à maioria das gravações sonoras". Embora sua tentativa de adicionar gravações sonoras à Lei de Direitos Autorais tenha fracassado, as gravadoras ainda alegam que os álbuns são "obras coletivas especialmente encomendadas" ou, se preferirem, "compilações" e, portanto, obras por encomenda.[16]

Essa alegação ainda não submetida a um teste de autoridade e a incerteza que persiste sobre se ela teria êxito faz com que seja arriscado e caro para os artistas fazerem valer seus direitos. Nos casos em que as grandes estrelas tentam fazê-lo — ou seja, as que têm recursos financeiros suficientes para levar o processo até o fim — suas reivindicações são resolvidas fora dos tribunais, o que significa que, no fim, não se abrem precedentes para ajudar aqueles com menos dinheiro ou poder. Também significa que eles talvez tenham que se contentar com menos do que lhes é devido. Quando a janela de rescisão se abriu para os primeiros álbuns de Prince feitos com sua arqui-inimiga, a Warner, anunciou-se que ele recuperaria a tão cobiçada propriedade de seu catálogo — mas com algumas condições. Em troca, ele concordou em retornar à gravadora, lançar um novo álbum e autorizar o relançamento de *Purple Rain*. Se os direitos dos criadores de acordo com a lei de rescisão fossem mais claros, poderiam ser exercidos sem a necessidade de qualquer contrapartida.

Atualmente, estão em andamento ações coletivas para esclarecer essas reivindicações, mas elas ainda estão longe de serem resolvidas — e ainda há muitos obstáculos a serem superados. A Sony e a UMG estão lutando contra essas ações com todo o poder de fogo que podem reunir — inclusive alegando que os artistas que acreditam ter rescindido legalmente são, na verdade, responsáveis por violar direitos autorais ao venderem versões "piratas" em seus próprios sites, e inclusive acusando os artistas de violação de direitos autorais porque seus advogados usaram a arte de seus próprios álbuns para recrutar outras pessoas para o litígio.[17]

Esses direitos certamente ajudaram alguns artistas, como os criadores do icônico filme cult *This Is Spinal Tap*, que usaram a lei para recuperar os direitos globais exclusivos. No entanto, na maioria das vezes, os direitos de rescisão nos EUA não atingiram seu potencial de recuperar a cultura perdida e remunerar os criadores.

Também existem limites de tempo em outros lugares, mas são igualmente insatisfatórios. Um dos mais interessantes é uma lei britânica de 1911, exportada para toda a Commonwealth, que reverteu automaticamente os direitos autorais para os herdeiros dos autores 25 anos *post mortem*. Ela ainda está em vigor no Canadá e em uma ou duas outras ex-colônias britânicas, mas foi revogada por razões espúrias em outros lugares.[18] Foi aplicada com mais destaque à música *The Lion Sleeps Tonight*, do compositor sul-africano Solomon Linda — "a melodia mais famosa que já surgiu na África" — que você provavelmente conhece do filme *O Rei Leão* ou de uma das outras 170 regravações feitas por artistas como o cantor folk estadunidense Pete Seeger e o grupo de *doo-wop* The Tokens.[19] Linda foi obrigado a transferir os direitos por muito pouco. Suas filhas não viram quase nada dos ganhos e, enquanto sua música rendia milhões para as corporações ocidentais, elas viviam em barracos e trabalhavam como empregadas domésticas. Mas, então, descobriu-se que, de acordo com a antiga Lei Imperial Britânica, os direitos autorais haviam sido automaticamente revertidos para elas — e o uso pela Disney era, portanto, uma violação. Inicialmente, a Disney relutou em pagar, mas depois que as filhas de Linda obtiveram uma decisão dramática que vinculava suas lucrativas marcas registradas na África do Sul, chegou-se a um acordo. Os detalhes exatos não são públicos, mas acredita-se que incluam uma compensação por usos anteriores da música, além de uma provisão para royalties futuros. No entanto, assim como a lei dos EUA, essa antiga lei imperial de direitos autorais é inadequada. Na maioria dos casos, ela entra em vigor tarde demais para ter algum impacto: geralmente 60 ou 70 anos depois que a obra chegou ao mercado. Como poucas obras ainda têm algum valor depois de tanto tempo do lançamento, a lei tem pouco efeito na prática. E como ela tem pouco efeito, poucas pessoas sabem sobre ela — mesmo no Canadá, onde ela ainda opera. Isso inclui os detentores de direitos, que muitas vezes continuam como se ainda fossem proprietários de direitos autorais que, na verdade, foram transferidos para outros.

Impor limites de tempo para transferências de direitos autorais, como mencionado aqui, certamente poderia ajudar a obter justiça em casos individuais. Mas se quisermos que eles tenham o tipo de impacto estrutural que restrinja o poder excessivo do comprador, precisamos adotar uma abordagem mais radical.

Não somos os únicos a pensar sobre o assunto. Os responsáveis pela elaboração de políticas começaram a entender o amplo potencial da reversão para fazer com que criadores sejam remunerados e facilitar o acesso das pessoas à cultura, e isso está se tornando um dos principais temas relacionados a direitos autorais. O inquérito parlamentar do Reino Unido sobre a economia do *streaming* de música recomendou que os criadores recebessem um novo direito de recuperar obras após 20 anos.[20] Da mesma forma, os legisladores canadenses estão atualmente analisando uma recomendação para criar um novo direito de reversão que entra em vigor 25 anos após a transferência (além da lei existente, que ainda se aplicaria 25 anos após a morte do autor). Infelizmente, no entanto, os primeiros sinais sugerem que o novo direito canadense pode importar muitas das deficiências da versão americana, incluindo "formalidades" complexas (o vocábulo do advogado de direitos autorais para designar "burocracia") para a reivindicação de direitos.

A África do Sul quase conseguiu implementar um direito de reversão muito mais radical como parte de sua nova lei de direitos autorais em 2019: os direitos autorais seriam revertidos automaticamente 25 anos após a transferência. No entanto, o projeto fracassou quando o presidente Cyril Ramaphosa se recusou a assinar a nova lei. Esse fracasso foi, em grande parte, estimulado por uma interferência deplorável de funcionários e corporações dos EUA que tentavam impedir que o país introduzisse uma exceção de *fair use* [uso justo] — algo que já existe nos EUA e que era extremamente necessária para ajudar a resolver os problemas de acesso enfrentados pelas escolas, universidades e bibliotecas em dificuldades da África do Sul.

No caso da proposta de lei de reversão, entretanto, a suspensão também foi motivada por preocupações de que a reversão automática poderia aumentar o número de obras órfãs — obras que ainda estão protegidas por direitos autorais, mas cujos proprietários são desconhecidos. Isso era mais justificável. A reversão automática, especialmente para pessoas que talvez não soubessem que agora detinham os direitos ou o que poderiam fazer com eles — e que podem ser difíceis de localizar — seria de fato menos do que ideal. Em vez de devolver essas obras a seus criadores, torná-las órfãs poderia removê-las completamente da cultura, já que ninguém poderia reproduzi-las até que seus direitos autorais expirassem, o que poderia levar décadas. Qualquer sistema de reversão automática precisa de salvaguardas para garantir que não cause novos problemas depois.

Então, o que poderíamos fazer nesse caso? Se sonhássemos alto e imaginássemos uma lei de reversão baseada no tempo que pudesse fazer uma diferença significativa na capacidade dos profissionais de criação de repartir os frutos de seu trabalho, promover o acesso e manter os incentivos para investir em conteúdo criativo, como seria?

Aqui está uma possibilidade radical. Começar com um bumerangue automático que devolve os direitos sobre livros, músicas, gravações sonoras e artes visuais para os criadores 25 anos após a transferência. Esses criadores poderiam, então, explorá-los novamente da maneira que desejassem — inclusive licenciando-os novamente com o investidor original ("OK, Universal, você ainda pode publicar isso, mas quero que minha dívida de gravação seja quitada para que eu comece a receber royalties de fato"). Como alternativa, eles podem optar por licenciá-lo com um investidor que use um modelo de negócios diferente ("O que, Spotify? Você vai me pagar mais do que a Universal? Claro, por favor!"). Ou até mesmo manter os direitos e fazer a própria exploração ("Olá, Bandcamp? Como faço para criar uma conta de vendedor?"). Se as partes quisessem investir mais e não restasse tempo suficiente no contrato para que isso valesse a pena (por exemplo, querem fazer um filme, mas restam apenas três anos para a transferência dos direitos cinematográficos), elas poderiam concordar mutuamente em encerrar o acordo e firmar um novo por mais 25 anos.

Propomos 25 anos porque isso manteria os incentivos para investir na produção inicial e na distribuição de conhecimento e cultura. Todos os economistas que analisaram seriamente essa questão concluíram que 25 anos de direitos exclusivos são mais do que suficientes para incentivar até mesmo os investimentos mais extravagantes na produção de conteúdo e sua comercialização.[21] Mais anos além desse prazo acrescentam pouco às decisões dos investidores de aplicar ou não recursos *hoje*. Em grande parte, isso se deve ao "valor temporal do dinheiro": o fato de que, quanto mais distante no tempo um benefício será recebido, menor será seu valor atual.

Todos nós compreendemos esse conceito intuitivamente. Imagine que você está entrevistando dois possíveis candidatos para morarem com você: ambos oferecem o mesmo valor pelo aluguel, mas um promete pagar adiantado, semanalmente, e o outro dez anos depois de se mudar. O valor em dólares é o mesmo, mas um candidato tem mais valor que o outro. Pelo mesmo motivo, os direitos que podem gerar renda em um futuro distante têm pouco valor de incentivo adicional *no momento em que um investidor decide investir*. E o fato de que a maioria dos livros, músicas, filmes e gravações sonoras se depreciam rapidamente faz com que o valor atual desses direitos futuros seja ainda menor.[22]

Assim, a reversão após 25 anos manteria os incentivos necessários para que as obras, em primeiro lugar, fossem produzidas. Isso não se altera pela natureza especulativa do investimento em direitos autorais. É verdade que os investidores normalmente investem em várias obras, esperando que algumas tenham prejuízos e outras gerem lucro suficiente para fazer com que todo o empreendimento valha a pena. Mas como grande parte do valor comercial da maioria dessas obras ainda é extraído logo após o lançamento, o cálculo não muda. É por isso que novas gravadoras, estúdios de cinema e editoras de livros e de música podem começar a operar e ganhar dinheiro mesmo sem os grandes fundos de catálogo que seus concorrentes maiores e mais antigos possuem. Naturalmente, os investidores *querem* ter em mãos o bilhete de loteria que ganhará o primeiro prêmio, mas não *precisam dele* para incentivar seus investimentos.

Para que os limites de tempo nos contratos de direitos autorais consigam implementar o tipo de mudança estrutural necessária para que haja uma diferença significativa, é fundamental que a reversão seja automática. Essa é a única maneira de fazer com que direitos suficientes voltem regularmente ao mercado para mudar de fato a dinâmica de poder em jogo. Pare um instante para imaginar como a reversão automática 25 anos após a transferência mudaria o mercado de música gravada. Por um lado, haveria menos contratos injustos. Se os direitos fossem revertidos para os criadores a cada 25 anos, os artistas que assinaram contratos com royalties de 4% na década de 1950 teriam conseguido garantir taxas de 10% na década de 1980 e, em seguida, taxas de 20% ou 25% na década de 2000.

Isso significaria que as maiores gravadoras teriam menos lucro com suas *backlists* do que têm hoje, o que significa menos dinheiro para gastar em *rent seeking*. Isso também daria aos concorrentes mais novos a oportunidade de competir por esse catálogo mais antigo. Os artistas poderiam escolher empresas que oferecessem novos investimentos em marketing, novas oportunidades de exploração ou royalties mais altos, em vez de ficarem presos à empresa que os contratou décadas antes (ou, mais provavelmente, a uma gigante que engoliu sua gravadora original). Novos modelos de negócios favoráveis aos criadores teriam mais espaço para surgir, uma vez que, se os direitos tivessem a garantia de serem lançados regularmente no mercado, os antigos participantes teriam menos capacidade de desviar o setor das estruturas que ameaçariam seus interesses.

Mas é claro que a reversão automática pode criar seus próprios problemas, principalmente em relação a obras órfãs, como vimos no caso da disputa na África do Sul. Para evitar isso, seria necessário criar salvaguardas — como o registro, para que saibamos quem possui o quê. Os tratados internacionais de direitos autorais limitam o poder legislativo de cada país nesse espaço (começando com a Convenção de Berna em 1948), mas é possível navegar por essas regras de forma a obter a maior parte do que precisamos. Por exemplo, poderíamos exigir que todas as transferências de direitos autorais e licenças exclusivas fossem registradas, o que deixaria claro quem as possui e quando essas transferências terminam. Afinal, como a RIAA nos lembrou durante as amargas contendas sobre a abrangência do direito de rescisão dos EUA, eles registram rotineiramente os direitos autorais de álbuns e músicas em qualquer circunstância. Além disso, cada país poderia pedir a seus próprios autores locais que registrassem seu interesse contínuo em *todas* as obras quando essas obras atingissem, digamos, 25 anos de idade. Isso resultaria em um registro central semelhante ao que rege os nomes de domínio, a partir do qual os possíveis licenciados poderiam facilmente localizar os proprietários para negociar o acesso.

O que dizer de todas as obras locais cujos proprietários não indicam o interesse contínuo? Propomos que todas as obras com mais de 25 anos, mas que não constam no registro — todo livro, música, gravação de som, pintura, escultura, desenho, foto, programa de computador e outros — sejam cuidadas por um administrador cultural, encarregado de sua preservação, licenciamento e promoção de acesso.

É fundamental acertar nessa governança. Mas há uma *infinidade* de usos que podem ser dados a essas obras se tudo for gerenciado de forma adequada. Poderiam ser licenciadas em massa para universidades, escolas e espaços culturais. Os livros poderiam fazer parte de uma biblioteca pública digital. Galerias e museus poderiam criar coleções online para lançar uma nova luz sobre a experiência humana comum e os desafios que todos nós enfrentamos. As obras existentes poderiam ser licenciadas pelos criadores para serem remixadas em novas obras. E, é claro, se um criador quisesse, a qualquer momento, recuperar uma obra que não havia sido registrada anteriormente, poderia fazê-lo e até mesmo ter direito às receitas que suas obras geraram durante o período em que ficaram órfãs. Uma parte do dinheiro proveniente dos registros de obras órfãs também poderia ser destinada à localização de criadores desaparecidos e ao pagamento dos mesmos.

Tudo isso abriria novas e enormes oportunidades de investimento para os *players* menores. Permitir que os investidores adquiram direitos durante toda a vigência dos direitos autorais, mesmo que logo deixem de disponibilizar a obra, é um tremendo desperdício. Estudo após estudo demonstra que obras protegidas por direitos autorais são menos disponibilizadas e recebem menos investimentos do que obras semelhantes em domínio público. Um estudo realizado por Paul Heald, professor da Universidade de Illinois, examinou a disponibilidade de livros por tempo na Amazon e descobriu que há uma grande queda nessa disponibilidade logo após o lançamento; em seguida, há um novo pico quando eles entram em domínio público. Curiosamente, foram disponibilizados mais livros publicados pela primeira vez na década de 1880 do que livros publicados pela primeira vez na década de 1980.[23] Outro estudo, realizado por Rebecca em conjunto com os colaboradores Jacob Flynn e François Petitjean, analisou a disponibilidade relativa e o preço de livros importantes em língua inglesa nos Estados Unidos e na Austrália (onde os direitos autorais eram vitalícios + 70 anos) em comparação com o Canadá e a Nova Zelândia (onde os direitos autorais eram vitalícios + 50 anos). Os dados mostraram que os livros estavam muito menos disponíveis e muito mais caros nos países com prazos mais longos (e que esses preços mais altos excediam em muito o valor adicional que era pago aos autores de obras protegidas por direitos autorais).[24]

O problema generalizado das obras órfãs demonstra ainda que, só porque alguém detém os direitos, não significa que irá explorá-los. Assim, em vez de melhorar a disponibilidade, a concessão prolongada de direitos autorais pode, na verdade, atrapalhar.

Você não compraria um carro a um preço que incluísse um século de manutenção contínua sem qualquer obrigação por parte do vendedor de realmente prestá-la. Mas, na verdade, estamos fazendo exatamente isso quando permitimos que os investidores adquiram direitos autorais pela duração total, sem qualquer obrigação de continuar disponibilizando essas obras ao público. Na alternativa que esboçamos aqui, poderíamos pagar em parcelas. A devolução dos direitos aos criadores 25 anos após a transferência (ou a um administrador cultural se o criador não tiver mais nenhum interesse contínuo) liberaria as obras para novos investimentos, novas oportunidades e novos acessos.

Na nossa visão, os criadores se beneficiariam não somente da capacidade de negociar novos contratos e encontrar novas parcerias para disponibilizar continuamente seus trabalhos, mas também dos trabalhos negligenciados que acabam sob os cuidados do administrador cultural. Poderíamos propor que toda a receita de licenciamento gerada a partir de obras culturais cujos proprietários não estivessem mais interessados fosse diretamente destinada a apoiar criadores por meio de bolsas, subsídios, pensões e prêmios, bem como a rastrear criadores cujas obras estivessem passando por um renascimento no âmbito desse programa. Em outras palavras, nossa proposta é gerar novas receitas para os criadores, recuperando a cultura que atualmente está perdida. Isso tiraria proveito da natureza "ganha-ganha" dos direitos autorais para aumentar as fatias do bolo. O que, por sua vez, ajudaria esses criadores a produzir mais daquilo que nós amamos — e os recompensaria de forma mais justa por suas contribuições ao conhecimento e à cultura.

Como dissemos, é vital acertar a governança. As sociedades de colecionadores podem facilmente ficar viciadas em colecionar e esquecer os objetivos sociais e culturais a que se destinam (falaremos mais sobre isso no capítulo a seguir). Os acordos de licença também precisam ser cuidadosamente calibrados. Às vezes, pode ser apropriado zerar as taxas de licenciamento, por exemplo, no caso de usos não comerciais por instituições de utilidade pública, como bibliotecas e arquivos. Isso facilitaria uma grande variedade de atividades de interesse público que, de outra forma, não seriam possíveis, ao mesmo tempo em que abriria um grande número de novos usos pagos.

Os grandes compradores de direitos autorais dirão que, se os direitos forem revertidos depois de 25 anos, o sistema de produção cultural entrará em colapso porque eles não poderão mais reinvestir seus lucros extraordinários na produção de mais obras. Mas isso é apenas a mesma teoria econômica velha e descreditada que os oligarcas sempre insistem que é verdade ... *neste caso*. No modelo que esboçamos, o dinheiro ainda estaria lá — apenas alocado de forma um pouco diferente de como está agora. Enquanto tiverem acesso a dinheiro ou a mercados de capital, os compradores de direitos autorais continuarão a financiar os investimentos que acreditam que darão lucro e a rejeitar aqueles que acreditam que serão um fracasso. Seja como for, *mais* obras novas seriam produzidas, porque esse sistema colocaria mais dos rendimentos das obras existentes nas mãos dos criadores individuais e produtores independentes que realmente precisam deles para financiar novas produções. Se quiser se aprofundar nos detalhes dessa proposta e, principalmente, se for um especialista em direitos autorais a ponto de se perguntar sobre sua compatibilidade com os tratados internacionais, confira o livro de Rebecca, *A New Copyright Bargain*.[25]

Já que estamos falando de reversão, também recomendamos uma análise cuidadosa dos direitos de uso ou perda. Devolver os direitos aos criadores após 25 anos resolveria muitos de nossos problemas atuais, mas, com muita frequência, os investidores param de disponibilizar as obras muito antes disso. Os contratos de publicação de livros contêm rotineiramente cláusulas que permitem que os autores recuperem os direitos depois que seus livros saem de catálogo, mas essas seções são geralmente desatualizadas, ambíguas ou inexistentes.[26]

Outros artistas não têm nem sequer isso. Às vezes, os artistas de gravação têm seus álbuns engavetados, com as gravadoras se recusando a lançá-los, raramente deixando aos artistas qualquer possibilidade de fazer algo a respeito, a não ser que uma gravadora alternativa se disponha a financiar a gravação. Jane Weaver se viu nessa situação na década de 1990: "Desculpe, mas o álbum em que você está trabalhando há meses não vai sair. Estamos deixando seu álbum engavetado e não poderá lançá-lo em nenhum outro lugar a menos que eles paguem um monte de dinheiro pela gravação".[27] Os detentores de direitos não estão preocupados em apanhar golfinhos em suas redes de pescar atum — eles insistem em obter direitos amplos para o caso de esse ser o próximo Grande Sucesso, mesmo que quase sempre não seja. No entanto, trancar a cultura sem usá-la é outra maneira de evitar a concorrência. A Diretiva de Direitos Autorais da UE de 2019 exige que os estados-membros implementem leis que deem aos autores e intérpretes o direito de revogar suas transferências de direitos quando não houver exploração.[28] Outros países deveriam considerar seguir o exemplo.

É fácil imaginar o quanto um mundo com contratos de tempo limitado seria mais hospitaleiro para os profissionais de criação. Os maiores compradores não poderiam contar com uma renda passiva eterna oriunda de suas listas de livros ou catálogos, pois se não tratassem bem seus criadores, correriam o risco de perdê-los para os concorrentes. Novos modelos de negócios surgiriam mais facilmente. Haveria menos liberdade para forçar os criadores a fechar acordos injustos, e menos liberdade para evitar a fixação de termos desatualizados ou injustos. E haveria uma liberdade mais *genuína* de contrato, com a liberação de direitos criando mais opções para criadores e produtores independentes.

CAPÍTULO 16

INTEROPERABILIDADE RADICAL

O *lock-in* físico é fácil de entender. Na Austrália, um conjunto de aspirantes a barões ladrões do século XIX e uma governança caótica entre os então independentes estados australianos resultaram na chamada "confusão da bitola média": os sistemas ferroviários regionais adotaram larguras de trilhos diferentes, o que significa que, ainda hoje, não é possível que um único trem atravesse o país inteiro. Em vez disso, a carga ou os passageiros precisam ser desembarcados na interseção de cada sistema ferroviário e reembarcados em um trem que seja compatível com o próximo segmento ferroviário.

A confusão da bitola média provou ser quase impossível de ser desfeita. Ao longo de 150 anos, centenas de projetos de vagões ferroviários multitrilhos foram testados e descartados, pois a complexidade mecânica de retrair um conjunto de rodas e descer outro frustrou todos os esforços para projetar um sistema confiável e de baixo custo. No fim, a Austrália "resolveu" esse problema embarcando em um projeto de décadas para destruir milhares de quilômetros de trilhos e substituí-los por bitolas padrão.

Já *lock-in digital* é uma questão totalmente diferente. Os computadores digitais são dotados de uma propriedade quase mística de universalidade: todos eles podem executar qualquer programa formalmente correto. Os computadores digitais mais antigos podem executar os mesmos programas que o seu laptop (embora esses monstros antigos possam levar bilhões de anos para concluir o trabalho que o seu laptop faz em um piscar de olhos). Sua cafeteira inteligente pode executar os mesmos programas que sua impressora, que pode executar os mesmos programas que o processador do seu roteador de Wi-Fi, que pode executar os mesmos programas que o processador de um dispositivo chinês para TV, sem marca, do tamanho de um chiclete, e é vendido por 5 dólares em seu mercado de pulgas local (embora em velocidades muito diferentes).

Essa universalidade explica a rápida expansão da tecnologia digital em nossas vidas. A pesquisa e o desenvolvimento que são usados para aprimorar o computador de um acelerador de partículas acabam beneficiando todos os tipos de computação, trazendo melhorias em termos de potência, confiabilidade e custo para os processadores do seu carro, do seu sistema de ar-condicionado e do seu celular. A tecnologia digital fica mais rápida, melhor e mais barata porque tudo o que fazemos para resolver problemas em um canto do mundo digital torna as coisas melhores em toda parte.

Mas essa universalidade também pode ser uma maldição. Sabemos como criar computadores universais — computadores que são Turing completos, um conceito que leva o nome do pioneiro britânico da ciência da computação durante a guerra, Alan Turing — mas não sabemos como criar computadores *quase* universais. É fácil criar um trilho de trem que suporta apenas um tipo de vagão: é *impossível* criar um telefone que execute apenas aplicativos de uma única loja de aplicativos.

Quando você encontra um produto digital que tem uma restrição como essa — um serviço de vídeo que não permite que você acesse transmissões sem fazer login ou usar o aplicativo desse serviço, um e-book que só é reproduzido em um tipo de leitor ou um leitor de e-book que só exibe um tipo de e-book, um console de games que só reproduz jogos aprovados pelo fabricante ou até mesmo uma máquina de café que rejeita cápsulas de terceiros — você não está lidando com um computador que *é incapaz* de fazer o que você pediu. Você está lidando com um computador que *se recusa* a fazê-lo.

Esse computador foi programado para verificar se seu proprietário está fazendo algo que desagrada o fabricante e, quando necessário, defender os acionistas do fabricante desobedecendo seu proprietário. Esta é uma arma poderosa para possíveis monopolistas. Imagine se você pudesse colocar trilhos da mesma largura em todo o país, mas programasse os trilhos para se recusarem a transportar vagões a menos que eles pagassem um aluguel pelo privilégio de passar pelos seus trilhos.

Mas há ali um problema: o programa responsável por essa recusa — uma restrição incorporada no *firmware* de baixo nível ou na BIOS, ou nos sistemas de nível superior, como sistemas operacionais e aplicativos — está rodando em um computador universal. Ele pode ser substituído, reescrito ou enganado. Os computadores são universais, de uma maneira teimosa, e isso torna esse tipo de *lock-in* tecnicamente muito complexo.

Por exemplo, considere o problema das máquinas virtuais (VMs). Todos os computadores podem executar todos os programas. "Todos os programas" inclui "um programa de software que finge ser um computador de hardware". Você provavelmente já viu sistemas de videogame retrô que reproduzem jogos antigos projetados para hardware obsoleto que não é vendido há décadas. Esses sistemas retrô geralmente executam VMs, que são programas que simulam processadores e as entradas e saídas desses sistemas de fliperama e consoles de jogos domésticos há muito extintos. Para o jogo, ele está rodando em um antigo Colecovision ou em um sistema de fliperama stand-up da década de 1980. Mas não está; ele está rodando em uma VM, como um cérebro na Matrix, preso em uma simulação que ele não tem como detectar ou se libertar.

As VMs representam sérios problemas para os monopolistas digitais. Veja como as VMs interagem com o "*streaming*". Colocamos *streaming* entre aspas porque o *streaming* é uma alucinação consensual. Não existe um fluxo de vídeo (diferente de um "*download* de vídeo"). Se houver um vídeo armazenado em algum lugar da internet e você quiser assisti-lo no seu computador, será necessário baixar esse vídeo para o seu computador. Todo vídeo que você já reproduziu é um vídeo que você baixou.

Quando a Netflix ou o Spotify afirmam que estão permitindo que se faça o "*stream*" de um vídeo, mas não o "*download*", o que eles realmente querem dizer é: "Nós criptografamos esse arquivo e passamos as chaves de descriptografia para um programa em que confiamos. Ele foi projetado para jogar fora o arquivo depois que ele for descriptografado, portanto, você terá que fazer novo download se quiser ouvi-lo ou assisti-lo novamente".

Esses programas de *streaming* (aplicativos ou módulos de navegador) tomam todos os tipos de precauções para garantir que o usuário não salve o vídeo para reprodução ou compartilhamento posterior. Mas todas essas medidas dependem, em última análise, de perguntar ao computador onde estão sendo executados sobre como ele está configurado: "Que sistema operacional você está rodando? Está rodando algum programa de captura de vídeo?" Muitos sistemas operacionais são projetados para responder fielmente a essas perguntas, mesmo que o proprietário do computador preferisse que não o fizessem. Mas o sistema operacional também depende do fato de o computador ser um repórter fiel de suas próprias características e configurações técnicas.

E se o computador não for realmente um computador? E se for um programa que finge ser um computador, executado dentro de *outro* computador, este mais sensível ao seu proprietário e disposto a falsificar as respostas a perguntas como "Há algum software de captura de vídeo rodando neste momento?"

A universalidade é a ruína de qualquer um que queira usar um computador contra seu proprietário. Um dono de computador habilidoso sempre poderá enganar os programas que executa, o que é bom se quisermos que eles cumpram nossas ordens (em vez de *nos* dar ordens). As VMs não são apenas a forma como as pessoas extraem os *streams* da Netflix, elas também são a maneira como os pesquisadores de vírus de computador estudam com segurança os softwares maliciosos, prendendo-os dentro de máquinas virtuais que podem desacelerar ou parar em vários pontos do ciclo de execução do vírus, examinando sua memória e instruções em detalhes para desvendar as técnicas e os métodos que o vírus utiliza para atacar sua presa.

Esse caráter fundamental e flexível dos computadores tem dificultado as tentativas do setor de entretenimento de controlar o uso da mídia desde os primeiros dias da tecnologia digital de consumo. Acontece que, se o proprietário de um computador não reconhecer a legitimidade de um controle digital, o controle digital falhará. É muito fácil criar ferramentas para contornar e derrotar o controle.

Entretanto, como vimos anteriormente, os setores da tecnologia e do entretenimento encontraram uma solução para esse dilema na reta final do milênio passado: simplesmente tornar ilegal contornar um *lock* digital. Começando com a Seção 1201 da Digital Millennium Copyright Act [Lei de Direitos Autorais do Milênio Digital] dos EUA, onde os governos do mundo adotaram regras que criminalizam a distribuição de ferramentas para contornar *locks* digitais. Às vezes, essas leis são formuladas de forma tão abrangente que até criminalizam a divulgação de como esses *locks* funcionam e quais são suas falhas.

Dizem que essas leis protegem os direitos autorais, mas nos EUA e em muitos outros países, elas proíbem a evasão mesmo quando não há infração. São elas que permitem que os fabricantes de impressoras cobrem mais por litro de tinta do que a Chanel cobra por seu perfume.[1] A HP não obtém seus lucros vendendo a melhor tinta pelo melhor preço, mas manipulando o sistema: adquirindo todos os seus concorrentes até dominar o setor e, em seguida, aumentando os preços dos materiais consumíveis, ao mesmo tempo em que se apoia em leis que foram criadas para tratar de problemas muito diferentes a fim de manter alternativas mais baratas fora do mercado.

As leis anticircunvenção também permitem que a Apple e o Google controlem os desenvolvedores de aplicativos e games.

Se desenvolvermos um aplicativo para o seu telefone e você quiser comprá-lo de nós, os criadores, em vez de comprá-lo na loja oficial da Apple, a Apple não permitirá. E não podemos fornecer uma ferramenta para forçar seu telefone a executar nosso aplicativo oficial, licenciado e pago, porque essa ferramenta contornaria os mecanismos de *lock* que mantêm seu telefone atrelado à loja oficial de aplicativos operada pelo fabricante. É incrível, mas é verdade. Como observamos em um capítulo anterior, a Apple pode usar e usa uma lei de direitos autorais para tornar crime o fato de um criador vender suas obras protegidas por copyright a um proprietário de iPhone sem a permissão da Apple. Você é dono do telefone, um desenvolvedor independente criou o aplicativo e os criadores individuais criaram o conteúdo, mas a DMCA torna crime a compra dessas obras sem que a Apple saiba e participe, o que permite à empresa extrair uma enorme fatia da receita de editoras de notícias, música e livros, gravadoras e outros vendedores de obras criativas.

A lei anticircunvenção não é a única maneira pela qual os gigantes da tecnologia e do entretenimento mantêm fornecedores e clientes em *lock-in* e impedem a entrada de concorrentes — ela é apenas uma em um bestiário de leis semelhantes que ajudam a preservar os gargalos anticompetitivos das corporações. Nos EUA, uma delas é a Computer Fraud and Abuse Act [Lei de Fraude e Abuso de Computadores] (CFAA).[2] Essa lei de segurança cibernética da era Reagan foi distorcida por meio de caras ações judiciais movidas por empresas como o Facebook, que defende que a violação de seus termos e condições deve ser vista como um ato criminoso de *hacking*. Há ainda os acordos de não concorrência, que trancam os trabalhadores da área de tecnologia em uma empresa controladora e impedem a migração para uma empresa libertadora; o sigilo comercial, que permite que as empresas processem rivais que dependem de "segredos" para fabricar produtos compatíveis; e a arbitragem vinculativa, que nega aos clientes e fornecedores o direito de se manifestarem no tribunal contra essas práticas. Novos truques sujos são sempre uma possibilidade: o caso

Oracle vs. Google foi um estranho processo sobre direitos autorais que ameaçava tornar ilegal a fabricação de um novo produto que pudesse usar os aplicativos ou comandos de um produto existente — como um telefone sem Android que pudesse executar aplicativos Android ou até mesmo uma TV inteligente que pudesse entender os comandos de qualquer um dos controles remotos que você já tem. Felizmente, após mais de uma década de litígio, a Suprema Corte acabou derrubando essa demanda.[3]

Todas essas ferramentas são usadas para manter clientes e fornecedores em *lock-in* e, por fim, contribuem para que os profissionais de criação recebam uma fatia muito pequena.

As Big Techs (e, em muitos casos, as Big Contents, que são aliadas dessas empresas nessa questão) argumentam que essas medidas são razoáveis. Afinal, as empresas já não estão usando os padrões do setor para facilitar a experiência dos usuários com seus dispositivos? Seu Chromecast, seu Fire Stick e seu Roku se conectam à interface HDCP da sua TV, e seu Mac e seu PC executam o Chrome ou Firefox e acessam os mesmos sites. Os padrões funcionam, e a interoperabilidade gerenciada que eles representam proporciona dividendos reais tanto para os consumidores quanto para o setor.

Contudo, o foco na interoperabilidade voluntária elimina um tipo muito mais significativo de interoperabilidade: a "interoperabilidade adversarial" de conectar algo a um produto ou serviço existente contra a vontade da empresa que o criou.

Quando você compra um cartucho de tinta de terceiros, está praticando a interoperabilidade adversarial: fazer algo em sua própria impressora ao qual o fabricante se opõe. Algumas empresas permitem que seus clientes e fornecedores tenham alguma interoperabilidade que não prejudique seus resultados financeiros. Mas se isso é só o que nos é permitido, entramos em um mundo bizarro em que tudo o que não é proibido é obrigatório e nossas prioridades são deixadas de lado em favor dos fabricantes e seus acionistas.

O último meio século de tecnologia mostra o quanto a interoperabilidade radical pode ser prejudicial para os gargalos anticompetitivos. A IBM, cujas práticas abusivas de monopólio a mantiveram enredada em uma investigação antitruste nos Estados Unidos por doze anos, não conseguiu criar seu próprio sistema operacional para PCs devido ao receio de novas investigações antitruste e, em vez disso, recorreu a uma start-up desconhecida chamada Microsoft para criar o DOS e, depois, o Windows. Mas a IBM não perdeu apenas o controle sobre o software que rodava em suas máquinas — perdeu o controle sobre as próprias máquinas! Uma pequena start-up chamada Phoenix Computers contratou um virtuoso do hardware chamado Tom Jennings para fazer a engenharia reversa dos ROMs dos PCs da IBM — chips que davam às máquinas da IBM seus recursos técnicos diferenciados — e então clonou esses chips, vendendo-os para outras start-ups com nomes como Compaq, Dell e Gateway, que rapidamente eclipsaram o negócio de PCs da IBM com seus clones de PCs.

Enquanto isso, a Microsoft rapidamente alcançou a estatura de monopólio e começou a tirar seus rivais da jogada, aproveitando seu domínio sobre diferentes partes do setor para espremer a concorrência. A Microsoft lançou sua planilha eletrônica Excel em um mercado dominado pelo padrão da indústria, um programa de planilha eletrônica chamado Lotus 1-2-3. Cada versão do DOS era sutilmente ajustada para favorecer o Excel em detrimento do Lotus e o lema não oficial da empresa era "o DOS só estará completo quando o Lotus deixar de funcionar".[4]

Mas a Microsoft também foi vítima da interoperabilidade adversarial. A empresa incorporou o Excel ao pacote Microsoft Office — Word, Excel e PowerPoint — e o utilizou para atacar os computadores Macintosh. As versões do Office para Mac da Microsoft eram ridiculamente instáveis, incapazes de ler de maneira consistente os arquivos criados pelos usuários das versões Windows desses programas, propensas a travar e corromper irremediavelmente os arquivos dos usuários.

A situação ficou tão ruim que o único designer de um escritório de engenharia acabava se isolando cada vez mais dos colegas que usavam o Windows, sem poder compartilhar arquivos de Mac com eles e vice-versa, até o ponto em que o desempenho gráfico superior do Mac não compensava os obstáculos no fluxo de trabalho criados pelos intermináveis problemas de intercâmbio de documentos.

A resposta da Apple? Interoperabilidade adversarial. A empresa fez a engenharia reversa dos formatos de arquivo do Microsoft Office e lançou um pacote de produtividade rival (iWork), cujo Pages, Numbers e Keynote liam e gravavam perfeitamente os arquivos criados pelos usuários do Windows. De uma só vez, o jardim murado da Microsoft foi transformado em um restaurante do tipo "coma à vontade" para a Apple, que lançou sua agressiva campanha publicitária "Switch" [Mude] que informava aos usuários do Windows que eles não precisavam mais ter que escolher entre ter um sistema operacional superior ou ter acesso aos arquivos que eles e seus colegas haviam passado décadas criando. Tudo isso só foi possível porque a Microsoft havia criado o pacote Office sem nenhum DRM (o Office foi lançado muito antes de os computadores pessoais e a internet serem confiáveis o suficiente para suportar um sistema DRM para documentos pessoais), portanto, a Apple não precisou "contornar" o DRM para fazer o iWork. Atualmente, a maioria dos fornecedores (incluindo a Apple) adiciona uma fina camada de DRM a cada produto, exclusivamente para que possam invocar a DMCA contra concorrentes que fazem engenharia reversa e melhoram seus produtos.

A flexibilidade dos computadores significa que a interoperabilidade adversarial está sempre presente, um possível escape para fornecedores e usuários que estão presos dentro deste ou daquele jardim murado. Na verdade, a natureza pró-concorrência do conceito — combinada com a dificuldade de se dizer ou de digitar o termo "interoperabilidade adversarial" — levou Cory e seus colegas da Electronic Frontier Foundation a procurar um termo técnico mais adequado para ser usado ao discutir-se o assunto. Chegou-se a "compatibilidade competitiva" ou "comcom", que não só é muito mais divertido de dizer, mas também destaca mais diretamente sua relevância para frear os *flywheels* anticoncorrenciais.

Se estivéssemos vivendo sob as mesmas regras aplicadas na época em que a Apple e a Microsoft estavam se preparando para enfrentar os gigantes do setor que dominavam o campo em seus primórdios, a comcom poderia ser usada para contornar muitas das maneiras pelas quais a tecnologia e o entretenimento prendem e abusam dos trabalhadores criativos. Por exemplo, os autores da Audible que estivessem sendo lesados pela Amazon poderiam oferecer aos seus ouvintes as ferramentas para transferir os livros da Audible para um serviço rival — que lida honrosamente com os criadores — e convidar seus ouvintes a segui-los lá. Eles poderiam criar um *plug-in* que procurasse primeiro os livros dos autores em outros fornecedores que não a Audible, *e mesmo no próprio site da Audible*, e direcionasse os usuários a comprar os livros da Audible somente se não houvesse outra opção. Os YouTubers e outros criadores de vídeo poderiam oferecer aos fãs outros reprodutores de vídeo que removessem os anúncios que eram obrigados a exibir como parte do sistema Content ID do YouTube e, em vez disso, exibissem anúncios melhores, provenientes de intermediários mais honestos, que pagassem aos criadores cotas maiores e espionassem menos seus fãs. Criadores independentes poderiam distribuir seus vídeos, jogos, livros e arquivos de áudio diretamente para dispositivos móveis Android e Apple por meio de aplicativos que contornassem as lojas do duopólio móvel — e os enormes pedágios que elas cobram sobre o conteúdo. Esses 30% de taxas só se mantêm porque a lei de DRM torna ilegal a entrada de concorrentes no mercado.

Mesmo que muitas dessas coisas nunca viessem a acontecer, o fato de que *poderiam* acontecer alteraria seriamente a dinâmica dos mercados criativos digitais. Hoje, a única coisa que impede a Apple e o Google de aumentar a taxa de seus aplicativos é o medo da má publicidade ou, talvez, de reguladores furiosos. Em um mundo "comcom", ambas as empresas teriam que contar com a possibilidade de que os próprios artistas — ou cooperativas, organizações sem fins lucrativos e start-ups que desejam oferecer aos artistas um acordo melhor — usassem a tecnologia para contornar esses acordos abusivos. Isso, por si só, já contribuiria muito para moderar os abusos.

As grandes empresas gastam enormes fortunas para criar hábitos de consumo junto ao público, convencendo os clientes a baixar aplicativos, criar contas, inserir dados do cartão de crédito e incluir ícones em seus desktops ou telas iniciais. Esses hábitos representam uma poderosa inércia que contribui para seu predomínio atual. Hoje em dia, romper com um hábito de consumo exige uma mudança ativa: baixar um aplicativo diferente, migrar mídias, playlists e preferências, mudar o ícone na tela inicial. Isso é pedir *muito* a pessoas ocupadas que querem apenas relaxar com um bom livro ou tocar música enquanto preparam o café da manhã ou vão de carro ao supermercado.

A comcom oferece a possibilidade de uma transição mais suave do mundo dos gargalos anticompetitivos concentrados para um mundo de mercados criativos pluralistas, descentralizados e mais justos. Imagine ter um botão "Compre na Bandcamp" no Spotify, iTunes e Amazon Music — ou "Compre este e-book diretamente do autor" nas páginas da Amazon e no aplicativo do Kindle. Imagine um reprodutor de vídeo alternativo ao YouTube que verificasse automaticamente se o mesmo vídeo está disponível em uma plataforma mais justa — imagine se o seu aplicativo Uber pudesse tramar com o motorista para cancelar a viagem que você acabou de reservar e recriá-la em um aplicativo rival pertencente a uma cooperativa de motoristas.

Há ainda um terceiro tipo de interoperabilidade que vale a pena considerar, que chamamos de "interoperabilidade obrigatória". Às vezes, as empresas são *legalmente obrigadas* a usar determinadas interfaces ou padrões. Por exemplo, um regulamento da FCC exige que as empresas de telefonia dos EUA ofereçam interfaces padrão a operadoras independentes de longa distância, e uma lei de 2012 de Massachusetts exige que as empresas automobilísticas que fazem negócios nesse estado forneçam códigos e manuais de diagnóstico aos mecânicos para que consigam consertar seus carros.[5]

A interoperabilidade obrigatória está ganhando força política, e bem na hora certa. Nos EUA, a Lei ACCESS de 2020 exige interoperabilidade para as maiores empresas de redes sociais (não foi aprovada dessa vez, mas provavelmente voltará a ser debatida); na UE, a proposta da Digital Services Act e Digital Markets Act [Lei de Serviços Digitais e de Mercados Digitais] vai além, exigindo interoperabilidade e equidade em lojas de aplicativos e outros gargalos que espremem os fornecedores, como os resultados de busca.[6] Um relatório de 2020 do órgão regulador de concorrência do Reino Unido sobre plataformas online e anúncios digitais — um trabalho magistral de mais de quatrocentas páginas, composto literalmente de capítulos e versículos sobre os abusos das Big Techs — recomenda medidas semelhantes.[7]

Algumas das mais flagrantes extorsões, como as taxas usurárias cobradas pela Apple e pelo Google por meio de suas lojas de aplicativos, também estão sendo visadas. Em agosto de 2021, a Coreia do Sul se tornou o primeiro país a proibir os operadores de lojas de aplicativos de forçarem o uso de seus próprios sistemas de pagamento, e intervenções semelhantes também estão sendo ativamente consideradas em outros lugares.[8] Poucos dias depois, o tribunal dos Estados Unidos encarregado de resolver o litígio entre a Epic Games e a Apple emitiu uma liminar permanente proibindo a Apple de impedir que os desenvolvedores de aplicativos criem links para seus próprios mecanismos de compras. Isso alarga claramente o gargalo anticompetitivo: os vendedores de música, vídeo e livros finalmente poderão oferecer aos usuários maneiras de assinar e comprar, evitando a taxa da Apple.

Essas leis podem fazer muito bem. Elas também podem ser terríveis se forem específicas *demais* em relação às exigências: por exemplo, se impedirem o Facebook, a Apple ou o Google de tomar medidas para bloquear ladrões de identidade que acabaram de ser pegos em flagrante porque isso pode afetar uma interface obrigatória. Mas vamos supor, para fins de argumentação, que normas de interoperabilidade bem construídas e bem pensadas se tornem lei em alguns dos maiores mercados de tecnologia do mundo. Será que ainda precisaremos da comcom se isso acontecer?

A resposta é um sonoro *sim* — e a história da lei de direito ao conserto automotivo de Massachusetts nos mostra a razão. Em nosso mundo em transformação, as leis de conserto são cada vez mais importantes. Conforme explicado por Aaron Perzanowski no livro *The Right to Repair* [Direito ao Conserto], o conserto de produtos não apenas nos ajuda a economizar dinheiro e a reduzir os custos ambientais do estilo de vida do consumidor. Ele também "nos ajuda a crescer e florescer como pessoas. Por meio do conserto, ficamos mais bem informados sobre o mundo à nossa volta, desenvolvemos habilidades analíticas e de resolução de problemas, exercemos maior autonomia e construímos comunidades mais fortes".[9]

O órgão legislativo de Massachusetts estava trabalhando, em 2012, para criar uma lei de direito ao conserto, que foi fortemente resistida pelos lobistas das Big Car [grupo das maiores montadoras]. O objetivo do lobby era acabar com o setor de consertos independentes, tornando todos os motoristas completamente subordinados às oficinas mecânicas autorizadas pelos fabricantes, que poderiam então cobrar de seus clientes aprisionados o que quisessem. Os mecânicos independentes qualificados que vinham consertando carros de North Adams a Provincetown poderiam se requalificar e ingressar em outras áreas profissionais — ou trabalhar para os fabricantes, que teriam um mercado comprador para sua mão de obra.

Um projeto de lei de "consenso" foi aprovado na última hora, diluindo as responsabilidades do setor automobilístico. Devido ao atraso na aprovação, no entanto, os habitantes do estado de Massachusetts ainda tiveram a chance de se manifestar sobre o assunto por meio de uma iniciativa de plebiscito. Os eleitores votaram a favor de uma versão mais rigorosa, aprovando a medida ("Questão 1") com uma incrível maioria de 86% a favor.

A Questão 1 determinou que os fabricantes de automóveis fornecessem códigos de diagnóstico para as mensagens que circulam nas redes com fios que estão integradas nos carros modernos. Como conta Aaron Perzanowski, a lei de Massachusetts "logo foi adotada como um padrão nacional definitivo", com os fabricantes de automóveis entrando em um acordo voluntário para operar sob seus parâmetros em todo o país.[10] Mas a derrota nas urnas não acabou com os sonhos das montadoras de dominar o setor de consertos. Os fabricantes se reagruparam — e reprojetaram os carros. Aqueles que sairiam de linha depois de 2012 passaram a usar cada vez mais sinais *sem fio* para comunicar informações de diagnóstico aos mecânicos. Como a regra da Questão 1 não abrangia interfaces sem fio, a vontade do povo foi desrespeitada. Apesar desse flagrante enfraquecimento do processo democrático, os legisladores de Massachusetts não estavam dispostos a fechar essa brecha. Em vez disso, os eleitores tiveram que voltar às urnas em 2020 para votar em uma nova Questão 1, uma iniciativa eleitoral que as Big Car investiram milhões para bloquear.

Os anúncios que foram veiculados contra a Questão 1 de 2020 não deixam dúvidas: declaravam abertamente que os fabricantes haviam reprojetado os carros para coletar tantas informações confidenciais sobre seus proprietários que permitir que qualquer um acessasse esses dados faria com que as donas dos carros fossem *perseguidas e estupradas*. (Por algum motivo, os fabricantes não propuseram resolver esse problema coletando menos dados.)[11] Apesar da campanha de medo, a Questão 1 de 2020 foi aprovada com uma maioria de 75%. No entanto, os fabricantes de automóveis continuam resistindo à vontade popular, contestando a regulamentação estadual com o argumento de que ela entra em conflito com as leis federais. Até o momento deste livro ir para o prelo, a lei continuava no limbo.[12]

Uma lição importante da Questão 1 é que as exigências de interoperabilidade são frágeis. Se ordenarmos ao Facebook que permita que os concorrentes acessem a API que ele utiliza para conectar os *back-ends* do Facebook Messenger, do Instagram e do WhatsApp, a empresa poderá acatar a ordem — enquanto, simultaneamente, faz a reengenharia dos três sistemas para que a API se torne lentamente inútil, com todos os seus fluxos de dados transferidos para um sistema diferente que não seja obrigatório. Se o Facebook subverter um regulamento, podemos criar outro, e outro, e outro. Mas o Facebook é capaz de fazer a reengenharia de seus sistemas com a mesma rapidez com que escreve novo código, enquanto os órgãos reguladores só conseguem revisar as ordens após notificação pública, comentários e audiências. A cada vez, o Facebook tem condições de investir centenas de milhões para atrapalhar essas novas regulamentações, de modo que, quando o governo descobre a última artimanha do Facebook, a empresa já está pronta para a próxima.

A fragilidade das ordens é o motivo pelo qual precisamos de compatibilidade competitiva, ou comcom — o direito de conectar algo novo a algo que já existe, mesmo que a empresa cujo produto você está modificando concorde ou não em permitir que o faça. Se o *scraping*, os *bots* e a engenharia reversa continuarem a ser legalmente problemáticos, a única consequência que o Facebook enfrentará ao subverter as ordens será uma batalha regulatória pela próxima. Porém, se a proibição da DMCA de contornar *locks* digitais fosse abolida, qualquer concorrente que o Facebook excluísse de seu sistema não precisaria esperar por novas regulamentações, podendo começar imediatamente a trabalhar para voltar, usando *bots, scraping*, e engenharia reversa para reconectar sistemas concorrentes ao Facebook e ignorar seus *lockouts*, enquanto os usuários de serviços rivais e seus amigos no Facebook aplaudem.

Essa versão de interoperabilidade do tipo gato e rato é instável, obviamente. O caminho para encontrar seus amigos fora do Facebook talvez funcione um dia e pare de funcionar no dia seguinte, à medida que o Facebook altera seus sistemas para bloquear o sistema comcom. Ela também é caótica. Por definição, os rivais que formam suas próprias interfaces com o Facebook farão coisas que o Facebook não espera, expondo e explorando os pontos fracos em seus sistemas que podem ser usados para fins adversos com a mesma facilidade que para fins benéficos.

Em outras palavras, se tivermos a comcom, o castigo pelo desligamento dos sistemas de interoperabilidade gerenciada e ordenada é mergulhar em uma luta caótica, não gerenciada e desordenada para restabelecer esses sistemas. Os engenheiros de segurança e de produtos do Facebook — que já estão travando batalhas em várias frentes — seriam desviados para uma Guerra Fria inútil que deixaria seus próprios usuários irritados e infelizes e mais propensos a migrar para um rival.

Em outras palavras, a comcom altera o equilíbrio. Em um mundo com mandatos de interoperabilidade *e* a comcom, a estratégia ideal do Facebook seria tolerar a concorrência. Se a comcom fosse legal em Massachusetts, assim que as grandes montadoras migrassem seus dados das redes com fio dos carros para as redes sem fio, todas as oficinas mecânicas e catálogos de pedidos por correspondência ficariam imediatamente cheios de dispositivos não oficiais para também decodificar essas comunicações sem fio. A mudança para o sistema sem fio se tornaria um jogo de gato e rato em tempo integral, com códigos e bloqueios mudando o tempo todo, criando pesadelos de suporte para os mecânicos *autorizados* que trabalham para os fabricantes, tendo que lidar com a mudança constante da fundação sob seus pés.

Não estamos dizendo que todas as empresas decidirão jogar limpo se a comcom estiver na jogada. A ganância corporativa geralmente supera o bom senso, especialmente ao se tratar de uma empresa que está acostumada a usar seu monopólio para explorar, silenciar e pisotear seus clientes, concorrentes, fornecedores e críticos.

Mas essa é a beleza da comcom: ela não é apenas um impedimento, é um *remédio*. Se a Amazon eliminar a obrigatoriedade de abrir seus livros no Kindle, isso não apenas dará início a uma guerra inútil por ferramentas de *jailbreak* de terceiros para o Kindle, mas também permitirá que essas ferramentas floresçam e cheguem às mãos dos leitores, para que eles possam continuar a desbloquear e movimentar suas bibliotecas. É claro que essas ferramentas podem não ser tão simples quanto as interfaces obrigatórias, mas elas ainda estão disponíveis e, quanto mais tempo a Amazon deixar de cumprir as exigências para o Kindle, mais tempo os desenvolvedores terão para tornar suas ferramentas de desbloqueio mais fáceis de usar e para encontrar novos usuários, colaboradores e investidores.

Quando há alternativas, os boicotes podem ser o impulso de que o público precisa para experimentar algo novo e, quando isso acontece, a novidade pode permanecer (mesmo com a COVID-19 sob controle, quantas pessoas continuam usando máscaras quando ficam doentes?).

O objetivo da interoperabilidade radical não é apenas oferecer “escolha”, “concorrência”, “inovação” ou qualquer outro chavão vazio do Vale do Silício: é permitir que as pessoas decidam por si mesmas como viver suas vidas. Significa abrir caminho para o exercício da autodeterminação. Você, usuário de um produto ou serviço, sabe mais sobre suas necessidades do que os projetistas jamais saberão. Um fazendeiro com uma tempestade de granizo no horizonte sabe se deseja confiar no próprio conserto do trator para realizar as colheitas, de uma forma que a John Deere nunca será capaz de igualar. Uma pessoa com uma deficiência física ou cognitiva sabe mais sobre como precisa adaptar suas ferramentas do que a equipe de design mais empática. Uma pessoa pobre, ou que enfrenta uma emergência, ou que está em situação de perigo físico, sabe mais sobre a conveniência de alterar a operação de um produto do que a empresa que o fabricou. Os bons produtos e serviços — como a boa arte — normalmente vivem mais que seus fabricantes. Você sabe mais sobre como deseja usar um programa de computador para recuperar seus arquivos de trabalho antigos do que a empresa que o criou dez anos antes.

O argumento a favor da interoperabilidade não diz respeito à criação de mercados competitivos nos quais os melhores produtos vencem. Trata-se de criar um mundo de ferramentas, dispositivos e serviços que estejam sob o controle das pessoas que dependem deles.

Então, como recuperamos nossa comcom? Não se esqueça de que ninguém aprovou uma lei contra a engenharia reversa, o *scraping* e os *bots*. Nenhuma comissão legisladora proibiu o uso de tinta de impressora de terceiros, o conserto independente ou a renovação de peças antigas. Na verdade, muitas das leis usadas para encerrar essas atividades têm ressalvas explícitas para consertos e interoperabilidade, mas elas são redigidas de forma tão restrita que ninguém confia que funcionarão quando o caso for levado a um tribunal.

Algumas dessas leis precisam ser derrubadas. A DMCA 1201 — a lei anticircunvenção — não deveria estar em vigor, ponto final. Já temos leis que proíbem a violação de direitos autorais. Não precisamos de uma lei que torne extremamente ilegal a violação de direitos autorais em um determinado tipo de programa ou dispositivo de computador de uso geral.

Desde 2016, a Electronic Frontier Foundation processa o governo dos EUA para anular a DMCA 1201 por considerá-la inconstitucional, representando o eminente criptógrafo da Universidade Johns Hopkins, Dr. Matthew Green, e o lendário engenheiro eletrônico do MIT, Dr. Andrew "Bunnie" Huang. O caso está tramitando lentamente, mas é um caminho para livrar o mundo da lei anticircunvenção dos EUA. (Se tiver êxito, outros países pressionados pelo representante comercial dos EUA a adotar versões dessa lei terão que iniciar o lento processo de abolição ou reforma em seus próprios sistemas).

Outro caminho para corrigir a lei anticircunvenção é a legislação: fazer com que o Congresso dos EUA emende ou revogue a cláusula problemática. Livrar-se da DMCA 1201 é a solução mais simples, mas pode não ser politicamente viável (mas, quem sabe — a política dos EUA é estranha e está ficando cada vez mais estranha). Uma solução intermediária seria vincular a aplicação da anticircunvenção a atos de violação de direitos autorais. Dessa forma, seria ilegal remover os *locks* de um livro do Kindle para compartilhá-lo sem autorização (uma violação de direitos autorais), mas não haveria problema em remover esses *locks* ao transferir o livro para outro dispositivo (o que não é uma violação de direitos autorais).

O que dizer da Computer Fraud and Abuse Act [Lei de Fraude e Abuso de Computadores], a lei de segurança cibernética da era Reagan que tem sido usada para criminalizar violações dos termos de serviço? Vários circuitos do Tribunal de Apelações dos EUA se dividem quanto à validade dessa interpretação da CFAA, e uma melhor jurisprudência poderia neutralizar substancialmente o risco de a CFAA ser usada para bloquear atividades legítimas. Uma decisão da Suprema Corte dos Estados Unidos de 2021 deixa ambíguo se simples violações de termos de serviço podem infringir a lei.[13] Como alternativa, precisamos de uma legislação que esclareça que a CFAA não pode ser usada para criminalizar violações de termos de serviço, como a "Lei de Aaron" teria feito. A deputada Zoe Lofgren apresentou esse projeto de lei bipartidário em 2013 para homenagear o pioneiro da informática Aaron Swartz, perseguido até a morte por ameaças da CFAA quando tinha apenas 26 anos de idade. Mas com tantas corporações confiando na CFAA para manter seus gargalos anticompetitivos, o projeto ainda não foi transformado em lei.

Há ainda todas as outras leis implantadas para bloquear a interoperabilidade: patentes, direitos autorais da API, confidencialidade, ordens de arbitragem vinculante e cláusulas de não concorrência. Todos esses sistemas são prejudiciais quando abusados e carecem de restrições contra esse abuso. Reformas que introduzam salvaguardas em todos eles seriam muito bem-vindas.

Mas todas essas brigas se arrastarão por anos e precisamos da interoperabilidade *já*.

Poderíamos tê-la se o Congresso dos EUA promulgasse uma "defesa do interoperador", protegendo as pessoas de *qualquer* responsabilidade, sob qualquer causa de ação, se elas pudessem demonstrar que estavam modificando um produto ou serviço existente para melhorar sua segurança ou acessibilidade, para consertá-lo, para adicionar funções lícitas ou para ajudar usuários de boa-fé do sistema a transferir produtos digitais adquiridos legitimamente para um serviço concorrente.

Em âmbito estadual, os órgãos legislativos poderiam aprovar leis que considerassem certos termos contratuais "contrários à política pública" e, portanto, não aplicáveis. Se a Califórnia proibisse a arbitragem vinculante ou termos de serviço que proibissem divulgações de segurança, consertos independentes ou adaptação de acessibilidade, então as start-ups e cooperativas no estado poderiam oferecer acesso nacional a ferramentas de interoperabilidade.

O legislativo estadual tem outra ferramenta poderosa à sua disposição: as licitações. Os governos estaduais e locais compram muitas coisas e podem definir suas próprias regras para saber de quem compram essas coisas e em que condições. Os estados podem promulgar leis que proíbam todos os níveis de governo de comprar serviços de fabricantes, a menos que eles prometam permitir a interoperabilidade. Por exemplo, um distrito escolar local *nunca* deveria comprar iPads sem antes obtiver uma promessa da Apple de que permitirá o *sideload* de aplicativos que não estejam na loja da empresa: caso contrário, o que irá acontecer se a Apple retirar o aplicativo no qual o distrito confia e que foi usado pelos professores para criar seu conteúdo curricular? O mesmo vale para o Google Classroom. O efeito dessa regra não terminaria nos portões da escola: assim que a Apple redesenhasse seus dispositivos para permitir que os aplicativos sejam baixados fora da Apple Store, *todos* poderiam tirar proveito disso, incluindo autores, músicos e cineastas independentes que queiram vender seu trabalho sem serem pressionados pelo Google e pela Apple.

Governos sensatos há muito tempo têm receio de fechar contratos para ferramentas que não possam manter ou consertar por conta própria com peças de múltiplos fornecedores. O Exército da União liderado por Abraham Lincoln exigia que os fabricantes de rifles padronizassem as peças e munições para que os produtos e componentes de diferentes empresas pudessem ser misturados e combinados em campo! Ironicamente, a monopolização do setor de defesa dos EUA desfez esse princípio fundamental, e o Pentágono de hoje está totalmente dependente de contratos de serviços extrativistas com fabricantes do país, o que faz com que tudo, de geradores a artilharia, seja enviado de volta aos EUA para serviços do setor privado em vez de ser consertado por técnicos militares em campo.

Bloquear os interoperadores é fundamental para que os capitalistas anticompetitivos extraiam rendas de monopólio que eles usam para fazer lobby contra todos os outros tipos de aplicação. Permitir a interoperabilidade por si só não venceria a guerra, mas *poderia* cortar as fontes de suprimento que alimentam a máquina de guerra.

CAPÍTULO 17

SALÁRIOS MÍNIMOS PARA TRABALHOS DE CRIAÇÃO

Alan Dean Foster é uma lenda da ficção científica, tendo escrito não apenas uma lista enorme de romances originais, mas também adaptações para o cinema e a TV — incluindo *Star Wars* e *Alien* — que se tornaram best-sellers muito apreciados por mérito próprio. Quando a Disney comprou a Lucasfilm e, em seguida, a 20th Century Fox, ela não apenas passou a controlar 40% das bilheterias dos EUA e adquiriu os direitos autorais de uma grande parte do patrimônio cinematográfico dos Estados Unidos, mas também comprou os direitos de vários livros de Foster. E então os royalties pararam de chegar para ele.

Lutando contra o câncer e com uma esposa que também não estava bem, Foster acabou apresentando uma queixa particular por meio de sua associação profissional, a Science Fiction and Fantasy Writers of America (SFWA), para descobrir onde estava o dinheiro. Geralmente, o processo de reclamação da SFWA conduz os membros a um resultado favorável, mas não dessa vez. Ao se recusar a pagar, a Disney se baseou em uma teoria radical: a de que, quando comprou a Lucasfilm e a Fox, adquiriu os direitos sobre os livros de Foster (ou seja, as licenças de direitos autorais que permitiam à Disney vendê-los), mas não as responsabilidades (ou seja, a obrigação de pagá-lo)!

Essa teoria não é só radical; ela é perigosa. Mary Robinette Kowal, presidente da Science Fiction and Fantasy Writers of America, diz que, se ela vingar, poderá afetar *todos* os criadores: "Se deixarmos essa decisão valer, poderia abrir-se um precedente que alteraria profundamente a forma como os direitos autorais e os contratos operam nos Estados Unidos. Tudo o que uma editora teria que fazer para quebrar um contrato seria vendê-lo para uma empresa irmã".[1]

Como não conseguiu receber o que lhe era devido, a única opção restante foi ir a público, contando com a justiça óbvia da reivindicação de Foster e sua legião de fãs leais para pressionar a Disney a pagar. Mas a Disney tentou tirar-lhe até mesmo isso, insistindo em que assinasse um agressivo acordo de confidencialidade *antes* de iniciar as negociações. Esses acordos são assinados quando as partes chegam a um acordo — não antes. Isso é coisa de vilão de desenho animado.

É claro que a Disney não é a única grande empresa que tenta minimizar a parte que paga aos criadores. Todas elas o fazem, quando têm poder para isso, como vimos na primeira metade deste livro. Como a única coisa pior do que o acordo atual é nem sequer estar nessas plataformas, os criadores e produtores acabam aceitando a ninharia que lhes é oferecida. Essa é uma das razões pelas quais, dos bilhões gerados pelo trabalho criativo, grande parte é desviada antes de chegar às pessoas que contribuem com o tempo, dinheiro e inspiração que tornam o trabalho digno de ser ouvido, tocado, visto ou assistido.

Há décadas, os acólitos da Escola de Chicago nos dizem que "a mera transferência de riqueza dos produtores não é uma preocupação competitiva".[2] Mas claro que é. Ao reduzir as taxas que pagam, os investidores criam dificuldades para que os criadores continuem produzindo obras de alta qualidade. Isso também garante que as pessoas do setor de criação — exatamente aquelas que se interessam com mais devoção por produtos e serviços culturais — tenham uma capacidade cada vez menor de pagar por livros, revistas, artes visuais, filmes, espetáculos e aulas relacionadas a seu ofício, distorcendo ainda mais os mercados culturais. O estabelecimento de pisos nos preços do trabalho de criação ajudaria a colocar esses setores em uma base mais sustentável.

Controlamos os preços em vários tipos de situações em que, de outra forma, o pagamento seria forçado a ficar abaixo de níveis sustentáveis — como as leis de salário mínimo para os trabalhadores. Infelizmente, a maioria dos profissionais de criação, assim como um número cada vez maior de trabalhadores em empregos precários (pessoas que fazem entregas, dirigem, limpam, ensinam), não se enquadram na proteção oferecida por essas leis, e um número cada vez maior daqueles que *deveriam* ser protegidos está tendo seus salários usurpados de qualquer forma.

Às vezes, também colocamos pisos sob o preço das *commodities*, como o leite. Historicamente, esses pisos surgiram porque os fazendeiros estavam sendo prejudicados por compradores poderosos, da mesma forma que os criadores estão sendo agora. Mas não há piso para *commodities* culturais, como gravações transmitidas por *streaming*, vídeos online ou livros independentes: o Spotify, o YouTube, a Netflix e a Amazon decidem o que pagar. Dado seu poder excessivo e sua fixação em maximizar o valor de curto prazo para os acionistas, não é de surpreender que isso acabe sendo muito pouco.

Os salários mínimos para o trabalho criativo não resolverão todos os abusos do mercado que pressionam os preços para baixo. Porém, ao estabelecer um piso para o custo do trabalho de criação, eles *poderão* reduzir a quantidade de valor que é sugada por aqueles que não contribuíram em nada para sua produção. Ao pensar em como introduzi-los, podemos nos inspirar na União Europeia, que recentemente exigiu que seus 27 países membros elaborassem leis para dar aos criadores o direito a "remuneração apropriada e proporcional" sempre que licenciarem ou transferirem seus direitos exclusivos.[3]

Esse tipo de lei existe há anos na Alemanha e na Holanda e esses países têm atuado como laboratórios para descobrir o tipo de intervenção que realmente consegue aumentar os salários dos profissionais de criação. De acordo com a especialista e professora de direito Raquel Xalabarder, a mais promissora é o "direito de remuneração residual". O conceito é simples. Os criadores transferem seus direitos autorais, como o fazem agora, e suas gravadoras e editoras decidem como explorá-los — também como agora. A diferença? Os criadores mantêm o direito inalienável de receber um pagamento "apropriado e proporcional" pelo uso de seu trabalho. O mais significativo é que esses direitos *podem ser exigidos diretamente dos licenciados* como Spotify, Amazon, Netflix e YouTube. A nova lei da UE se aplica até mesmo a contratos que já foram decididos, o que significa que os criadores não precisarão esperar gerações para aproveitar o aprimoramento das proteções.[4]

Os direitos de remuneração residual na UE imitam os direitos de royalties residuais arduamente conquistados e negociados pelo WGA na indústria cinematográfica dos EUA. Como vimos anteriormente, esses direitos estão sendo atacados tanto pelas plataformas de *streaming* quanto pelos gigantes dos estúdios que estão mudando o sistema para não terem que pagar aos criadores com base no valor de mercado de suas criações. Um direito estatutário os protegeria. Os novos direitos de remuneração residual também poderiam ser introduzidos de forma positiva em setores onde os sindicatos são atualmente muito fracos para conquistá-los. Como benefício adicional, os direitos de remuneração residual poderiam *fortalecer* os sindicatos de criadores se eles se encarregarem de aplicá-los em nome dos membros e aumentar a solidariedade entre classes criativas difusas.

Essas leis também ajudariam criadores como Alan Dean Foster. Mesmo que o argumento bizarro e radical da Disney de que havia adquirido direitos sobre o trabalho criativo, mas não a responsabilidade de pagar por ele, fosse de alguma forma válido em contrato, um direito de remuneração residual poderia dar a escritores como Foster direitos autorais contínuos — mesmo contra subsequentes licenciados, como a Disney.

Esse tipo de proteção também seria útil contra outros golpes, como a recente insistência da Discovery Network para que compositores abram mão de seus direitos a royalties de apresentações públicas em andamento — mesmo os *royalties a que já tinham direito em contratos anteriores.* A perda desses direitos reduziria a renda em cerca de 80 a 90%, ameaçando a viabilidade da carreira de compositor para filmes. O compositor David Vanacore diz que são esses pagamentos "secundários" que tornam o trabalho viável: "Não tem como bancar os custos de um show com base no que eles oferecem... Acho que eles não entendem a quantidade de tempo e energia que são gastos no processo criativo".[5] Os compositores que se recusaram a concordar com os novos termos foram informados de que suas trilhas sonoras seriam retiradas e substituídas por músicas genéricas que a rede já possui.

A Netflix também está solicitando que os compositores concordem com acordos de compra integral, embora insista que eles têm a opção de assinar ou não. Mas fontes do setor dizem que esses termos visam principalmente "jovens compositores ou aqueles que não são tão procurados e não podem se dar ao luxo de passar o trabalho adiante ou reclamar dos termos por medo de serem excluídos futuramente".[6] Um compositor premiado disse ao *Hollywood Reporter* que se sentiu obrigado a concordar com a compra porque era a única maneira de fazer a trilha sonora de um documentário da Netflix — e, em um mundo em que a Netflix está gastando substancialmente mais em programação do que a bilheteria inteira dos EUA, esse é um mercado que não pode ser ignorado. Embora essas empresas sejam poderosas o suficiente para insistir em contratos atribuindo esses direitos, direitos de remuneração residual, bem elaborados e inalienáveis, poderiam impor um piso aos salários.

Esses direitos também podem ser úteis nos casos em que um único *player* domina quase a totalidade de um mercado — como a Amazon tem feito com a autopublicação. No momento em que escrevemos este texto, ela ainda paga aos autores 70% da receita sobre a maioria das vendas de autopublicação: muito mais do que sua subsidiária Audible paga sobre audiolivros autopublicados. Essa divisão generosa não é motivada por altruísmo. Na verdade, ela foi projetada para enfraquecer as editoras, criando um mercado alternativo capaz de excluí-las completamente. Quando esse objetivo for alcançado e houver um número suficiente de leitores, a editora começará a pressionar esses autores também. Um direito contínuo a uma remuneração justa poderia controlar isso.

Mas, embora os direitos de remuneração residual representem a promessa de gerar mais dinheiro para os profissionais de criação, eles também trazem perigos. Se apenas os maiores *players* conseguirem fazer esses pagamentos adicionais, essas reformas poderiam acabar consolidando seu domínio. Um ecossistema criativo que dependa da garantia de que o Spotify, a Amazon e o YouTube continuarão sendo ricos o suficiente para pagar não será necessariamente melhor do que o que temos agora.

Há também o risco de que esses direitos não resultem de fato em nenhum ganho líquido em dólares para os criadores. Lembre-se de que os direitos de remuneração residual dão aos criadores o direito a pagamentos *além* das taxas contratuais: eles não fazem nada para controlar o preço base que é pago. É fácil imaginar uma situação em que as plataformas monstruosas desembolsam alguns centavos de dólar para dar aos artistas, mas recuperam esse dinheiro pressionando as gravadoras e editoras, que, por sua vez, têm que recuperar *esse* dinheiro pressionando... os criadores! Para evitar isso, precisamos atacar diretamente as raízes de seu poder.

Lembre-se, também, de que os salários mínimos para o trabalho criativo têm como objetivo lidar com a exploração que surge das desigualdades nas negociações entre criadores e intermediários. A web e a internet têm sido uma fonte fantástica de produção e distribuição de criações por parte de criadores que descobriram maneiras de chegar diretamente ao seu público ou que foram remunerados por outros meios, desde programas caseiros até comissões de contos e pagamentos diretos e voluntários. O objetivo do exercício é possibilitar a reparação quando empresas gigantes ganham rios de dinheiro enquanto os artistas que as abastecem ganham uma ninharia — e não para suplantar ou minar as relações voluntárias e orientadas por parcerias entre artistas e seus públicos.

Outra limitação dos direitos de remuneração é que eles não farão nada para incentivar novos participantes. Qualquer pessoa que queira criar uma nova plataforma de *streaming* de música ou vídeo ainda precisaria negociar o acesso com os principais detentores de direitos tal como é feito agora — com todos os conflitos de interesse causados pelo poder de mercado e participações acionárias nas plataformas dominantes. Quando se leva em conta os custos extras de transação que um sistema de remuneração residual poderia criar, esses mercados podem se tornar ainda menos atraentes para novos participantes. Isso seria realmente desastroso para o projeto mais amplo de dispersar o controle de forma mais justa nos ecossistemas criativos.

UMA NOVA MANEIRA DE PENSAR SOBRE LICENÇAS COMPULSÓRIAS

Repensar a forma como usamos as licenças compulsórias é uma maneira de obter os benefícios dos direitos de remuneração residual e, ao mesmo tempo, colocar um piso real nos preços pagos pelo trabalho criativo *e* incentivar novos participantes.

As licenças compulsórias dão aos provedores o direito de usar material protegido por direitos autorais sem obter a permissão do proprietário, em troca do pagamento de uma taxa e do cumprimento de outras condições da licença. Elas são amplamente utilizadas em todo o mundo, geralmente onde os custos são muito altos para licenciar cada pequena transação, como, por exemplo, quando um livro estiver sendo fotocopiado por um professor na escola ou quando uma música estiver sendo tocada no rádio. Nos EUA, organizações de direitos autorais como a BMI (Broadcast Music, Inc.) e a ASCAP (American Society of Composers, Authors and Publishers) emitem licenças que permitem que restaurantes, clubes e outras empresas toquem músicas. Eles são obrigados a conceder uma licença a qualquer pessoa que a solicite, o que é fundamental para o funcionamento saudável desse mercado. Imagine um mundo em que somente a rede de restaurantes TGI Fridays tivesse permissão para tocar música!

Anteriormente, falamos sobre a necessidade de criar uma licença compulsória que forçaria as estações de rádio dos EUA a finalmente aderirem ao resto do mundo e começarem a pagar ao transmitir gravações. Mas devemos ir além da ideia de que as licenças compulsórias são apenas um remédio para os altos custos de transação. Reconceituadas, elas têm um potencial real para resguardar criadores e produtores com salários mínimos e proteções que se aplicariam independentemente da pressão exercida por agentes predatórios ao longo da cadeia de distribuição. Aviso: nesta seção, entraremos nos meandros do licenciamento de música, que é extremamente entediante. Se você perceber que seus olhos estão ficando vidrados, lembre-se do seguinte: não é difícil de entender porque é complicado, é complicado para que seja difícil de entender. As pessoas que enriquecem com isso enquanto artistas passam fome não querem que você saiba como funciona.

Os Estados Unidos já têm uma licença compulsória para serviços de *streaming* não interativos, como o Pandora, e alguns de seus recursos ilustram por que as licenças compulsórias têm esse potencial de acabar com os gargalos anticompetitivos. Essa licença foi introduzida para abranger empresas de rádio na internet, mas não serviços como o Spotify, em que os usuários decidem quais músicas serão reproduzidas e quando. Essa distinção é cada vez mais fictícia: afinal, os usuários estão delegando suas decisões sempre que ouvem *playlists* geradas pelo Spotify. Mas, mesmo assim, ela é usada de modo eficaz para justificar que criadores não recebam os benefícios da licença não interativa.

A licença não interativa permite que qualquer empresa de rádio na internet transmita gravações sonoras para os assinantes em troca de royalties definidos pelo Copyright Royalty Board.[7] Cada reprodução em cada serviço comercial recebe a mesma taxa, quer a música tenha sido escrita por Stevie Nicks ou por uma garçonete que acabou de chegar a Nashville, publicada por uma micro-editora ou por uma das Big Three. A SoundExchange arrecada o dinheiro e já pagou mais de US$ 7 bilhões em royalties desde sua fundação em 2003.[8] Basicamente, a lei exige que metade do dinheiro vá diretamente para os artistas, *independentemente de terem ou não reembolsado suas dívidas de gravação*, com a outra metade sendo paga ao proprietário dos direitos autorais (geralmente uma gravadora).[9]

É fácil ver como esse processo promove um campo de jogo competitivo. Você se lembra de quando o Spotify e as grandes gravadoras chegaram àquele acordo aconchegante para reduzir os royalties em três pontos percentuais antes do lançamento do IPO do Spotify? As maiores gravadoras tiveram suas concessões compensadas por grandes adiantamentos, anúncios gratuitos e todas as outras vantagens, além de um salto no valor de seu patrimônio. Mas elas também são poderosas o suficiente para negociar cláusulas de "nação mais favorecida" em seus contratos, o que garante que ninguém mais receba uma taxa maior. Assim, foram as empresas independentes que sofreram o impacto da decisão: quando chegou a hora de renegociar seus próprios contratos, elas encontraram um novo teto, mais baixo do que o anterior. Ao fazer esse acordo, as grandes corporações cortaram pontos das já reduzidas margens das empresas independentes.

A licença não interativa não deixa espaço para que as grandes gravadoras usem seus imensos catálogos para obter margens maiores que as de todos os demais ou estruturar acordos de forma a priorizar seus interesses em detrimento dos interesses de seus artistas. Além disso, facilita a entrada de concorrentes no mercado, pois eles sabem que podem ter acesso às músicas de que precisam sem ter que negociar individualmente com cada gravadora (e sem precisar de capital para cobrir os subornos rotineiramente exigidos pelas mais poderosas como custo para fazer negócios).

Não queremos pintar um quadro muito cor-de-rosa: há *muitas maneiras* ruins de se utilizar as licenças compulsórias. Às vezes, elas funcionam como um teto para as taxas que os criadores podem obter, em vez de um piso. Esse é o caso dos direitos de reprodução pública licenciados pela BMI e pela ASCAP. Nesse sistema, os licenciados têm permissão para contornar essas entidades arrecadadoras e fazer acordos privados — e quando isso acontece, os artistas podem sair perdendo. A Sony/ATV Music Publishing uma vez notoriamente aceitou royalties 30% abaixo do que seria devido sob uma licença geral em troca de um adiantamento enorme e de um "pagamento administrativo" de US$ 300.000 que não precisaria repartir com seus compositores.[10] Isso também lhe deu o direito de utilizar a cota dos compositores. Assim como ocorre com a licença de *streaming* não interativo, as licenças gerais emitidas pela ASCAP e pela BMI garantem que os artistas recebam metade do dinheiro, mesmo que não tenham feito o *recoupment*. Quando são contornados, os contratos entre o compositor e a editora determinam para onde vai o dinheiro. Quase sempre, neles consta que os compositores não participam de nenhuma receita de reprodução que a editora venha a receber diretamente.[11] Mesmo que *tivessem* direito a uma parcela, esses contratos dariam à editora o direito de ser compensada através da conta de *recoupment*. Para que uma licença compulsória estabeleça de forma útil um salário mínimo para os criadores em mercados controlados por corporações excessivamente poderosas, ela precisaria incluir salvaguardas contra esse tipo de subversão.

As licenças compulsórias também fracassam quando não definem o preço corretamente, como aconteceu com a antiga licença de *streaming* interativo para compositores, hoje substituída pela Music Modernization Act [Lei de Modernização da Música]. Durante anos, as editoras musicais e os compositores fizeram acordos ruins com relação às taxas, ficando com apenas 10,5% das receitas de *streaming*, comparados aos 52% para as gravadoras.[12] Em contraste, os direitos de sincronização, que se aplicam quando uma música é anexada a um vídeo, como em anúncios e filmes, são negociados no mercado livre. A prática do setor é que as taxas sejam divididas meio a meio entre editoras e gravadoras.[13]

Como explicamos anteriormente, essa disparidade provavelmente foi agravada e prolongada pelo gigantesco conflito de interesses causado pela integração vertical do setor — o fato de que os conglomerados que detêm as três maiores gravadoras e as três maiores editoras musicais se beneficiarão mais se a receita for para o lado da gravadora. Mas os pecados originais foram as falhas na forma como a antiga lei exigia que as taxas fossem estabelecidas, pedindo que os responsáveis por essa definição equilibrassem vários critérios de política, como a necessidade de minimizar a disrupção das estruturas existentes do setor — sim, era gritante o favorecimento de modelos de negócios antigos em detrimento dos novos![14]

A Lei de Modernização da Música agora aborda essas questões, exigindo que as taxas sejam fixadas no valor que um comprador interessado pagaria a um vendedor interessado, algo que os compositores acreditam que aumentará substancialmente sua remuneração.

Tudo isso mostra que as novas licenças compulsórias terão que ser concebidas com cuidado se quiserem ajudar a alocar os lucros da cultura de forma mais justa entre criadores e plataformas, editoras e gravadoras. Mas se pensarmos nelas de forma diferente do que fizemos no passado, elas têm um potencial real para combater o poder de compra, proporcionar mais transparência, colocar um piso nos preços e criar divisões mais equitativas entre criadores, investidores e plataformas.

Veja o *streaming* de música, por exemplo. Ele é conveniente e extremamente popular. Responsável por fazer com que as pessoas voltassem a pagar por música, começou a gerar enormes receitas sem as quais muitos criadores estariam em uma situação ainda pior. Mas o mercado de *streaming* foi distorcido pelo poder corporativo excessivo desde o início. Vimos os conflitos de interesse que fazem com que as maiores gravadoras fiquem do lado dos maiores *streamers* contra os interesses de seus próprios artistas e os contratos injustos que oferecem uma fração do pagamento pelo mesmo número de *streams* a artistas históricos, especialmente aos artistas negros que estão desproporcionalmente vinculados aos piores contratos.

Não queremos contribuir para aquilo que Mat Dryhurst chama de "fatalismo do *streaming*" — a ideia de que o *streaming* é tudo o que existe e tudo o que sempre existirá.[15] É preciso que haja espaço para o crescimento de outros modelos de negócios, e a elaboração de políticas precisa ir além de simplesmente ficar movendo as cadeiras em torno de um modelo de negócios que está se mostrando desastroso para tantos artistas. Mas esse *é* o sistema dominante no momento e há coisas que podemos fazer para torná-lo mais justo. Uma delas, potencialmente, é uma licença compulsória reconceituada.

A primeira coisa que ela poderia fazer é estabelecer um piso para as remunerações. Se há algo que aprendemos com a história, é sobre a importância de definir-se as taxas corretamente. Se forem muito altas, os provedores não poderão se dar ao luxo de entrar no mercado ou de permanecer nele. Se forem muito baixas, os criadores cairão em um abismo financeiro. O modelo da Lei de Modernização da Música, que define as taxas com base no valor que um comprador interessado pagaria a um vendedor interessado, é um bom começo, mas isso apenas se aproxima da taxa de mercado. Se a taxa de mercado for distorcida por empresas excessivamente poderosas, os criadores ainda poderão acabar recebendo menos do que o devido. Por isso, sugerimos acrescentar uma cláusula: "Contanto que isso represente uma remuneração justa". Ao decidir se a taxa de mercado é suficiente, os responsáveis pela fixação das taxas independentes poderiam levar em conta todas as evidências relevantes, inclusive se o mercado está altamente concentrado (tão concentrado que pode fazer com que a taxa de "vendedor interessado/comprador interessado" fique abaixo do que é justo).

Se as plataformas de *streaming* tivessem o direito de licenciar músicas mediante o pagamento de taxas razoavelmente estabelecidas, isso incentivaria a entrada de novos participantes no mercado. Eles não precisariam de tanto capital para começar, pois não teriam que pagar os subornos que os maiores *players* exigem como custo para fazer negócios. Para ajudar a diversificar a base de receita da música, os novos participantes — especialmente aqueles que estão experimentando novos modelos de negócios — e os participantes menores poderão beneficiar-se com condições mais vantajosas do que as dos gigantes estabelecidos, algo que a Future of Music Coalition [Coalizão para o Futuro da Música] já defendeu no contexto do *webcasting*.[16]

Esse modelo também poderia ajudar a reduzir a corrida por uma consolidação ainda maior. Se as mesmas taxas fossem pagas tanto às pequenas quanto às grandes gravadoras, e as maiores não conseguissem conquistar uma cota desproporcional, grande parte do ímpeto dos produtores para integrar-se desapareceria. Se as gravadoras pudessem continuar sendo pequenas, os artistas teriam relativamente mais poder nas negociações com elas.

Além disso, há a questão de como os royalties deveriam ser divididos. Uma vantagem das licenças compulsórias em relação aos contratos privados é que elas podem determinar as cotas que vão para criadores e investidores, anulando contratos injustos. Muitos dos artistas históricos que assinaram aqueles contratos terríveis das décadas de 1950 e 1960 *ainda* não quitaram suas dívidas de gravação, embora seus discos tenham gerado dinheiro para as respectivas gravadoras por décadas. Provavelmente eles jamais conseguirão. Embora tenham tido todas as oportunidades para fazê-lo, as grandes gravadoras agiram de forma incrivelmente lenta em resposta aos apelos para fazer justiça aos artistas históricos que estão enchendo seus cofres. Das Big Three, apenas a Sony tomou alguma medida significativa até o momento, anunciando, em meados de 2021, que não faria mais a compensação de ganhos com saldos não reembolsados de artistas que assinaram contratos antes de 2000. Isso pode ter sido desencadeado pela pressão do Comitê Parlamentar do Reino Unido sobre a economia do *streaming*, que não ficou nada satisfeito ao descobrir que seus artistas estavam tendo os royalties compensados por dívidas de décadas atrás, muito tempo depois de as próprias gravadoras já terem considerado essas dívidas irrecuperáveis.[17] Na época em que este livro foi para o prelo, a Warner e a UMG ainda não haviam feito o mesmo.

Essa mesquinhez não deveria surpreender ninguém. A principal preocupação dessas gigantes do setor fonográfico é maximizar o valor (de curto prazo) para os acionistas, e eles não reduzirão sua margem de lucro a menos que — e até que — sejam forçados a isso, seja por lei ou por um movimento popular que lhes torne mais caro continuar a espoliar os artistas do que finalmente remunerá-los de forma justa. A concorrência das novas opções de distribuição melhorou os termos oferecidos aos artistas atualmente, mas não ajuda os contratos assinados no passado. Se as gravadoras continuarem a se recusar a corrigir essa injustiça, uma taxa compulsória definida que se aplique a todas as reproduções, não importando os termos do contrato, seria suficiente para elas.

Atualmente, os artistas contratados por gravadoras recebem entre 5% e 50% das receitas de *streaming* atribuíveis a seus discos, dependendo de quando assinaram o contrato e se ele foi assinado com uma gravadora independente ou com uma grande gravadora. A especialista em licenciamento internacional Amanda Harcourt afirma que há um bom argumento para que as receitas sejam divididas meio a meio entre artistas e gravadoras, uma vez que estas não precisam assumir o risco e o custo das vendas físicas.[18] Os responsáveis pela fixação das taxas deveriam poder ouvir as justificativas de artistas e gravadoras e chegar a um acordo que seja viável para todos.

Será que esses royalties deveriam estar sujeitos a *recoupment*? Alguns especialistas do setor musical nos disseram que precisariam estar, para incentivar os altos investimentos iniciais necessários para que alguns artistas lancem discos. No mínimo, porém, o exercício de criar uma licença compulsória adequada seria uma oportunidade de regular os custos que podem ser ressarcidos (não a passagem de metrô da recepcionista da gravadora até o escritório, certo?) e *por quanto tempo* essas dívidas deveriam ser recuperáveis. Na UE, por exemplo, as dívidas de *recoupment* dos artistas de gravação são canceladas após cinquenta anos,[19] mas podemos fazer muito mais. A principal gravadora independente, a Beggars Banquet, cancela as dívidas de *recoupment* após quinze anos.[20] Isso parece muito mais adequado. Essa mudança colocaria instantaneamente os artistas mais antigos em uma situação mais sustentável.

Além de estabelecer um piso para remunerações, uma licença compulsória repensada poderia ajudar a proteger os novos participantes das *kill zones* dos grupos hegemônicos. Lembram-se dos fazendeiros do século XX que, depois de serem pressionados pelos proprietários de elevadores de grãos que controlavam o acesso à rede ferroviária, se organizaram para construir seus próprios elevadores? Os comerciantes de grãos de Chicago, que estavam se deleitando com os lucros provenientes da possibilidade de comprar grãos a preços abusivamente baixos, tentaram mobilizar um boicote aos grãos que estavam sendo transportados por seus novos rivais cooperativos. Mas como o grão é uma mercadoria e, portanto, tem um preço fixo no mercado, o boicote fracassou e os fazendeiros conseguiram retomar o controle.[21] Uma licença compulsória que permitisse que qualquer pessoa vendesse acesso, desde que satisfizesse o tipo de normas descritas de proteção ao criador, poderia ajudar a fazer o mesmo com a música.

É claro que o modelo de *streaming* nunca funcionará para todos os músicos. Como observou Holly Herndon, há algo fundamentalmente falho na ideia de que a única medida de valor de uma música é o número de vezes que ela é ouvida: também precisamos de modelos que financiem o tipo de música que é importante e desafiadora e que você não pode simplesmente repetir infinitamente.[22] Músicas como a do álbum *Live at Tubby's*, de 75 Dollar Bill, em que uma trilha constrói e quebra a tensão magistralmente ao longo de 24 minutos emocionantes. É complexo, desafiador e foi um dos álbuns favoritos de Rebecca em 2020 — mas não há espaço para essa música em um mundo que atribui valor puramente pelo número de vezes que ela é executada.

Felizmente, o *streaming* não é a *única* opção existente no mercado. Algumas alternativas, como o modelo de vendas diretas do Bandcamp, permitem que esse tipo de música encontre um público disposto a pagar por ela. O Bandcamp é um recurso fácil de usar e de baixo custo para que artistas promovam e vendam músicas, produtos e ingressos para shows, e gerou US$ 625 milhões para os artistas nos primeiros dez anos. *Live at Tubby's* foi lançada com exclusividade pelo Bandcamp durante a pandemia da COVID-19; os ouvintes poderiam pagar quanto quisessem pelo álbum, que arrecadou US$ 4.200 de aproximadamente 700 compradores em dois dias — mais do que a banda havia ganhado com *streaming* somando o Spotify, Apple Music e YouTube nos seis anos anteriores.

Afirmar simplesmente que qualquer plataforma poderia fazer *streaming* de qualquer gravação mediante o pagamento de uma taxa fixa seria arriscar matar a única planta saudável do jardim. Felizmente, não é necessário fazer isso. Os EUA já têm uma licença geral que permite que qualquer pessoa faça uma versão *cover* de uma música *se* ela já tiver sido gravada e vendida legalmente.[23] Uma licença compulsória para *streaming* de gravações sonoras poderia criar seu próprio limite de elegibilidade — por exemplo, cobrindo apenas aquelas que já foram licenciadas para pelo menos uma plataforma de *streaming*. Em outras palavras, se um artista ou gravadora licenciou seu catálogo para o Spotify, Apple ou Amazon para *streaming*, estaria sujeito à licença compulsória. Caso contrário, não estaria, e seus criadores estariam livres para continuar a explorá-lo como quisessem.

AUMENTANDO A TAXA

Tanto os direitos de remuneração residual quanto as licenças compulsórias provavelmente precisariam de entidades arrecadadoras para receber e pagar o dinheiro da licença. Isso seria suficiente para convencer alguns de que essa é uma má ideia. Embora existam entidades bem administradas e eficientes, há tantas histórias assustadoras sobre algumas que encheriam um livro. Os capítulos seriam intitulados Corrupção, Desfalque, Má Administração, Distribuições Injustas e Despesas Gerais Excessivas. Se estivéssemos escrevendo esse livro, falaríamos sobre a SGAE da Espanha, que chegou a roubar 87 milhões de euros de seus membros, sobre a CRO das Bahamas, que não pagou um centavo de royalties *por mais de onze anos*, e sobre a tarifa de 60% desviada por uma empresa na Romênia.[24] Também falaríamos sobre a maneira como algumas entidades usam os rendimentos que seriam destinados a investir em novas culturas — uma das poucas fontes restantes de financiamento das artes — como uma alavanca para silenciar os críticos. Sabemos que é assim porque, quando *nós* criticamos essas organizações, os criadores muitas vezes nos enviam mensagens diretas agradecendo e admitindo que tinham muito medo de se manifestar.

Mas talvez seja o puro *desperdício* do sistema atual que mais prejudica os artistas. Já falamos anteriormente sobre a complexidade estonteante do licenciamento de músicas, especialmente quando se atravessam fronteiras entre países. O crítico David Turner descreve "o número de malabarismos mentais necessários hoje para explicar como um único *stream* de música chega aos bolsos dos artistas" sendo "quase de uma crueldade absurda".[25] Cada uso dá origem a um pagamento, talvez apenas uma mínima parte de um centavo, que deve ser dividido entre editoras, compositores, produtores, gravadoras, artistas de destaque, instrumentistas e outros.

Quando a apresentação ocorre em um país e os detentores dos direitos estão em outro (ou pior — em vários outros!), a complexidade e o custo de fazer com que essas frações de centavos cheguem a seus legítimos proprietários aumentam vertiginosamente. Cada país tem pelo menos uma entidade arrecadadora de direitos autorais de música e — é impossível enfatizar o suficiente como isso é absurdo — *quase todas elas mantêm seu próprio banco de dados gigantesco de músicas, gravações, artistas e proprietários.* Pare um pouco para refletir sobre isso. Não é de surpreender que muitas vezes eles estejam desatualizados, incompletos e repletos de erros, o que dificulta (e encarece!) o processo de associar músicas a artistas e compositores. Quer saber a que nível isso chega? As entidades arrecadadoras geralmente não conseguem fazer a associação correta para pagar a *Beyoncé.*[26]

Becky Brook, especialista em licenciamento de música, observa que "mesmo os PROs [Performing Rights Organization] mais eficientes não processam todos os dados que recebem, porque é muito ineficaz. Mas é muito ineficaz porque estamos processando tudo em silos".[27] O resultado é que até 75% dos royalties de música podem ser absorvidos em outros lugares antes que os detentores dos direitos autorais vejam um centavo.[28] E, como é tão difícil fazer a associação entre os usos e os detentores, estima-se que de 20% a 50% do que sobra não chega às mãos corretas.[29] Nos Estados Unidos, somente para os compositores, mais de US$ 424 milhões que não puderam ser associados foram enviados para o novo Mechanical Licensing Collective [Coletivo de Licenciamento Mecânico], conforme exigido pela Lei de Modernização da Música.[30] Isso representa quase *meio bilhão de dólares* que os compositores deixaram de receber em apenas uma década de *streaming.*

Com o sistema tão bagunçado, não é de surpreender que os cheques de royalties demorem *anos* para chegar, que sejam de valor tão baixo quando chegam e que tão pouco do dinheiro pago por meio de royalties de *streaming* chegue a quem realmente fez a música. Annabella Coldrick, CEO do Music Managers Forum [Fórum de Gestores de Música], é clara sobre as deficiências do sistema atual: "Se estivesse começando do zero, ninguém inventaria a atual estrutura de licenciamento territorial para *streaming* online".[31]

Todos conhecem a solução: fazer a transição para um banco de dados global e multilíngue com metadados de alta qualidade para saber quem possui quais gravações sonoras e músicas em quais países. Entretanto, as repetidas tentativas de se criar esse sistema fracassaram.[32] Isso não se deve à falta de tecnologia, mas à falta de incentivos certos.

A única razão pela qual foi possível reformar a (terrível) licença compulsória para músicas por meio da Lei de Modernização da Música foi porque ela não funcionava para *ninguém*. Não apenas os compositores estavam profundamente insatisfeitos, mas as plataformas também — as exigências eram difíceis de cumprir e eles enfrentavam indenizações judiciais de até US$ 150.000 cada vez que cometiam um erro. Isso significava que aqueles que tinham o poder de mudar a lei estavam motivados a fazê-lo. Ainda era difícil, mas, por fim, o antigo sistema foi eliminado em favor de uma nova licença geral compulsória que permite que todo distribuidor digital use as composições musicais em qualquer gravação sonora que estejam licenciados para distribuir, com a ajuda de um novo banco de dados que tornará muito mais fácil e barato associar músicas a compositores e editoras.

Surpreendentemente, nem será tão caro assim: o orçamento é de US$ 33,5 milhões em custos iniciais, mais um orçamento de operações de US$ 28,5 milhões para o primeiro ano, financiado pela Amazon, Apple, Google, Pandora e Spotify com o dinheiro que economizam por não ter que usar o sistema antigo e ultrapassado que está sendo substituído. Não temos muito apreço por este novo modelo, pois ele depende do fato dessas empresas permanecerem grandes e ricas o suficiente para continuar pagando. Mas mostra que a reforma é possível se houver os incentivos certos.

Será muito mais complicado consertar o sistema global falido. As entidades arrecadadoras individuais não têm interesse em fazer a transição para um banco de dados centralizado porque isso significa perder dinheiro e poder. As plataformas dominantes de *streaming* também podem conviver com isso — é caro e complexo, mas isso mantém os concorrentes fora, solidificando assim seus gargalos anticompetitivos. Isso funciona até mesmo para as maiores gravadoras e editoras. Como explica John Simson, ex-chefe da SoundExchange, "o fato de não termos ótimos dados e de não termos um banco de dados mundial... apenas facilita que o dinheiro vá para a caixa-preta".[33]

Embora os artistas e compositores independentes sejam os mais propensos a serem associados erroneamente, o dinheiro não alocável geralmente é distribuído conforme cotas de mercado — o que faz com que os maiores *players* usufruam de uma quantia desproporcional e tenham uma vantagem competitiva sobre seus rivais independentes. A cereja do bolo? Como não é atribuível a nenhum uso específico, por muito tempo nem precisava ser repartido entre artistas ou compositores! (Como vimos anteriormente, isso finalmente está mudando, embora *ainda* não tenhamos nenhuma transparência sobre o quanto é repartido ou em quais termos).[34] O problema não é que não haja direitos autorais suficientes, mas sim que grande parte do valor da música é roubado antes de chegar aos artistas que a produzem.

Uma reforma significativa envolve mudar os incentivos. A investigação parlamentar do Reino Unido sobre a economia do *streaming* de música demandou uma ação regulatória em três assuntos urgentes: exigir que as gravadoras forneçam metadados precisos sempre que licenciarem gravações para serviços de *streaming*; forçar o setor a finalmente adotar padrões de dados viáveis; e acabar com a prática de distribuição *pro rata* de receitas da caixa-preta, que, segundo a investigação, incentivava a manutenção desse sistema injusto e perdulário.[35] Praticamente todos os artistas do país poderiam ser beneficiados por intervenções semelhantes, tornando essa uma área em que um novo tratado internacional de direitos autorais seria realmente útil. E se houvesse um novo sistema global para substituir as centenas de bancos de dados com curadoria ineficiente por onde os pagamentos fluem atualmente? Para incentivar os participantes mais poderosos a apoiá-lo, poderíamos começar mudando a forma como os royalties não atribuíveis são tratados. E se eles tivessem que ser pagos diretamente a fundos de assistência a artistas e compositores em vez de alimentar os resultados financeiros das empresas? As grandes gravadoras e editoras encontrariam imediatamente um novo motivo para garantir que os royalties fossem corretamente associados.

Qualquer reforma de tratado internacional também deveria exigir mudanças na governança para eliminar a corrupção das entidades arrecadadoras e alinhar os interesses da administração dessas organizações com os objetivos que queremos alcançar. Isso inclui a introdução de processos rigorosos de transparência e prestação de contas e a eliminação da tentação das entidades de usar o dinheiro de seus membros para promover seus próprios interesses. É fundamental que qualquer receita de "fundo cultural" seja entregue a organizações artísticas independentes para distribuição, de modo que as entidades de arrecadação não possam usá-las para promover seus próprios interesses em detrimento dos interesses de seus membros.

Poderíamos desenvolver um banco de dados global centralizado não apenas para facilitar a associação e a remuneração, mas também para atuar como uma camada de licenciamento. Imagine se os criadores e as gravadoras pudessem fazer o upload de suas músicas diretamente no sistema, marcando uma opção para informar se estão licenciando-as para *streaming* e onde. Isso facilitaria muito o tipo de licença compulsória que imaginamos anteriormente. Qualquer serviço de *streaming* qualificado poderia então adicionar rapidamente essa nova música a seus catálogos e ter todas as informações necessárias para pagar os detentores dos direitos de forma rápida, precisa, transparente e com muito menos vazamentos.

Se algo assim funcionasse para o *streaming* de música, talvez também funcionasse para o vídeo. Uma licença compulsória imposta como um salário mínimo para empregos criativos (um piso, não um teto), com licenciamento facilitado por um banco de dados centralizado, poderia significar que tudo o que fosse licenciado para o YouTube também ficasse disponível em outras plataformas. Qual o resultado de se pensar em licenças compulsórias de forma diferente? Ecossistemas culturais mais diversificados e sustentáveis, cada um com mais *players* e menos poder nas mãos de apenas um.

Certa vez, Cory defendeu, como uma provocação, uma licença compulsória universal para música, na esperança de estimular novas conversas sobre o que poderíamos fazer para neutralizar as vantagens dos maiores *players* e levar mais dinheiro aos criadores. Ele foi bem-sucedido, pois especialistas do setor musical ficaram entusiasmados com a ideia. Eles estavam de acordo com Cory quanto ao problema, mas tinham ideias diferentes para resolvê-lo. Alguns acharam que ele previa um teto, não um piso, o que, segundo eles, daria ainda mais poder ao YouTube (concordamos — isso seria uma má ideia!). Outros (de forma persuasiva) apontaram que nem todos os usos musicais têm o mesmo valor e, portanto, uma abordagem única não atenderia a todos os interesses. Essas contribuições nos ajudaram a esculpir a proposta de licença compulsória que apresentamos acima.

A iniciativa de Cory levou alguns desses especialistas a apresentarem suas próprias propostas de reforma. Becky Brook, especialista em licenciamento, deixou claro que *algo* tinha que ser feito para consertar a bagunça atual do licenciamento: “Passei minha vida licenciando [direitos para] empresas. Não vamos fingir que não é um pesadelo absoluto... A situação atual está sufocando a inovação — enormemente”. A complexidade faz com que os clientes com grandes ideias simplesmente não consigam colocá-las em prática. “É a morte para uma start-up. É uma inovação mais lenta para uma grande empresa de tecnologia”.

O que precisamos, argumenta Brook, é de uma licença para inovar, a fim de incentivar a experimentação necessária para criar novos fluxos de receita, especialmente nos mercados desenvolvidos. Ela defendeu uma licença global de inovação que possibilitasse às start-ups “obterem uma licença como se fossem comprar serviços da Amazon... E em um território múltiplo e, esperamos, global, mas que também cubra tanto os direitos de gravação quanto os de publicação”. Ela gostaria que isso acontecesse de bom grado, mas sugere que a ameaça de uma mudança compulsória poderia ser o que o setor precisa para unir-se e encontrar soluções.[36] E se isso não acontecer? Então, acreditamos que uma licença compulsória para inovação adequadamente elaborada também poderá ser a solução nesse caso — não apenas para criar novos fluxos de receita, mas também para facilitar o caminho para o tipo de novos participantes que possam minar a hegemonia das megaplataformas.

CAPÍTULO 18

PROPRIEDADE COLETIVA

"Por que é aceitável que um grupo de empreendedores pequeno e elitizado se posicione para capturar a riqueza gerada por nossa criatividade coletiva?" Por que, apesar de sua "devoção à colaboração e à 'produção social', os gurus da tecnologia nunca levantam a possibilidade de que as plataformas por meio das quais acessamos e compartilhamos cultura pertençam às pessoas cuja participação as torna valiosas?"[1] Astra Taylor fez essas perguntas retoricamente em 2014 e, é claro, todos nós sabemos a resposta: puro interesse próprio.

Mas o fato de que os gurus da tecnologia não considerem a propriedade coletiva não significa que ela não seja uma opção viável para recuperar parte do valor da cultura para os criadores. Sabemos que as empresas cujos funcionários são os donos são mais produtivas, têm menos probabilidade de falir durante as recessões e reduzem a desigualdade econômica.[2] O Platform Cooperativism Consortium [Consórcio de Cooperativismo de Plataforma] lista cerca de quinhentas cooperativas de plataforma em todo o mundo que fornecem telecomunicações, alimentos, limpeza, assistência médica, seguros, organização comunitária e muito mais. No entanto, as empresas e plataformas de propriedade cooperativa não são particularmente comuns no ecossistema criativo — e certamente não no tipo de escala que poderia permitir que seus artistas membros se mantivessem firmes contra os gigantes da tecnologia e do conteúdo.

Uma exceção é a Stocksy, uma cooperativa de plataforma de banco de fotografias com vários acionistas, na qual a equipe, o conselho administrativo e os membros detêm ações. Os fundadores Bruce Livingstone e Brianna Wettlaufer venderam sua plataforma original de banco de imagens para a Getty Images, mas ficaram desagradavelmente surpresos com as condições e os salários ruins do novo regime. A Stocksy foi a resposta deles.

O número de membros é limitado a cerca de mil, mas é excepcionalmente diversificado, com afiliados espalhados por cerca de 65 países. A Stocksy paga royalties de 50% sobre vendas únicas (o padrão do setor é 15%) e 75% para licenças estendidas (em comparação com os 45% habituais).[3] Pelo menos para esses fotógrafos, a Stocksy está eliminando o caráter de frigorífico de frangos dos bancos de fotografias, permitindo que os criadores participem efetivamente do mercado e, ao mesmo tempo, contornem o operador dominante.

Por que a Stocksy conseguiu fazer o que outras poucas conseguiram? O maior desafio para as cooperativas de trabalhadores é levantar o capital de que precisam para começar.[4] Por uma feliz ironia, a Stocksy foi financiada pelos lucros da venda realizada anteriormente por seus fundadores à Getty. Mas outras cooperativas de criadores precisarão encontrar o dinheiro em outro lugar — uma tarefa cada vez mais difícil, dada a forma como elas foram completamente abaladas nos últimos anos e décadas.

Esse obstáculo não é intransponível. Escrevemos isso em um momento de taxas de juros historicamente baixas e com economias que precisam desesperadamente de estímulo. O governo dos EUA tem despejado dinheiro nas corporações, boa parte do qual tem sido canalizado diretamente para investidores e executivos por meio de recompra de ações, o que resulta em muito pouco estímulo real. Em vez disso, parte desse capital poderia ser emprestado ou concedido a grupos de criadores com uma forte visão de modelos de distribuição alternativos. Outros recursos poderiam ser aplicados para aumentar a conscientização sobre a propriedade cooperativa e apoiar os esforços para colocá-la em prática.

Mas é aqui que esbarramos na realidade de que, mesmo que o problema do capital seja resolvido, a entrada nos mercados dominados pelos gigantes ainda será difícil. Como nos lembra Nick Srnicek em *Platform Capitalism*, "mesmo que todo software se tornasse de código aberto, uma plataforma como o Facebook ainda teria o peso de seus dados existentes, efeitos de rede e recursos financeiros para combater qualquer rival cooperativo".[5]

NOVAS NOTÍCIAS

Apesar desses desafios, há algumas áreas em que os produtores culturais, trabalhando juntos, poderiam reivindicar valor. Veja o exemplo das notícias. Como vimos, o Google e o Facebook lucram enormemente com seus monopólios sobre anúncios online, obtendo retornos de 40 e 50%, respectivamente, sobre os custos de capital. Mas muito pouco chega às pessoas que produzem o conhecimento e a cultura aos quais esses anúncios estão vinculados, inclusive as notícias.

Anteriormente, abordamos como o esquema de tecnologia de anúncios permite que os anunciantes cheguem aos leitores do *Washington Post* sem pagar os preços cobrados pelo *Washington Post*. Ao participar dos mercados de publicidade comportamental que se tornaram tão predominantes, os veículos de notícias lentamente corroem suas próprias tabelas de preços e, ao mesmo tempo, permitem que os intermediários embolsem mais lucros.

Mas há uma alternativa: anúncios contextuais. É quando os editores vendem o direito de anunciar para você com base no assunto do artigo que você está lendo, sua localização (a partir do seu IP) e outros metadados, como o navegador e o sistema operacional que você está usando.

Os anúncios contextuais estão ganhando terreno, graças, em parte, a leis como a GDPR da UE, que simultaneamente dificultaram a publicidade comportamental *e* impuseram encargos de *compliance* que acabaram com a maioria das empresas menores de tecnologia de anúncios da Europa.

Acionada pelas proteções de privacidade do GDPR, que exigem o *opt-in* afirmativo para anúncios comportamentais, a emissora pública holandesa NPO trocou o Google Ad Manager por um novo sistema de anúncios contextuais personalizados que não depende de vigilância. Em vez de apresentar ofertas para o usuário, os anunciantes visam o material que ele está vendo ou lendo. A ideia é que alguém que esteja lendo uma crítica de restaurante possa se interessar por seu novo serviço de reservas online. Já uma pessoa que leia sobre treinamento para um esporte pode ser uma boa candidata a anúncios que promovam inscrições em academias ou venda de bicicletas ergométricas. Nos primeiros testes, a NPO descobriu que os anúncios contextuais "se saíram tão bem ou melhor do que os microdirecionados" quando se tratava de conversões. Motivada por esses resultados, a NPO eliminou totalmente o rastreamento no início de 2020. Em janeiro e fevereiro, sua receita digital disparou — 62% e 79%, respectivamente, em relação ao ano anterior.[6] Melhor ainda, eles conseguem realmente manter esse dinheiro, em vez de serem forçados a entregar até 70% a intermediários de tecnologia de publicidade inúteis, invasivos e espiões.

Outros grandes editores, incluindo o *New York Times*, *The Guardian*, e o *Washington Post*, também estão se afastando dos anúncios comportamentais, criando suas próprias plataformas para veicular anúncios contextuais. Nos EUA, o suporte para esse tipo de ação não veio das proteções de privacidade no estilo do GDPR, mas dos desenvolvedores de navegadores. O Safari já bloqueou os cookies de terceiros, que são aqueles que permitem que os anunciantes rastreiem você de um site para outro, como faz o Facebook — e o Google prometeu que começaria a fazer o mesmo no Chrome a partir de 2022.[7] O Google e o Facebook têm bons motivos para fazer isso: eles ainda poderão rastrear tudo o que você faz em seus ecossistemas, enquanto os concorrentes menores de tecnologia de anúncios ficarão de fora.

Embora a mudança para a publicidade contextual possa ajudar os editores de notícias a retomar o controle, eles não estão em posição uniforme para aproveitar a oportunidade. O especialista em jornalismo e plataformas James Meese adverte que esses desdobramentos têm o potencial de criar uma "economia de publicidade on-line de duas vias" no setor de notícias, uma vez que somente os maiores e mais poderosos editores do setor têm os recursos necessários para criar sistemas de anúncios contextuais e têm o tipo de base de clientes que provavelmente interessará aos anunciantes o suficiente para que eles se deem ao trabalho de usar uma plataforma separada para acessá-la: "As marcas de notícias premium poderão continuar baseando-se nos dados dos clientes, agora coletados internamente, e também esperar obter receita com publicidade on-line". Mas é improvável que os editores menores consigam coletar dados primários suficientes que possam interessar aos anunciantes. "Isso pode acelerar ainda mais o declínio das notícias produzidas localmente... E prejudicar os ecossistemas de notícias locais e regionais, desafiando os esforços para garantir um cenário de mídia diversificado".[8]

O *Washington Post*, de propriedade de Jeff Bezos, não só criou sua própria tecnologia de veiculação de anúncios, como também está se oferecendo para licenciá-la para outras empresas de mídia, com o objetivo final de criar o tipo de rede de notícias que poderia um dia rivalizar com o Facebook. Porém, transferir o poder do Google e do Facebook para uma máquina de propriedade de Bezos seria como pular da frigideira para o fogo. Uma solução melhor poderia ser que os editores de notícias priorizassem a saúde coletiva criando sua própria rede de propriedade cooperativa. Ela poderia ser administrada como uma organização sem fins lucrativos, canalizando o máximo de receitas para as organizações de mídia participantes. Com a governança certa, projetada para equilibrar de forma justa os interesses dos membros menores e maiores, uma abordagem cooperativa dispersaria os custos de criação do sistema, maximizaria a cota de dinheiro de publicidade que vai para aqueles que criam o conteúdo e reintegraria editores com seu conteúdo. Já existe um precedente no setor para esse tipo de cooperação: a Associated Press é uma cooperativa sem fins lucrativos que vem operando com sucesso há mais de 150 anos.

Essa missão seria auxiliada por mandatos de melhor transparência sobre os mercados de anúncios on-line, o que colocaria os editores de notícias, anunciantes e plataformas em um plano mais equilibrado. Um dos aspectos mais inteligentes da minuta do News Media Bargaining Code [Código de Negociação de Mídia de Notícias] da Austrália foi a exigência de que os gigantes da tecnologia fornecessem informações sobre como o espaço publicitário era precificado e alocado — algo que daria aos produtores algum poder de contrapeso em relação às plataformas. O lobby feroz do Google e do Facebook conseguiu que isso fosse retirado da versão final, demonstrando o receio dessas empresas em relação ao que esse tipo de transparência poderia acarretar. Os órgãos reguladores de todo o mundo deveriam insistir para que esse tipo de dados se torne público, com vigilantes independentes encarregados de monitorar os abusos.

Embora as cooperativas de notícias tenham um potencial real para ajudar o jornalismo, não achamos que a publicidade deva ser a principal fonte de financiamento daqui para frente. Já aludimos às suas falhas — por exemplo, a maneira como as marcas, tentando evitar que seus anúncios fossem associados a conteúdo "controverso", bloquearam termos como *Black Lives Matter*, *protesto*, e qualquer coisa que envolvesse comunidades queer e trans. Uma investigação da revista *Vice* constatou que o conteúdo de notícias relacionadas à morte de George Floyd foi monetizado a uma taxa 57% menor do que outras notícias.[9] Nesse ambiente, o conteúdo superficial paga muito mais do que as reportagens sobre questões sociais vitais, o que as torna ainda mais difíceis de sustentar.

As assinaturas também estão longe de ser a solução completa. Como apontou Nathan Robinson, editor do periódico online *Current Affairs*, as *paywalls* têm contribuído inadvertidamente para a epidemia de notícias falsas: "Só se tem acesso à verdade mediante pagamento, já as mentiras são gratuitas".[10] Uma alternativa seria retirar o financiamento das notícias das próprias plataformas. Mas, como vemos através das tentativas feitas na UE e na Austrália, elas podem facilmente se tornar pactos faustianos.

Os "direitos dos editores de imprensa" da UE de 2019 têm por objetivo direto fazer com que empresas como Google e Facebook paguem. Embora o direito tenha sido concedido aos editores, jornalistas e autores têm o direito expresso de receber uma parte justa da remuneração que ele gera.[11] A França foi o primeiro país a implementar esse novo direito. O Google reagiu anunciando que não disponibilizaria mais a pré-visualização de trechos de notícias, infográficos, fotos ou vídeos europeus — a menos que o editor autorizasse a fazê-lo gratuitamente. O Google sabia que isso reduziria drasticamente o tráfego para sites de notícias, dificultando que os editores recusassem o acordo. E, de fato, foi exatamente isso que aconteceu: a maioria dos editores capitulou e concordou em permitir que seu conteúdo fosse exibido sem custo.[12]

Desta vez, a estratégia do Google de contar com seu domínio extremo para intimidar os editores e levá-los à submissão parece ter sido um erro. Os órgãos reguladores de concorrência europeus tendem a ser menos tímidos no exercício de seus poderes do que seus colegas americanos, e a autoridade francesa ordenou que o Google negociasse com os editores de boa fé. O Google recorreu, mas o tribunal de apelações deu razão aos reguladores da concorrência, julgando que seu comportamento era provavelmente um abuso de sua posição dominante.[13] Graças, em parte, a essa intervenção, estão começando a ser fechados acordos entre plataformas e editores de notícias na Europa.

No entanto, não está claro se a lei atingirá seus objetivos. Ula Furgal, uma das principais especialistas em direito de editores de imprensa, disse-nos que não acredita que ela vá funcionar — e que também corre o risco de consolidar o predomínio dos maiores *players*: "Os acordos que estão sendo fechados na Europa não tratam apenas do pagamento pelo uso do conteúdo de acordo com o novo direito. Eles sempre envolvem o novo produto do Google, o News Showcase [vitrine de notícias]. Isso faz com que o novo direito seja apenas um acessório e aumenta ainda mais a dependência dos editores de imprensa em relação às plataformas". Uma estratégia melhor, ela acredita, é ir à fonte do problema: a publicidade. "Precisamos de uma regulamentação melhor dos anúncios online ou de um imposto adicional sobre a receita de anúncios. Além disso, é preciso pensar melhor no que fazemos com o dinheiro depois de recebê-lo, quais organizações de mídia se beneficiam dele e como".

Além desse preocupação, as pessoas que se importam com as notícias devem ser cautelosas ao associar um "direito de compensação" (o direito de ser pago) a um "direito de exclusão" (o direito de impedir que alguém crie links para as notícias). Até mesmo os melhores jornais cometem erros, e esses erros podem ter consequências, como quando o *New York Times* publicou afirmações falsas sobre as armas de destruição em massa do Iraque e ajudou a conduzir o mundo a décadas de conflitos que custaram milhões de vidas. Não há razão para que o "imposto sobre links" da França (ou regime similar aplicável à UE no artigo 13 da Diretiva de Direitos Autorais de 2019) precise criar um novo direito para decidir quem pode criar links para compartilhar notícias — e, portanto, debatê-las, discuti-las e criticá-las. O direito de criar um link para um artigo de jornal e o direito de reproduzir pequenos trechos do texto não devem ser prejudicados por um acordo econômico destinado a reequilibrar um poder de negociação desigual.

A Austrália também usou a lei da concorrência como uma alavanca para direcionar alguns desses mega lucros com anúncios das plataformas para as organizações de notícias. Como mencionamos anteriormente, o órgão regulador da concorrência australiano constatou um desequilíbrio de poder significativo entre as empresas de notícias e os gigantes da tecnologia e reagiu criando o News Media Bargaining Code [Código de Negociação de Mídia de Notícias] que obriga as plataformas a transportar e pagar pelo conteúdo de notícias australianas.[14] Isso desencadeou uma birra pública constrangedora por parte das plataformas de anúncios (os australianos chamam isso de "chucking a hissy fit", algo como um ataque de raiva). O Google ameaçou retirar totalmente seu mecanismo de buscas do país. O Facebook cortou o acesso dos usuários australianos a todas as notícias, bloqueando publicações de agências de saúde pública, sites de meteorologia e organizações sem fins lucrativos dedicadas a ajudar vítimas de violência doméstica.

Por fim, no entanto, ambos capitularam, assinando acordos com a News Corp Australia, de Rupert Murdoch, e com duas outras poderosas redes de notícias. O veterano jornalista e editor australiano Alan Kohler diz que o Google e o Facebook saíram ilesos, já que "suas operações principais de buscas no Google e o *feed* de notícias do Facebook foram mantidos em quarentena, e suas rendas de monopólio permaneceram intocadas". O especialista em plataformas Jake Goldenfein vai ainda mais longe: "Mais do que se safar facilmente, acho que as plataformas conseguiram exatamente o que queriam. Elas conseguiram comprar uma maneira de não serem regulamentadas". Kohler critica o resultado por não fazer "nada para lidar com o domínio do Google e do Facebook" nem para apoiar o tipo de jornalismo de interesse público no qual a maioria pensa ao ouvir o grito de guerra "fund news" [financiem as notícias]!"[15] E, ao contrário da solução europeia, não exigia que as plataformas repartissem nada com seus jornalistas, fotógrafos e cartunistas, nem que obrigasse a contratar mais funcionários. Tudo o que realmente fez foi transferir dinheiro dos livros contábeis dos gigantes da tecnologia para os livros contábeis dos gigantes das notícias. Como persuasivamente argumenta Harold Feld, da Public Knowledge, essas soluções correm o risco de piorar ainda mais os gargalos anticompetitivos: "Em um esforço para garantir a produção contínua de notícias — um importante objetivo de interesse público — a França e a Austrália criaram uma estrutura que preservará o poder de mercado existente das plataformas dominantes e a posição de mercado das maiores editoras de notícias, exigindo negociações entre as duas".[16]

Ao abordar o sintoma (muito dinheiro para as plataformas e pouco para as notícias) em vez da causa (as plataformas criaram gargalos anticompetitivos que lhes permitem abocanhar uma parcela injusta do valor), essas soluções correm o risco de exacerbar o problema: se a sobrevivência das notícias depender do fato de esses gigantes continuarem ricos e poderosos, será ainda mais difícil reduzi-los a um tamanho administrável. Esse é um perigo real.

Meese ressalta que a ligação entre publicidade e jornalismo pode muito bem ter surgido por puro acidente histórico e diz que não há necessidade de nos limitarmos a esses modelos no futuro: "É bem possível que uma economia cultural sustentável não inclua o jornalismo (ou possa fornecer apenas alguma receita), deixando que governos e filantropos assumam a responsabilidade".

Os governos poderiam fazer muito, se estivessem dispostos. Por um lado, as nações poderiam trabalhar juntas para acabar com a bem-sucedida evasão fiscal internacional dos gigantes da tecnologia, tributá-los e pagar parte dos lucros em um fundo independente para financiar o jornalismo. Isso teria o mesmo efeito amplo que as soluções da Austrália e da UE — mais dinheiro para reportagens — mas de maneira menos dependente de corporações individuais, que permanecem poderosas, e mais direcionada do que simplesmente despejar dinheiro nos cofres de Rupert Murdoch.

As organizações de notícias europeias têm um longo histórico de financiamento público substancial. Essa tradição tem sido menor nos EUA, embora o serviço postal tenha efetivamente subsidiado os jornais cobrando preços extremamente altos pela entrega de cartas no século XIX e, mais recentemente, os contribuintes tenham aportado consideravelmente para financiar emissoras como a NPR e a PBS. Também estão surgindo sinais de disposição do governo para intervir mais diretamente. Nova Jersey, por exemplo, financiou o Civic Information Consortium [Consórcio de Informações Cívicas], em 2020, com o objetivo de melhorar a quantidade e a qualidade das informações cívicas, do engajamento e do diálogo nas comunidades.[17]

Um relatório de 2019 do Instituto Reuters, sediado na Universidade de Oxford, sugere que, para terem êxito, as intervenções governamentais devem preservar a liberdade de imprensa, promover o interesse público e trabalhar para colocar o setor em uma base mais sustentável.[18] O jornalista Will Oremus diz que as propostas de taxar e realocar levantam questões óbvias, do tipo "em que base taxar as plataformas, quem deve supervisionar os fundos resultantes, que tipos de jornalismo devem subsidiar exatamente e como decidir quem recebe esses subsídios".[19] Com a governança adequada, no entanto, todas elas são superáveis.

Há também alguns frutos fáceis de colher: alguns países — notadamente o Canadá — não permitem que entidades jornalísticas se estruturem como organizações sem fins lucrativos, o que significa que fontes de notícias canadenses financiadas por *crowdfunding*, como o *Halifax Examiner* e *Canadaland*, não podem oferecer deduções fiscais aos seus patrocinadores da mesma forma que as organizações sem fins lucrativos de notícias de interesse público dos EUA fazem, como a ProPublica. A concessão de deduções de impostos sobre doações a organizações de notícias de interesse genuinamente público é uma alternativa ao financiamento direto do governo.

Não há dúvida de que as plataformas estão lucrando excessivamente com seus monopólios e que custaram muito caro às nossas sociedades por meio de algoritmos que nos radicalizam e espalham notícias falsas. Tributá-las e realocar parte de seus lucros para notícias independentes e de alta qualidade ajudaria a resolver esses problemas sem consolidar as desigualdades atuais.

PLATAFORMAS DE PROTESTO

Embora as notícias talvez tenham o potencial mais imediato de organização cooperativa contra os gigantes, as cooperativas em outros setores culturais também estão conseguindo criar nichos nas lacunas deixadas pelos gigantes empresariais, sugerindo um tipo diferente de futuro. O acadêmico-ativista Trebor Scholz argumenta que a importância do cooperativismo de plataforma vem menos da ideia de destruir os "senhores das trevas" e mais "de substitui-los na mente das pessoas, incorporando diferentes modelos de propriedade e, em seguida, inserindo-os novamente no *mainstream*".[20] Liz Pelly tem uma visão semelhante. No contexto da música, ela chama os meios de distribuição alternativos de "plataformas de protesto", alegando que "*os meios pelos quais a música é criada e distribuída* têm tanto peso político quanto o conteúdo das músicas — subvertendo o status quo, criando suas próprias plataformas e gerando mundos alternativos".[21]

A Resonate é uma dessas plataformas de protesto. Sua missão é criar um sistema baseado em justiça, transparência e cooperação que trate a música como arte e não como conteúdo, que possibilite carreiras sustentáveis para os artistas e que permita que todos sejam proprietários de sua plataforma e dados.[22] O executivo da cooperativa, Rich Jensen, é motivado pelas ideias do educador brasileiro Paulo Freire: "Ou você está fornecendo as ferramentas para que as pessoas oprimidas se libertem da opressão, ou não está".[23] No momento em que escrevemos, a Resonate hospeda cerca de 1.900 artistas e 13.000 músicas, e é propriedade de 1.700 artistas e membros ouvintes — cada um com uma ação e um voto.

O modelo de pagamento é radicalmente diferente do modelo "tudo o que puder ouvir" do Spotify e seus congêneres. Os ouvintes pagam por *stream*. Para incentivar os ouvintes a encontrar novas músicas, a primeira vez que ouvem qualquer canção custa menos de um centavo. Depois, o valor dobra em cada escuta subsequente. Ao ouvir uma música nove vezes, você já pagou o preço equivalente a um download. E, graças ao exclusivo recurso "Stream2own", nesse momento você já é o proprietário da música, portanto, as futuras execuções serão gratuitas. Compare isso com o Spotify, onde é preciso ouvir *centenas* de vezes antes que os royalties sejam iguais aos de um download. Apesar de pagar taxas mais altas, como os custos da Resonate são menores e os ouvintes consomem música de maneira mais consciente, o custo geral para os ouvintes acaba sendo semelhante ao de uma assinatura mensal tradicional.[24]

O Resonate encontrou um nicho de sucesso, mas ainda há muito espaço que outros podem preencher. Mesmo com as primeiras reproduções custando menos de um centavo, alguns ouvintes de música vão pensar que os "custos mentais de transação" são muito altos para suportar e rejeitarão novos artistas. Assim como o Kickstarter gerou um grupo de concorrentes via *crowfunding* com modelos ligeiramente diferentes, adequados a diferentes causas, alguém pode aparecer e oferecer uma concorrência à Resonate que ofereça aos ouvintes, gratuitamente, a primeira reprodução de uma música. Ou até mesmo as três primeiras reproduções. Não existe uma única maneira certa para distribuir e pagar por música, ou para que músicos e públicos se encontrem.

Mat Dryhurst vê um enorme potencial na cooperativização da música e, em vez de vendê-la como uma mercadoria, propõe concentrar o foco na geração de receita a partir de uma peculiar capacidade de oferecer conexão e comunidade: "Em vez de buscar a tarefa sisífica de implorar aos ouvintes que paguem por arquivos que já recebem de graça, por que não convidar as pessoas a se tornarem estimados membros de uma rede internacional interdependente de locais, gravadoras, publicações e estúdios? Em vez de marcas corporativas enchendo os bolsos de artistas individuais sob o pretexto de apoiar a cultura, por que não negociar coletivamente para que eles apoiem os espaços e as cenas que as criam?"[25]

Também precisamos de plataformas de protesto para outras formas de cultura. Como descrevemos no Capítulo 16, é particularmente fácil imaginar uma plataforma para e-books, de propriedade de autores locais e que apresente esses autores para clientes que queiram uma alternativa à Amazon — pelo menos se conseguirmos eliminar o gargalo do DRM que mantém as editoras e os leitores em *lock-in*. Também podemos imaginar uma para vídeos on-line, em que YouTubers e TikTokers populares sejam proprietários conjuntos de sua criatividade por meio de sua própria plataforma (embora não na UE, onde a lei de filtragem poderia exigir que eles gastassem US$ 100 milhões em custos iniciais adicionais!). E é até possível imaginar a expansão de plataformas de música cooperativa como a Resonate para um número muito maior de artistas e ouvintes, especialmente se a nova entrada nesse mercado puder ser facilitada por algo como a licença compulsória repensada que esboçamos anteriormente. Com essa estrutura, os artistas e compositores poderiam se organizar para formar plataformas alternativas voltadas para os criadores — algo parecido com o que Jay-Z fez com o Tidal, mas de propriedade de artistas da classe trabalhadora em vez de um pequeno grupo dos mais ricos.

Os estúdios de games também têm um enorme potencial de cooperação, de acordo com Paris Marx, que escreve e fala muito sobre as questões trabalhistas no setor de jogos. Os profissionais desse setor, que inclui desenvolvedores, designers, animadores, artistas e tradutores, começaram a se opor a práticas abusivas, como o *crunch* — um fenômeno de horas extras obrigatórias que pode levar alguns trabalhadores a fazer dezenas de horas adicionais por semana, sem remuneração a mais. No início do livro, exploramos alguns dos fatores que impulsionam essa prática, como os 30% de taxas cobradas pela Apple e pelo Google em celulares e pela Steam em PCs.

A Game Workers Unite (GWU) é uma nova entidade de defesa que se propõe a organizar os trabalhadores, e Marx está entusiasmado com seu potencial de mudança — especialmente se esses trabalhadores conseguirem assumir o controle dos meios de produção: "A GWU Austrália, em particular, tem se concentrado na promoção de cooperativas de trabalhadores porque seu setor é formado principalmente por pequenos estúdios, e os organizadores acham que é assim que podem causar o maior impacto no curto prazo".[26] O Motion Twin, de Bordeaux, é um pequeno estúdio com uma experiência de cooperativização bem-sucedida. Autodenominada "cooperativa anarco-sindical de trabalhadores", seus onze profissionais recebem a mesma quantia, sejam eles desenvolvedores ou artistas, novos ou de longa data. Se um jogo tiver um bom desempenho, as recompensas são compartilhadas por meio de bônus em dinheiro. E seus jogos *estão* dando certo: um lançamento recente, *Dead Cells*, atingiu em somente uma semana as 20.000 cópias necessárias para pagar os custos, e vendeu 730.000 unidades apenas para PC durante seu primeiro ano no mercado.[27] O sistema, diz o experiente designer Sébastien Bénard, é "um desafio direto, não apenas às práticas de exploração que vemos em muitas outras empresas, mas também às estruturas corporativas cansadas do velho mundo em geral".[28] Esse pode ser apenas o começo. Marx diz que os organizadores da GWU veem potencial para converter grandes estúdios em propriedade dos trabalhadores também: "Só será preciso muito mais trabalho para chegar a esse ponto".[29]

A PROPRIEDADE PÚBLICA LOCAL TAMBÉM PODE AJUDAR

Chapel Hill é a décima quinta maior cidade da Carolina do Norte. Cidade universitária com um importante centro tecnológico, é conhecida por sua política progressista. Ela também tem um longo histórico de apoio às artes. Seus edifícios são espetacularmente decorados com murais de artistas locais, e seu vibrante cenário de música ao vivo lançou as carreiras de artistas como James Taylor, Southern Culture on the Skids, Superchunk e Ben Folds Five. Portanto, talvez não seja surpreendente que ela esteja na vanguarda de um movimento para encontrar uma nova maneira de fazer o *streaming* funcionar para os artistas locais.

Quando pensamos em enfrentar os principais desafios globais, um primeiro impulso comum é recorrer aos governos nacionais para resolvê-los. Afinal, eles são os que têm mais recursos, os poderes mais amplos e o direito de firmar tratados internacionais. É por isso que é tão frustrante quando esses governos ficam imobilizados em questões importantes como a mudança climática — se eles não vão agir, quem vai?

Os governos locais são um ator óbvio. Enquanto os governos nacionais discutem de forma dissimulada se a mudança climática está realmente sendo causada por seres humanos, lideranças locais de todo o mundo têm se organizado coletivamente. A mudança em nível local em nada se parece com as iniciativas nacionais, mas ainda assim é poderosa. Os governos locais têm convertido discretamente suas redes de energia e sistemas de transporte público em renováveis, criando novas regras para a gestão de resíduos e insistindo no desenvolvimento sustentável. Atualmente operando em escala mundial, essas iniciativas estão fazendo uma diferença real.

Há muito tempo, os governos locais têm sido grandes apoiadores das artes. Mas agora que a situação econômica dos trabalhadores criativos chegou a *esse* estágio de crise, eles estão começando a pensar mais profundamente sobre como seus recursos podem oferecer um apoio ainda melhor aos trabalhadores criativos. Em Chapel Hill, isso inclui adotar uma abordagem diferente para o *streaming* de música.

Tracks é uma plataforma de música com curadoria gratuita, que apresenta álbuns de mais de setenta artistas locais da região de Chapel Hill. Financiado em conjunto pela biblioteca local e pelo Centro de Artes e Cultura, o serviço busca conectar público e talentos locais. O serviço é operado por uma empresa chamada Rabble, especializada no desenvolvimento de software de código aberto para bibliotecas que reflete melhor seus valores do que as grandes soluções comerciais.[30] Até o momento, a plataforma de *streaming* da Rabble foi licenciada para mais de uma dúzia de bibliotecas — de Edmonton a Nashville, de Austin ao condado de Multnomah.

Nem todas as bandas que desejam participar do Tracks conseguem entrar: há um processo de seleção para garantir a qualidade. As que são aceitas recebem honorários de US$ 200 por álbum. Isso pode não parecer muito para trabalhadores assalariados, e o grupo de Chapel Hill certamente adoraria aumentar esse valor se conseguisse o orçamento para isso. Mas, ainda assim, é o equivalente ao pagamento de cerca de um milhão de *streams* na faixa financiada por anúncios do Spotify,[31] e o suficiente para sustentar uma pequena tiragem de CDs ou tempo no estúdio para gravar uma nova música.

Além de pagar essas bolsas, o programa trabalha com líderes musicais locais para facilitar novos relacionamentos e colaborações. Isso destaca algo que muitas vezes se perde de vista em toda a angústia gerada em torno do Big Streaming: o número de *streams* não é a única coisa importante. Para apoiar um espaço artístico vibrante, precisamos de projetos que não apenas ofereçam remuneração, mas também que formem comunidade e conexão. Liz Pelly aprecia esse elemento do Tracks, que vai diretamente de encontro a sua preocupação de que as plataformas de *streaming* corporativas enfraquecem as conexões sociais entre as comunidades musicais: “Algo assim realmente combate isso ao convidar os artistas a participar da administração de uma plataforma”. O artista da Tracks, Rowdy (também conhecido como Joshua Rowsey), que faz a curadoria da coleção de hip-hop, concorda: "Estou me conectando diretamente com a comunidade de Chapel Hill, com as pessoas que mais me apoiam. As pessoas que sabem que faço parte dessa fundação na cidade de Chapel Hill".[32]

Os participantes licenciam suas músicas por no mínimo cinco anos; depois disso, elas permanecem no serviço, a menos que solicitem ser removidos. De acordo com outras bibliotecas que oferecem serviços semelhantes por mais tempo, as solicitações de remoção são raras ou inexistentes. Se essa tendência se mantiver, serviços como o Tracks acabarão criando arquivos públicos contínuos de música local. Considerando a facilidade com que a música pode desaparecer das plataformas comerciais, esse é um bônus muito positivo.

Assim como as intervenções climáticas locais são diferentes das nacionais, as intervenções artísticas locais também o são. As bibliotecas que criam serviços como o Tracks não apenas hospedam música local, mas também a promovem ativamente para seus membros. Como são locais, esse tipo de exposição tem muito mais probabilidade de traduzir-se em coisas que realmente pagam, como ingressos para shows, vendas de álbuns e merchandising. Serviços como o Tracks não estão tentando ser mini Spotifys — estão fazendo algo muito mais íntimo e local, algo que o Spotify simplesmente não consegue alcançar com sua escala macro.

Iniciativas semelhantes também estão surgindo no setor de livros. Na Austrália, por exemplo, a plataforma Indyreads permite que cerca de 7 milhões de pessoas peguem emprestados livros eletrônicos e audiolivros por meio do sistema de bibliotecas públicas de New South Wales. Ainda que seu catálogo seja muito menor do que o da gigantesca plataforma de empréstimo eletrônico OverDrive, ela contém mais títulos relevantes para os leitores locais, incluindo os das principais editoras independentes australianas, clássicos da literatura do país e os melhores livros nacionais autopublicados.[33] Assim como a Tracks, ela não está tentando competir com os grandes serviços comerciais e não teria os recursos ou o peso para negociar as licenças necessárias para isso. Mas, com a ajuda promocional de um exército de bibliotecários apaixonados, a Indyreads está permitindo que mais textos locais sejam lidos e ouvidos por mais pessoas locais e abrindo novas fontes de receita, leitores e oportunidades de palestras para escritores nesse processo.

As bibliotecas estão até mesmo ajudando a colocar filmes independentes em uma base mais sustentável, preenchendo parte do vazio deixado pelo desaparecimento do cinema independente. Seu principal parceiro tem sido a Kanopy, que busca dar acesso aos filmes mais enriquecedores e estimulantes do mundo, daqueles que ampliam a cosmovisão. Bibliotecas, escolas e universidades pagam para se inscrever e usuários e alunos os assistem gratuitamente, sem anúncios, rastreamento ou listas de espera. Mais de 50% da receita é devolvida aos cineastas independentes. A cineasta Alicia Brown nos disse que "anteriormente não havia uma maneira real de monetizar direitos educacionais, a não ser que você mesmo distribuísse para universidades e bibliotecas. Os direitos educacionais eram sempre vendidos em conjunto para o distribuidor cinematográfico ou canais secundários. Hoje os cineastas, especialmente os independentes, estão vendendo esses direitos separadamente e, muitas vezes, obtendo renda contínua com eles".[34] Mas esse mercado também está começando a apresentar os mesmos problemas dos tantos outros que analisamos. A Kanopy se tornou uma grande empresa, e as bibliotecas estão cada vez mais preocupadas com o aumento descontrolado dos custos — a ponto de, em 2019, a Biblioteca Pública de Nova York ter sido obrigada a abandonar o serviço por completo.[35] Em meados de 2021, a Kanopy foi adquirida pela OverDrive, a gigante dos empréstimos eletrônicos para bibliotecas (que havia recentemente engolido outra rival, a RBDigital, suscitando preocupações sobre a falta de diversidade também nesse mercado).

PROPRIEDADE PÚBLICA EM LARGA ESCALA

Às vezes, menor é melhor. As iniciativas locais podem fazer coisas como criar conexões e comunidades que as grandes plataformas comerciais simplesmente não conseguem. Mas, é claro, se os governos nacionais *quiserem* se envolver mais no apoio direto às artes, também há espaço para isso. Uma iniciativa óbvia no setor de livros seria introduzir, nos Estados Unidos, um direito público de empréstimo que reconheça e recompense o valor educacional e cultural dos livros disponíveis nas bibliotecas. Esses direitos já existem em mais de 30 países, incluindo Austrália, Reino Unido e Canadá. Há uma variedade quase infinita de maneiras pelas quais esses esquemas podem ser planejados, mas os de maior sucesso são financiados e administrados centralmente — em vez de sair dos orçamentos individuais das bibliotecas —, além de serem inalienáveis, protegendo o financiamento contra a extração das editoras em resposta à pressão da Amazon.

Há potencial para iniciativas de maior escala também — por exemplo, a proposta radical do advogado de entretenimento Henderson Cole para a criação de uma Biblioteca Americana de Música. Ele a imagina como uma biblioteca pública de música digital financiada pelo governo, que, assim como uma biblioteca pública de livros, poderia ser acessada gratuitamente por qualquer americano. Artistas e compositores participariam fazendo o upload de suas músicas e as gravadoras e editoras seriam proibidas de impedi-los. Como ressalta Pelly, "atualmente não conceituamos o acesso universal à música como um bem público a ser gerenciado em favor do interesse público e com financiamento público. Mas deveríamos".[36]

Na visão de Cole, uma biblioteca de música também poderia ter uma função de preservação, mantendo cópias de músicas armazenadas por upload para as gerações futuras.[37] Mas o que o deixa mais animado é a possibilidade de um novo sistema de royalties que contorne a complexidade insana e o desperdício do sistema atual.

Lembre-se, o governo federal dos EUA tem o poder de criar leis de direitos autorais (sujeito a algumas restrições de tratados internacionais). Isso lhe dá muita flexibilidade para ditar os termos de licença que poderiam reger esse tipo de biblioteca pública de música — inclusive determinando as cotas que vão para os criadores versus os investidores e as regras sobre quanto poderia ser compensado com dívidas de *recoupment* e quando. Eles também poderiam pedir aos artistas participantes que concordassem com os limites como condição para participar: Cole sugere um máximo mensal de, digamos, US$ 100.000 para artistas de gravação e US$ 75.000 para compositores. Isso deixaria mais dinheiro para os artistas com menor êxito comercial, suavizando os efeitos de "o vencedor leva tudo" do mercado musical. Cole prevê um serviço básico que não tenha os algoritmos sofisticados e os recursos brilhantes das plataformas comerciais. Isso nos agrada. Não é tão difícil nem tão caro fazer *streaming* de música, especialmente porque há vários módulos de código aberto que já estão prontos para serem adaptados. Grande parte do investimento em P&D das principais plataformas é gasto para descobrir como nos vigiar melhor, persuadindo-nos a delegar cada vez mais poder de decisão a elas e encontrando maneiras de cobrar dos artistas para chegar aos seus ouvintes e, em geral, promover os artistas e gravadoras mais poderosos em detrimento de todos os demais. Esse é o tipo de investimento que preferiríamos dispensar.

Uma plataforma como a Biblioteca de Música Americana (ou a Biblioteca de Música do Canadá, Austrália, Moçambique...) criaria um novo fluxo de receita, fortaleceria o poder do criador ao estabelecer um piso de preço implícito e incentivaria as plataformas comerciais a oferecerem recursos que realmente agregam valor tanto para os criadores quanto para os ouvintes.

Além disso, uma vez que as nações estabeleçam mídias de serviço público dentro de suas fronteiras territoriais, poderão ampliá-las com acordos multilaterais com outras nações que tenham feito o mesmo: uma biblioteca pública de música norueguesa poderia estabelecer paridade com uma senegalesa, e a Jamaica poderia oferecer paridade ao Vietnã: "Deixe nossos residentes acessarem a sua biblioteca e nós faremos o mesmo com os seus".

Não preocupa a Pelly o fato de que nem o Tracks, nem o Resonate, nem a Biblioteca Americana de Música sejam uma solução definitiva que funcione para todos os artistas e ouvintes, porque, dada a diversidade da música e da prática musical, ela não acredita que tal coisa possa existir. Mas está animada com seu potencial de oferecer alternativas ao *status quo* do *streaming* de música: "Considerados em conjunto, esses três projetos realmente oferecem algumas ideias interessantes para se pensar".[38]

Os governos nacionais também poderiam ajudar os trabalhadores criativos que buscam se livrar dos gargalos anticompetitivos, provendo a infraestrutura necessária para tal. No Reino Unido, por exemplo, o editor e autor Dan Hind defende a criação de uma Cooperativa Digital Britânica, de propriedade coletiva de todos os cidadãos e "encarregada de desenvolver uma arquitetura de plataforma livre de vigilância para permitir que os cidadãos interajam uns com os outros, forneçam suporte para o jornalismo financiado com dinheiro público e desenvolvam recursos para a comunicação social e política". Ao reconhecer as dificuldades de competir individualmente com gigantes como Apple, Amazon, Google e Facebook, essa proposta daria às empresas alternativas o apoio de toda uma nação. Se bem planejadas, essas iniciativas poderiam auxiliar o tipo de alternativas significativas que permitiriam que os produtores criativos alargassem substancialmente os gargalos anticompetitivos.

CAPÍTULO 19

UNINDO-NOS CONTRA O CAPITALISMO ANTICOMPETIÇÃO

"O objetivo de um sistema é aquilo que ele realiza".[1] Então, qual é o objetivo dos sistemas de comercialização da cultura que examinamos ao longo deste livro? Eles estão prejudicando os criadores, mas não estão prejudicando *todo mundo*. São altamente eficazes para dar às corporações o poder de interferir no acesso entre o público e os criadores. Fazem um trabalho fantástico ao extrair valor da cultura e canalizá-lo para os executivos e acionistas dessas corporações.

Isso não é um acidente — é planejado. Nossa análise mostra que as corporações alcançaram estrategicamente as condições necessárias para assumir o controle dos mercados de criação e as utilizam para extorquir os criadores: leis anticircunvenção, integração vertical e horizontal, altos custos de entrada no mercado, órgãos reguladores cooptados, contabilidade sem transparência e o poder de agregar direitos autorais em escala industrial, usando-os contra aqueles que supostamente deveriam proteger. Em conjunto com a ênfase cega no bem-estar do consumidor da lei antitruste e com o dogma econômico neoliberal de que o único objetivo de uma empresa é aumentar os lucros e maximizar o valor para o acionista, o resultado é inevitável: corporações cada vez maiores conquistam uma fatia cada vez maior. É por isso que a escolha entre Big Tech e Big Content não é escolha alguma. Seja qual for a empresa com a qual os criadores venham a aliar-se, receberão basicamente o mesmo acordo: o mínimo que o setor puder oferecer e a promessa de que esse mínimo será reduzido ainda mais sempre que possível.

Os seres humanos têm um impulso inato para criar, e muitos de nós preferem o trabalho criativo a outros tipos de trabalho. A maioria das nossas criações nunca encontrará um mercado grande o suficiente para sustentar os custos de produção, mas tudo bem. Embora se possa argumentar que o mundo seria um lugar melhor se todos pudessem seguir seus sonhos, é bastante razoável entender que o rap horrível do seu vizinho não pode garantir a ele uma renda em tempo integral. O que não está certo é o sistema atual, que facilita ativamente a exploração dos criadores, dificultando cada vez mais a vida até mesmo daqueles que têm um público expressivo.

O copyright é uma política que visa a estruturar o mercado para trabalhos criativos. É um erro ponderar os sistemas de direitos autorais com base no volume de receita que eles geram — deve-se prestar atenção no destino real desse dinheiro. A política de direitos autorais deve permitir que a maior variedade de criadores faça a maior variedade de obras e distribua as receitas geradas de forma justa entre seus criadores e aqueles que fornecem os serviços de apoio necessários para que tenhamos acesso a elas.

O conhecimento e a cultura são vitais para a prosperidade humana. A arte dá expressão a novas ideias, movimentos e comportamentos. Fazê-los e vivenciá-los pode ser um ato de solidariedade ou de protesto; pode aliviar nossos traumas e intensificar os momentos de alegria. A música, a poesia, a ficção, as memórias, a escultura, a pintura e a dança são necessárias para dar sentido (e suportar!) o fato de sermos humanos. *Precisamos* de pessoas que possam dedicar suas vidas profissionais a esses ofícios.

Os profissionais e produtores do setor de criação merecem melhores condições — algo que lhes proporcione uma parcela digna e justa da riqueza gerada por seu trabalho. Apresentamos algumas das principais ações que podem fazer com que se chegue lá, incluindo a consolidação dos direitos de transparência e interoperabilidade, a simplificação do licenciamento, a facilitação da ação coletiva e da propriedade cooperativa, a imposição de limites de tempo nos contratos de direitos autorais e a obrigatoriedade de salários mínimos para trabalhos de criação. Para que essas mudanças se tornem realidade, no entanto, precisamos nos unir. Precisamos reconhecer que a exploração dos profissionais de criação é parte de um projeto mais amplo a serviço de uma oligarquia — e que não são apenas os criadores e produtores independentes que estão sendo enganados, mas quase todo mundo, pois a riqueza continua sendo inexoravelmente canalizada para os ricos. A morte do criador de classe média faz parte da morte da classe média.

Na atual guerra do capital contra o trabalho, entre a oligarquia e a democracia, o capital está claramente em ascensão. Os salários na maioria das nações desenvolvidas estão estagnados há 40 anos, embora a produtividade tenha aumentado vertiginosamente.[2] Ao mesmo tempo, as margens de lucro em setores concentrados estão aumentando.[3] Os *flywheels* anticoncorrenciais estão *por toda parte*, mantendo usuários e fornecedores em *lock-in*, tornando os mercados hostis a novos operadores e alavancando esse poder para forçar fornecedores e trabalhadores a aceitar preços cada vez mais baixos. Estamos usufruindo cada vez menos dos resultados de nosso trabalho porque os gargalos anticompetitivos estão minando nossa capacidade de negociar melhores condições e salários.

Demos ênfase à situação dos profissionais de criação, mas eles não são, de forma alguma, os únicos que estão sofrendo com o capitalismo anticompetição. Os monopólios e monopsônios se tornaram endêmicos, sugando a vida de clientes e fornecedores. E há ainda as inúmeras corporações que não atendem aos padrões extraordinariamente altos exigidos pela lei antitruste dos EUA para receber esse rótulo, mas que também usam seu controle sobre os gargalos anticompetitivos para extrair uma parcela desproporcional de valor, principalmente do trabalho de outras pessoas.

Não é apenas a lei antitruste que ajuda as empresas a drenarem seus fornecedores — há todo um bestiário de políticas terríveis que favorecem os vampiros capitalistas enquanto exaurem suas vítimas. As cláusulas de não concorrência costumavam proteger as empresas, proibindo que os funcionários de alto escalão levassem informações confidenciais e propriedade intelectual para os rivais, mas atualmente os empregadores as utilizam rotineiramente para impedir que até mesmo os profissionais iniciantes mudem para empregos com melhor remuneração. Isso é endêmico no setor de *fast food* dos EUA, onde afeta exorbitantes 80% dos trabalhadores: se você é operador de caixa no Taco Bell, não pode levar suas habilidades para uma franquia rival.[4] Os trabalhadores com salários mais altos também podem ser afetados: a Apple, o Facebook, o Google e outros gigantes do Vale do Silício estabeleceram um acordo entre si e com empresas de mídia (como a Pixar) durante anos, pactuando para não contratar os técnicos altamente qualificados uns dos outros, reduzindo ilegalmente as opções dos profissionais e colocando pressão para baixar seus salários. Essa era uma prática inadmissível, mesmo sob a lei antitruste americana — e como os engenheiros bem pagos podem arcar com advogados caros, essas empresas foram forçadas a fazer um acordo de US$ 415 milhões depois de serem pegas em flagrante.[5] Outras empresas aprenderam com isso e preferem se envolver em conluios tácitos — o que as empresas de gestão de ativos chamam dissimuladamente de "comportamento cooperativo", e que funciona melhor em setores "com poucos participantes, gestão racional, barreiras à entrada, ausência de barreiras à saída e regras de engajamento pouco complexas" — exatamente as condições com maior probabilidade de existirem em mercados altamente concentrados.[6]

Outra tática muito utilizada é retirar o poder de fornecedores e trabalhadores por meio de contratos que os vinculem à arbitragem privada, de modo que, se houver uma disputa, eles não poderão exercer seus direitos jurídicos no tribunal. Como já discutimos, a arbitragem é um processo privado, protegido do escrutínio público, geralmente com limites para os valores que podem ser recuperados e sem direito a apelação. Os árbitros têm interesse em ficar do lado dos empregadores, uma vez que eles são contratantes recorrentes, portanto, não é de se surpreender que os empregadores ganhem muito mais na arbitragem do que no tribunal e, mesmo quando perdem, têm de desembolsar menos em indenizações.[7]

Em geral, esses termos também forçam os funcionários a abrir mão dos direitos de ações judiciais coletivas. Se os trabalhadores não puderem se unir para reivindicar coletivamente seus direitos, será muito mais fácil para as empresas violá-los. Isso incentiva abusos como o "roubo de salários", prática que nos Estados Unidos se tornou generalizada e rotineira. Do mesmo modo que as gravadoras que não queriam entregar aos artistas nem mesmo a mísera parte que lhes era devida, pesquisas revelaram que 60% das casas de repouso, 58% dos produtores de cebola e 100% dos processadores de aves roubam salários.[8] Em 2017, o Economic Policy Institute [Instituto de Política Econômica] constatou que 2,4 milhões de trabalhadores nos dez estados mais populosos dos Estados Unidos foram lesados em US$ 3.300 cada um apenas devido a violações do salário mínimo — uma quantia que se aproxima de 25% do salário que eles realmente recebem.[9] Alguns desses roubos são, sem dúvida, feitos por empresas cujas próprias margens estão sendo espremidas por grandes corporações acima delas e que tentam compensar a diferença tirando-a das pessoas mais atomizadas e vulneráveis na cadeia de abastecimento.

Os trabalhadores que tentam se sindicalizar — como foi o caso dos trabalhadores do depósito da Amazon em Bessemer, Alabama, em 2021 — enfrentam ataques antissindicais ferozes e sem lei que atropelam o que ainda resta da legislação trabalhista. O objetivo — como Alex N. Press explicou aos apresentadores do podcast crítico da tecnologia *This Machine Kills* — não é apenas derrotar a campanha sindical, mas também arruinar a situação por completo, traumatizando todos os trabalhadores envolvidos para que *nunca mais participem de outra campanha sindical.*[10]

É claro que, para ter uma iniciativa sindical, primeiro é preciso ter o direito de se sindicalizar. Nos EUA, a classificação incorreta dos trabalhadores — a ficção risível de que os trabalhadores na *gig economy* [economia *freelancer*], que têm cada movimento planejado em detalhes pelos empregadores, são, na verdade, "contratados independentes" — é a grande tática para negar aos trabalhadores o direito de formar um sindicato. Na Califórnia, a luta para consagrar na lei essa classificação incorreta de trabalhadores atingiu o auge em 2020, quando as empresas que atuam na *gig economy* gastaram um recorde de US$ 200 milhões para aprovar a Proposição 22 — superando em gastos praticamente todas as disputas por cadeiras na legislatura estadual combinadas.[11] Como era de se esperar, as empresas da Califórnia começaram a demitir seus trabalhadores "essenciais" poucas semanas após a aprovação da proposta, substituindo-os por trabalhadores temporários cujo chefe era um aplicativo.[12] Ao fecharmos esta edição, Uber e Lyft estão liderando um esforço para gastar US$ 100 milhões a fim de introduzir uma medida semelhante à Proposição 22 na cédula eleitoral de Massachusetts nas eleições de meio de mandato de 2022 (uma boa notícia: um erro de redação na Proposição 22 da Califórnia levou um tribunal a invalidar a medida, embora a Suprema Corte do estado ainda não tivesse decidido sobre o recurso no momento em que este livro ia para o prelo).

Embora os salários não estejam crescendo, os custos estão. Os monopólios também têm culpa por isso, especialmente quando se trata de educação, saúde e moradia, que têm ultrapassado os salários nos últimos 50 anos. Ao longo dos últimos 40 anos, o custo anual de uma faculdade nos EUA aumentou 4 vezes mais rápido do que a inflação e 8 vezes mais rápido do que a renda familiar, deixando 45 milhões de americanos com uma dívida de US$ 1,5 trilhão.[13] Isso tem um efeito em cascata: "Saldos que se arrastam até a meia-idade, ou adquiridos mais tarde para financiar uma educação adicional ou a educação de um membro da família, prejudicando o bem-estar econômico de uma faixa cada vez maior e diversificada da população, inibindo a poupança, aumentando a precariedade e drenando a própria renda que supostamente a dívida estudantil deveria aumentar".[14]

Na área da saúde, os monopólios estão por toda parte: atendimento de emergência, viagens de ambulância, diálise renal, casas de repouso e até mesmo bolsas de *soro fisiológico*.[15] O seguro de saúde é particularmente concentrado e, para as famílias, a mensalidade ultrapassa, em média, US$ 20 mil por ano — muitas vezes com dedutíveis elevados, caso seja necessário utilizá-lo.[16] Os empregadores arcam com grande parte dos custos daqueles que têm empregos com benefícios, mas isso também é uma forma de *lock-in*: deixar um emprego abusivo não significa apenas perder o salário, mas potencialmente arriscar *tudo* se alguém da sua família tiver uma doença crônica, adoecer ou sofrer um acidente antes que você encontre outro emprego.

A crescente concentração de riqueza nas mãos da elite financeira também contribuiu para aumentos maciços no custo das moradias, uma vez que elas investem especulativamente em imóveis como um veículo para multiplicar seu dinheiro. Empresas de *private equity* também têm desempenhado um papel importante nesse processo, tendo comprado centenas de milhares de residências unifamiliares após o *crash* imobiliário. Agora, elas alugam essas propriedades, impondo aumentos regulares acima da inflação e taxas e encargos exorbitantes, e se aproveitam dos altos custos das mudanças (pense em quanto custa mudar de casa!) para manter as pessoas em *lock-in*.[17] A crise da Covid-19 só exacerbou essa situação, pois os especuladores fizeram com que os preços das casas dobrassem ou triplicassem, especialmente em cidades do meio-oeste em declínio, tornando a propriedade residencial inacessível para famílias comuns que acabam pagando mais do que uma hipoteca custaria em aluguel para investidores estrangeiros.[18]

A combinação de salários estagnados e custos crescentes resulta em uma segurança financeira cada vez menor: 40% dos americanos não têm US$ 400 para cobrir qualquer despesa inesperada.[19] As evidências são contundentes: a fixação da Escola de Chicago no parâmetro de danos ao consumidor fracassou até mesmo em seus próprios termos. Ao privilegiar os preços ao consumidor de forma tão exclusiva, o governo incentivou as corporações a pressionarem trabalhadores e fornecedores, reduzindo a capacidade das pessoas de arcarem com os custos de bens e serviços — exatamente o mesmo resultado caso os preços ao consumidor tivessem aumentado! A crescente precariedade financeira que acompanhou esses 40 anos de negligência da lei antitruste é uma das razões que deixa tantas pessoas desesperadas e irritadas, e talvez também ajude a explicar por que elas estão dispostas a ouvir demagogos que prometem acabar com o sistema.

O sistema atual promove o autorreforço: setores concentrados geram grandes lucros para seus investidores, que, vendo quão bem funcionam seus *flywheels* anticoncorrenciais, procuram outros setores aos quais possam aplicar as mesmas táticas extrativistas. Seus principais beneficiários são um círculo infinitesimal de ultrarricos, que passam cada vez mais tempo segregados do resto da sociedade em suas mansões protegidas por portões. A filosofia que sustenta a classe bilionária (e a Escola de Chicago em geral) é uma espécie de marxismo de direita. "Eles compram a proposição marxista de que o estado é um comitê executivo que manipula a economia no interesse da classe dominante", diz Joseph Kalt, professor de Harvard. "Mas eles acham que isso é bom, desde que a classe dominante seja baseada na riqueza, independente de como a adquiriu. Todas as suas objeções se dirigem àqueles que usam alguma forma de poder social que não seja a riqueza para tentar manipular a economia em seu próprio interesse".[20] Essa é a patologia de uma pequena minoria que acredita que ter mais dinheiro do que se pode gastar é mais importante do que o acesso de outros seres humanos a alimentos básicos e abrigo.

Está tudo muito conturbado, e não apenas para os profissionais do setor de criação. É aí que reside a possibilidade de mudança.

O acadêmico de direitos autorais James Boyle conta uma parábola sobre o nascimento do movimento ecológico: antes de o termo *ecologia* ser cunhado, havia milhares de questões que obviamente não faziam parte da mesma causa. Se você se preocupasse com as corujas ameaçadas de extinção e eu com a camada de ozônio, será que estaríamos do mesmo lado? Seu interesse é a carismática ave noturna e o meu é a composição química dos gases da atmosfera superior. Como essas duas coisas estão relacionadas? A criação do termo *ecologia* uniu milhares de questões em um único movimento, com milhares de constituintes trabalhando em prol de um objetivo comum. Você estava lutando pelas corujas ameaçadas de extinção e eu estava lutando pela camada de ozônio, mas também estávamos lutando *juntos* e apoiando uns aos outros.[21]

Hoje em dia, o capitalismo anticompetição aflige a todos, de criadores de galinhas a lutadores profissionais (um tipo de trabalho criativo de alto risco que é dominado por apenas *um* empregador, um bilionário trumpista que comprou toda a concorrência, classificou incorretamente seus funcionários como terceirizados, retirou-lhes o seguro de saúde e os deixou mendigando no GoFundMe para obter cuidados paliativos enquanto morriam ainda jovens devido a lesões relacionadas à atividade profissional).[22] Esse problema aflige os caixas de banco — o setor bancário de varejo dos EUA é dominado por quatro empresas; a maior delas, a Wells Fargo, por muito tempo pressionou seus caixas a fraudar clientes para atingir metas de vendas fora da realidade e retaliava aqueles que se recusavam, demitindo-os e adicionando-os a uma lista de indesejáveis que os impedia de conseguir outro emprego.[23] Quando o Wells Fargo foi pego, culpou seus funcionários de baixo escalão e demitiu sumariamente milhares de pessoas por fraude, tornando quase impossível que eles também conseguissem novos empregos.[24] O capitalismo anticompetição prejudica enfermeiros, motoristas de aplicativos de carona, entregadores e professores adjuntos das principais universidades. Afeta trabalhadores de *fast food* e cirurgiões torácicos, jornalistas e mecânicos de automóveis e inúmeras outras profissões. E como as grandes empresas forçam outras ao longo das cadeias de abastecimento a se tornarem grandes também, mesmo que certos setores ainda não se assemelhem a esses mercados de trabalho, se as coisas continuarem como estão, isso é apenas uma questão de tempo.

Em resumo, há milhares de questões esperando para serem transformadas em um movimento e bilhões de pessoas que podem se beneficiar dessa coalizão. De fato, é difícil pensar em um movimento progressista que essa luta *não* atinja: está preocupado com as diferenças salariais raciais e de gênero? Bem, as empresas que praticam a anticompetição suprimem e roubam preferencialmente os salários de mulheres e de pessoas pertencentes a grupos raciais. Preocupado com o acesso a alimentos saudáveis? Os frigoríficos de frango processam os alimentos de forma irreconhecível e os tornam o mais viciantes possível para se colocarem entre as pessoas que os consomem e os agricultores que os produzem, tudo para aumentar sua fatia. Preocupado com a *ecologia*? A concentração corporativa piora tudo isso — as corujas, a camada de ozônio, o clima, os microplásticos, a erosão do solo, a crueldade com os animais, tudo. E, enquanto isso, a riqueza e o poder cada vez maiores dessa pequena minoria são colocados contra nós para fazermos o que obviamente precisa ser feito para salvar o planeta.

Os profissionais de criação têm um público, uma plataforma — uma fonte de poder. Mas somos apenas uma parte de uma luta muito maior, uma luta que nossos companheiros já estão travando há muito tempo. No que diz respeito às demandas revolucionárias, as nossas são bem básicas: alcançar um equilíbrio entre trabalhadores, fornecedores e empresas que permita que todos vivam de forma sustentável, com dignidade econômica e uma parcela justa do valor criado por seu trabalho.

ESTRAÇALHANDO GARGALOS ANTICOMPETITIVOS

Vimos que é extremamente difícil manter as condições de liberdade que são fundamentais para o capitalismo, uma vez que os mercados têm uma forte tendência natural à concentração, extração e *rent seeking*.[25] É por isso que são necessárias intervenções contínuas; sem elas, acabamos em outra era de barões ladrões.

Uma solução sistemática que proporcionaria um controle contínuo desses abusos é a garantia de emprego. Essa garantia pode ser formulada de várias maneiras diferentes, mas o tipo de garantia de emprego de que estamos falando é um emprego financiado pelo governo federal e administrado localmente para qualquer um que o deseje, com todos os benefícios e um salário socialmente inclusivo, fazendo os tipos de trabalho que precisam ser feitos nas comunidades, mas que o mercado não consegue realizar.

Os céticos da garantia gostam de citar a história de Milton Friedman, que, ao viajar para o exterior, perguntou certa vez por que os trabalhadores estavam usando pás em vez de escavadeiras. Quando lhe disseram que era para aumentar o número de empregos na construção civil, Friedman aparentemente respondeu: "Então, em vez de pás, por que você não lhes dá colheres gerar ainda mais...?"[26]

É claro que ninguém está propondo que se usem empregos garantidos para oferecer trabalho sem sentido. Remediar as mudanças climáticas envolverá tarefas inimaginavelmente intensivas em termos de mão de obra, como, por exemplo, realocar todas as cidades costeiras quilômetros para o interior, construir conexões ferroviárias de alta velocidade para substituir a aviação, cuidar de centenas de milhões de pessoas traumatizadas e deslocadas e tratar pandemias zoonóticas e transmitidas por insetos. Também precisamos preencher as lacunas causadas pelo sistema atual, que não oferece tantos recursos para atividades importantes que não geram lucro suficiente no mercado: cuidar de crianças e idosos, consertar a infraestrutura em ruínas, fazer a transição de nossa dependência suicida de combustíveis fósseis, desenvolver comunidades, construir e administrar bibliotecas e museus, oferecer jornalismo de qualidade, fazer arte e muitas outras atividades que apoiam o bem público. Há pessoas que precisam de trabalho e há trabalho que precisa ser feito, e uma garantia de emprego uniria os dois quando o mercado não conseguir fazê-lo.

A oferta de empregos fora do mercado é particularmente importante para a arte. Corporações excessivamente poderosas são uma grande parte do motivo pelo qual os criadores lutam para serem remunerados, mas não é o único desafio. Outro é a "doença do custo de Baumol", um fenômeno em que o trabalho com mão de obra intensiva se torna relativamente mais caro com o passar do tempo. Uma apresentação da Nona Sinfonia de Beethoven em 1824, ano em que foi concluída, durava cerca de 70 minutos. Uma apresentação da mesma sinfonia hoje, cerca de 200 anos depois, leva cerca de 70 minutos. Em 1824, ela exigia de 30 a 40 músicos, dependendo do tamanho do coro. Hoje, é exatamente a mesma coisa. Com a prática, talvez eles pudessem tocá-la duas vezes mais rápido ou com a metade do número de músicos. Mas poucas pessoas pagariam para ouvi-la. Por outro lado, o carro que leva você para ver a sinfonia, o vinho que bebe no intervalo, as roupas que veste e o estofamento da poltrona em que se senta representam *muito* menos trabalho: em 1824, um par de meias para usar na sinfonia custava US$ 1 (aproximadamente US$ 22 em dólares de 2020); hoje, você pode comprar um par de meias de qualidade por US$ 1,99. A automação, a ciência dos materiais e outros ganhos de produtividade reduziram o trabalho incorporado em um par de meias em mais de 90%. Embora os músicos que executam a Nona Sinfonia se beneficiem de ganhos de produtividade (suas roupas, instrumentos, transporte, residências, partituras e até mesmo seu treinamento são muito mais baratos do que em 1824), a mão de obra real na execução está teimosamente parada na faixa de 45 pessoas por hora. Essa é a doença dos custos. Na verdade, a música é um pouco mais barata do que era na época de Beethoven, mas, em relação a quase todo o resto, é *muito* mais cara. O mesmo vale para esculpir, pintar, dançar e escrever livros. A folha de pagamento de todas essas artes que exigem muita mão de obra continua aumentando em relação a todo o resto — e sempre aumentará. Se deixarmos seu financiamento inteiramente a cargo do mercado, com o tempo elas deixarão de ser possíveis e partes importantes da cultura humana se perderão. Uma garantia de emprego para profissionais de criação poderia ajudar a evitar isso.

E já há um precedente: os EUA reagiram com sucesso à Grande Depressão na década de 1930 criando milhões de empregos públicos como parte do New Deal de Roosevelt. Como explica Naomi Klein, incluíram-se trabalhos significativos para "dezenas de milhares de pintores, músicos, fotógrafos, dramaturgos, cineastas, atores, autores e uma enorme variedade de artesãos", gerando "uma explosão de criatividade e um corpo de trabalho impressionante", até mesmo com apresentações de música ao vivo que chegaram a 150 milhões de pessoas.[27]

Uma garantia de emprego significaria que, caso você o perdesse, poderia fazer um outro trabalho digno — que incluiria o treinamento necessário — até que alguém no setor privado decidisse lhe oferecer um emprego melhor. Com uma garantia de emprego, ninguém sofreria o paradoxo do desemprego crônico — quando os empregadores não contratam você porque não tem emprego — e faríamos um trabalho importante e socialmente apreciado que não é reconhecido pelo mercado.

Uma crítica às garantias de emprego é que elas são muito caras e não podem ser custeadas. Isso não é verdade. Em primeiro lugar, elas não são tão caras assim. Uma análise de 2018 estimou que uma garantia total para nós, trabalhadores, custaria US$ 543 bilhões por ano, ou 3% do PIB.[28] Em troca, todos os que querem um emprego, mas não conseguem, estariam trabalhando para melhorar a sociedade, aumentando a estabilidade e o propósito da comunidade. Para colocar isso em contexto, os gastos do governo dos EUA em resposta apenas aos primeiros meses da pandemia de coronavírus em 2020 são estimados em mais de US$6 *trilhões*,[29] cerca de 12 vezes mais, dos quais partes substanciais estão indo direto para os bolsos dos bilionários por meio de recompras de ações, dividendos especiais, bônus de executivos e serviço da dívida mantida por investidores de empresas, que tomaram emprestado delas para pagar a si mesmos dividendos que aumentarão a desigualdade às custas do público.

Mesmo que custasse mais do que isso, poderíamos pagar. Uma possível fonte de receita que está se tornando cada vez mais apreciada pelos eleitores é um imposto sobre a riqueza das pessoas físicas e jurídicas mais ricas. Tributar os ricos é uma ótima ideia. De fato, é absolutamente crucial se quisermos ter um processo político em que boas ideias possam ser ouvidas de forma justa. No momento, como vimos, as pessoas mais ricas usam seu dinheiro e influência para fazer com que as políticas públicas (como o código tributário, as leis trabalhistas e a lei antitruste) atendam a seus próprios interesses econômicos. Essas distorções prejudicam os trabalhadores e o meio ambiente, dando rédea solta à super-riqueza para que uma proporção cada vez maior da riqueza gerada coletivamente seja depositada nas contas dos ricos.

Na verdade, *não precisamos* tributá-los para pagar os programas. Como explica Stephanie Kelton no livro *The Deficit Myth* [*O Mito do Déficit*, Alta

Books, 2023], não é assim que o dinheiro funciona.[30] O dinheiro é gasto pelos governos nacionais "monetariamente soberanos" e, em seguida, retirado de circulação por meio de impostos.[31] Os governos não podem deixar de pagar as dívidas em sua própria moeda — eles não podem ficar sem dinheiro. Mas eles *podem* emitir moeda em excesso: se os governos criarem dinheiro para comprar coisas ou mão de obra a um preço muito alto, podem ficar sem dinheiro. Se os governos criarem dinheiro para comprar coisas ou mão de obra a uma taxa que excede o suprimento, haverá uma guerra de lances, o que fará que os preços subam, criando inflação, o que, sem dúvida, é muito ruim.

Todavia, se for feito com cuidado, os governos podem comprar qualquer coisa que esteja disponível para venda em sua moeda sem criar inflação. Na verdade, em épocas extraordinárias, os governos podem até comprar coisas que o setor privado quer comprar sem criar inflação. Durante a Segunda Guerra Mundial, por exemplo, o governo dos EUA gastou *muito* dinheiro para pagar pelo equipamento de guerra. Mas não queriam que os trabalhadores da defesa e as famílias dos soldados comprassem as mesmas coisas de que precisavam, então convenceram essas pessoas a guardar seu dinheiro em "títulos de guerra", mantendo seus salários de guerra fora de circulação e depois distribuindo-os quando a produção voltava a ser de mercadorias de tempos de paz. Quando isso não era suficiente, impunham o racionamento para limitar a quantidade de bens e materiais essenciais que o setor privado podia comprar. Se decidirmos priorizar o pleno emprego em um trabalho digno e socialmente útil, há maneiras de alcançá-lo sem destruir a economia.

Os economistas de direita criticam as garantias de emprego argumentando que oferecer a todos um bom emprego criaria "pressão para que fosse introduzido um salário mais alto ou determinados benefícios que o setor privado não oferece".[32] Estão *quase* entendendo. Uma garantia de emprego aumentaria, de fato, a parcela do PIB que vai para o trabalho, porque todos os empregadores do setor privado saberiam que seus trabalhadores poderiam se deslocar para o serviço público se as condições forem melhores lá. É por isso que uma garantia de emprego é uma resposta tão poderosa contra os capitalistas anticompetitivos. A única razão pela qual as megacorporações podem roubar salários e desviar uma parcela tão grande dos lucros para os investidores é porque seus trabalhadores e fornecedores não têm outra opção. Ao dar uma escolha a eles, uma garantia de emprego colocaria um piso significativo nos salários e nas condições. À medida que as condições do setor privado melhorassem, as pessoas se afastariam dos empregos garantidos e voltariam ao mercado. Mas os empregos públicos sempre estariam lá, uma salvaguarda embutida para responder quando as empresas se tornam *muito* abusivas.

É claro que a garantia de emprego é apenas uma resposta potencial aos golpes corporativos. Precisamos fazer muito mais — e isso pode parecer avassalador. Confrontados com todo esse poder corporativo concentrado, entrelaçado com o poder de nossos estados cooptados, como poderemos também lutar contra a emergência climática, a COVID-19, as outras pandemias que inevitavelmente se seguirão e a desigualdade racial, de gênero e econômica — especialmente quando temos cada vez menos recursos para fazer isso?

O ponto de partida é a coletividade. Quando estávamos procurando onde publicar este livro, ouvimos um leitor que o adorou, mas achou que não seria comercializável porque as soluções eram "sistêmicas, não individuais". Mas esse é exatamente o ponto. As soluções individuais não darão aos trabalhadores uma oportunidade justa da mesma forma que a reciclagem não resolverá a mudança climática. Elas podem movimentar os ponteiros do relógio, mas não alcançarão a mudança fundamental de que precisamos para salvar o mundo. Se quisermos combater com sucesso o enorme poder dos barões ladrões de hoje, será por meio de uma união coletiva.

A segunda coisa a reconhecer é que esses sistemas de monopólio, roubo de salários, discriminação, devastação ambiental e exploração se reforçam mutuamente, portanto, qualquer território que conquistamos em uma frente é um avanço em *todas* as frentes. A única coisa boa do fato de a concentração corporativa excessiva permear tudo é que há muitos lugares para combatê-la. Pense na batalha do programa Medicare for All [Medicare para Todos]: se a assistência médica nos EUA fosse garantida como um direito humano básico, isso ajudaria muito a colocar os monopolistas que abusam da assistência médica sob controle — e as horas gastas brigando com nossas seguradoras ou lidando com doenças não tratadas ou tentando suportar condições de trabalho abusivas para não perdermos nossos benefícios poderiam ser direcionadas para combater o roubo de salários. Acabando com o roubo de salários, as grandes corporações teriam menos dinheiro para dedicar ao lobby para manipular o sistema ainda mais a seu favor e os trabalhadores poderiam recuperar as horas que passam nas filas dos bancos de alimentos e se libertar do fardo mental e emocional de fazer malabarismos com as contas, criando uma nova capacidade de lutar por um financiamento público melhor para a primeira infância e para o atendimento aos idosos. Se conseguirmos isso, as pessoas (geralmente mulheres) que são forçadas a sacrificar suas carreiras para cuidar de crianças pequenas ou de pais idosos sofrerão menos discriminação no trabalho, terão mais horas de qualidade com suas famílias e mais energia para lutar pela justiça climática.

Em outras palavras, a mudança é contínua: a única maneira de comer um elefante é dando uma mordida de cada vez. Precisamos tomar medidas que abram algum espaço para a reforma e, em seguida, usar isso para abrir mais espaço. E, é claro, quando conseguirmos coletivamente algumas grandes vitórias, a prova de que a mudança real é possível nos revigorará para lutar em outras frentes — dando as condições para um novo New Deal.

Neste livro, nos concentramos principalmente nas estruturas jurídicas dos Estados Unidos que permitiram que as empresas obtivessem tanto poder. Mas é claro que o neoliberalismo e o raciocínio da Escola de Chicago foram exportados para toda parte, e os gargalos anticompetitivos podem ser encontrados em todo o mundo. As ferramentas que identificamos para desacelerar os *flywheels* anticoncorrenciais — como direitos de transparência, salários mínimos para trabalhos de criação, direitos de reversão, reforma da lei de DRM e contratos de criadores, ação coletiva e propriedade coletiva — também podem servir em outras partes do mundo.

Mas o mundo como um todo tem um papel fundamental a desempenhar na eliminação de gargalos anticompetitivos além desses. Os oligarcas de hoje têm uma grande tradição de arbitragem regulatória (obter uma lei que os favoreça em uma jurisdição e depois usá-la para aumentar a proteção que recebem em outro lugar). Veja, por exemplo, a extensão do prazo dos direitos autorais, que, como demonstramos, beneficia desproporcionalmente não os criadores que fizeram as obras, mas os proprietários corporativos que extraem seus direitos. A Convenção de Berna determina um prazo mínimo de direitos autorais de vida do autor + 50 anos. Esse foi o prazo adotado por quase todas as nações europeias, mas quando a UE harmonizou a lei de direitos autorais em 1993, os principais detentores de direitos pressionaram com êxito para que todos tivessem que adotar o prazo da Alemanha igual à vida do autor + 70 anos (o prazo mais longo). Em cinco anos, essas mesmas corporações persuadiram nossos legisladores a igualar o prazo europeu. Desde então, o prazo estendido foi amplamente exportado para todo o mundo por meio de acordos comerciais.

Há potencial para uma arbitragem similar de modo que apoie os *criadores*, não os proprietários de direitos autorais. À medida que se torna mais claro que nem a Big Tech nem o Big Content proporcionarão um ecossistema criativo sustentável, veremos mais políticas pró-criadores sendo implementadas em todo o mundo. Já está acontecendo — basta olhar para os mandatos da UE que darão poder aos artistas por meio de novos direitos a pagamento justo, transparência e reversão, as propostas em países como África do Sul e Canadá para dar aos criadores novos e significativos direitos de reivindicação de copyright e as ações cada vez mais difundidas (iniciadas sobretudo na Coreia do Sul e no Japão) que estão impedindo a Apple e o Google de usar seus gargalos anticompetitivos das lojas de aplicativos.

Sim, as mesmas corporações poderosas que reinam nos EUA estão gastando muito para mitigar essas novas leis e impedir que outras sejam promulgadas. Sim, isso tornou os mandatos da UE menos poderosos do que poderiam ter sido e está diluindo suas implementações em cada país membro. Mas a maré está mudando e políticas genuinamente pró-criador (diferente de pró-proprietário de direitos autorais) estão sendo implementadas em todo o mundo. Elas são alavancas extremamente poderosas para a mudança porque uma política eficaz é contagiante. À medida que ficar claro que tais leis ajudam significativamente os criadores, isso alimentará a organização e a resistência em outros lugares, aumentando o ímpeto e a justificativa para novas reformas.

Até mesmo o mero *escrutínio* em um país pode forçar mudanças que afetam outros. Quando a Comissão de Comércio Justo do Japão investigou o monopólio da loja de aplicativos da Apple, por exemplo, obrigou a gigante a concordar em autorizar que "aplicativos leitores" como Netflix e Spotify, que dão permissão aos usuários para acessarem conteúdo previamente comprado ou assinado, ofereçam links *in-app* [dentro do aplicativo] para cadastros de contas que contornariam a vigilância da Apple. Talvez por ser muito complexo restringir isso ao Japão, a Apple anunciou que essa mudança seria aplicada globalmente.[33] Embora se trate de uma concessão relativamente pequena e seja necessário fazer muito mais, ela demonstra o poder da mudança em um país para influenciar o que acontece em outro. E, é claro, as políticas favoráveis aos criadores não precisam assumir a forma de regulamentação. Programas revolucionários de financiamento das artes e novos investimentos em infraestrutura pública de propriedade coletiva também podem ser poderosamente contagiantes.

As empresas se baseiam na ilusão da personalidade corporativa, usando "identidades de marca" elaboradas de forma dispendiosa para se apresentarem a nós como tendo personalidades que visam a nos fazer sentir uma conexão emocional — e como se estivéssemos todos juntos nisso. Mas as empresas não têm virtudes intrínsecas. Elas não são nossas amigas. Se uma empresa é uma "pessoa", ela é um organismo de colônia imortal que trata os seres humanos como uma flora intestinal inconveniente. Ela não tem personalidade e nem ética. Seu único imperativo é fazer o que for possível para extrair o máximo de valor econômico dos seres humanos e do planeta

Se for deixada por conta própria, a Big Tech nunca fará bem aos trabalhadores criativos, não porque as empresas de Big Tech sejam administradas por engenheiros robóticos que não valorizam a arte, mas porque quanto mais pagarem aos artistas, menos poderão direcionar aos executivos e acionistas. A Big Tech trata seus técnicos melhor do que seus artistas porque eles precisam: há muito mais empregos tecnológicos do que profissionais qualificados para preenchê-los. No momento em que isso mudar, esses engenheiros estarão em apuros.

Observamos neste livro que as três grandes gravadoras começaram a agir de forma muito mais direta com os artistas nos últimos anos, abandonando muitas de suas práticas históricas de fraude. Isso não se deve ao fato de a MGM ou a Warner serem "boas" empresas: deve-se ao fato de que os artistas ganharam mais opções sobre a forma como produzem, divulgam e ganham dinheiro com sua arte. Quando as gravadoras detinham o controle sobre os artistas, exerciam-no de forma cruel. Se algum dia elas recuperarem esse poder, farão exatamente a mesma coisa de novo. É isso que um sistema capitalista irrestrito está preparado para fazer.

A única maneira de fazer com que as empresas respeitem seus fornecedores e trabalhadores é garantir que essas pessoas tenham alternativas genuínas. Fazer com que as empresas de conteúdo temam que seus artistas levem sua arte para outro lugar. Tornar real o risco de represálias legais e econômicas por abuso. Exigir direitos significativos para os trabalhadores. Arrastar as empresas para a mesa de negociação e fazê-las assinar contratos sindicais que equilibrem de forma mais justa os interesses do capital e do trabalho. Concorrência não tem a ver com "tornar o mercado eficiente", nem mesmo com "escolha". Tem a ver com autodeterminação: enfraquecer o poder dos intermediários que, de outra forma, nos tirarão a capacidade de conduzir nossas vidas criativas e humanas da maneira que escolhermos, que nos forçarão — e já nos forçam — a organizar nossas vidas para beneficiar acionistas, não importa o quanto isso seja ruim para nós.

Dizem aos criadores que a solução para seus problemas financeiros são mais direitos autorais, filtros de internet ou *locks* digitais mais fortes. Mas isso é como dizer aos funcionários do Walmart que o motivo pelo qual eles não conseguem sobreviver sem auxílio-alimentação é porque as pessoas não compram coisas suficientes, ou como dizer aos funcionários do império avícola Tyson que o motivo pelo qual precisam usar fraldas na linha de produção é porque as pessoas não comem frango suficiente. Todos esses três fenômenos têm a mesma causa: a organização da nossa sociedade para tornar pessoas ricas mais ricas às custas de todos os outros. Se vamos fazer alguma coisa para mudar isso, precisamos fazê-lo juntos.

AGRADECIMENTOS

Obrigado a Alex Adsett, Jake Beaumont-Nesbitt, Jamie Boyle, Alicia Brown, Richard Burgess, Peter Carstensen, Seb Chan, Colleen Cross, Kevin Erickson, Jacob Flynn, Ula Furgal, Daniel Gilbert, Jane C. Ginsburg, Jake Goldenfein, David Goodman, Evan Greer, Amanda Harcourt, Matt Hawn, Gwen Hinze, Justine Hyde, Jennifer Jenkins, Olivia Lanchester, Aurora Lucien, Carl Malamud, Paris Marx, Susan May, Corynne Mcsherry, Michelle Meagher, James Meese, Rev. Moose, Lisa Morrison, Daniel Olszewski, Lizzie O'shea, James Parker, Liz Pelly, Palmyre Pessiot, Paola Pessiot, François Petitjean, JP Pomare, Bram Presser, João Pedro Quintais, Mary Rasenberger, Barak Richman, Sam Ricketson, Juliet Rogers, Orna Ross, Tom Ryan, Stefan Rudnicki, Pam Samuelson, Nicholas Shaxson, David Slack, Nicola Solomon, Matt Stoller, Zephyr Teachout, Kay Tucker, Diane Wachtell, Christina Ward, Kim Weatherall, Tim Wu, Joshua Yuvaraj, e Brian Zisk. Nem todos eles concordam com tudo o que escrevemos neste livro, mas suas experiências e percepções o enriqueceram e cada um deles contribuiu de alguma forma na sua elaboração.

Somos excepcionalmente gratos a Joanna Green, Susan Lumenello, Will Morningstar e ao restante da equipe da Beacon Press, que ajudaram a criar este livro, bem como ao nosso agente, Paul Lucas, da Janklow & Nesbit Associates. Lauren Kinnard desenhou as lindas ilustrações.

Agradecemos também às pessoas que entrevistamos e que precisaram permanecer anônimas por medo de represálias, às centenas de outras pessoas com quem conversamos sobre os direitos dos criadores e o poder excessivo das grandes empresas na última década e àqueles que deveríamos ter mencionado pelo nome aqui, mas infelizmente esquecemos — desculpem!

Rebecca escreveu este livro trabalhando nas terras não protegidas do povo Wurundjeri das nações Kulin. Ela presta seus respeitos aos anciãos do passado e do presente, incluindo aqueles que lutam para recuperar o conhecimento, o idioma e a cultura que os colonizadores brancos da Austrália trabalharam tão sistematicamente para destruir. Cory é consultor especial da Electronic Frontier Foundation, mas as opiniões expressas aqui são de sua exclusiva responsabilidade. A pesquisa deste livro foi parcialmente apoiada por financiamento do Conselho de Pesquisa da Austrália (FT170100011 e LP160100387) e da Faculdade de Direito de Melbourne.

NOTAS

CAPÍTULO 1: OS GIGANTES EMPRESARIAIS ASFIXIARAM A CULTURA

1. Scott Timberg. *Culture Crash: The Killing of the Creative Class* (New Haven, CT: Yale University Press, 2015), 79, 94.
2. Committee on Digital, Culture, Media and Sport, UK House of Commons, *Economics of Music Streaming*, Second Report of Session 2021–22 [Segundo Relatório da Sessão 2021-2022] (Londres, Julho 15, 2021), 45, https://committees.parliament.uk/publications/6739/documents/72525/default.
3. William Deresiewicz. *The Death of the Artist: How Creators Are Struggling to Survive in the Age of Billionaires and Big Tech* (Nova York: Henry Holt, 2020), 42.
4. Deresiewicz. *The Death of the Artist*, 319–20.
5. Orley Ashenfelter, Daniel Hosken e Matthew Weinberg. "Did Robert Bork understate the competitive impact of mergers? Evidence from consummated mergers", *Journal of Law and Economics* 57, no. S3 (agosto, 2014): s67–s100, https://doi.org/10.1086/675862.
6. Julie Cohen. *Between Truth and Power: The Legal Constructions of Informational Capitalism* (Nova York: Oxford University Press, 2019), 7.
7. Credit Suisse. "The incredible shrinking universe of stocks: The causes and consequences of fewer U.S. equities", http://www.cmgwealth.com/wp-content/uploads/2017/03/document_1072753661.pdf.
8. Ashenfelter, Hosken, e Weinberg. "Did Robert Bork understate the competitive impact of mergers?" S67–S100; John Kwoka, *Mergers, Merger Control, and Remedies: A Retrospective Analysis of U.S. Policy* (Cambridge, MA: MIT Press, 2014).
9. Edward Wyatt. "F.C.C. Commissioner leaving to join comcast", Media Decoder Blog, *New York Times,* maio 11, 2011, https://mediadecoder.blogs.nytimes.com/2011/05/11/f-c-c-commissioner-to-join-comcast/.
10. Matthew Yglesias. "New federal reserve data shows how the rich have gotten richer", *Vox*, junho 13, 2019, https://www.vox.com/policy-and-politics

/2019/6/13/18661837/inequality-wealth-federal-reserve-distributional-financial-accounts.

11. Gustavo Grullon, Yelena Larkin e Roni Michaely. "Are U.S. industries becoming more concentrated?" Swiss Finance Institute Research Paper no. 19–41 (agosto 31, 2017), https://ssrn.com/abstract=2612047.
12. Simcha Barkai. "Declining labor and capital shares", *Journal of Finance* 75, no. 5 (2020): 2421–63, https://onlinelibrary.wiley.com/doi/full/10.1111/jofi.12909.
13. Jonathan Tepper e Denise Hearn. *The Myth of Capitalism: Monopolies and The Death of Competition* (Hoboken, NJ: Wiley, 2019), 38.
14. Zephyr Teachout. *Break 'em Up: Recovering Our Freedom from Big Ag, Big Tech, and Big Money* (Nova York: All Points Books, 2020), 145.
15. Lina Khan, "The ideological roots of America's market power problem", *Yale Law Journal Forum* 127 (2018), https://ssrn.com/abstract=3367602, 961; nota interna omitida.
16. Teachout. *Break 'em Up*, 163.
17. Teachout. *Break 'em Up*, 14–15.
18. Tepper e Hearn. *The Myth of Capitalism*, 15.
19. Warren Buffett e Carol Loomis. "Mr. Buffett on the stock market", *Fortune*, novembro 22, 1999, https://archive.fortune.com/magazines/fortune/fortune_archive/1999/11/22/269071/index.htm.
20. Adrianne Jeffries. "To head off regulators, Google makes certain words taboo", *The Markup*, agosto 7, 2020, https://themarkup.org/google-the-giant/2020/08/07/google-documents-show-taboo-words-antitrust.
21. Jason Del Rey. "The making of Amazon Prime, the Internet's most successful and devastating membership program", *Vox*, maio 3, 2019, https://www.vox.com/recode/2019/5/3/18511544/amazon-prime-oral-history-jeff-bezos-one-day-shipping.
22. Tepper e Hearn. *The Myth of Capitalism*, 103.
23. Stacy Mitchell. "Amazon is a private government. Congress needs to step up", *The Atlantic*, agosto 10, 2020, https://www.theatlantic.com/ideas/archive/2020/08/americans-can-barely-imagine-congress-works/615091.
24. George Anderson,."Is Amazon undercutting third-party sellers using their own data?" *Forbes*, outubro 30, 2014, https://www.forbes.com/sites/retailwire/2014/10/30/is-amazon-undercutting-third-party-sellers-using-their-own-data.
25. Anderson. "Is Amazon undercutting third-party sellers using their own data?"
26. Kiri Masters. "89% of consumers are more likely to buy products from Amazon than other e-commerce sites: Study", *Forbes*, março 20, 2019, https://www.forbes.com/sites/kirimasters/2019/03/20/study-89-of-consumers-are-more-likely-to-buy-products-from-amazon-than-other-e-commerce-sites.

27. Barry C. Lynn. "The Big Tech extortion racket", *Harper's Magazine*, agosto 14, 2020, https://harpers.org/archive/2020/09/the-big-tech-extortion-racket.
28. Quando várias empresas controlam as compras, isso é tecnicamente chamado de "oligopsônio", mas, novamente, o termo *monopsônio* é usado coloquialmente para se referir tanto a uma única empresa quanto a um conjunto de empresas com poder de compra. Usamos o termo *monopsônio* para nos referirmos tanto a um monopsônio puro quanto a um oligopsônio.
29. Deresiewicz. *Death of the Artist*, 168.
30. Peter C. Carstensen. *Competition Policy and the Control of Buyer Power: A GlobalIssue*(Cheltenham,UK:EdwardElgar,2017),15,https://doi.org/10.4337/9781782540588.
31. Carstensen. *Competition Policy and the Control of Buyer Power*, 10.
32. Carstensen. *Competition Policy and the Control of Buyer Power*, 12.
33. Carstensen, *Competition Policy and the Control of Buyer Power*, 12.
34. Adam Lashinsky, Doris Burke, e J. P. Mangalindan. "Jeff Bezos: The ultimate disrupter", *Fortune* 166, no. 9 (dezembro 3, 2012): 100.
35. Nicole Goodkind. "Jeff Bezos thanks Amazon workers and customers after space flight: 'You paid for all of this,'" *Fortune*, julho 21, 2021, https://fortune.com/2021/07/20/jeff-bezos-thanks-amazon-workers-and-customers-after--space-flight-you-paid-for-all-of-this.
36. Executive Office of the President [Joseph R. Biden Jr.], Executive Order [Ordem Executiva] no. 14036: Executive Order on Promoting Competition in the American Economy, julho 9, 2021, https://www.whitehouse.gov/briefing-room/presidential-actions/2021/07/09/executive-order-on-promoting-competition-in-the-american-economy.
37. Christine S. Wilson. "Welfare standards underlying antitrust enforcement: What you measure is what you get", transcrição do discurso principal proferido no George Mason Law Review Antitrust Symposium "Antitrust at the Crossroads?" Arlington, VA, fevereiro 15, 2019, https://www.ftc.gov/system/files/documents/public_statements/1455663/welfare_standard_speech_-_cmr-wilson.pdf.
38. Frank H. Easterbrook. "The limits of antitrust", *Texas Law Review* 63, no. 1 (agosto 1984): 2.
39. Astra Taylor. *The People's Platform: Taking Back Power and Culture in the Digital Age* (Nova York: Picador, 2015), 201.
40. Orla Lynskey. "Regulating 'Platform Power,'" documento de trabalho, janeiro 2017, LSE Law, Society and Economy Working Papers, Department of Law, Londres School of Economics and Political Science, Londres, Reino Unido, 6, http://eprints.lse.ac.uk/73404.
41. Sangeet Paul Choudary, Marshall W. Van Alstyne e Geoffrey G. Parker. "Network effects: The power of the platform", em *Platform Revolution: How Networked Markets Are Transforming the Economy—And How to Make*

Them Work for You, Ed. Parker, Van Alstyne, e Choudary (Nova York: W. W. Norton, 2016).

42. Ruth Towse, *Creativity. Incentive and Reward: An Economic Analysis of Copyright and Culture in the Information Age* (Cheltenham: Edward Elgar, 2001), 58.
43. Eric E. Johnson. "Intellectual property and the incentive fallacy", *Florida State University Law Review* 39 (2012): 668–69.
44. Ruth Towse. "Copyright and Cultural Policy for the Creative Industries", em *Economics, Law and Intellectual Property: Seeking Strategies for Research and Teaching in a Developing Field*, Ed. Ove Granstrand (Boston: Kluwer Academic, 2003), 427.
45. Leigh Phillips e Michal Rozworski. *The People's Republic of Walmart: How the World's Biggest Corporations Are Laying the Foundation for Socialism* (Londres: Verso, 2019), 2.

CAPÍTULO 2: AMAZON E O CONTROLE DO MERCADO DE LIVROS

1. Brad Stone. *The Everything Store: Jeff Bezos and The Age of Amazon* (Nova York: Little, Brown, 2013), 37.
2. Authors Guild to David Cicilline, agosto 17, 2020, https://www.authorsguild.org/wp-content/uploads/2020/08/Joint-Letter-to-rep-Cicilline-aaP-aG-aBa-aug-17-2020-.pdf.
3. Stone. *The Everything Store*, 24.
4. Stone. *The Everything Store*, 243.
5. George Packer. "Cheap Words", *New Yorker*, fevereiro 9, 2014, https://www.newyorker.com/magazine/2014/02/17/cheap-words.
6. Packer. "Cheap Words".
7. Peter C. Carstensen. *Competition Policy and the Control of Buyer Power: A Global Issue* (Cheltenham, UK: Edward Elgar, 2017), 65, https://doi.org/10.4337/9781782540588.
8. Packer. "Cheap Words".
9. Carstensen. *Competition Policy and the Control of Buyer Power*, 58.
10. Packer. "Cheap Words".
11. William Deresiewicz. *The Death of the Artist: How Creators Are Struggling to Survive in the Age of Billionaires and Big Tech* (Nova York: Henry Holt, 2020), 156.
12. Barry C. Lynn. "The Big Tech extortion racket", *Harper's Magazine*, agosto 14, 2020, https://harpers.org/archive/2020/09/the-big-tech-extortion-racket.
13. Carstensen. *Competition Policy and the Control of Buyer Power*, 4.
14. Stone. *The Everything Store*, 234.
15. Article 11 [Artigo 11], World Intellectual Property Organization (WIPO) Copyright Treaty, 1996, https://wipolex.wipo.int/en/text/295166; Article 18

[Artigo 18], WIPO Performances and Phonograms Treaty, 1996, https://wipolex.wipo.int/en/treaties/textdetails/12743.

16. Article 11, WIPO Copyright Treaty, 1996.
17. Dale Clapperton e Stephen Corones. "Technological tying of the Apple iPhone: Unlawful in Australia?" *Queensland University of Technology Law and Justice Journal* 7, no. 2 (2007): 351, http://classic.austlii.edu.au/au/journals/QuTLawJJl/2007/21.html.
18. Apple, "iTunes store tops two billion songs", janeiro 9, 2007, https://news.cision.com/pilgrim/r/itunes-store-tops-two-billion-songs,c252337.
19. Apple, "iTunes store top music retailer in the US", abril 3, 2008, https://www.apple.com/newsroom/2008/04/03iTunes-store-Top-Music-retailer-in-the-us.
20. David Kravets. "Like Amazon's DRM-free music downloads? Thank Apple", *Wired*, setembro 25, 2007, https://www.wired.com/2007/09/drm-part-one.
21. Cory Doctorow. "Amazon's anti-DRM tee", *Boing Boing*, fevereiro 1, 2008, https://boingboing.net/2008/02/01/amazons-antidrm-tee.html.
22. Andrew Savikas. "Over 160 O'Reilly books now in Kindle Store (without DRM), more on the way", *Tools of Change for Publishing*, abril 17, 2009, http://toc.oreilly.com/2009/04/over-160-oreilly-books-now-in-kindle-store-without-drm-more-on-the-way.html.
23. Stone. *The Everything Store*, 250.
24. Stone. *The Everything Store*, 255.
25. Packer. "Cheap Words".
26. Parker Higgins. "Accepting Amazon's DRM makes it impossible to challenge its monopoly", *Parker Higgins Dot Net* (blog), maio 26, 2014, https://parkerhiggins.net/2014/05/accepting-amazons-drm-makes-it-impossible-to-challenge-its-monopoly.
27. Charlie Stross. "What Amazon's ebook strategy means", *Charlie's Diary* (blog), abril 14, 2012, http://www.antipope.org/charlie/blog-static/2012/04/understanding-amazons-strategy.html.
28. United States v. Apple Inc., 952 F.Supp.2d 638, 649.
29. United States v. Apple Inc., 952 F.Supp.2d 638, 671.
30. Brad Stone e Motoko Rich. "Amazon removes MacMillan books", *New York Times*, janeiro 30, 2010, https://www.nytimes.com/2010/01/30/technology/30amazon.html.
31. Heavy Duty Trucking, "FTC investigates Port Trucker organizing efforts", *Trucking info*, dezembro 2, 1999, https://www.truckinginfo.com/86044/ftc-investigates-port-trucker-organizing-efforts.
32. United Atates v. Apple Inc., 952 F.Supp.2d 638, 708.
33. Jonathan Tepper e Denise Hearn. *The Myth of Capitalism: Monopolies and the Death of Competition* (Hoboken, NJ: Wiley, 2019), 29.
34. United States v. Apple Inc., 952 F.Supp.2d 638, 686.

35. Matt Day e Jackie Gu. "The numbers behind Amazon's market reach", *Bloomberg*, março 27, 2019, https://www.bloomberg.com/graphics/2019-amazon-reach-across-markets.
36. Edward W. Robertson. "Self-publishing's share of the Kindle market by genre", fevereiro 15, 2014, http://edwardwrobertson.com/self-publishing/self-publishings share-of-the-kindle-market-by-genre.
37. Frank Catalano. "Traditional publishers' ebook sales drop as indie authors and Amazon take off", *Geekwire*, maio 19, 2018, https://www.geekwire.com/2018/traditional-publishers-ebook-sales-drop-indie-authors-amazon-take-off.
38. Amazon UK, "Kindle: a Year in Review", *Day One* (blog), dezembro 23, 2019, https://blog.aboutamazon.co.uk/innovation/kindle-a-year-in-review.
39. Rebecca Giblin. "What's happening to authors' earnings? Surveying the surveys", *The Author's Interest*, fevereiro 20, 2018, https://authorsinterest.org/2018/02/20/whats-happening-to-authors-earnings-surveying-the-surveys.
40. Nina Amir. "Good news for POD world: Amazon settles antitrust lawsuit filed by BookLocker", *Write Nonfiction Now!*, janeiro 20, 2010, https://writenonfictionnow.com/good-news-for-pod-world-amazon-settles-antitrust-lawsuit-filed-by-booklocker.
41. Peter Sayer. "Amazon buys Audible for US$300 million", *Good Gear Guide*, fevereiro 1, 2018, https://www.goodgearguide.com.au/article/205192/amazon_buys_audible_us_300_million.
42. Cory Doctorow. "Random House Audio abandons audiobook DRM", *Boing Boing*, fevereiro 21, 2008, https://boingboing.net/2008/02/21/random-house--audio-a.html.
43. Cory Doctorow. "Google launches a DRM-free audiobook store: Finally, a writer and listener-friendly Audible alternative!", *Boing Boing*, julho 20, 2018, https://boingboing.net/2018/07/20/dont-restrict-me.html.
44. Stone, *The Everything Store*, 48.
45. Matt Stoller. "Could Google soon face... competition?" *BIG* (newsletter), novembro 26, 2020, https://mattstoller.substack.com/p/could-google-soon-face-competition.
46. Alexandra Alter. "Best sellers sell the best because they're best sellers", *New York Times*, setembro 19, 2020, https://www.nytimes.com/2020/09/19/books/penguin-random-house-madeline-mcintosh.html.
47. Alter, "Best sellers sell the best because they're best sellers".
48. Packer. "Cheap words".
49. Para saber mais sobre isso, consulte a monografia de 2020 de Cory. *How to Destroy Surveillance Capitalism*, da OneZero/Medium, disponível em https://onezero.medium.com/how-to-destroy-surveillance-capitalism-8135e6744d59.
50. Tim Wu. "What years of emails and texts reveal about your friendly tech companies", *New York Times*, agosto 4, 2020, https://www.nytimes.com/2020/08/04/opinion/amazon-facebook-congressional-hearings.html.
51. Tepper e Hearn. *The Myth of Capitalism*, 108–9.

52. IanHathaway."Platformgiantsandventure-backedstartups",outubro12,2018, http://www.ianhathaway.org/blog/2018/10/12/platform-giants-and-venture-backed-startups.

53. James Fallows. "The boiled-frog myth: Stop the lying now!", *The Atlantic*, setembro 16, 2006, https://www.theatlantic.com/technology/archive/2006/09/the-boiled-frog-myth-stop-the-lying-now/7446.

54. Se isso o deixa horrorizado ou fascinado, confira o texto de Andrea Matwyshyn. "The Internet of bodies", que analisa a maneira como a integridade e a funcionalidade dos corpos humanos dependem cada vez mais da Internet e de outras tecnologias digitais. Andrea M. Matwyshyn, "The Internet of bodies", *William & Mary Law Review* 61, no. 1 (2019), https://scholarship.law.wm.edu/wmlr/vol61/iss1/3.

CAPÍTULO 3: COMO AS NOTÍCIAS FICARAM RUINS

1. Adam Lashinsky. "Burning sensation", CNN, dezembro 12, 2005, https://money.cnn.com/magazines/fortune/fortune_archive/2005/12/12/8363113/index.htm.
2. Robert Seamans e Feng Zhu. "Responses to entry in multi-sided markets: The impact of Craigslist on local newspapers", *Management Science* 60, no. 2 (fevereiro 2014): 476–93, https://www.hbs.edu/faculty/Pages/item.aspx?num=45143.
3. Pew Research Center. "Newspapers Fact Sheet", julho 9, 2019, https://www.journalism.org/fact-sheet/newspapers.
4. Paris Marx. "Big Tech can't save journalism. Democratic socialism can", *Jacobin*, setembro 17, 2020, https://www.jacobinmag.com/2020/09/big-tech-journalism-democratic-socialism-decentralization.
5. Competition and Markets Authority, "Online platforms and digital advertising: Market study final report", julho 1, 2020, 20, https://assets.publishing.service.gov.uk/media/5efc57ed3a6f4023d242ed56/final_report_1_Julho_2020_.pdf.
6. Josh Marshall. "A serf on Google's farm", *Talking Points Memo*, setembro 1, 2017, https://talkingpointsmemo.com/edblog/a-serf-on-googles-farm.
7. Dina Srinivasan. "Why Google dominates advertising markets", *Stanford Technology Law Review* 21, no. 1 (2020): 55–175.
8. Scott Timberg, *Culture Crash: The Killing of the Creative Class* (New Haven, CT: Yale University Press, 2015), 171.
9. David Pidgeon. "Where did the money go? Guardian buys its own ad inventory", *Mediatel News*, outubro 4, 2016, https://mediatel.co.uk/news/2016/10/04/where-did-the-money-go-guardian-buys-its-own-ad-inventory.
10. Eli Pariser. *The Filter Bubble: What the Internet is Hiding from You* (Nova York: Penguin, 2011), 49.
11. Competition and Markets Authority, "Online platforms", 8.

12. Tim Hwang, *Subprime Attention Crisis: Advertising and the Time Bomb at the Heart of the Internet* (Nova York: Farrar, Straus and Giroux, 2020), 99.
13. Matt Stoller. "Spotify is mimicking Google's and Facebook's strategy: will it ruin podcasting?", *Promarket*, março 6, 2020, https://promarket.org/2020/03/06/spotify-is-mimicking-googles-and-facebooks-strategy-will-it-ruin-podcasting.
14. Pew Research Center, "Newspapers Fact Sheet".
15. Elizabeth Grieco. "U.S. newspapers have shed half of their newsroom employees since 2008", *Fact Tank*, Pew Research Center, abril 20, 2020, https://www.pewresearch.org/fact-tank/2020/04/20/u-s-newsroom-employment--has-dropped-by-a-quarter-since-2008.
16. Jaclyn Peiser. "The rise of the robot reporter", *New York Times*, fevereiro 5, 2019, https://www.nytimes.com/2019/02/05/business/media/artificial-intelligence-journalism-robots.html.
17. Archie Bland. "Rolling Stone seeks 'thought leaders' willing to pay $2,000 to write for them", *The Guardian*, janeiro 23, 2021, https://www.theguardian.com/media/2021/jan/23/rolling-stone-magazine-culture-council-publication.
18. Brandvoice, *Forbes*, https://www.forbes.com/connect/content-solutions/brandvoice.
19. Timberg. *Culture Crash*, 231.
20. James Meese. "Advertising, Algorithms, and Democratic Risk", manuscrito não publicado, 2020, 16.
21. Michael Hiltzkik. "Facebook's bogus video claims just cost it $40 million, but they caused much more damage", *Los Angeles Times*, outubro 10, 2019, https://www.latimes.com/business/story/2019-10-10/hiltzik-facebooks-bogus-video-claims-40-million.
22. Alex Heath. "Facebook says it can reach 25 million more people in the US than census data shows exist", *Business Insider Australia*, setembro 7, 2017, https://www.businessinsider.com.au/facebook-tells-advertisers-reaches-25-million-more-people-than-exist-us-census-data-2017-9.
23. Alan Hart e Keven Frisch. "Historic ad fraud at Uber with Kevin Frisch", *Marketing Today*, fevereiro 12, 2020, https://www.marketingtodaypodcast.com/194-historic-ad-fraud-at-uber-with-kevin-frisch.
24. Hart e Frisch. "Historic ad fraud".
25. Hwang, *Subprime Attention Crisis*, 84.
26. Augustine Fou. "When big brands stopped spending on digital ads, nothing happened. Why?", *Forbes*, janeiro 2, 2021, https://www.forbes.com/sites/augustinefou/2021/01/02/when-big-brands-stopped-spending-on-digital-ads--nothing-happened-why/?sh=a866d831166d.
27. Hwang, *Subprime Attention Crisis*, 120.
28. Fiona M. Scott Morton e David C. Dinielli. "Roadmap for a digital advertising Monopolization case against Google", *Omidyar Netwoerk*, maio 2020, https://omidyar.com/wp-content/uploads/2020/09/roadmap-for-a-Case-against-Google.pdf.

CAPÍTULO 4: POR QUE PRINCE MUDOU DE NOME

1. Jon Pareles. "A re-inventor of his world and himself", *New York Times*, novembro 17, 1996, https://www.nytimes.com/1996/11/17/arts/a-re-inventor-of-his-world-and-himself.html?searchresultPosition=42.
2. Courtney Love, "Courtney Love does the math", *Salon*, junho 14, 2000, http://www.salon.com/2000/06/14/love_7.
3. Cliff Jones e Gareth Iwan Jones. "How the record industry cares more about making money than music", *Financial Times*, dezembro 1, 2017, https://www.ft.com/content/4821c3a2-c92d-11e7-8536-d321d0d897a3.
4. Matt Villmer. "5 tips every artist must know before signing their first record deal", *Sonicbids* (blog), julho 3, 2015, https://blog.sonicbids.com/5-tips-every-artist-must-know-before-signing-their-first-record-deal.
5. Richard James Burgess. *The History of Music Production* (Nova York: Oxford University Press, 2014), 41.
6. Committee on Digital, Culture, Media and Sport, UK House of Commons, *Economics of Music Streaming*, Second Report of Session 2021–22 [Segundo Relatório da Sessão 2021-2022] (Londres, julho 15, 2021), 29, https://committees.parliament.uk/publications/6739/documents/72525/default.
7. Jason B. Bazinet et al., *Putting the Band Back Together: Remastering the World of Music*, Citi Global Perspectives & Solutions, 2018, 3, https://ir.citi.com/nhxm hw7xb0tkwiqooG0nuPDM3pvGJpvzXMw7n%2BZg4afffX%2BeFqDYNfND%2B0huxxXa.
8. Chuck Philips. "Auditors put new spin on revolt over royalties", *Los Angeles Times*, fevereiro 26, 2002, https://www.latimes.com/archives/la-xpm-2002-feb-26-mn-29955-story.html.
9. Justin Pritchard. "Striking a chord with Congress", *Los Angeles Times*, agosto 19, 1998, https://www.latimes.com/archives/la-xpm-1998-aug-19-fi-14460-story.html.
10. Tecnicamente,era um centavo por disco, mas pagável apenas sobre 85% das vendas; o restante era tratado como "promoções" ou "*breakage*", pelos quais os royalties nunca seriam pagos. David Kronemyer. "Deconstructing pop culture: The Beatles' contract history with Capitol Records", *Musewire*, maio 15, 2009, https:// musewire.com/deconstructing-pop-culture-the-beatles-contract-history-with-capitol-records.
11. House of Commons, *Economics of Music Streaming*, 28.
12. Josh Kun, post no Twitter, junho 3, 2020, 12:00 a.m., https://twitter.com/JDkun/status/1267818430956101632?s=20.
13. House of Commons, *Economics of Music Streaming*, 29.
14. House of Commons, *Economics of Music Streaming*, 61.
15. House of Commons, *Economics of Music Streaming*, 63.
16. Entrevista com Jake Beaumont-Nesbitt, 2020.
17. Kembrew McLeod e Peter DiCola. *Creative License: The Law and Culture of Digital Sampling* (Durham, NC: Duke University Press, 2011), 1.

18. Nos EUA, ver Bridgeport Music, Inc. v. Dimension films, 383 F.3d 390 (9th Cir. 2004), embora c.f. Newton v. Diamond, 388 F.3d. 1190 (9th Cir. 2004).
19. McLeod e DiCola, *Creative License*, 158.
20. McLeod e DiCola, *Creative License*, 150.
21. McLeod e DiCola, *Creative License*, 162.
22. McLeod e DiCola, *Creative License*, 27.
23. McLeod e DiCola, *Creative License*, 159–60.
24. McLeod e DiCola, *Creative License*, 159.
25. McLeod e DiCola, *Creative License*, 163.
26. McLeod e DiCola, *Creative License*, 164.
27. Brief of 212 songwriters, composers, musicians, and producers as *amici curiae* in support of appellants [Declaração de 212 letristas, compositores, músicos e produtores como *amici curiae* em apoio aos recorrentes] Williams v. Gaye, no. 15–56880 (9th Cir. 2018), https://www.scribd.com/document/322595201/Brief-of-amici-Curiae-212-songwriters-Composers-Musicians-and-Produce.
28. Ted Gioia, "Is old music killing new music?", *The Atlantic*, janeiro 23, 2022, https://www.theatlantic.com/ideas/archive/2022/01/old-music-killing-new-music/621339.

CAPÍTULO 5: POR QUE O STREAMING NÃO COMPENSA

1. Stuart Dredge. "Artist Zoë Keating reveals latest Spotify per-stream payouts", *Music Ally*, novembro 22, 2019, https://musically.com/2019/11/22/artist-zoe-keating-reveals-latest-spotify-per-stream-payouts.
2. Liz Pelly, entrevista com Herndon e Mat Dryhurst, *Interdependence*, podcast de áudio, abril 12, 2021, https://interdependence.simplecast.com/episodes/interdependence-5-liz-pellynonpatrons-zv055d_C.
3. Roneil Rumberg, Forrest Browning e Clayton Blaha, entrevista com Holly Herndon e Mat Dryhurst, "Artist led pricing, scene ownership and defecting from Spotify with Audius", *Interdependence*, podcast de áudio, fevereiro 12, 2021, https://open.spotify.com/episode/108mGczQPrD8Za0otiDmZX?si=--4auvnL6rhsiXmio2xiftg&utm_source=native-share-menu.
4. Tim Ingham. "Spotify dreams of artists making a living. It probably won't come true", *Rolling Stone*, agosto 3, 2020, https://www.rollingstone.com/pro/features/spotify-million-artists-royalties-1038408.
5. Katia Moskvitch. "YouTube music is great for record labels, but bad for music lovers", *Wired UK*, maio 23, 2018, https://www.wired.co.uk/article/youtube-music-premium-originals.
6. David Turner, "The false promise of user-centric streaming", *Penny Fractions* (newsletter), outubro 2, 2019, https://www.getrevue.co/profile/pennyfractions/issues/penny-fractions-the-false-promise-of-user-centric-streaming-201362.
7. Committee on Digital, Culture, Media and Sport, UK House of Commons, *Economics of Music Streaming,* Second Report of Session 2021–22 [Segundo

Relatório da Sessão 2021-2022] (Londres, julho 15, 2021), 61, https://committees.parliament.uk/publications/6739/documents/72525/default.

8. House of Commons, *Economics of Music Streaming*, 5.
9. Victor Luckerson, "Is Spotify's model wiping out music's middle class?", *The Ringer*, janeiro 16, 2019, https://www.theringer.com/tech/2019/1/16/18184314/spotify-music-streaming-service-royalty-payout-model.
10. Simone, "User-Centric Payment System (UCPs)", Deezer Support, 2019, https://support.deezer.com/hc/en-gb/articles/360002471277-user-Centric-Payment-system-uCPs.
11. Turner, "The false promise of user-centric streaming".
12. Turner, "The false promise of user-centric streaming".
13. MusicLinkup, "How the MMA could shift music's wealth from labels to publishers—and impact companies that own both", *MusicLinkUp DailyInsight (Global)*, novembro 5, 2018, https://www.musiclinkup.com/pulse/15689/how-the-mma-could-shift-music%27s-wealth-from-labels-to-publishers——and-impact-companies-that-own-both.
14. Nate Rau, "Nashville's musical middle class collapses", *Tennessean*, janeiro 4, 2015, https://www.tennessean.com/story/entertainment/music/2015/01/04/nashville-musical-middle-class-collapses-new-dylans/21236245.
15. Amanda Harcourt e Steve Gordon, "International digital music licensing", em *The Future of the Music Business: How to Succeed with New Digital Technologies*, 4th ed. Steve Gordon (ed.) (MusicPro Guides, 2015), capítulo 8.
16. *Music Licensing Under Title 17, Part Two* [Parte 2], depoimento perante o Subcomitê de Tribunais, Propriedade Intelectual e Internet, Comitê Judiciário da Câmara (Junho 25, 2014) (depoimento de Darius van Arman, cofundador, Secretly Group), 5–6.
17. Nick Messitte. "Inside the black box: A deep dive into music's monetization mystery", *Forbes*, abril 15, 2015, https://www.forbes.com/sites/nickmessitte/2015/04/15/inside-the-black-box-a-deep-dive-into-musics-monetization-mystery/#18eaf6185d4a.
18. Messitte, "Inside the black box".
19. Depoimento de Van Arman, *Music Licensing*, 4.
20. Depoimento de Van Arman, *Music Licensing*, 5.
21. Worldwide Independent Network, "Fair Digital Deals Declaration Pledge", https://web.archive.org/web/20200926112858/https://winformusic.org/fair-digital-deals/fair-digital-deals-pledge.
22. Tim Ingham, "Warner pays artists share of Spotify advances... and has for 6 years", *Music Business Worldwide*, maio 29, 2015, https://www.musicbusinessworldwide.com/warner-pays-artists-a-share-of-spotify-advances-and-has-for-6-years.
23. Rethink Music, "Fair music: Transparency and payment flows in the music industry", Berklee Institute for Creative Entrepreneurship, 16, https://static1.squarespace.com/static/552c0535e4b0afcbed88dc53/t/55d0da1ae4b06bd4bea8c86c/1439750682446/rethink_music_fairness_transparency_final.pd.

24. Charles Caldas, "Merlin CEO Charles Caldas on a two-tier statutory rate", *Billboard*, outubro 20, 2015, http://www.billboard.com/articles/news/6746030/charles-caldas-op-ed-merlin.
25. Zack O'Malley Greenburg, "Revenge of the record labels: How the majors renewed their grip on music", *Forbes*, maio 4, 2015, https://www.forbes.com/sites/zackomalleygreenburg/2015/04/15/revenge-of-the-record-labels-how-the-majors-renewed-their-grip-on-music.
26. Andrew Ross Sorkin e Jeff Leeds, "Music companies grab a share of the YouTube sale", *New York Times*, outubro 19, 2006, https://www.nytimes.com/ 2006/10/19/technology/19net.html.
27. Rethink Music, "Fair Music", 15.
28. *Variety* Staff, "Merlin sells all of its Spotify shares for an estimated $125 million-plus", *Variety*, maio 14, 2018, https://variety.com/2018/biz/news/ merlin--sells-all- of-its-spotify-shares-for-an-estimated-125-million- plus-1202810275.
29. Tim Ingham, "Here's exactly how many shares the major labels and Merlin bought in Spotify—and what those stakes are worth now", *Music Business Worldwide*, maio 14, 2018, https://www.musicbusinessworldwide.com/heres-exactly-how-many-shares-the-major-labels-and-merlin-bought-in-spotify--and-what-we-think-those- stakes-are-worth-now.
30. *Variety* Staff, "Sony has sold half of its Spotify shares", *Variety*, maio 1, 2018, https://variety.com/2018/biz/news/sony-has-sold-half-of-its-spotify-shares-1202794230.
31. Messitte, "Inside the black box".
32. Robert Levine, "UMG's deal with Spotify: How Lucian Grainge and Daniel Ek (finally) got it done", *Billboard*, abril 6, 2017, http://www.billboard.com/articles/business/7752318/universal-spotify-deal-streaming-daniel-ek-lucian-grainge.
33. Ben Sisario, "Licensing accord eases Spotify's path to going public", *New York Times*, abril 4, 2017, https://www.nytimes.com/2017/04/04/business/media/spotify-universal-music-group-licensing.html.
34. Tim Ingham, "Universal: We WILL share Spotify money with artists when we sell our stock in streaming platform", *Music Business Worldwide*, março 5, 2018, https://www.musicbusinessworldwide.com/universal-we-will-share--spotify-money-with-artists-when-we-sell-our-stock-in-streaming-platform.
35. Tim Ingham, "Why spend $4.1BN on A&R? Because new artists are accelerating streaming's growth", *Music Business Worldwide*, junho 6, 2019, https://www.musicbusinessworldwide.com/why-spend-4-1bn-on-ar-new-artists-are-accelerating-streamings-growth.
36. "The Universal Music Group/EMI Merger and the Future of Online Music", testimony before the Subcommittee on Antitrust, Competition Policy, and Consumer Rights [Depoimento perante o Subcomitê de Antitruste, Política de Concorrência e Direitos do Consumidor], U.S. Senate Judiciary Committee, junho 21, 2012 (Declaração de Gigi B. Sohn, Presidente, Public Knowledge), 2.
37. Statista, "Digital and physical revenue market share of the largest record companies worldwide from 2012 to 2018", maio 2019, https://www.statista.com/

statistics/422926/record-companies-market-share-worldwide-physical-digital-revenues (acesso em abril 22, 2021); Worldwide Independent Network, *Wintel Worldwide Independent Market Report 2018*, 2018, 8, https://winformusic.org/mp-files/wintel-2018.pdf.

38. Merlin Network, *Merlin Impact Report 2018*, 2018, 6, https://merlinnetwork.org/merlin-10th-anniversary-impact-report-to-celebrate-global-success-of-its-independent-members.
39. Merlin Network, "Representing the rights of independent record labels worldwide", junho 18, 2019, https://web.archive.org/web/20190625143620/https://merlinnetwork.org/news/post/merlin-reveals-record-revenue-distributions-in-new-2019-membership-report.
40. Worldwide Independent Network, *WINTEL Worldwide Independent Market Report 2018*, 8.

CAPÍTULO 6: POR QUE O SPOTIFY QUER QUE VOCÊ DEPENDA DAS PLAYLISTS

1. IFPI, *Global Music Report 2021*, 2021, 13, https://gmr2021.ifpi.org/assets/GMR2021_state%20of%20the%20industry.pdf.
2. Dorian Lynskey, "The 'Big Three' record labels are about to make a lot of noise", *GQ*, novembro 17, 2018, https://www.gq-magazine.co.uk/article/major-record-labels.
3. Alexandra Bruell, "Spotify has big ambitions for ad business", *Wall Street Journal*, agosto 17, 2017, https://www.wsj.com/articles/spotify-has-big-ambitions-for-ad-business-1502964001.
4. Liz Pelly, "Big mood machine", *The Baffler*, junho 10, 2019, https://thebaffler.com/downstream/big-mood-machine-pelly.
5. Committee on Digital, Culture, Media and Sport, UK House of Commons, *Economics of Music Streaming,* Second Report of Session 2021–22 [Segundo Relatório da Sessão 2021-2022] (Londres, julho 15, 2021), 22, https://committees.parliament.uk/publications/6739/documents/72525/default.
6. David Turner, "User-centric streaming and other radical streaming proposals", *Penny Fractions* (newsletter), fevereiro 20, 2019, https://www.getrevue.co/profile/pennyfractions/issues/penny-fractions-user-centric-streaming-and-other-radical-streaming-proposals-160441.
7. Liz Pelly, "Discover Weakly", *The Baffler*, junho 4, 2018, https://thebaffler.com/latest/discover-weakly-pelly.
8. Dan Kopf, "Is Spotify killing the Top 40?", *Quartz*, setembro 5, 2020, https://qz.com/1899097/is-spotify-killing-the-top-40.
9. Pelly, "Discover Weakly".
10. David Turner, "Do playlists dream of fake artists?" *Penny Fractions* (newsletter), julho 25, 2018, https://www.getrevue.co/profile/pennyfractions/issues/penny-fractions-issue-38-do-playlists-dream-of-fake-artists-124631.
11. Tim Ingham, "'Fake artists' have billions of streams on Spotify. Is Sony now playing the service at its own game?", *Rolling Stone*, maio 15, 2019, https://www.rollingstone.com/pro/features/fake-artists-have-billions-

of-streams-on-spotify-is-sony-now-playing-the-service-at-its-own-game-834746.

12. Roy Trakin e Jem Aswad, "Spotify denies creating 'fake artists,' although multiple sources claim the practice is real", *Variety*, julho 11, 2017, https://variety.com/2017/biz/news/spotify-denies-creating-fake-artists-although-multiple-sources-claim-the-practice-is-real-1202492307.
13. Alex Hern, "Spotify to let artists promote music for cut in royalty rates", *The Guardian*, novembro 4, 2020, https://www.theguardian.com/technology/2020/nov/03/spotify-artists-promote-music-exchange-cut-royalty-rates-payola-algorithm.
14. Tim Ingham, "Streaming platforms are keeping more money from artists than ever (and paying them more, too)", *Rolling Stone*, abril 9, 2019, https://www.rollingstone.com/music/music-features/streaming-platforms-keeping-more-money-from-artists-than-ever-817925.
15. Goldman Sachs, "The music in the air", 2017, https://www.goldmansachs.com/insights/pages/infographics/music-streaming.
16. David George e Alex Immerman, "Moats before (gross) margins", Andreessen Horowitz, maio 28, 2020, https://a16z.com/2020/05/28/moats-before-gross-margins.
17. Statista, "Share of music streaming subscribers worldwide in 2019, by company", abril 2020, https://www.statista.com/statistics/653926/music-streaming-service-subscriber-share.
18. Amanda Harcourt e Steve Gordon, "International digital music licensing", em *The Future of the Music Business: How to Succeed with New Digital Technologies*, 4th ed., Steve Gordon (ed.) (MusicPro Guides, 2015), capítulo 8.
19. Paul Sloan, "The future of music, according to Spotify's Daniel Ek", CNET, abril 9, 2013, https://www.cnet.com/news/the-future-of-music-according-to-spotifys-daniel-ek.
20. Daniel Ek, "Tencent and Spotify buy minority stakes in each other", *Financial Times*, dezembro 9, 2017, https://www.ft.com/content/07ccf3e0-dc28-11e7-a039-c64b1c09b482.
21. House of Commons, *Economics of Music Streaming*, 69.
22. Evan Minsker, "Amazon music adding podcasts, walk back condition that podcasters don't disparage Amazon", *Pitchfork*, agosto 11, 2020, https://pitchfork.com/news/amazon-music-adding-podcasts-on-the-condition-that-podcasters-dont-disparage-amazon.
23. Aram Sinnreich, "Why I quit Spotify after 13 years (and why it feels like a personal failure)", *Medium*, janeiro 27, 2022, https://medium.com/@aram_87067/why-i-quit-spotify-after-13-years-and-why-it-feels-like-a-personal-failure-9b73bacd3695.
24. Liz Pelly, "Podcast overlords", *The Baffler*, novembro 10, 2020, https://thebaffler.com/downstream/podcast-overlords-pelly.

CAPÍTULO 7: O QUE OS EUA TÊM EM COMUM COM RUANDA, IRÃ E COREIA DO NORTE

1. Statista, "Radio station advertising revenues in the United States from 2006 to 2019, by source", junho 2020, https://www.statista.com/statistics/253185/radio-station-revenues-in-the-us-by-source.
2. Isso ocorre graças à seção 17 do código dos Estados Unidos (USC), parágrafo § 114(d)(1)(A), que isenta a transmissão sem assinatura da obrigatoriedade de obter uma licença para transmitir gravações de som. Harcourt e Gordon, "International digital music licensing".
3. Stan J. Liebowitz, "The elusive symbiosis: The impact of radio on the record industry", *Social Science Research Network*, março 2004, http://www.ssrn.com/abstract=520022.
4. National Association of Broadcasters, "A performance tax threatens local jobs", *National Association of Broadcasters*, https://www.nab.org/advocacy/issue.asp?id=1889&issueid=1002.
5. Richard James Burgess, *The History of Music Production* (Oxford University Press, 2014), 157–58.
6. Debbie Weingarten, "America's rural radio stations are vanishing — and taking the country's soul with them", *The Guardian*, junho 6, 2019, https://www.theguardian.com/tv-and-radio/2019/jun/06/radio-silence-how-the-disappearance-of-rural-stations-takes-americas-soul-with-them.
7. Peter DiCola, "False premises, false promises: A quantitative history of ownership consolidation in the radio industry", *Future of Music Coalition*, dezembro 2006, 5, 13, http://futureofmusic.org/article/research/false-premises-false-promises.
8. Weingarten, "America's rural radio stations".
9. Entrevista com Richard Burgess, 2020.
10. Paul Krugman, "Channels of influence", *New York Times*, março 25, 2003, https://www.nytimes.com/2003/03/25/opinion/channels-of-influence.html.
11. Duncan Stewart, "Radio: Revenue, reach, and resilience", *Deloitte*, dezembro 11, 2018, https://www2.deloitte.com/us/en/insights/industry/technology/technology-media-and-telecom-predictions/radio-revenue.html.
12. Todd Spangler, "iHeartMedia stock drops in NASDAQ debut", *Variety*, julho 18, 2019, https://variety.com/2019/music/news/iheartmedia-stock-drops-nasdaq-debut-1203271620.
13. Eileen Appelbaum e Rosemary L. Batt, *Private Equity at Work: When Wall Street Manages Main Street* (Nova York: Russell Sage Foundation, 2014), 2.
14. Appelbaum e Batt, *Private Equity at Work*, 3.
15. United for Respect, "Pirate equity: How Wall Street firms are pillaging American retail", https://united4respect.org/pirateequity.
16. Ludovic Phalippou, "An inconvenient fact: Private equity returns & the billionaire factory", documento de trabalho, junho 10, 2020, *Social Sciences Research Network*, https://ssrn.com/abstract=3623820.

17. Joe Rennison, "Private equity owners pile on leverage to pay themselves dividends", *Financial Times*, setembro 17, 2020, https://www.ft.com/content/a9ff463b-01d7-4892-82dc-2dbb74941a16.
18. Matthew S. Delnero, "Long overdue? An exploration of the status and merit of a general public performance right in sound recordings", *Vanderbilt Journal of Entertainment Law & Practice* 6 (2004): 181.
19. Future of Music Coalition, "Public performance right for sound recordings", março 5, 2018, http://www.futureofmusic.org/article/fact-sheet/public-performance-right-sound-recordings.
20. Nick Messitte, "Inside the black box: A deep dive into music's monetization mystery", *Forbes*, abril 15, 2015, https://www.forbes.com/sites/nickmessitte/2015/04/15/inside-the-black-box-a-deep-dive-into-musics-monetization-mystery.
21. David Dayen, *Monopolized! Life in the Age of Corporate Power* (Nova York: New Press, 2020), capítulo 3, e-book.
22. Essa citação é normalmente atribuída a John Steinbeck, mas, na verdade, é de Ronald Wright em *A Short History of Progress* (Nova York: House of Anansi Press, 2004), parafraseando os comentários de Steinbeck na revista *Esquire* (1960), posteriormente republicados em *America & Americans* (1966). Veja o relato da atribuição incorreta em WikiQuote (https://en.wikiquote.org/wiki/John_steinbeck#Disputed).

CAPÍTULO 8: LIVE NATION E A TRANSFORMAÇÃO DA MÚSICA AO VIVO EM FRIGORÍFICO DE FRANGO

1. Zephyr Teachout, *Break'em Up: Recovering Our Freedom from Big Ag, Big Tech, and Big Money* (Nova York: All Points Books, 2020), 19–20.
2. Live Nation Entertainment, *Annual Report for the Fiscal Year Ended December 31, 2019*, US Securities and Exchange Commission, https://investors.livenationentertainment.com/sec-filings/annual-reports/content/0001335258-20-000028/0001335258-20-000028.pdf.
3. Tim Ingham, "Live Nation companies now manage over 500 artists worldwide", *Music Business Worldwide*, fevereiro 27, 2017, https://www.musicbusinessworldwide.com/live-nation-companies-now-manage-500-artists-worldwide.
4. Consulte os relatórios 10-K que abrangem os anos fiscais de 2012 a 2019: Live Nation Entertainment, "Annual Reports", https://investors.livenationentertainment.com/sec-filings/annual-reports.
5. Plaintiff United States' Memorandum in Support of Motion to Modify Final Judgment [Memorando do Requerente dos Estados Unidos em apoio à Moção para Modificar a Sentença Final], *United States et al. v. Ticketmaster, Inc.*, and Live Nation Entertainment, Inc., 1:10-cv-00139-RMC (DDC janeiro 25, 2010), em 8, 9.
6. *United States et al. v. Ticketmaster*, em 6.

7. US Government Accountability Office, "Event ticket sales: Market characteristics and consumer protection issues", GAO-18–347, abril 12, 2018, em 6, 30, https://www.gao.gov/products/gao-18-347.
8. Dave Brooks, "How Live Nation reached a settlement with the DOJ in the Consent Decree investigation", *Billboard*, outubro 1, 2020, https://www.billboard.com/articles/business/8547798/live-nation-doj-settlement-avoid-contempt-charges.
9. Entrevista com especialista em música ao vivo, 2020.
10. Jennifer M. Oliver, "DOJ: Event powerhouse Live Nation punished concert venues for using competing ticketers despite bar", *National Law Review*, março 19, 2020, https://www.natlawreview.com/article/doj-event-powerhouse-live-nation-punished-concert-venues-using-competing-ticketers.
11. Uri Gneezy e Aldo Rustichini, "A fine is a price", *Journal of Legal Studies* 29 (janeiro 2000), https://rady.ucsd.edu/faculty/directory/gneezy/pub/docs/fine.pdf.
12. Dave Seglins et al., "'A public relations nightmare': Ticketmaster recruits pros for secret scalper program", *CBC News*, setembro 19, 2018, https://www.cbc.ca/news/business/ticketmaster-resellers-las-vegas-1.4828535.
13. Seglins et al., "A public relations nightmare".
14. Dave Seglins et al., "'I'm getting ripped off': A look inside Ticketmaster's price-hiking bag of tricks", *CBC News*, setembro 18, 2018, https://www.cbc.ca/news/business/ticketmaster-prices-scalpers-bruno-mars-1.4826914.
15. Jared Smith, "Setting the record straight on TradeDesk and Ticketmaster resale", *Ticketmaster* (blog), setembro 24, 2018, https://blog.ticketmaster.com/jared-smith-statement-tradedesk-resale.
16. Entrevista com especialista em música ao vivo, 2020.
17. Christine Jurzenski e Avenir Capital, "Live Nation stock can more than double in 3 years, analyst says", *Barron's Advisor*, abril 8, 2020, https://www.barrons.com/articles/live-nation-stock-can-more-than-double-in-three-years-analyst-51586380765.
18. Alex Weprin, "Saudi Arabia purchases $500 million stake in Live Nation", *Billboard*, abril 27, 2020, https://www.billboard.com/articles/business/9366439/saudi-arabia-500-million-stake-live-nation-ticketmaster.
19. Martin Gilens e Benjamin I. Page, "Testing theories of American politics: Elites, interest groups, and average citizens", *Perspectives on Politics* 12, no. 3 (2014).
20. Daniel Kreps, "Jimmy Carter: U.S. is an 'oligarchy with unlimited political bribery,'" *Rolling Stone*, julho 31, 2015, https://www.rollingstone.com/politics/politics-news/jimmy-carter-u-s-is-an-oligarchy-with-unlimited-political-bribery-63262.
21. Entrevista com especialista em música ao vivo, 2020.

CAPÍTULO 9: POR QUE SETE MIL ROTEIRISTAS DE HOLLYWOOD DEMITIRAM SEUS AGENTES

1. Cynthia Littleton e Matt Donnelly, "WGA sues talent agencies in battle against packaging fees", *Variety*, abril 17, 2019, https://variety.com/2019/biz/news/WGA-sues-talent-agencies-1203191199.
2. Krista Vernoff, "'Grey's Anatomy' boss: Why I left my agent, despite the sales pitch (Guest Column)", *Hollywood Reporter*, abril 14, 2019, https://www.hollywoodreporter.com/news/krista-vernoff-why-i-left-my-agent-sales-pitch-guest-column-1201920.
3. Correspondência entre os autores e David Goodman, 2021.
4. Writers Guild of America West, "'No conflict, no interest': How the major Hollywood talent agencies put their interests ahead of their clients' interests", *The Wrap*, março 12, 2019, https://www.thewrap.com/wp-content/uploads/2019/03/no-Conflict-no-interest.pdf.
5. Gavin Polone, "Why everyone in Hollywood is paying more for a manager",-*Vulture*, julho 11, 2012, https://www.vulture.com/2012/07/polone-why-everyone-pays-more-for-a-manager.html.
6. Polone, "Why everyone in Hollywood is paying more for a manager".
7. Writers Guild of America, *Annual Financial Report*, junho 29, 2019, https://www.WGA.org/uploadedfiles/the-guild/annual-report/annualreport19.pdf; John Koblin, "Peak TV hits a new peak, with 532 scripted shows", *New York Times*, janeiro 9, 2020, https://www.nytimes.com/2020/01/09/business/media/tv-shows-2020.html.
8. Kyle Paoletta, "Why it's harder than ever to make it in Hollywood", *New Republic*, julho 16, 2020, https://newrepublic.com/article/158491/its-harder-ever-make-hollywood.
9. Paoletta, "Why it's harder than ever to make it in Hollywood".
10. Vernoff, "'Grey's Anatomy' boss".
11. Entrevista com David Slack, 2020.
12. Amended Final Award [Adjudicação Final Alterada], *Twentieth Century Fox Film Corporation et al. v. Wark Entertainment, Inc.*, JAMs Arbitration Case References no. 1220052735, "Bones", fevereiro 20, 2019, https://www.documentcloud.org/documents/5753328-Bones-arbitration.html.
13. Stephen Battaglio e Wendy Lee, "The end of the backend? Disney wants to limit profit participation on its new TV shows", *Los Angeles Times*, setembro 12, 2019, https://www.latimes.com/entertainment-arts/business/story/2019–09–12/disney-tv-shows-backend-profit-participation-changes.
14. Scott Timberg, *Culture Crash: The Killing of the Creative Class* (New Haven, CT: Yale University Press, 2015), 246.
15. Nellie Andreeva, "Disney TV studios eyes new profit participation model as industry continues to pull away from traditional backend deals", *Deadline*, julho 8, 2019, https://deadline.com/2019/07/hollywood-profit-participation-tv-deals-changes-disney-streaming-services-1202641423.

CAPÍTULO 10: POR QUE O FORTNITE PROCESSOU A APPLE

1. Claire Cain Miller e Miguel Helft, "Apple moves to tighten control of App Store", *New York Times*, fevereiro 1, 2011, https://www.nytimes.com/2011/02/01/technology/01apple.html.
2. Chris Cooke, "Spotify and Netflix both make moves to reduce payments to Apple", *Complete Music Update*, agosto 23, 2018, https://completemusicupdate.com/article/spotify-and-netflix-both-make-moves-to-reduce-payments-to-apple.
3. Apple Developer, App Store Review Guidelines, https://developer.apple.com/app-store/review/guidelines, accessed Junho 7, 2021.
4. David B. Nieborg e Thomas Poell, "The platformization of cultural production: Theorizing the contingent cultural commodity", *New Media & Society* 20, no. 11 (2018): 4286, https://doi.org/10.1177/1461444818769694.
5. Sensor Tower, "Top Charts: iPhone—US—All Categories", abril 8, 2021, https://sensortower.com/ios/rankings/top/iphone/us/all-categories?date=2021-04-08.
6. Stephanie Chan, "Global consumer spending in mobile apps reached a record $111 billion in 2020, up 30% from 2019", *Sensor Tower Blog*, janeiro 4, 2021, https://sensortower.com/blog/app-revenue-and-downloads-2020.
7. Tripp Mickle, "Apple dominates App Store search results, thwarting competitors", *Wall Street Journal*, julho 23, 2019, https://www.wsj.com/articles/apple--dominates-app-store-search-results-thwarting-competitors-11563897221.
8. Stuart Dredge, "Apple and Google shift to 15% app-subscriptions rev-share", *Music Ally*, junho 9, 2016, https://musically.com/2016/06/09/apple-and-google-shift-to-15-app-subscriptions-rev-share.
9. Sarah Perez, "Netflix stops paying the 'Apple Tax' on its $853M in annual iOS revenue", *Tech Crunch*, janeiro 1, 2019, https://techcrunch.com/2018/12/31/netflix-stops-paying-the-apple-tax-on-its-853m-in-annual-ios-revenue.
10. Dieter Bohn, "Why Amazon got out of the Apple App Store tax, and why other developers won't", *The Verge*, abril 3, 2020, https://www.theverge.com/2020/4/3/21206400/apple-tax-amazon-tv-prime-30-percent-developers.
11. David Curry, "App Revenue Data (2021)", Business of Apps, abril 1, 2021, https://www.businessofapps.com/data/app-revenues.
12. Nick Statt, "Epic gives in to Google and releases Fortnite on the Play Store", *The Verge*, abril 21, 2020, https://www.theverge.com/2020/4/21/21229943/epic-games-fortnite-google-play-store-available-third-party-software.
13. Order Granting in Part and Denying in Part Motion for Preliminary Injunction [Despacho concedendo em parte e negando em parte o pedido de liminar], Epic Games, Inc. v. Apple, Inc., 4:20-cv-05640-YGR, Dkt. no. 61 (N.D. Cal. outubro 9, 2020), https://cdn.vox-cdn.com/uploads/chorus_asset/file/21949772/gov.uscourts.cand.364265.118.0.pdf.
14. Epic Games v. Apple.
15. Epic Games v. Apple.
16. John Gruber, "Kara Swisher: 'Is it finally hammer time for Apple and its App Store?'" *Daring Fireball*, junho 19, 2020, https://daringfireball.net/linked/2020/06/19/swisher-app-store-hey; Kara Swisher, "Is it finally hammer

time for Apple and its App Store?'", *New York Times*, junho 19, 2020, https://www.nytimes.com/2020/06/19/opinion/apple-app-store-hey.html; Ben Thompson, "Hey v. Apple Follow-up, Shopify and Walmart, Three Followups", *Stratechery*, junho 18, 2020, https://stratechery.com/2020/hey-v-apple-follow-up-shopify-and-walmart-three-follow-ups.

17. Nick Statt, "Apple will reduce App Store cut to 15 percent for most developers starting January 1st", *The Verge*, novembro 18, 2020, https://www.theverge.com/2020/11/18/21572302/apple-app-store-small-business-program-commissio- cut-15-percent-reduction.
18. Subcommittee on Antitrust, Commercial and Administrative Law of the Committee on the Judiciary, US House of Representatives [Subcomitê de Direito Antitruste, Comercial e Administrativo do Comitê do Poder Judiciário, Câmara dos Deputados dos EUA], "Investigation of Competition in Digital Markets", 2020, em 17, https://judiciary.house.gov/uploadedfiles/competition_in_digital_markets.pdf?utm_campaign=4493–519.
19. Dan Goodin, "Developer of Checkm8 explains why iDevice Jailbreak exploit is a game changer", *Ars Technica*, setembro 9, 2019, https://arstechnica.com/information-technology/2019/09/developer-of-checkm8-explains-why-idevice-jailbreak-exploit-is-a-game-changer.
20. Cory Doctorow, "Why I won't buy an iPad (and think you shouldn't, either)", *Boing Boing*, abril 2, 2010, https://boingboing.net/2010/04/02/why-i-wont-buy-an-ipad-and-thi.html.
21. Tim Bradshaw, "Apple drops hundreds of VPN apps at Beijing's request", *Financial Times*, novembro 21, 2017, https://www.ft.com/content/ad42e536-cf36-11e7-b781-794ce08b24dc.
22. Rita Liao, "Apple removes two RSS feed readers from China App Store", *TechCrunch*, setembro 30, 2020, https://techcrunch.com/2020/09/30/apple-removes-two-rss-feed-readers-from-china-app-store.
23. Bruce Schneier, "Feudal Security", *Schneier on Security* (blog), dezembro 3, 2012, https://www.schneier.com/blog/archives/2012/12/feudal_sec.html.

CAPÍTULO 11: YOUTUBE: INCORPORANDO GARGALOS ANTICOMPETITIVOS

1. Ver, por exemplo, "Children turn backs on traditional careers in favour of internet fame, study finds", *The Sun*, maio 22, 2017, https://www.thesun.co.uk/news/3617062/children-turn-backs-on-traditional-careers-in-favour-of-internet-fame-study-finds.
2. Jean Burgess e Joshua Green, *YouTube: Online Video and Participatory Culture*, 2nd. ed. (Londres: Polity, 2018), 2.
3. Burgess e Green, *YouTube*, 74.
4. Jefferson Graham, "Video websites pop up, invite postings", *USA Today*, novembro 21, 2005, https://usatoday30.usatoday.com/tech/news/techinnovations/2005-11-21-video-websites_x.htm.
5. Steven Levy, *In the Plex: How Google Thinks, Works, and Shapes Our Lives* (Nova York: Simon & Schuster, 2011), 247.

6. Levy, *In the Plex*, 248.
7. 17 USC § 512; "Directive on Electronic Commerce" [Diretriz sobre comércio eletrônico], 2000/31/eC, Official Journal L178, European Parliament and the Council of the European Union, junho 8, 2020, artigos 12–14, https://eur-lex.europa.eu/legal-content/en/TXT/hTML/?uri=CeLeX:32000L0031&from=en.
8. Levy, *In the Plex*, 245.
9. Levy, *In the Plex*, 242.
10. Levy, *In the Plex*, 253.
11. Steve Chen, "The state of our video ID tools", *The Official Google Blog*, junho 14, 2007, https://web.archive.org/web/20070616154903/https://googleblog.blogspot.com/2007/06/state-of-our-video-id-tools.html.
12. *New York Times* Staff, "YouTube sets tests of video blocking", *New York Times*, junho 12, 2007, https://www.nytimes.com/2007/06/12/technology/12google.html.
13. Zahavah Levine, "Broadcast yourself", *Google Public Policy Blog*, março 18, 2010, https://publicpolicy.googleblog.com/2010/03/broadcast-yourself.html.
14. Sam Gustin, "YouTube founders knew illegal content was driving explosive growth", *AOL*, março 21, 2010, https://www.aol.com/2010/03/21/youtube--founders-knew-illegal-content-was-driving-explosive-grow; David Kravets, "Accusations fly in Viacom, YouTube copyright fight", *Wired*, março 18, 2018, https://www.wired.com/2010/03/viacom-youtube.
15. Viacom International, Inc. v. YouTube, Inc., no. 07 Civ. 2103 (S.D.S.Y. junho 23, 2010), em 16, https://www.docketalarm.com/cases/new_York_southern_District_Court/1-07-cv-02103/viacom_international_inc._et_al_v._Youtube_inc._et_al/364.
16. Jonathan Stempel, "Google, Viacom settle landmark YouTube lawsuit", *Reuters*, março 18, 2014, https://www.reuters.com/article/us-google-viacom-lawsuit-idusBrea2h11220140318.
17. Erick Schonfeld, "Google spent $100 million defending against Viacom's $1 billion lawsuit", *TechCrunch*, julho 16, 2020, https://techcrunch.com/2010/07/15/google-viacom-100-million-lawsuit.
18. Levy, *In the Plex*, 255.
19. Leena Rao, "YouTube CEO says there's 'no timetable' for profitability", *Fortune*, outubro 19, 2016, https://fortune.com/2016/10/18/youtube-profits-ceo-susan-wojcicki.
20. Levy, *In the Plex*, 265.
21. Victoriano Darias, "Content ID as a solution to address the value gap", *Journal of the Music and Entertainment Industry Educators Association* 18, no. 1 (2018): 105, 128.
22. Christophe Muller, "YouTube: 'No other platform gives as much money back to creators,'" *The Guardian*, abril 28, 2016, https://www.theguardian.com/music/musicblog/2016/apr/28/youtube-no-other-platform-gives

-as-much-money-back-to-creators; Paul Resnikoff, "YouTube: 99.5% of all infringing music videos resolved by Content ID", *Digital Music News*, agosto 9, 2016, https://www.digital musicnews.com/2016/08/08/copyright-problems-resolved-content-id.

23. *How Google Fights Piracy*, Google, novembro 2018, https://www.blog.google/documents/27/how_Google_fights_Piracy_2018.pdf.
24. Julia Alexander, "Creators finally know how much money YouTube makes, and they want more of it", *The Verge*, fevereiro 4, 2020, https://www.theverge.com/2020/2/4/21121370/youtube-advertising-revenue-creators-demonetization-earnings-google; Susan Wojcicki, "YouTube at 15: My personal journey and the road ahead", *YouTube Official Blog*, fevereiro 14, 2020, https://blog.youtube/news-and-events/youtube-at-15-my-personal-journey.
25. Resnikoff, "YouTube".
26. 17 US Code § 107.
27. Chris Baraniuk Cellan-Jones Rory, "White noise video hit by five copyright claims", *BBC News*, janeiro 5, 2018, https://www.bbc.com/news/technology-42580523.
28. Nancy Messieh, "YouTube's automated copyright system triggered by chirping birds", *The Next Web*, fevereiro 27, 2012, https://thenextweb.com/google/2012/02/27/a-copyright-claim-on-chirping-birds-highlights-the-flaws-of--youtubes-automated-system.
29. Katharine Trendacosta, "Unfiltered: How YouTube's Content ID discourages fair use and dictates what we see online", *Electronic Frontier Foundation*, dezembro 10, 2020, https://www.eff.org/wp/unfiltered-how-youtubes-content-id-discourages-fair-use-and-dictates-what-we-see-online.
30. Trendacosta, "Unfiltered".
31. Sophie Bishop. "Managing visibility on YouTube through algorithmic gossip", *New Media & Society* 21, no. 11–12 (2019): 2589.
32. Chris Stokel-walker, "Why YouTubers are feeling the burn", *The Guardian*, agosto 12, 2018, https://www.theguardian.com/technology/2018/aug/12/youtubers-feeling-burn-video-stars-crumbling-under-pressure-of-producing--new-content.
33. Sophie Bishop, "Algorithmic experts: Selling algorithmic lore on YouTube", *Social Media + Society* 6, no. 1 (2020): 8, https://doi.org/10.1177/2056305119897323.
34. Bishop, "Algorithmic Experts", 3.
35. Stokel-walker, "Why YouTubers are feeling the burn".
36. Janko Roettgers, "Maker studios is shutting down blip next month", *Variety*, julho 20, 2015, https://variety.com/2015/digital/news/maker-studios-is-shutting-down-blip-next-month-1201544219.
37. US House of Representatives, "Investigation of Competition in Digital Markets", 191.

38. Alex Weprin, "YouTube ad revenue tops $8.6B, beating Netflix in the quarter", *Hollywood Reporter*, fevereiro 1, 2022, https://www.hollywood reporter.com/business/digital/youtube-ad-revenue-tops-8-6b-beating-netflix-in-the-quarter-1235085391.
39. Hoang Nguyen, "The most popular music streaming platforms in key markets globally", YouGov, março 19, 2021, https://yougov.co.uk/topics/media/articles-reports/2021/03/18/services-used-stream-music-poll.
40. Definição (IFPI): "A lacuna de valor descreve o crescente descompasso entre o valor que os serviços de upload por usuários, como o YouTube, extraem da música e a receita devolvida à comunidade musical — aqueles que estão criando e investindo em música. A lacuna de valor é a maior ameaça à sustentabilidade futura do setor musical". IFPI, "Fixing the Value Gap", *Global Music Report*, 2018, https://perma.cc/sGZ3-PLhM.
41. Recording Industry Association of America, "Five stubborn truths about YouTube and the value gap", *Medium*, agosto 21, 2017, https://medium.com/@riaa/five-stubborn-truths-about-youtube-and-value-gap-4faff133271f.
42. *Bloomberg* Staff, "Why 'success' on YouTube still means a life of poverty", *Fortune*, fevereiro 28, 2018, https://fortune.com/2018/02/27/youtube-success-poverty-wages.
43. Lyor Cohen, "YouTube pays out more than Spotify for ad-supported streams in the US", *Music Business Worldwide*, agosto 17, 2017, https://www.musicbusinessworldwide.com/lyor-cohen-youtube-pays-out-more-than-spotify-for-ad-supported-streams-in-the-us.
44. Statista, "Number of YouTube users"; Statista, "Most popular websites worldwide as of June 2021, by total visits (in billions)", julho 2021, https:// www.statista.com/statistics/1201880/most-visited-websites-worldwide.
45. Jonathan Tepper e Denise Hearn, *The Myth of Capitalism: Monopolies and the Death of Competition* (Hoboken, NJ: Wiley, 2019), 15.
46. Aaron Mak, "How Facebook tried to make itself antitrust-proof", *Slate*, dezembro 9, 2020, https://slate.com/technology/2020/12/facebook-antitrust-ftc-breakup-whatsapp-instagram-zuckerberg.html.
47. Jasper L. Tran, "The Myth of *Hush-A-Phone v. United States*", *IEEE Annals of the History of Computing* 41, no. 4 (2019): 6n33.
48. Paul Keller, "Article 17, the Year in Review (2021 Edition)", *Kluwer Copyright Blog*, janeiro 24, 2022, http://copyrightblog.kluweriplaw.com/2022/01/24/article-17-the-year-in-review-2021-edition.
49. Susan Wojcicki, "YouTube chief says EU copyright plan could lead to blocked access", *Financial Times*, novembro 12, 2018, https://www.ft.com/content/266e6c2a-e42e-11e8-a8a0-99b2e340ffevereiro
50. *Economics of Music Streaming*, 89.

CAPÍTULO 12: IDEIAS SOLTAS POR AÍ

1. Stacy Mitchell, "After three decades of neglect, antitrust is back on the democratic platform", *Institute for Local Self-Reliance*, agosto 4, 2016, https://ilsr.org/after-three-decades-of-neglect-antitrust-is-back-on-the-democratic-platform.
2. Jake Walter-Warner e William F. Cavanaugh Jr., "The new Brandeis School Manifesto", *Antitrust Update* (blog), Patterson Belknap Webb & Tyler, fevereiro 5, 2020, https://www.pbwt.com/antitrust-update-blog/the-new-brandeis-school-manifesto.
3. Aoife White e Stephanie Bodoni, "Amazon hit by EU Complaint, faces new probe over sales", *Bloomberg*, novembro 10, 2020, https://www.bloomberg.com/news/articles/2020-11-10/amazon-set-to-get-eu-antitrust-objections-over-sales-data.
4. Peter C. Carstensen, *Competition Policy and the Control of Buyer Power: A Global Issue* (Cheltenham, UK: Edward Elgar, 2017), 133.
5. Carstensen, *Competition Policy and the Control of Buyer Power*, 118.
6. Carstensen, *Competition Policy and the Control of Buyer Power*, 133.
7. Olivia Perreault, "Antitrust Institute slams DOJ missed opportunity in Live Nation settlement", *Ticket News*, fevereiro 6, 2020, https://www.ticketnews.com/2020/02/antitrust-institute-doj-live-nation-settlement.
8. Zephyr Teachout, *Break'em Up: Recovering Our Freedom from Big Ag, Big Tech, and Big Money* (Nova York: All Points Books, 2020).
9. Tim Wu, *The Curse of Bigness: Antitrust in the New Gilded Age* (Nova York: Columbia Global Reports, 2018), 87–88.
10. Carstensen, *Competition Policy and the Control of Buyer Power*, 133, 139.
11. Gabriel Winant, "No going back: The power and limits of the anti monopolist tradition", *Nation*, janeiro 21, 2021, https://www.thenation.com/article/culture/goliath-monopoly-and-democracy-matt-stoller-review.
12. Carstensen, *Competition Policy and the Control of Buyer Power*, 139.
13. Milton Friedman, *Capitalism and Freedom* (Chicago: University of Chicago Press, 1962).
14. Naomi Klein, *The Shock Doctrine: The Rise of Disaster Capitalism* (Nova York: Knopf, 2007), 7.
15. Citizens United v. Federal Election Commission, 558 US 310 (2010).

CAPÍTULO 13: DIREITOS DE TRANSPARÊNCIA

1. Entrevista com Susan May, 2021.
2. Entrevista com Susan May, 2021.
3. A postagem original foi excluída, mas está arquivada em https://web.archive.org/web/20200921135114/https://www.yaplex.com/blog/how-to-rent-books-with-audible.
4. Entrevista com Susan May, 2021.
5. Entrevista com Colleen Cross, 2021.

6. Colleen Cross, "How audiobook authors and narrators are paid by Audible-ACX. We think", *Alliance of Independent Authors*, fevereiro 8, 2021, https:// selfpublishingadvice.org/how-audiobook-authors-are-paid-by-audible-acx/?fbclid=iwar1_f0naJ4gvYbdjvCn-5ec8XpMC8rerfZr9zedtwdwYJrv68adjDhkzB7g.
7. Entrevista com Colleen Cross, 2021.
8. Entrevista com Orna Ross, 2021.
9. Entrevista com Susan May, 2021.
10. Future of Music Coalition, post no Twitter, julho 15, 2021, 11:59 p.m., https:// twitter.com/future_of_music/status/1415672344471871488?s=20.
11. Elias Leight, "Fake streams could be costing artists $300 million a year", *Rolling Stone*, junho 18, 2019, https://www.rollingstone.com/pro/features/fake-streams-indie-labels-spotify-tidal-846641.
12. "Digital Forensics Report for Dagens Næringsliv", Norwegian University of Science and Technology, abril 10, 2018, https://www.musicbusinessworldwide.com/files/2018/05/nTnu_Digitalforensicsreport_Dn_final _version.pdf.
13. "The IMMF's open letter on record label and music publisher deals in the digital market", *Complete Music Update*, maio 21, 2015, https://completemusicupdate.com/article/the-immfs-open-letter-on-record-label-and-music-publisher-deals-in-the-digital-market.
14. Committee on Digital, Culture, Media and Sport, UK House of Commons, *Economics of Music Streaming*, Second Report of Session 2021–22 [Segundo Relatório da Sessão 2021-2022] (Londres, julho 15, 2021), 74, https://committees.parliament.uk/publications/6739/documents/72525/default.
15. Molly Crabapple, "Filthy Lucre", *Vice*, junho 6, 2013, https://www.vice.com/en/article/mvp8dn/filthy-lucre.
16. Article 19 [Artigo 19], European Union Directive 2019/790 on copyright and related rights in the Digital Single Market [Diretiva 2019/790 da União Europeia sobre direitos autorais e direitos relacionados ao mercado único digital].
17. European Commission, "Remuneration of authors of books and scientific journals, translators, journalists and visual artists for the use of their works", janeiro 10, 2017, https://op.europa.eu/en/publication-detail/-/publication/81acd376-d896–11e6-ad7c-01aa75ed71a1.
18. David Turner, "The false promise of user-centric streaming", *Penny Fractions* (newsletter), outubro 2, 2019, https://www.getrevue.co/profile/pennyfractions/issues/penny-fractions-the-false-promise-of-user-centric-streaming-201362.
19. Chuck Philips, "Auditors put new spin on revolt over royalties", *Los Angeles Times*, fevereiro 26, 2002, https://www.latimes.com/archives/la-xpm-2002-feb-26-mn-29955-story.html.
20. House of Commons, *Economics of Music Streaming*, 73.
21. Mike Moffitt, "How a racist genius created Silicon Valley by being a terrible boss", *SFGate*, agosto 21, 2018, https://www.sfgate.com/tech/article/silicon--valley-shockley-racist-semiconductor-lab-13164228.php.

22. "Record Label Accounting Practices", Joint hearing of the California State Senate Committee on the Judiciary and State Senate Select Committee on the entertainment industry [Audiência conjunta do Comitê de Justiça do Senado do Estado da Califórnia e do Comitê Seleto do Senado do Estado sobre a indústria do entretenimento] (Senate Publications, 2002), htps://catalog.hathitrust.org/record/100797529.
23. Philips, "Auditors put new spin on revolt over royalties".

CAPÍTULO 14: AÇÃO COLETIVA

1. Mark Egan, Gregor Matvos, e Amit Seru, "Arbitration with Uninformed Consumers", Documento de Trabalho no. 3768, outubro 2018, Stanford Graduate School of Business, https://www.gsb.stanford.edu/faculty-research/working-papers/arbitration-uninformed-consumers.
2. Eamonn Forde, "Taylor Swift: Does Apple's climbdown really demonstrate her power?", *The Guardian*, junho 22, 2015, https://www.theguardian.com/music/musicblog/2015/jun/22/taylor-swift-does-apples-climbdown-really-demonstrate-her-power.
3. Julia Angwin, "The antitrust case for gig worker rights", *The Markup*, novembro 7, 2020, https://www.getrevue.co/profile/themarkup/issues/the-antitrust-case-for-gig-worker-rights-289982.
4. Applicants 1–4 v. Uber BV, C/13/692003/HA RK 20–302 (Tribunal de Amsterdam), março 11, 2021, https://uitspraken.rechtspraak.nl/inziendocument?id=ECLI:NL:RBAMS:2021:1018; Applicants 1–10 v. Uber BV, C/13/687315/HARK20–207(TribunaldeAmsterdam),março11,2021,https://uitspraken.rechtspraak.nl/inziendocument?id=ECLi:NL:RBAMS:2021:1020.
5. John B. Kirkwood, "Collusion to control a powerful customer: Amazon, e-books, and antitrust policy", *Miami Law Review* 69, no. 1 (2014): 51–63.
6. Zachary D. Carter, "The woman who shattered the myth of the free market", *New York Times*, abril 24, 2021, https://www.nytimes.com/2021/04/24/opinion/joan-robinson-economy-monopoly-labor.html.
7. Leo Rosten, *Hollywood: The Movie Colony, The Movie Makers* (Nova York: Harcourt Brace, 1941), 307.
8. Catherine L. Fisk, *Writing for Hire: Unions, Hollywood, and Madison Avenue* (Cambridge, MA: Harvard University Press, 2016), 212–18.
9. Krista Vernoff, "'Grey's Anatomy' boss: Why I left my agent, despite the sales pitch (Guest Column)", *Hollywood Reporter*, abril 14, 2019, https://www.hollywoodreporter.com/news/krista-vernoff-why-i-left-my-agent-sales-pitch-guest-column-1201920.
10. David Robb, "WME signs WGA franchise agreement, giving guild historic win in campaign to reshape talent agency business", *Deadline*, fevereiro 5, 2021, https://deadline.com/2021/02/wme-signs-writers-guild-deal-WGA-reshapes-talent-agency-business-1234688833.
11. Jonathan Handel, "Writers Guild reveals studio deal details, says pandemic limited leverage", *Hollywood Reporter*, julho 1, 2020, https://www.hollywood

reporter.com/news/writers-guild-reveals-studio-deal-details-says-pandemic--limited-leverage-1301488.

12. Wendy Lee, "WGA aims to crack down on writers secretly working with 'fired' agents", *Los Angeles Times*, fevereiro 16, 2020, https://www.latimes.com/entertainment-arts/business/story/2020-02-14/WGA-aims-to-crack-down-on-writers-working-with-non-approved-agents.
13. Sanjukta Paul, "Antitrust as allocator of coordination rights", *UCLA Law Review* 67, no. 2 (2020), https://papers.ssrn.com/sol3/papers.cfm?abstract_id=3337861.
14. Sandeep Vaheesan, "Gig workers need antitrust reform", *Dissent*, dezembro 18, 2020, https://www.dissentmagazine.org/online_articles/gig-workers-need-antitrust-reform.

CAPÍTULO 15: LIMITES DE TEMPO EM CONTRATOS DE DIREITOS AUTORAIS

1. Paul Slade, "Superheroes in Court: Continued", http://www.planetslade.com/superheroes8.html.
2. Richard Harrington, "MCA to pay royalties to RB greats", *Washington Post*, dezembro 7, 1989, https://www.washingtonpost.com/archive/lifestyle/1989/12/07/mca-to-pay-royalties-to-rb-greats/63714098-29be-481e-915f--cb43f6bdf07c.
3. Joshua Yuvaraj e Rebecca Giblin, "Are contracts enough? An empirical study of author rights in Australian publishing agreements", *Melbourne University Law Review* 44, no. 1 (2020), https://papers.ssrn.com/sol3/papers.cfm?abstract_id=3541350.
4. Ver, por exemplo, Jacob Flynn, Rebecca Giblin, e François Petitjean, "What happens when books enter the public domain?", *University of New South Wales Law Journal* 42 (2019): 39.
5. Para uma análise detalhada das origens do Estatuto de Anne, como o direito de reversão evoluiu e as incertezas jurídicas que o afligiram, veja Lionel Bently e Jane C. Ginsburg, "'The sole right... shall return to the authors': Angloamerican authors' reversion rights from the Statute of Anne to contemporary U.S. copyright", *Berkeley Technology Law Journal* 25 (2010): 1475, 1482–1541.
6. Richard B. Sher, *The Enlightenment & The Book: Scottish Authors & Their Publishers in Eighteenth-Century Britain, Ireland & America* (Chicago: University of Chicago Press, 2006), 353–57.
7. Bently e Ginsburg, "The sole right".
8. Ronan Deazley, "Commentary on Milton's Contract 1667", in *Primary Sources on Copyright (1450–1900)*, ed. Lionel Bently e Martin Kretschmer (2008), https://www.copyrighthistory.org/cam/tools/request/showrecord.php?id=commentary_uk_1667.
9. Fred Fisher Music Co. v. M. Witmark & Sons, 318 US 643, 656 (1943).
10. Bently e Ginsburg, "The sole right", 1563n416.

11. Copyright Law Revision Part 3: Preliminary Draft for Revised US Copyright Law and Discussions and Comments on the Draft [Revisão da Lei de Direitos Autorais Parte 3: Versão preliminar da Lei de Direitos Autorais dos EUA revisada e discussões e comentários sobre a versão preliminar] (US Government Printing Office, 1964), 287.
12. Phillip W. Hall Jr., "Smells like slavery: Unconscionability in recording industry contracts", *Hastings Communications and Entertainment Law Journal* 25, no. 1 (2002): 215.
13. Joshua Yuvaraj, Rebecca Giblin, Daniel Russo-Batterham, e Genevieve Grant, "US Copyright Termination Notices 1977–2020: Introducing New Datasets".
14. Yuvaraj, Giblin, Russo-Batterham, e Grant, "US Copyright Termination Notices 1977–2020".
15. Jacob Flynn, Rebecca Giblin, e François Petitjean, "What happens when books enter the public domain? Testing copyright's underuse hypothesis across Australia, New Zealand, the United States and Canada", *University of New South Wales Law Journal* 42, no. 4 (2019): 1218.
16. Larry Rohter, "Record industry braces for artists' battles over song rights", *New York Times*, agosto 15, 2011, https://www.nytimes.com/2011/08/16/arts /music/springsteen-and-others-soon-eligible-to-recover-song-rights.html.
17. Eriq Gardner, "Sony suing musicians for allowing attorney to use album artwork", *Hollywood Reporter*, outubro 5, 2020, https://www.hollywoodreporter.com/thr-esq/sony-suing-musicians-for-allowing-attorney-to-use-album-artwork.
18. Joshua Yuvaraj e Rebecca Giblin, "Why were Commonwealth reversionary rights abolished (and what can we learn where they remain)?", *European Intellectual Property Review* 41, no. 4 (2019): 232.
19. Rian Malan, *Remastered: The Lion's Share*, dir. Sam Cullman, Netflix, 2019.
20. Committee on Digital, Culture, Media and Sport, UK House of Commons, *Economics of Music Streaming,* Second Report of Session 2021–22 [Segundo Relatório da Sessão 2021-2022] (Londres, julho 15, 2021), 105, https://committees.parliament.uk/publications/6739/documents/72525/default.
21. Se tiver interesse em se aprofundar nos detalhes de como esse número é calculado, veja a discussão em Rebecca Giblin, "A new copyright bargain? Reclaiming lost culture and getting authors paid", *Columbia Journal of Law & The Arts* 41 (2018): 369.
22. Brief of George A. Akerlof et al. as Amici Curiae in Support of Petitioners [Resumo apresentado por George A. Akerlof et al. como Amici Curiae em apoio aos peticionários], Eldred v. Ashcroft, 537 US 186, 01–618, 2003, em 7.
23. Paul J. Heald, "How copyright keeps works disappeared", *Journal of Empirical Legal Studies* 11, no. 4 (2013): 829.
24. Jacob Flynn, Rebecca Giblin, e François Petitjean, "What happens when books enter the public domain? Testing copyright's underuse hypothesis across Australia, New Zealand, the United States and Canada", *University of New South Wales Law Journal* 42, no. 4 (2019): 1215.

25. Giblin, "A new copyright bargain".

26. Joshua Yuvaraj e Rebecca Giblin, "Are contracts enough? An empirical study of author rights in Australian publishing agreements", *Melbourne University Law Review* 44, no. 1 (2020).

27. Jane Weaver, "How to be an independent artist in 2015", *The Guardian*, março 30, 2015, https://www.theguardian.com/music/2015/mar/30/jane-weaver-folky-psychedelia.

28. Article 22, European Union Digital single Market Directive 2019/790 [Artigo 22, Diretiva 2019/790 sobre o mercado único digital da União Europeia].

CAPÍTULO 16: INTEROPERABILIDADE RADICAL

1. Marianna Longmire, "5 surprising items that are cheaper than printer ink", *Choice*, https://www.choice.com.au/electronics-and-technology/computers/scanners-and-printers/articles/5-surprising-items-that-are-cheaper-than-printer-ink.

2. 18 USC § 1030: Fraud and Related Activity in Connection with Computers [Fraude e atividades relacionadas em relação a computadores].

3. Syllabus, Google LLC v. Oracle America, Inc., 593 U.S. 1 (C.A.F.C. abril 5, 2021).

4. James Wallace e Jim Erickson, *Hard Drive: Bill Gates and the Making of the Microsoft Empire* (Nova York: Harper, 1993), 233.

5. Massachusetts House of Representatives, Right to Repair Initiative 11–17 (2012) [Iniciativa reivindicando o direito ao conserto], H. 4362, aprovada em novembro 6, 2012, http://archive.boston.com/news/special/politics/2012/general/mass-ballot-question-1-election-results-2012.html. Para conciliar as disparidades entre a iniciativa de votação original e o projeto de lei da Câmara, um projeto de lei adicional foi aprovado no ano seguinte: H. 3757, 188th Gen. Ct. (Mass. 2013).

6. Cory Doctorow e Christoph Schmon, "The EU's Digital Markets Act: There is a lot to like, but room for improvement", dezembro 15, 2020, Electronic Frontier Foundation, https://www.eff.org/deeplinks/2020/12/eus-digital-markets-act-there-lot-room-improvement.

7. UK Competition and Markets authority, *Online Platforms and Digital Advertising: Market Study Final Report*, julho 1, 2020, https://assets.publishing.service.gov.uk/media/5efc57ed3a6f4023d242ed56/final_report_1_Julho_2020_.pdf.

8. Associated Press, "South Korea bans Google, Apple payment monopolies", setembro 1, 2021, https://apnews.com/article/technology-business-south-korea-a8e160fb9b43681557445cfe06f25bc1.

9. Aaron Perzanowski, *The Right to Repair* (Nova York: Cambridge University Press, 2022), 18.

10. Perzanowski, *The Right to Repair*, 230.

11. Matthew Gault, "Auto industry TV ads claim right to repair benefits 'sexual predators,'" *Vice*, fevereiro 9, 2020, https://www.vice.com/en/article/qj4ayw/auto-industry-tv-ads-claim-right-to-repair-benefits-sexual-predators.
12. Hiawatha Bray, "Will carmakers defeat question 1 in Court?" *Boston Globe*, maio 12, 2021, https://www.bostonglobe.com/2021/05/12/business/will-carmakers-defeat-question-1-court.
13. Van Buren v. United States, 940 F. 3d 1192 (2021).

CAPÍTULO 17: SALÁRIOS MÍNIMOS PARA TRABALHOS DE CRIAÇÃO

1. Mary Robinette Kowal, "#DisneyMustPay Alan Dean Foster", Science Fiction Writers of America, novembro 18, 2020, https://www.sfwa.org/2020/11/18/disney-must-pay.
2. Peter C. Carstensen, *Competition Policy and the Control of Buyer Power: A Global Issue* (Cheltenham, UK: Edward Elgar, 2017), 9, https://doi.org/10.4337/9781782540588.
3. Article 18(1), EU Copyright Directive (2019).
4. Raquel Xalabarder, "The principle of appropriate and proportionate remuneration of Art.18 Digital Single Market Directive: Some thoughts for its national implementation", *Social Sciences Research Network*, https://www.ssrn.com/abstract=3684375.
5. Jon Burlingame, "Discovery Networks corners composers in music royalties battle", *Variety*, dezembro 12, 2019, https://variety.com/2019/music/news/discovery-networks-composers-music-royalties-1203434924.
6. Kathryn Kranhold, "TV and film composers say Netflix, other streaming services insist on buying out their music rights", *Hollywood Reporter*, dezembro 11, 2019, https://www.hollywoodreporter.com/news/tv-film-composers-say-netflix-streaming-services-insist-buying-music-rights-1261940.
7. 17 US Code § 114.
8. SoundExchange, "About Digital Royalties", https://www.soundexchange.com/artist-copyright-owner/digital-royalties.
9. 17 US Code § 114.
10. BMI v. DMX, 683 F.3d 32, em 38.
11. Donald S. Passman, *All You Need to Know About the Music Business*, 8th ed. (Nova York: Free Press, 2013), 277.
12. Tim Ingham, "Songwriters are already fighting for better pay. But in 2021, they face an even bigger battle", *Rolling Stone*, junho 15, 2020, https://www.rollingstone.com/pro/features/songwriters-spotify-amazon-crb-royalties-war-1015116.
13. Ingham, "Songwriters are already fighting for better pay".
14. Copyright Act of 1976 § 801(b)(1), 90 Stat. em 2594–95.
15. Mat Dryhurst, post no Twitter, agosto 10, 2020, 10:06 p.m., https://twitter.com/matdryhurst/status/1292794458782740481?s=20.

16. Future of Music Coalition, “FMC testimony submitted to house Small Business Committee on webcasting rates”, junho 27, 2007, http://futureofmusic.org/filing/fmc-testimony-submitted-house-small-business-committee-web casting-rates.
17. Committee on Digital, Culture, Media and Sport, UK House of Commons, *Economics of Music Streaming*, Second Report of Session 2021–22 [Segundo Relatório da Sessão 2021-2022] (Londres, julho 15, 2021), 29, https://committees.parliament.uk/publications/6739/documents/72525/default.
18. Harcourt e Gordon, “International digital music licensing”.
19. Article 3, European Union Directive 2006/116/EC.
20. House of Commons, *Economics of Music Streaming*, 29.
21. Carstensen, *Competition Policy*, 67n66.
22. Pelly, entrevista, podcast *Interdependence*.
23. 17 USC § 115.
24. A. Semprún e J. Romera, “El auditor eleva a 87 millones el dinero que la SGAE desvió a la red de Neri”, *El Economista*, novembro 29, 2011, https://www.eleconomista.es/empresas-finanzas/noticias/3566939/11/11/el-auditor--eleva-a-87-millones-el-dinero-que-la-sGae-desvio-a-la-red-de-neri.html.
25. David Turner, “The false promise of user-centric streaming”, *Penny Fractions* (newsletter), outubro 2, 2019, https://www.getrevue.co/profile/pennyfractions/issues/penny-fractions-the-false-promise-of-user-centric-streaming-201362.
26. Rethink Music, “Fair music: Transparency and payment flows in the music industry”, Berklee Institute for Creative Entrepreneurship, 21, https://static1.squarespace.com/static/552c0535e4b0afcbed88dc53/t/55d0da1ae4b06bd4bea8c86c/1439750682446/rethink_music_fairness_transparency_final.pdf.
27. Becky Brook, “A blanket license for online music featuring Cory Doctorow”, *Music Ally*, ep. 7, podcast de áudio, junho 11, 2020, https://podcasts.google.com/feed/ahr0chM6Ly9hbmnob3iuZm0vcy8xZDaxZjM1Yy9wb2rjYXn0L3Jzcw/episode/YjY0MmYwnwetnzhkZs00Mja0LTg3ZjYtMji5ZGfloDBjZDvl?sa=X&ved=0CauQkfYCahckewiQrvsx7p3wahuaaaaahQaaaaaQiae.
28. Ben Sisario, “Going to the ends of the Earth to get the most out of music”, *New York Times*, junho 8, 2015, https://www.nytimes.com/2015/06/08/business/media/going-to-the-ends-of-the-earth-to-get-the-most-out-of-music.html.
29. Rethink Music, “Fair Music”. https://static1.squarespace.com/static/552c0535e4b0afcbed88dc53/t/55d0da1ae4b06bd4bea8c86c/1439750682446/rethink_music_fairness_transparency_final.pdf.
30. Mechanical Licensing Collective, “The Mechanical Licensing Collective receives $424 million in historical unmatched royalties from digital service providers”, fevereiro 16, 2021, https://www.themlc.com/press/mechanical-licensing-collective-receives-424-million-historical-unmatched-royalties-digital.

31. Annabella Coldrick, "Where are the missing song royalties?", *Music Business Worldwide*, julho 16, 2019, https://www.musicbusinessworldwide.com/where-are-the-missing-song-royalties-2.

32. Klementina Milosic, "GRD's Failure", *Music Business Journal*, agosto 31, 2018, http://www.thembj.org/2015/08/grds-failure.

33. Nick Messitte, "Inside the black box: A deep dive into music's monetization mystery", *Forbes*, abril 15, 2015, https://www.forbes.com/sites/nickmessitte/2015/04/15/inside-the-black-box-a-deep-dive-into-musicsmonetization-mystery/#18eaf6185d4a.

34. Rethink Music, "Fair Music", 16.

35. House of Commons, *Economics of Music Streaming*, 51–52.

36. Brook, "A blanket license".

CAPÍTULO 18: PROPRIEDADE COLETIVA

1. Astra Taylor, *The People's Platform: Taking Back Power and Culture in the Digital Age* (Nova York: Picador, 2015), 175.

2. Peter Walsh, Michael Peck, e Ibon Zugasti, "Why the U.S. needs more worker-owned companies", *Harvard Business Review*, agosto 8, 2018, https:// hbr.org/2018/08/why-the-u-s-needs-more-worker-owned-companies; Rhokeun Park, Douglas Kruse e James Sesil, "Does employee ownership enhance firm survival?" em *Employee Participation, Firm Performance and Survival*, 8th ed. Virginie Perotin e Andrew Robinson (Bingley, UK: Emerald Publishing, 2004), 3–33, https://web.archive.org/web/20191008040837/; https://smlr.rutgers.edu/sites/default/files/documents/faculty_staff_docs/does%20employee%20ownership%20enhance%20firm%20survival.pdf.

3. Park, Kruse e Sesil, "Does employee ownership enhance firm survival?" 25.

4. Park, Kruse e Sesil, "Does employee ownership enhance firm survival?" 22.

5. Nick Srnicek, *Platform Capitalism* (Cambridge: Polity Press, 2017), 70, https://mudancatecnologicaedinamicacapitalista.files.wordpress.com/2019/02/platform-capitalism.pdf, accessed abril 28, 2021.

6. Gilad Edelman, "Can killing cookies save journalism?", *Wired*, agosto 5, 2020, https://www.wired.com/story/can-killing-cookies-save-journalism.

7. James Meese, "Advertising, Algorithms, and Democratic Risk", manuscrito não publicado, 2020, 16.

8. Meese, "Advertising, Algorithms, and Democratic Risk", 34.

9. Jeanine Poggi, "Vice calls on brands to rethink keyword blocklists associated with racism", *Adage*, junho 24, 2020, https://adage.com/article/special-report-newfronts/vice-calls-brands-rethink-keyword-blocklists-associated-racism/2263781.

10. Nathan J. Robinson, "The truth is paywalled but the lies are free", *Current Affairs*, agosto 2, 2020, https://www.currentaffairs.org/2020/08/the-truth-is-paywalled-but-the-lies-are-free.

11. Article 15, European Union Digital Single Market Directive 2019/790.

12. Nicolas Jaimes e Marjolaine Tasset, "Droit voisin pour la presse: les éditeurs français plient devant Google", *Le Journal du Net*, outubro 24, 2019, https://www.journaldunet.com/media/publishers/1459188-droit-voisin-pour-la-presse-les-editeurs-francais-plient-devant-google.

13. Société Google LLC et al. v. Le Syndicat Des Éditeurs de la Presse Magazine et al., RG no. 20/08071 (Tribunal de Apelações de Paris, outubro 8, 2020), https://www.autoritedelaconcurrence.fr/sites/default/files/appealsd/2020-10/ca_20mc01_oct20.pdf.

14. Treasury Laws Amendment (News Media and Digital Platforms Mandatory Bargaining Code) Act 2021, no. 21 (Parlamento da Austrália, março 2, 2021), https://www.legislation.gov.au/Details/C2021a00021.

15. Alan Kohler, "The news bargaining code is dead. Long live the news bargaining chip", *New Daily*, março 17, 2021, https://thenewdaily.com.au/news/2021/03/17/alan-kohler-news-bargaining-code-dead.

16. Harold Feld, "America needs a public interest approach to solving Big Tech harms to news", *Public Knowledge* (blog), fevereiro 9, 2021, https://www.publicknowledge.org/blog/america-needs-a-public-interest-approach-to-solving-big-tech-harms-to-news.

17. New Jersey Civic Information Consortium, "About the Consortium", https://njcivicinfo.org/aboutubro

18. Rasmus Kleis Nielsen, Robert Gorwa e Madeleine de Cock Buning, "What can be done? Digital media policy options for Europe (and beyond)", Reuters Institute, University of Oxford, novembro 25, 2019, https://reutersinstitute.politics.ox.ac.uk/what-can-be-done-digital-media-policy-options-europe-and-beyond.

19. Will Oremus, "There's a smarter way to make tech pay for news", *Pattern Matching* (newsletter), OneZero, *Medium*, fevereiro 21, 2021, https://onezero.medium.com/a-smarter-way-to-make-tech-pay-for-news-9255e3b8dccb.

20. Trebor Scholz, "Platform cooperativism: Challenging the corporate sharing economy", Rosa Luxemburg Stiftung, Nova York, 2016, 26, https://rosalux.nyc/wp-content/uploads/2020/11/rLs-nYC_platformcoop.pdf.

21. Liz Pelly, "Protest platforms: Streaming co-op restores agency to artists", *Shadowproof*, novembro 1, 2017, https://shadowproof.com/2017/11/01/protest-platforms-resonate-streaming-co-op-agency-to-artists.

22. Resonate, "Manifesto", https://resonate.is/manifesto.

23. Liz Pelly, "Alternative streaming models", *Montez Press Radio*, podcast de áudio, janeiro 27, 2021, https://radio.montezpress.com/#/archive/1755.

24. Resonate, Stream2Own, https://resonate.is/stream2own.

25. Mat Dryhurst, "Band together: Why musicians must strike a collective chord to survive", *The Guardian*, abril 9, 2019, https://www.theguardian.com/music/2019/apr/09/experimental-musicians-must-strike-a-collective-chord-red-bull-music-academy-closing.

26. Paris Max, "Toxic workplaces are driving video game developers to unionize", OneZero, *Medium*, novembro 12, 2019, https://onezero.medium.com/toxic-workplaces-are-driving-video-game-developers-to-unionize-cda5c8b73317.
27. Alex Calvin, "Dead Cells has sold 730K copies since its early access launch", *PC Games Insider*, maio 1, 2018, https://www.pcgamesinsider.biz/news/66984/dead-cells-has-sold-730k-copies-since-early-access-launch.
28. Nathan Grayson, "Game studio with no bosses pays everyone the same", *Kotaku*, julho 25, 2018, https://kotaku.com/game-studio-with-no-bosses-pays-everyone-the-same-1827872972.
29. Grayson, "Game Studio".
30. Musicat, "Rabble", https://musicat.co/rabble.
31. Songtrust, "What is the pay rate for Spotify streams?", https://help.songtrust.com/knowledge/what-is-the-pay-rate-for-spotify-streams.
32. Pelly, "Alternative streaming models".
33. State Library of New South Wales: "Indyreads: eBook and eAudio platform for NSW public libraries", https://www.sl.nsw.gov.au/public-library-services/services/indyreads.
34. Entrevista com Alicia Brown, 2021.
35. Chris O'Falt, "As Kanopy's popularity grows, can your library continue to afford it?", *IndieWire*, junho 26, 2019, https://www.indiewire.com/2019/06/new-york-public-library-drops-kanopy-netflix-alternative-too-expensive-1202153550.
36. Liz Pelly, "Socialized streaming: A case for universal music access", *Real Life Magazine*, fevereiro 16, 2021, https://reallifemag.com/socialized-streaming.
37. Henderson Cole, "The American Music Library", https://docs.google.com/document/d/14wu_2B8foZaPsprpinujrurd94plCzGXvfkLQb8vheu/edit.
38. Pelly, "Alternative streaming models".

CAPÍTULO 19: UNINDO-NOS CONTRA O CAPITALISMO ANTICOMPETIÇÃO

1. Stafford Beer, "What is cybernetics?", *Kybernetes* 31, no. 2 (2002): 209–19,217, https://doi.org/10.1108/03684920210417283.
2. Zephyr Teachout, *Break'em Up: Recovering Our Freedom from Big Ag, Big Tech, and Big Money* (Nova York: All Points Books, 2020), 145.
3. Gustavo Grullon, Yelena Larkin e Roni Michaely, "Are U.S. industries becoming more concentrated?", *Review of Finance* 23, no. 4 (2019).
4. Mike Pomranz, "Some states are questioning fast food chains' non-compete agreements: Here's what we know so far", *Food & Wine*, julho 10, 2018, https://www.foodandwine.com/news/fast-food-non-compete-agreement-inquiry.
5. Lance Whitney, "Apple, Google, others settle antipoaching lawsuit for $415 million", CNET, setembro 3, 2015, https://www.cnet.com/news/apple-google-others-settle-anti-poaching-lawsuit-for-415-million.

6. Edward Chancellor, ed., *Capital Returns: Investing Through the Capital Cycle: A Money Manager's Reports 2002–15* (Palgrave Macmillan, 2015), 27.
7. Teachout, *Break 'em Up*, 87–92.
8. Kim Bobo, *Wage Theft in America: Why Millions of Working Americans Are Not Getting Paid* (Nova York: New Press, 2011), 8–9.
9. David Cooper e Teresa Kroeger, "Employers steal billions from workers' paychecks each year: Survey data show millions of workers are paid less than the minimum wage, at significant cost to taxpayers and state economies", Economic Policy Institute, maio 10, 2017, https://www.epi.org/publication/employers-steal-billions-from-workers-paychecks-each-year.
10. Alex N. Press, "Amazon, vanguard of class war", *This Machine Kills*, ep. 62, podcast de áudio, abril 21, 2021, https://soundcloud.com/thismachinekillspod/62-amazon-vanguard-of-class-war-ft-alex-n-press.
11. George Skelton, "It's no wonder hundreds of millions have been spent on prop. 22. A lot is at stake", *Los Angeles Times*, outubro 16, 2020, https://www.latimes.com/california/story/2020-10-16/skelton-proposition-22-uber-lyft-independent-contractors.
12. Mike Dickerson, "Vons, pavilions to fire 'essential workers,' replace drivers with independent contractors", *Knock LA*, janeiro 4, 2021, https://knock-la.com/vons-fires-delivery-drivers-prop-22-e899ee24ffd0.
13. Board of Governors of the Federal Reserve System, "Report on the Economic Well-Being of U.S. Households in 2017", maio 2018, https://www.federalreserve.gov/publications/files/2017-report-economic-well-being-us-households-201805.pdf.
14. Marshall Steinbaum, "The student debt crisis is a crisis of non-repayment", *Phenomenal World*, novembro 18, 2020, https://phenomenalworld.org/analysis/crisis-of-non-repayment.
15. Para uma excelente análise de como esses monopólios estão afetando sua vida cotidiana, ver David Dayen, *Monopolized! Life in the Age of Corporate Power* (Nova York: New Press, 2020), e-Book.
16. Amy Fontinelle, "How much does health insurance cost?", *Investopedia*, março 13, 2021, https://www.investopedia.com/how-much-does-health-insurance-cost-4774184.
17. Alana Semuels, "When Wall Street is your landlord", *Atlantic*, fevereiro 13, 2019, https://www.theatlantic.com/technology/archive/2019/02/single-family-landlords-wall-street/582394.
18. Konrad Putzier, "That suburban home buyer could be a foreign government", *Wall Street Journal*, abril 13, 2021, https://www.wsj.com/articles/that-suburban-home-buyer-could-be-a-foreign-government-11618306380.
19. Board of Governors, "Report on the Economic Well-Being".
20. Brad DeLong, "Rhetorical question: Why do economists ignore the greatest of all market failures?", *Grasping Reality* (newsletter), abril 25, 2021, https://braddelong.substack.com/p/why-do-economists-ignore-the-greatest-1d7.

21. James Boyle, "A politics of intellectual property: Environmentalism for the net?", *Duke Law Journal* 47 (1997): 87–116, https://scholarship.law.duke.edu/dlj/vol47/iss1/2.

22. Ryan Reed, "John Oliver examines world wrestling entertainment's long history of mistreating wrestlers", *Rolling Stone*, abril 1, 2019, https://www.rollingstone.com/tv/tv-news/john-oliver-wwe-last-week-tonight-vince-mcmahon-815912.

23. "Bad form, Wells Fargo", *Planet Money*, ep. 732, podcast de áudio, outubro 28, 2016, https://www.npr.org/sections/money/2016/10/28/499805238/episode-732-bad-form-wells-fargo.

24. Rachel Louise Ensign, "No one wants to hire the fired Wells Fargo branch staffers", *Wall Street Journal*, setembro 14, 2019, https://www.wsj.com/articles/no-one-wants-to-hire-the-fired-wells-fargo-branch-staffers-11568453400.

25. Julie Cohen, *Between Truth and Power: The Legal Constructions of Informational Capitalism* (Nova York: Oxford University Press, 2019), 7.

26. Bradley Thomas, "Why Bernie Sanders's universal job guarantee is fool's gold", *Foundation for Economic Education*, outubro 25, 2019, https://fee.org/articles/why-universal-job-guarantees-are-fool-s-gold.

27. Naomi Klein, *On Fire: The Burning Case for a Green New Deal* (Nova York: Penguin, 2019).

28. Mark Paul, William Darity Jr. e Darrick Hamilton, "The federal job guarantee: A policy to achieve permanent full employment", Center on Budget and Policy Priorities, março 9, 2018, https://www.cbpp.org/research/full-employment/the-federal-job-guarantee-a-policy-to-achieve-permanent-full-employment.

29. Andrew Van Dam, "The U.S. has thrown more than $6 trillion at the Coronavirus crisis. That number could grow", *Washington Post*, abril 16, 2020, https://www.washingtonpost.com/business/2020/04/15/coronavirus-economy-6-trillion.

30. Stephanie Kelton, *The Deficit Myth: Modern Monetary Theory and the Birth of the People's Economy* (Nova York: Public Affairs, 2020). [Edição em português: *O Mito do Déficit: Teoria Monetária Moderna e o Nascimento da Economia do Povo* (Rio de Janeiro: Alta Cult, 2023).

31. Um país tem "soberania monetária" se a) emitir sua própria moeda, e b) tomar empréstimos principalmente nessa moeda. Os EUA, o Japão, o Canadá, a Austrália e o Reino Unido (entre outros) são monetariamente soberanos. Os países da zona do euro não são (sua moeda é emitida pelo Banco Central Europeu, não pelos bancos dos estados-membros da UE). A Venezuela não é (ela tem suas dívidas principalmente em dólares americanos, portanto, emitir mais de sua própria moeda não pode ajudá-la a pagar essas dívidas).

32. Dylan Matthews, "4 big questions about job guarantees", *Vox*, abril 27, 2018, https://www.vox.com/2018/4/27/17281676/job-guarantee-design-bad-jobs-labor-market-federal-reserve.

33. Apple, "Japan Fair Trade Commission closes App Store investigation", Apple Newsroom, setembro 2, 2021, https://www.apple.com/au/newsroom/2021/09/japan-fair-trade-commission-closes-app-store-investigation.

ÍNDICE

C

D

E

M

N

O

P

Este livro foi impresso nas oficinas gráficas da Editora Vozes Ltda.,
Rua Frei Luís, 100 – Petrópolis, RJ.